“十二五”职业教育国家规划教材
经全国职业教育教材审定委员会审定

Gonglu Shigong Jishu

公路施工技术

（第三版）

杨仲元　王丰胜　主　编
项初庆　副主编
朱汉华［浙江省公路管理局］　主　审

人民交通出版社股份有限公司
China Communications Press Co.,Ltd.

内 容 提 要

本书为“十二五”职业教育国家规划教材，是对第二版教材的全面修订。本书共有两个项目，分别为路基施工和路面施工。路基施工部分包括：一般路基认知、路基施工准备、路堤填筑、路堑开挖、防护与支挡工程施工、路基病害处理。路面施工部分包括：路面认识、路面施工准备、路面垫层施工、路面基层（底基层）施工、沥青类路面面层施工、水泥混凝土路面面层施工、路面病害处治。

本书可作为高等职业院校路桥专业及相关专业教材，也可作为相关施工技术人员的参考用书。

图书在版编目(CIP)数据

公路施工技术 / 杨仲元，王丰胜主编. —3 版. —北京：人民交通出版社股份有限公司，2015. 5

“十二五”职业教育国家规划教材

ISBN 978-7-114-12149-4

Ⅰ. ①公… Ⅱ. ①杨…②王… Ⅲ. ①道路施工 - 工程技术 - 高等职业教育 - 教材 Ⅳ. ①U415. 6

中国版本图书馆 CIP 数据核字(2015)第 061450 号

“十二五”职业教育国家规划教材

书　　名：公路施工技术（第三版）
著 作 者：杨仲元　王丰胜
责任编辑：卢仲贤　任雪莲
出版发行：人民交通出版社股份有限公司
地　　址：(100011)北京市朝阳区安定门外外馆斜街 3 号
网　　址：http://www. ccpress. com. cn
销售电话：(010)59757973
总 经 销：人民交通出版社股份有限公司发行部
经　　销：各地新华书店
印　　刷：北京盈盛恒通印刷有限公司
开　　本：787 × 1092　1/16
印　　张：17. 25
字　　数：390 千
版　　次：2002 年 7 月　第 1 版
　　　　　2009 年 8 月　第 2 版
　　　　　2015 年 5 月　第 3 版
印　　次：2015 年 5 月　第 1 次印刷　总第 33 次印刷
书　　号：ISBN 978-7-114-12149-4
印　　数：137501 - 140500 册
定　　价：43. 00 元

第三版前言

DISANBANQIANYAN

本书自2002年出版以来，经过全国各交通职业技术院校12年时间的教学使用，得到了相关院校师生的肯定与好评。2014年，本教材被教育部评选为"'十二五'职业教育国家规划教材"。随着我国公路建设的快速发展，公路施工技术有了长足的进步与发展，因此本书的内容亦亟待更新。针对以上情况，在全国交通土建高职高专规划教材编审委员会的统一协调下，根据"十二五"职业教育国家规划教材的编写要求，在充分吸取各使用院校和工程单位意见的基础上对本书进行了修订。

本次修订主要做了以下工作：

(1)结合高职学生适岗情况，简化理论，突出结论，列举实例，强化实训的作用；

(2)从学生好用、实用、够用的角度出发，重新梳理路基施工和路面施工的重点、要点；

(3)对全书的版式进行了全新的编排，突出教学要点、职业能力、实例分析，优化了能力训练项目。

经修订，本书具有以下特色：

(1)编写体例新颖。借鉴优秀教材的写作思路、写作方法以及教学内容安排，从学生好用、实用、够用的角度出发，突出案例，图文结合，创新形式，增加内容的趣味性，适合高职学生使用。

(2)注重知识拓展应用可行。强调锻炼学生的思维能力以及运用所学知识解决问题的能力。在编写过程中有机融入最新的实例以及操作性较强的案例，并对实例进行有效的分析，以应用案例来引出全章的知识点，从而提高教材的可读性和实用性。在提高学生学习兴趣和效果的同时，培养学生的职业素质和职业能力。

(3)突出对职业能力的培养。本书以公路工程建设过程中开展施工准备、施工技术和工程质量控制为主线，以路基路面施工所需的专业知识和操作技能为着眼点，在适度的基础知识与理论体系覆盖下，着重讲解应用型专门人才培养所需的知识内容和关键点，突出实用性和可操作性。使学生学以致用，学而能用。

本书由浙江交通职业技术学院杨仲元教授、安徽交通职业技术学院王丰胜教授主编，浙江省公路管理局朱汉华主审。具体编写情况如下：项目一任务四、任务五、任务七；项目二任务四、任务五由杨仲元编写；项目二任务一、任务二、任务六由王丰胜编写；项目一任务一、任务二、任务三、任务六由浙江省磐安县公路段项初庆编写；项目二任务三、任务七由安徽交通职业技术学院章劲松编写。

限于编者水平，书中的缺点与不足之处在所难免，敬请读者批评指正。最后对使用本书、关注本书以及对本书提出修改意见的同行们表示深深的感谢。

编者

2015年2月

第二版前言

DIERBANQIANYAN

本教材第一版于2002年8月出版。经过全国各交通职业技术院校近6年时间的教学实践检验,本书得到了相关院校师生的肯定与好评。2006年,本教材被教育部评选为"普通高等教育'十一五'国家级规划教材"。随着我国公路建设的快速发展,公路施工技术有了很大的进步与发展,因此本书的内容亦亟待更新。针对以上情况,在全国交通土建高职高专规划教材编审委员会的统一协调下,根据"十一五"国家级规划教材的编写要求,在充分吸取各使用院校和工程单位意见的基础上对本书进行了重新编写。

本书由浙江交通职业技术学院杨仲元、安徽交通职业技术学院俞高明主编,重庆大学孙家驷、中交第一公路工程局有限公司连佳机主审。具体编写情况如下:第二篇第六章至第九章、第三篇第二章、第四章由浙江交通职业技术学院杨仲元编写;第一篇第三章、第四章、第二篇第一章至第五章、第三篇第一章、第五章由安徽交通职业技术学院俞高明编写;第一篇第一章、第二章由安徽交通职业技术学院章劲松编写;第三篇第三章、第六章由安徽交通职业技术学院王守胜编写。

本书共分三篇。第一篇施工放样,主要内容是围绕施工时路线的平、纵、横几何位置控制,路基路面横断面的施工放样等。第二篇路基施工,主要内容包括路基的概念、施工准备、路堤填筑、湿软地基处理、路堑开挖、施工机械和设备、防护和支挡工程施工、路基病害处理、施工过程管理等。第三篇路面施工,主要内容为路面的概念、路面基层(底基层)施工、路面垫层施工、沥青类路面面层施工、水泥混凝土路面面层施工、路面病害处理等。为了配合学生的实践和掌握技能,每篇后附有实训内容。

《公路施工技术》是公路与桥梁专业高职教学的一门主干课程。尤其是针对路桥专业高职教育主要培养的是面向施工第一线的应用型人才,本书注意到职业教育的特点和内容,以实用、实际、实效为原则,同时紧密追踪公路施工技术的发展,紧贴现行有关标准规范,也充分考虑到教学规律,配合教学改革模块化教学的需要,与《工程试验检测》、《桥梁施工技术》等课程较好地衔接和分工,以便学生系统学习。

本书在编写过程中,作者引用了许多科研、教学和工程单位的一些研究成果和技术总结,在此谨向有关作者表示谢意。

由于编写时间和编写水平有限,本书缺点及不当之处在所难免,敬请读者批评指正。

编者

2009年6月

第一版前言

DIYIBANQIANYAN

本书是根据路桥工程学科委员会高职教材建设联络组2001年7月昆明会议上通过的路桥专业高职教材编审的原则意见和“交通高等职业技术教育路桥专业课程设置框架文件”的要求编写的。

《公路施工技术》是路桥专业高职教学的一门主干课程。尤其是针对路桥专业高职教育主要培养的是面向施工第一线的应用型人才,本书注意到职业教育的特点和内容,以实用、实际、实效为原则,同时紧密追踪公路施工技术的发展,紧贴现行有关标准规范,也充分考虑到教学规律,与《公路设计》、《桥涵施工技术》等课程教材较好地衔接和分工,以便学生系统学习。

本书由安徽交通职业技术学院俞高明主编,广东交通职业技术学院李加林主审。具体编写情况如下:第一篇第一章至第六章由南京交通职业技术学院樊琳娟编写;第二篇第一章至第四章由安徽交通职业技术学院俞高明编写,第二篇第五章至第十章、第三篇第一章至第七章由安徽交通职业技术学院王守胜编写。

本书审稿会于2002年7月3日~7月8日在安徽合肥举行。参加审稿会的有:安徽交通职业技术学院俞高明、王守胜,广东交通职业技术学院李加林,南京交通职业技术学院樊琳娟,云南交通职业技术学院王亮;人民交通出版社王霞等6人。

本书共分三篇。第一篇路线定位,主要内容是围绕施工时路线的纵、平、横几何位置控制,支挡及防护构造物、小桥涵定位放样等。第二篇路基施工,主要内容包括施工准备、土石方路基施工、湿软地基处理、支挡、防护工程、小桥涵施工,以及施工机械、施工过程管理及路基病害处理等。第三篇路面施工,主要内容为路面各结构层的施工、施工机械和设备、施工过程管理和路面病害处理等。为了配合学生的实践,每篇后附有实训内容。

本教材采用了国家及行业最新技术标准和技术规范,选编了新材料、新工艺运用的成果,充分反映了当前公路施工中的高新技术。本书符合“路桥专业高职教材编审原则”的规定,具有新颖、专业特色鲜明之特点。

鉴于我国幅员辽阔,各省的地理位置、自然条件、经济状况和公路建设的特点均不同,各院校可结合具有情况,讲授过程中可对本书内容进行取舍补充。

由于编者水平有限,时间仓促,书中疏漏之处在所难免,敬请读者批评指正。

编者

2002年7月8日

目录

MULU

项目一 路基施工

教学目标

1. 能认知公路组成、路基特性、路基干湿类型、路基横断面几何尺寸、路基的地面与地下排水设施、路基土；

2. 能根据设计图纸，进行路基施工放样；

3. 能说明路堤填筑的施工工艺流程；

4. 能说明路堑开挖的施工工艺流程；

5. 能说明防护与支挡工程的施工工艺流程；

6. 能针对路基的缺陷与病害进行修复维护工作；

7. 会说明路基土的分类、工程特性及工程分级。

教学要求

能力目标	知 识 要 点	权重
一般路基认知	路基组成	A
	路基典型横断面的组成	A
	路基干湿类型的判别	B
	地面与地下排水设施的设置与施工	A
	路基防护与支挡工程的处治	B
	路基土的选用	C
路基施工特点及施工准备	路基的施工准备	B
	路基的施工机械与设备	B
	路基的施工放样	A
路堤填筑	路堤填筑方案	C
	路堤填筑施工工艺	B
	路基压实	A

续上表

能力目标	知识要点	权重
路堑开挖	土方路堑开挖方案编制	A
	石方爆破施工	C
防护与支挡工程施工	路基坡面防护施工	B
	路基冲刷防护施工	B
	挡土墙施工	A
路基病害处理	路基病害的种类与成因分析	B
	路基病害的处治方法与施工	A
路基施工过程质量管理	施工组织管理	C
	工程质量控制体系认知	B
	施工过程的质量控制	A
	安全施工管理与环境保护	C

注：权重表示知识要点的重要程度，A > B > C（全书下同）。

任务一　一般路基认知

引例

公路由于受地面、地物、地质、水文等自然条件限制，以及满足经济性的要求，在平面上有弯道，在纵面上有起伏，在横面上有填挖。反映公路在平面上的形状、位置及尺寸的图形称为路线平面图。用一曲面沿道路中线垂直剖切展开的竖向剖面称为路线纵断面图，其反映道路中线的起伏、位置及尺寸。反映道路路线在横向上的结构、尺寸及形状的图形称为公路路线横断面。

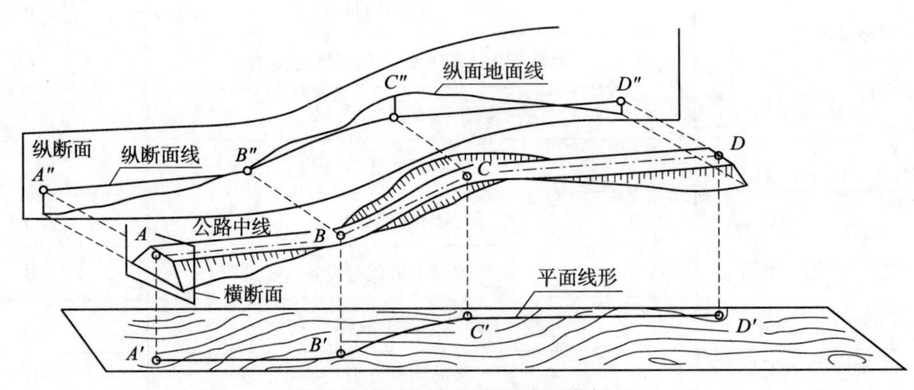

道路的平面线形、纵断面线与横断面

路基是支撑路面的基础，路基横断面有路堑、半填半挖、路堤三种基本形式。

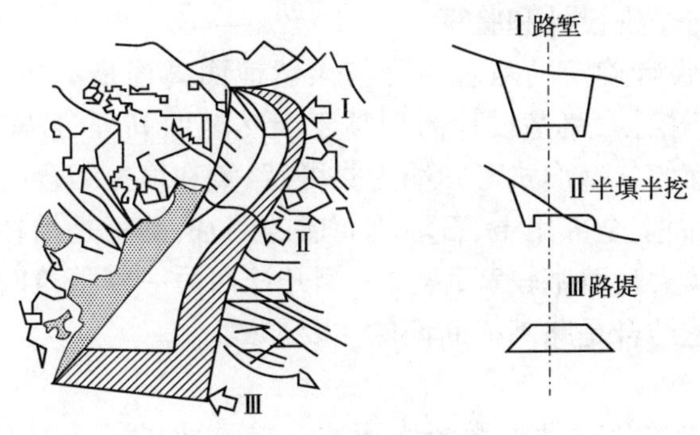

路基的横断面形式

一、路基组成

公路是一种暴露于自然界中的线形工程构造物,其中线是一条空间曲线。公路中线及中线两侧一定范围内的地物、地貌在水平面上的投影称路线平面图;在过公路中线的立面上的投影展绘而成的图形称路线纵断面图;在中心桩处垂直于公路中线方向的剖面图称路基横断面图。

公路的基本组成部分包括:路基、路面、桥梁、涵洞、防护与加固工程、排水设备、山区特殊构造物(如半山桥、明洞)等。此外,还有各种沿线交通安全、管理、服务、环保等设施。

路基是指按照路线位置和一定技术要求修筑的带状构造物,是路面的基础,承受由路面传递下来的行车荷载。路堤是指高于原地面的路基。路堤在结构上分为上路堤和下路堤,上路堤是指路面底面以下 80 ~ 150cm 范围内的填方部分;下路堤是指上路堤以下的填方部分。

路床是指路面结构层底面以下 80cm 范围内的路基部分。路面底面以下 0 ~ 30cm 的路基范围称上路床,路面底面以下 30 ~ 80cm 称下路床。

路槽是指为铺筑路面,在路基上按设计要求修筑的浅槽。

路肩是指行车道外缘至路基边缘的部分,用作路面的横向支承,并可临时停靠车辆。

路基边坡是指在路基两侧的坡面部分,为防止水流冲刷,保证路基稳定,在坡面上采用砌石或喷浆、栽植等对坡面进行防护和加固。

路基排水是指保持路基稳定的地面和地下排水措施。

路基工程的项目较多,主要有路基土石方工程、排水工程、防护工程等,其中路基土石方工程主要有土方路基、石方路基、土石路基、路肩、软土地基处治、土工合成材料处治等。

二、路基典型横断面及几何尺寸表示

(一)路基典型横断面

一般路基是指在良好的地质与水文等条件下,未超过设计规范所列表格中规定的数值、填方高度和挖方深度不大的路基。通常一般路基可以结合当地的地形、地质情况,直接选用典型横断面作各横断面设计图,不必进行个别验算。对于超过规范规定的高填、深挖路基,以及地质和水文等条件不良的路基称为特殊路基。为了确保路基具有足够的强度与稳定性，对特殊路基需要进行个别设计和验算。

通常根据公路路线设计确定的路基高程与天然地面高程是不同的，路基设计高程低于天然地面高程时，需进行挖掘；路基设计高程高于天然地面高程时，需进行填筑。由于填挖情况的不同，路基横断面的典型形式可归纳为路堤、路堑和填挖结合（又称为半填半挖）三种类型。路堤是指在原地面上全部用土、石填筑而成的路基，路堑是指在原地面上开挖而成的路基，当天然地面横坡较大且路基较宽，需要一侧开挖而另一侧填筑时，为填挖结合路基，在丘陵或山区公路上，填挖结合是路基横断面的主要形式。

1. 路堤

图 1-1-1 所示为路堤的几种常见横断面形式。按路堤的填土高度不同，可划分为矮路堤、高路堤和一般路堤。当填土高度小于 1.0～1.5m 时，属于矮路堤；填土高度大于 18m（土质）或 20m（石质）时，属于高路堤；填土高度在 1.5～18m 范围内的路堤属于一般路堤。此外，随其所处的条件和加固类型的不同，还有浸水路堤、护脚路堤及挖沟填筑路堤等形式。

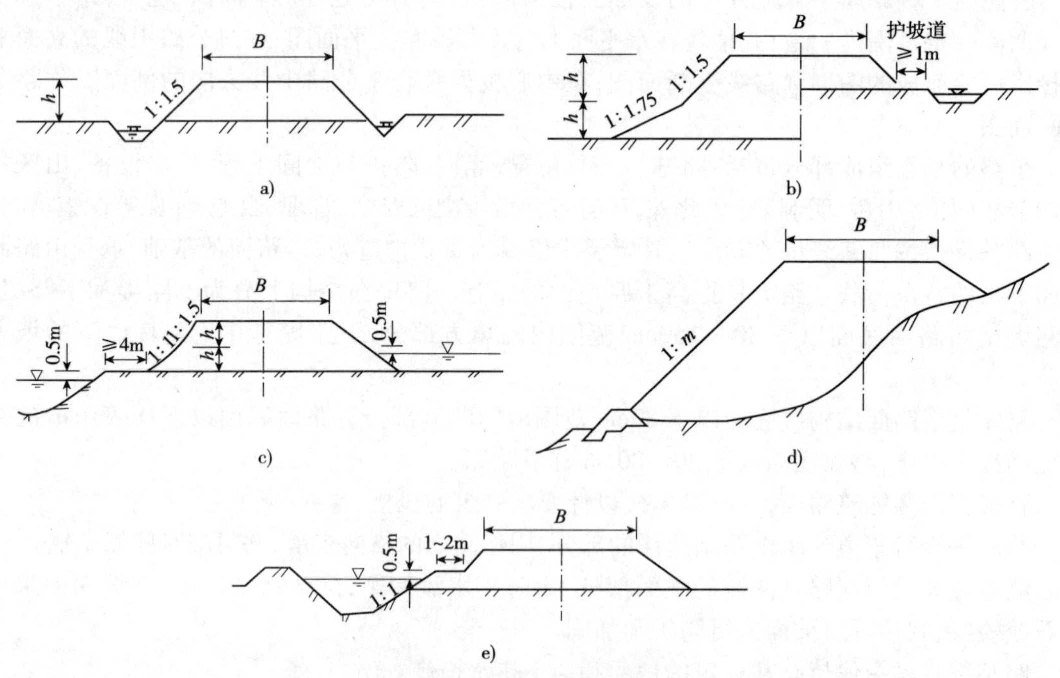

图 1-1-1 路堤的几种常见横断面形式

a）矮路堤；b）一般路堤；c）浸水路堤；d）护脚路堤；e）挖沟填筑路堤

矮路堤通常在平坦地区取土困难时选用。平坦地区地势低，水文条件较差，易受地面水和地下水的影响，设计时应注意路基高程力求不低于规定的临界高度，使路基处于干燥或中湿状态。路基两侧均应设边沟。矮路堤的高度接近或小于路基工作区的深度时，除填方路堤本身需要满足规定的施工要求外，对天然地面也应按规定进行压实，达到规定的压实度，必要时进行换土或加固处理，以保证路基路面的强度和稳定性。

填方高度不大，$h=2\sim3$m 时，填方数量较少，全部或部分填土可以在路基两侧设置取土坑取土，有条件时应使之与排水沟渠相结合。为保护填方坡脚不受邻近流水侵害，保证边坡稳定,可在坡脚与沟渠之间预留1~2m甚至4m宽度的护坡道。地面横坡较陡时,为防止填方路基沿山坡向下滑动,应将路基下的天然地面挖成台阶,或在路基边坡坡脚设置砌石护脚。

高路堤的填方数量大,占地多,为了使路基稳定和横断面经济合理,需进行个别设计。高路堤和浸水路堤的边坡,可采用上陡下缓的折线形或台阶形(即在边坡中部设置护坡道)。

2.路堑

图1-1-2所示是路堑的几种常见横断面形式,有全挖路基、台口式路基及半山洞路基。挖方边坡可视高度和岩土层情况设置成直线或折线。在挖方边坡的坡脚处设置边沟,在路堑的上方可设置截水沟,用来分别排水。挖方弃土可堆放在路堑的下方,但不能对坡下的环境造成影响。边坡坡面易风化时,可采用防护措施,必要时可在坡角处设置0.5~1.0m的碎落台。

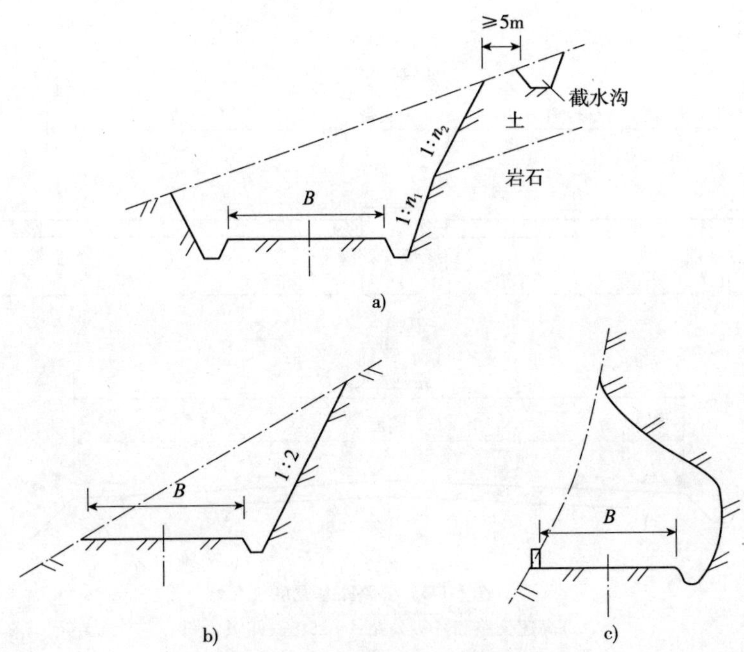

图1-1-2 路堑的几种常见横断面形式

a)全挖路基;b)台口式路基;c)半山洞路基

陡坡上的半路堑,路中线宜向内侧移动,尽量采用台口式路基,避免路基外侧难以稳定的少量填方。遇有整体性的坚硬岩层时,为减少开挖石方量,可采用半山洞路基。

对于路堑开挖后形成的路基及地基,要求人工压实至规定的压实程度,必要时还应翻开,重新分层填筑、分层碾压。当路堑挖方处土质或水文状况不良时,应进行地基加固和设置必要的排水设施。

3.填挖结合

为了减少土石方数量,保持土石方数量横向平衡,位于山坡上的路基,通常取路中心的高程接近原地面的高程,形成填挖结合(半填半挖)路基。若处理得当,使路基稳定可靠,则该形式是比较经济的断面形式。

填挖结合路基兼有路堤和路堑两者的特点，对路堤和路堑的要求均应满足。上述三类路基横断面形式，各具特点，分别在一定条件下使用。由于不同地区地形、地质、水文等自然条件差异性很大，且路基位置、横断面尺寸及要求等亦应服从于路线、路面及沿线结构物的要求，所以路基横断面类型的选择，必须因地制宜，综合设计。

（二）路基几何尺寸

1. 路基宽度

路基宽度为行车道路面及其两侧路肩宽度之和。高等级的公路，设有中间带、路缘石、变速车道、爬坡车道、紧急停车带等，这些均应包括在路基宽度范围内。路面宽度根据设计能力及交通量大小而定，一般每条车道为 3.50～3.75m，技术等级高的公路及城镇近郊的一般公路，路肩宽度尽可能增大，一般取 1～3m，并铺筑硬质路肩，以保证路面行车不受干扰。各级公路路基宽度按《公路工程技术标准》（JTG B01—2014）的规定进行设计，如图 1-1-3 和表 1-1-1 所示。

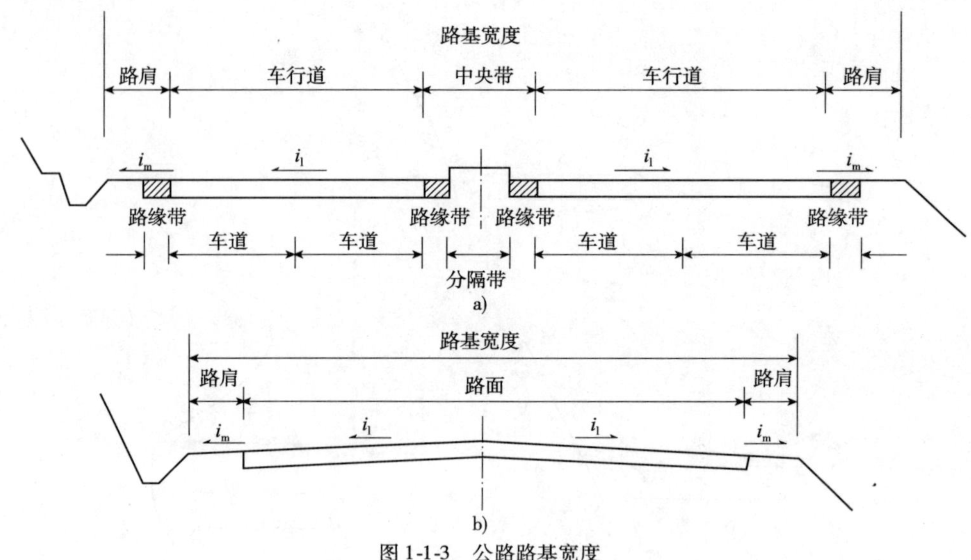

图 1-1-3　公路路基宽度

a）高速公路和一级公路；b）二、三、四级公路

公路路基宽度　　表 1-1-1

公路等级		高速公路、一级公路								
设计速度（km/h）		120			100			80		60
车道数		8	6	4	8	6	4	6	4	4
路基宽度（m）	一般值	45.00	34.50	28.00	44.00	33.50	26.00	32.00	24.50	23.00
	最小值	42.00	—	26.00	41.00	—	24.50	—	21.50	20.00

公路等级		二级公路、三级公路、四级公路					
设计速度（km/h）		80	60	40	30	20	
车道数		2	2	2	2	2 或 1	
路基宽度（m）	一般值	12.00	10.00	8.50	7.50	6.50（双车道）	4.50（单车道）
	最小值	10.00	8.50	—	—	—	

路基需要占用土地，尤其是占用耕地，这对于我国许多人多地少的地区是个突出问题。公路建设应尽量利用非农业用地，少占农田。建路占地必须综合规划，统筹兼顾，讲究经济效益，农业和交通应相互促进。山坡路基应尽量填挖平衡，减少高填深挖，防止水土流失，维护生态平衡。

2. 路基高度

路基高度表示的是路堤的填筑高度或路堑的开挖深度。路基高度是指路基中心线处设计高程与原地面高程之差。由于原地面沿横断面方向往往是倾斜的，因此在路基宽度范围内，两侧的高差常有差别。路基两侧的边坡高度是指填方坡脚或挖方坡顶与路肩边缘的相对高差。所以，路基高度（亦称中心高度）与边坡高度是有区别的。

路基的填挖高度，是在路线纵断面设计时，综合考虑路线纵坡要求、路基稳定性和工程经济等因素确定的。从路基的强度和稳定性要求出发，路基上部土层应处于干燥或中湿状态，路基高度应根据临界高度，并结合公路沿线具体条件和排水及防护措施，确定路堤的最小填土高度。

路堤填土的高矮和路堑挖方的深浅，可按《公路路基设计规范》（JTG D30—2015）的规定范围，使用常规的边坡高度值。

通常将大于18m的土质路堤和大于20m的石质路堤视为高路堤，将大于20m的路堑视为深路堑。高路堤和深路堑的土石方数量大，占地多，施工困难，边坡稳定性差，应尽量避免使用。不得已而一定要用时，应进行个别特殊设计。

当路基高度低于按地下水位或地表长期积水位计算的临界高度时，可视为矮路堤。矮路堤的行车荷载应力作用区范围内，往往同时经受着地面或地下水的不良影响。为了增强路基路面的综合强度与稳定性，需要另行采用加强路面结构或增设地下排水设施。究竟如何合理确定路基的高度，需要进行综合比较后方可择优取用。

沿河及受水浸淹的路基，其高度应根据技术标准所规定的设计洪水频率，求得设计水位，再加0.5m的余量。如果河道因设置路堤而压缩过水面积，致使上游有壅水，或河面宽阔而有风浪，就应增加壅水高度和波浪侵袭高度，所以沿河浸水路堤的高度应高出上述各值之和，以保证路基不致被淹没，并据此进行路基的防护与加固。

3. 路基边坡坡度

路基边坡坡度的正确确定对路基稳定是十分重要的。路基的边坡坡度可用边坡高度 H 与边坡宽度 b 之比值表示，并取 $H=1$，如图1-1-4所示，H: b = 1∶0.5（路堑边坡）或1∶1.5（路堤边坡），通常用1∶n（路堑）或1∶m（路堤）表示其边坡率。

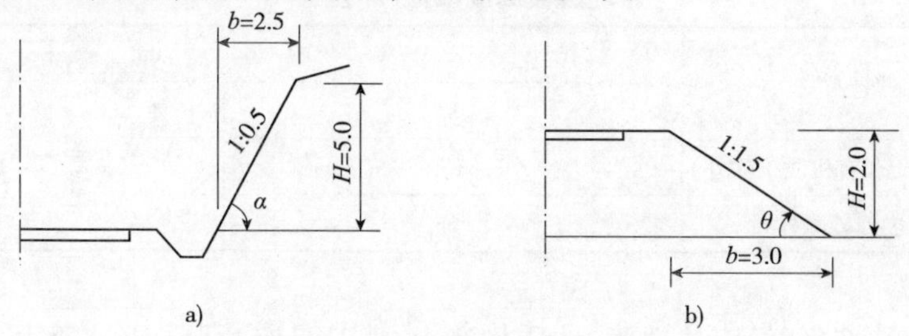

图1-1-4 路基边坡坡度（尺寸单位：m）

a）路堑；b）路堤

路基边坡坡度的大小，取决于边坡的土质、岩石的性质及水文地质条件等自然因素和边坡的高度。在陡坡或填挖较大的路段，边坡稳定不仅影响到土石方工程量和施工的难易，而且是路基整体稳定性的关键，因此，确定边坡坡度对于路基的稳定性和工程的经济合理性至关重要。一般路基的边坡坡度可根据多年实践经验和设计规范推荐的数值采用。

1）路堤边坡

一般路堤边坡坡度可根据填料种类和边坡高度按表1-1-2所列的坡度选用。

路堤边坡坡度表 表1-1-2

填料种类	边坡坡度	
	上部高度（$H \leqslant 8$m）	下部高度（$H \leqslant 12$m）
细粒土	1∶1.5	1∶1.75
粗粒土	1∶1.5	1∶1.75
巨粒土	1∶1.3	1∶1.50

对边坡高度超过20m的路堤，边坡形式宜采用阶梯形，并应进行单独设计。

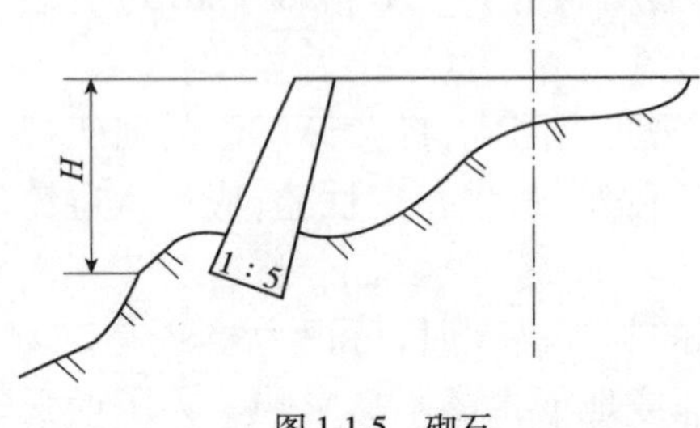

图1-1-5 砌石

沿河浸水路堤在设计水位以下的边坡坡率不宜低于1∶1.75。

当公路沿线有大量天然石料或路堑开挖的废石方时，可用以填筑路堤。填石路堤应由不易风化的较大（大于25cm）石块砌筑，边坡坡度一般可用1∶1。

陡坡上的路基填方可采用砌石，如图1-1-5所示，砌石顶宽一律不小于0.8m，基底面以1∶5的坡率向路基内侧倾斜，砌石高度H一般为2～15m，墙的内外坡依砌石高度，按表1-1-3选用。

砌石边坡坡度表 表1-1-3

序号	高度（m）	内坡坡度	外坡坡度
1	≤5	1∶0.3	1∶0.50
2	≤10	1∶0.5	1∶0.67
3	≤15	1∶0.6	1∶0.75

在地震地区路堤边坡设计应参照《公路工程抗震规范》（JTG B02—2013）执行。规范规定，高速公路和一级公路的路堤，边坡高度大于表1-1-4的规定时，应放缓边坡坡度。

路堤边坡高度限值（单位：m） 表1-1-4

填料	基本烈度	
	8	9
岩块和细粒土（粉性土和有机质土除外）	15	10
粗粒土（细砂、极细砂除外）	6	3

2）路堑边坡

设计路堑边坡坡度时，应从地貌、地质构造上，尤其是路堑开挖后的实际情况，判断其整体稳定性。在遇到工程地质或水文地质条件不良的地段时，应尽量使路线避绕它；而对于原稳定的地层,则应考虑开挖后,是否会由于减少支承,使坡面加剧风化而引起失稳。

影响路堑边坡稳定的因素较为复杂,除了路堑深度和坡体土石的性质之外,地质构造特征、岩石的风化和破碎程度、土层的成因类型、地面水和地下水的影响、坡面的朝向以及当地的气候条件等,这些在边坡设计时必须综合考虑。

土质路堑边坡,应根据边坡高度、土的密实程度、土的成因及生成年代、地下水和地面水的情况等因素,参照表1-1-5选定。

土质路堑边坡坡率 表1-1-5

土的类别		边坡坡率
黏土、粉质黏土、塑性指数大于3的粉土		1:1
中密以上的中砂、粗砂、砾砂		1:1.5
卵石土、碎石土、圆砾土、角砾土	胶结和密实	1:0.75
	中密	1:1

土的密实程度划分见表1-1-6。

土的密实程度划分 表1-1-6

分级	试坑开挖情况
胶结	细粒土密实度很高,粗颗粒之间呈弱胶结,试坑用镐开挖很困难,天然坡面可以陡立
密实	试坑坑壁稳定,开挖困难,土块用手使力才能破碎,从坑壁取出大颗粒处能保持凹面形状
中密	天然坡面不易陡立,试坑坑壁有掉块现象,部分需用镐开挖
较松	铁锹很容易铲入土中,试坑坑壁容易坍塌

岩石路堑边坡形式及坡率应根据地质与水文条件、边坡高度、施工方法,结合自然稳定边坡的调查综合确定。岩石的种类、风化程度及边坡的高度等是决定坡率的主要因素。设计时往往对照相似工程的成功经验选定边坡坡率,表1-1-7、表1-1-8供参考。

岩石挖方边坡坡度表 表1-1-7

岩石种类	风化程度	边坡坡率	
		$H<15$m	$15\leqslant H<30$m
Ⅰ类	无风化、微风化	1:0.1~1:0.3	1:0.1~1:0.3
	弱风化	1:0.1~1:0.3	1:0.3~1:0.5
Ⅱ类	无风化、微风化	1:0.2~1:0.3	1:0.3~1:0.5
	弱风化	1:0.3~1:0.5	1:0.5~1:0.75
Ⅲ类	无风化、微风化	1:0.3~1:0.5	
	弱风化	1:0.5~1:0.75	
Ⅳ类	弱风化	1:0.5~1:1	
	强风化	1:0.75~1:1	

岩石风化破碎程度分级表　　表 1-1-8

岩石种类	岩体完整程度	结构面结合程度	结构面产状	直立边坡自稳能力
Ⅰ类	完整	结构面结合良好或一般	外侧结构面或外倾不同结构面的组合线倾角大于 75°或小于 35°	30m 高边坡长期稳定，偶有掉块
Ⅱ类	完整	结构面结合良好或一般	外侧结构面或外倾不同结构面的组合线倾角为 35°～75°	15m 高的边坡稳定，15～30m 高的边坡欠稳定
	完整	结构面结合差	外侧结构面或外倾不同结构面的组合线倾角大于 75°或小于 35°	
	较完整	结构面结合良好或一般或差	外侧结构面或外倾不同结构面的组合线倾角小于 35°，有内倾结构面	边坡出现局部坍塌
Ⅲ类	完整	结构面结合差	外侧结构面或外倾不同结构面的组合线倾角为 35°～75°	8m 高的边坡稳定，15m 高的边坡欠稳定
	较完整	结构面结合良好或一般或差	外侧结构面或外倾不同结构面的组合线倾角为 35°～75°	
	较完整	结构面结合差	外侧结构面或外倾不同结构面的组合线倾角大于 75°或小于 35°	
	较完整（碎裂镶嵌）	结合面结合良好或一般	结构面无明显规律	
Ⅳ类	较完整	结合面结合差或很差	外倾结构面以层面为主，侧角多为 35°～75°	8m 高的边坡不稳定
	不完整（散体、碎裂）	碎块间结合很差		

在地震地区的岩石路堑边坡坡率应参考《公路工程抗震规范》(JTG B02—2013) 中的规定。当岩石路堑边坡高度超过 10m 时，边坡坡度应按表 1-1-9 采用。

高度超过 10m 的岩石挖方边坡的坡度　　表 1-1-9

岩石种类	基本烈度	
	8	9
风化岩石	1:0.6～1:1.5	1:0.75～1:1.5
一般岩石	1:0.1～1:0.5	1:0.2～1:0.6
坚　石	1:0.1～直立	1:0.1～直立

三、路基干湿类型及临界高度

(一)路基湿度的来源

路基的强度与稳定性在很大程度上与路基的湿度以及大气温度引起的路基的水温状况有密切的关系。路基在使用过程中,受到各种外界因素的影响,使湿度发生变化。路基湿度的来源可分为以下几方面:

(1)大气降水——大气降水通过路面、路肩边坡和边沟渗入路基;

(2)地面水——边沟的流水、地表径流水因排水不良,形成积水、渗入路基;

(3)地下水——路基下面一定范围内的地下水浸入路基;

(4)毛细水——路基下的地下水,通过毛细管作用,上升到路基;

(5)水蒸气凝结水——在土的空隙中流动的水蒸气,遇冷凝结成水;

(6)薄膜移动水——在土的结构中水以薄膜的形式从含水率较高处向较低处流动,或由温度较高处向冻结中心周围流动。

上述各种导致路基湿度变化的水源,其影响程度随当地自然条件和气候特点以及所采取的工程措施等而不同。

(二)路基干湿类型及湿度划分方法

1. 路基干湿类型

路基的干湿类型表示路基工作时,路基土所处的含水状态,它直接影响路基的强度和稳定性。

路基按其干湿状态不同,分为四类:干燥、中湿、潮湿和过湿。为了保证路基路面结构的稳定性,一般要求路基处于干燥或中湿状态。过湿状态的路基必须经处理后方可铺筑路面。

2. 路基湿度划分方法

1)平均稠度划分法

以平均稠度作为划分路基干湿类型的指标,既考虑了土的液限,又考虑了土的塑限。

根据实测不利季节路槽底面以下 80cm 深度内土的平均含水率及土的液限含水率、塑限含水率,按式(1-1-1)计算出不利季节路槽底面以下 80cm 深度内土的平均稠度$\overline{w}_c$,按表1-1-10及表 1-1-11 确定路基干湿类型。

$$\overline{w}_c = \frac{(w_l - w_m)}{(w_l - w_p)} \tag{1-1-1}$$

式中:w_l——土的液限含水率(%);

w_p——土的塑限含水率(%);

w_m——不利季节路槽底面以下 80cm 深度内的平均含水率(%)。

2)根据临界高度判断

对于设计中的新建公路,路基尚未建成,路槽底面以下 80cm 深度内的平均稠度无法确定,此时应根据自然区划、土质类型、排水条件以及路槽底面距地下水位或地表积水位的高度(与临界高度相比)按表 1-1-10 确定路基干湿类型。路基干湿状态的分界稠度建议值参见表 1-1-11。

路基干湿类型 表 1-1-10

路基干湿类型	路基平均稠度 $\overline{w}_c$ 与分界相对稠度的关系	一般特征
干燥	$\overline{w}_c \geqslant \overline{w}_{c1}$	路基干燥稳定，路基强度和稳定性不受地下和地表积水影响，路基高度 $H > H_1$
中湿	$\overline{w}_{c1} > \overline{w}_c > \overline{w}_{c3}$	路基上部土层处于地下水或地表积水影响的过渡带区内，路基高度 $H_2 < H < H_1$
潮湿	$\overline{w}_{c2} \leqslant \overline{w}_c < \overline{w}_{c3}$	路基上部土层处于地下水或地表积水毛细影响区内，路基高度 $H_3 < H \leqslant H_2$
过湿	$\overline{w}_c < \overline{w}_{c3}$	路基极不稳定，冰冻区春融翻浆，路基经处理后方可铺筑路面，路基高度 $H \leqslant H_3$

注：①H 为不利季节路床顶面距地下水位或地表积水水位的高度（m）。

②H_1、H_2、H_3 分别为路基干燥、中湿、潮湿状态的临界高度（m）。

③w_{c1}、w_{c2}、w_{c3} 分别为干燥和中湿、中湿和潮湿、潮湿和过湿状态路基的分界稠度。

路基干湿状态的分界稠度建议值 表 1-1-11

干湿状态 / 土质类别	干燥状态	中湿状态	潮湿状态	过湿状态
	$\overline{w}_c \geqslant w_{c1}$	$w_{c1} > \overline{w}_c \geqslant w_{c2}$	$w_{c2} > \overline{w}_c \geqslant w_{c3}$	$w_c < w_{c3}$
土质砂	$w_c \geqslant 1.20$	$1.20 > \overline{w}_c \geqslant 1.00$	$1.00 > \overline{w}_c \geqslant 0.85$	$\overline{w}_c < 0.85$
黏质土	$w_c \geqslant 1.10$	$1.10 > \overline{w}_c \geqslant 0.95$	$0.95 > \overline{w}_c \geqslant 0.80$	$\overline{w}_c < 0.80$
粉质土	$w_c \geqslant 1.05$	$1.05 > \overline{w}_c \geqslant 0.90$	$0.90 > \overline{w}_c \geqslant 0.75$	$\overline{w}_c < 0.75$

路基临界高度是指在不利季节当路基处于某种干湿状态时，路床顶面距地下水位或地表长期积水位的最小高度，可根据土质、气候因素按当地经验确定。当缺乏实际资料时，可参考表 1-1-12 和表 1-1-13 或现行的《公路沥青路面设计规范》（JTG D50—2006）附录 F 选用。

路床顶面距地表长期积水位的路基临界高度参考值（单位：m） 表 1-1-12

公路自然区划	砂性土			黏性土			粉性土		
	H_1	H_2	H_3	H_1	H_2	H_3	H_1	H_2	H_3
Ⅲ	1.1～1.3	0.9～1.1	0.6～0.9	1.75～2.2	1.3～1.7	0.9～1.3	1.9～2.4	1.4～1.9	1.0～1.4
Ⅲ$_3$	1.1～1.3	0.9～1.1	0.6～0.9	1.6～2.1	1.2～1.6	0.9～1.2	1.8～2.3	1.4～1.8	1.0～1.4
Ⅳ$_3$				0.8～0.9	0.5～0.6	0.3～0.4	0.9～1.0	0.6～0.7	0.3～0.4
Ⅳ$_5$				1.0～1.1	0.6～0.7	0.3～0.4			
Ⅳ$_6$				0.9～1.0	0.5～0.6	0.3～0.4			
Ⅳ$_7$	0.9～1.0	0.7～0.8	0.6～0.7	1.0～1.1	0.7～0.8	0.4～0.5			
Ⅴ$_1$	1.1～1.3	0.9～1.1	0.6～0.9	1.6～2.0	1.2～1.6	0.8～1.2	1.7～2.2	1.3～1.7	0.9～1.3
Ⅵ$_2$	1.1～1.4	0.9～1.1	0.6～0.9	1.6～2.2	1.2～1.65	0.75～1.2	1.85～2.3	1.4～1.85	0.9～1.4
Ⅶ$_3$	1.2～1.5	0.9～1.2	0.6～0.9	1.7～2.3	1.3～1.75	0.75～1.3	2.0～2.4	1.6～2.0	1.0～1.6

路床顶面距地下水位的路基临界高度参考值(单位:m) 表 1-1-13

公路自然区划	砂性土			黏性土			粉性土		
	H_1	H_2	H_3	H_1	H_2	H_3	H_1	H_2	H_3
Ⅱ$_1$				2.9	2.2		3.8	3.0	2.2
Ⅱ$_2$				2.7	2.0		3.4	2.6	1.9
Ⅱ$_3$	1.9~2.2	1.3~1.6		2.5	1.8		3.0	2.2	1.6
Ⅱ$_4$				2.4~2.6	1.9~2.1	1.2~1.4	2.6~2.8	2.1~2.3	1.4~1.6
Ⅱ$_5$	1.1~1.5	0.7~1.1		2.1~2.5	1.6~2.0		2.4~2.9	1.8~2.3	
Ⅲ$_2$	1.3~1.6	1.1~1.3	0.9~1.1	2.1~2.75	1.7~2.2	1.3~1.7	2.4~2.85	1.9~2.4	1.4~1.9
Ⅲ$_3$	1.3~1.6	1.1~1.3	0.9~1.1	2.1~2.5	1.6~2.1	1.2~1.6	2.3~2.75	1.8~2.3	1.4~1.8
Ⅳ$_2$				1.6~1.7	1.1~1.2	0.8~0.9	1.7~1.9	1.2~1.3	0.8~0.9
Ⅵ$_4$	1.0~1.1	0.7~0.8		1.7~1.8	1.0~1.2	0.8~1.0			
Ⅵ$_6$	1.0~1.1	0.7~0.8		1.8~2.0	1.3~1.5	1.0~1.2	2.0~2.2	1.5~1.6	1.0~1.1
Ⅳ$_7$				1.7~1.8	1.4~1.5	1.1~1.2			
Ⅴ$_1$	1.3~1.6	1.1~1.3	0.9~1.1	2.0~2.4	1.6~2.0	1.2~1.6	2.2~2.65	1.7~2.2	1.3~1.7
Ⅴ$_{4,5}$				1.7~1.9	0.9~1.1	0.4~0.6	2.2~2.5	1.4~1.6	0.5~0.7
Ⅵ$_2$	1.4~1.7	1.1~1.4	0.9~1.1	2.2~2.75	1.65~2.2	1.2~1.65	2.3~2.5	1.85~2.3	1.4~1.85
Ⅶ$_3$	1.5~1.8	1.2~1. 5	0.9~1.2	2.3~2.85	1.75~2.3	1.3~1.75	2.4~3.1	2.0~2.4	1.6~2.0

地下水位或地表长期积水水位,通过公路勘测设计野外调查获得,路基高度从路线纵断面图或路基设计表中查得,扣除预估的路面厚度,即可得到路槽底面距地下水位或地表积水位的高度值。

以临界高度判断路基干湿类型,同样是以分界稠度为依据的,干湿状态、临界高度及分界稠度的关系如图 1-1-6 所示。

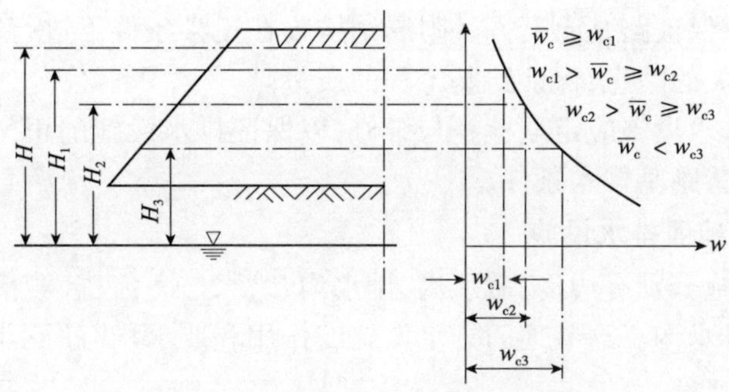

图 1-1-6 路基临界高度与路基干湿类型

(三)路基最小填土高度

路基填土高度指路肩边缘距原地面的高度。路基最小填土高度指为保证路基稳定,根据土质、气候和水文地质条件,所规定的路肩边缘距原地面的最小高度。为利于排水,干燥路基最小填土高度规定为:砂性土 0.3~0.5m;黏性土 0.4~0.7m;粉性土 0.5~0.8m。

在挖方或填筑路堤有困难的地段可加深边沟，使路肩边缘距边沟底面的高度符合上述规定。当路基填土高度不能满足上述规定时，应采取相应的措施，以保证路基的强度与稳定性。

沿河路基高度应高出路基设计洪水频率计算水位加壅水高、再加波浪侵袭高以上0.5m。

四、路基地面与地下排水设施

根据水源的不同，影响路基的水源可分为地面水和地下水两大类，与此相适应的路基排水工程，则分为地面排水设施和地下排水设施。目前路幅较宽的高等级公路，还加强了路面排水设施。

危害路基的地面水，包括大气降水（雨和雪），坡面向着路基一侧流向路基基身的水，大小河流流经路基近旁的水，以及湖、海、水库、水渠造成的路基旁长期积水等。

危害路基的地下水，包括影响路基上部较高的地下水位、毛细水、地下泉水及暗流水等。

水对路面的危害主要表现为：渗入路面结构层，降低路面材料的强度，引起路面基层、底基层承载能力下降，在水泥混凝土路面的接缝、沥青类路面的裂缝及路肩处造成唧泥；在冻胀地区，融冻季节路面下结构层的存水会引起路基翻浆。

（一）排水的目的与要求

路基排水的目的，就是将路基范围内的土基湿度降低到一定的限度以内，保持路基常年处于干燥与中湿状态。目前路面排水的目的，就是设法将水在路面以外尽快排除，防止渗入下面的结构层和路基。这样确保路基及路面具有足够的强度与稳定性。

路基设计时，必须考虑将影响路基稳定性的地面水，排除和拦截于路基用地范围之外，并防止地面水漫流、滞积或下渗。对于影响路基稳定性的地下水，则应予以隔断、疏干或降低，并引导至路基范围以外的适当地点去。

路基施工中，首先应校核全线路基排水系统的设计是否完备和妥善，必要时应予以补充或修改，并重视排水工程的质量和使用效果。此外，应根据实际情况与需要，设置施工现场的临时性排水设施，以保证路基土石方及附属结构物在正常条件下进行施工作业，消除路基基底和土体内与水有关的隐患，保证路基工程的质量。

路基养护中，对排水设施应定期检查与维修，以保证排水设施的正常使用，水流畅通，并根据实际情况不断改善路基排水条件。

（二）路基常用的地面排水设施

路基地面排水设施分别有边沟、截水沟、排水沟、跌水与急流槽、渡槽与倒虹吸等。常用的有边沟、截水沟和排水沟。这些地面排水设施的作用和要求均有所不同。

1. 边沟

设置在挖方路基的路肩外侧或矮路堤的坡脚外侧。多与路中心线平行。用于汇集和排除路面、边坡范围内以及流向路基的少量地面水。常用的边沟断面形式有梯形、矩形、三角形或蝶形等，如图1-1-7所示。

高速公路、一级公路宜采用三角形或蝶形边沟，条件受限时而需采用矩形边沟时，应在顶面加带槽孔的混凝土盖板。二级及二级以下公路的土质边沟用梯形，石质边沟用矩形。

易于积雪或积砂的路段,边沟宜用蝶形。某些较矮的路堤,如果用地许可,采用机械化施工时,边沟可用三角形。公路两侧为农田时,为了少占良田及防止农业用水时对路基的破坏,可采用石砌矩形边沟。

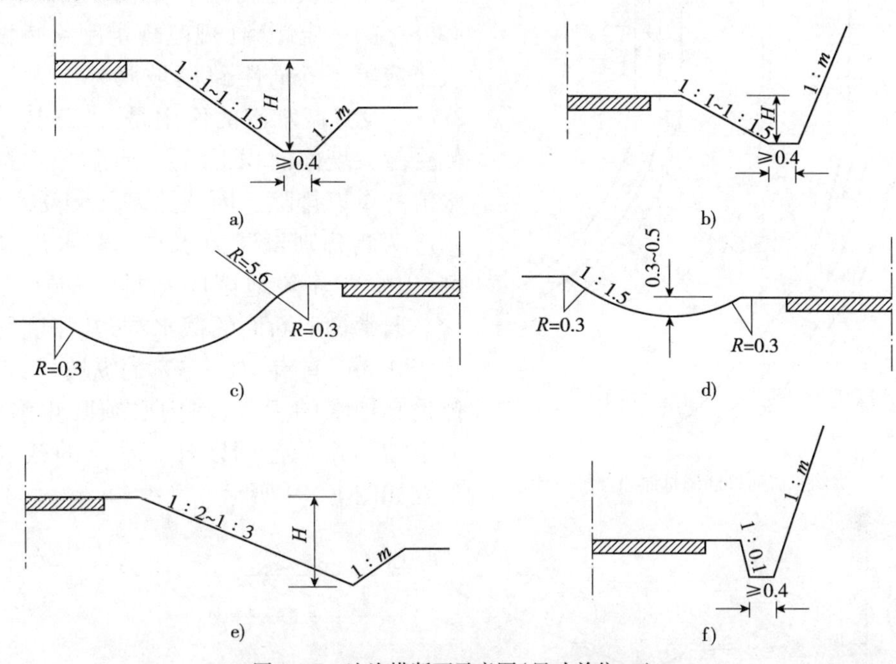

图 1-1-7 边沟横断面示意图(尺寸单位:m)

a)、b)梯形;c)、d)蝶形;e)三角形;f)矩形

梯形土质边沟的边坡,靠近路基的一侧常用 1∶1 ~1∶1.5,另一侧与挖方边坡坡度一致。土质或经铺砌加固的矩形边沟的边坡,可以直立或稍有倾斜。三角形边沟的边坡采用 1∶2 ~1∶3。蝶形边沟的边坡需修整圆滑,可防止积雪积砂。梯形及矩形边沟的深度和宽度,一般为 0.4 ~0.6m,多雨和潮湿地段不宜小于 0.5m,干旱地区或少水路段尺寸可小些,但也不宜小于 0.3m。边沟的排水量不大,一般不需进行水力水文计算,依沿线具体情况选用标准横断面。边沟紧靠路基,通常不容许其他排水沟渠的水引入,也不能与其他人工沟渠合并使用。

边沟的纵坡不宜过陡,以免水流冲刷造成损害;亦不宜过缓,造成水流不畅,形成阻滞和淤积。尽可能与路线纵坡保持一致。一般情况下,边沟纵坡以 1% ~2% 为宜;任何情况下,沟底纵坡均不应小于 0.3%。当路线纵坡小于沟底最小纵坡时,边沟应采用沟底最小纵坡,并缩短边沟出水口的间距。

边沟出水口的间距,一般地区不超过 500m,多雨地区不超过 300m,三角形和蝶形边沟不超过 200m。边沟出水的排放应就近排至路旁自然水沟或低洼地带,必要时添设涵洞,将边沟水引至路基另一侧排出,如图 1-1-8 所示。边沟的进出水口是水流汇集和改向的部位,冲刷较严重,必须因地制宜妥善处理。

平曲线路段的边沟,水流方向改变,尤其是小半径平曲线,因设置超高,内侧边沟高程降低,可能形成低洼积水;山谷展线,路基排水条件较差;平坡路堑地段,难以保证边沟的最小纵坡;陡坡地段,路线常采用较陡纵坡,导致边沟纵坡较大。这些排水不利条件,宜结合路线

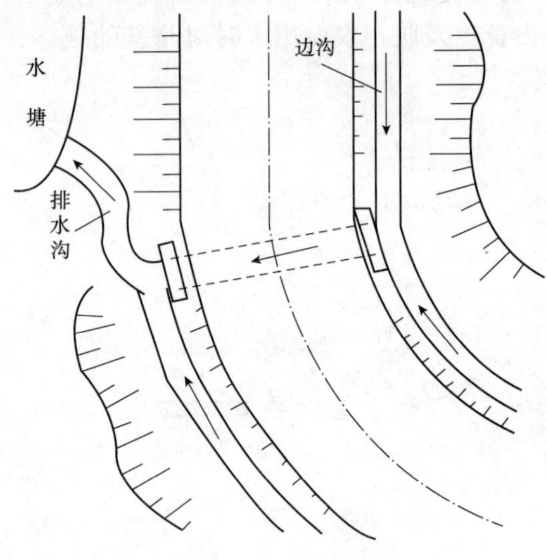

图 1-1-8　边沟水流通过涵洞排向路基另一侧

设计及路基排水系统综合考虑，统筹安排。

2. 截水沟

截水沟设置在距路堑坡顶外缘或路堤坡脚外缘的一定距离（规范规定距路堑坡顶外缘大于或等于 5m，距路堤坡脚外缘大于或等于 2m）。设置截水沟的作用是：当路基一侧或两侧受较大坡面面积汇水影响时，单边拦截汇集水流并予以排除。因此路基两侧受水影响时，则应两侧分别设置截水沟。截水沟是多雨地区、山岭和丘陵地区路基排水的重要设施之一。通常梯形断面的截水沟，其深度与底宽不小于 0.5m，具有 1% ~3% 的纵坡，靠近路基一侧设有挡水的土台，沟内必须防止渗水，出口应引伸到路基范围以外。常见的截水沟断面形式如图 1-1-9 所示。

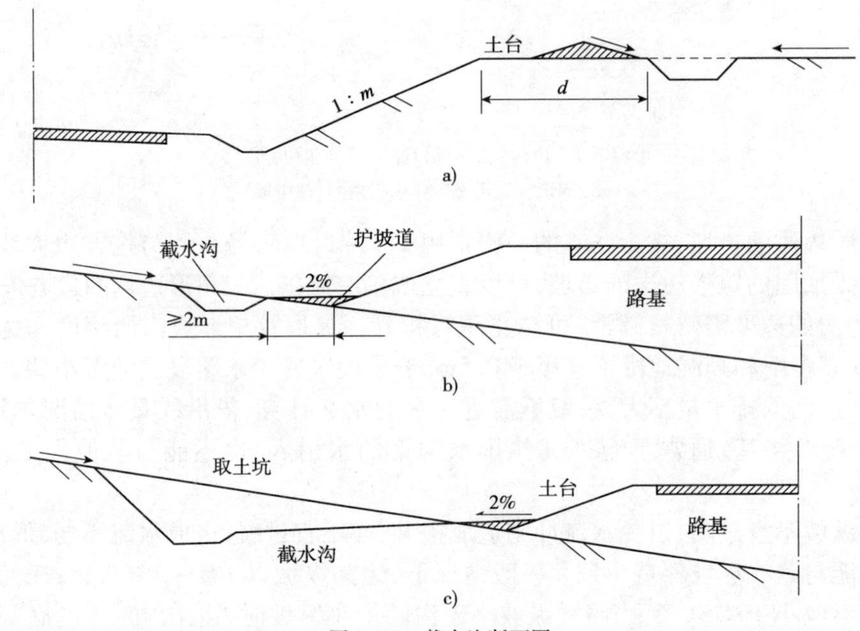

图 1-1-9　截水沟断面图

3. 排水沟

排水沟主要用于把来自边沟、截水沟或其他水源的水流，引至桥涵或路基范围以外的指定地点。排水沟一般采用梯形断面，其断面尺寸通常需经过水力水文计算选定。

排水沟的布置，离路基尽可能远些，距路基坡脚不宜小于 3m，并且结合地形因势利导，平面上力求短捷平顺，以直线为宜；必须转弯时，尽量采用较大半径（10 ~20m），圆缓顺畅。纵面上控制最大和最小纵坡，以 1% ~3% 为宜。纵坡大于 3% 时，需要加固；大于 7% 时，则应改用跌水或急流槽。为避免水流过分集中，排水沟的全长一般不超过 300m。排水沟与其他沟渠相接时,应使原水道不产生冲刷或淤积。一般应使排水沟与原水道成锐角相交,交角不大于45°,有条件时可采用半径 $R=10b$(b 为沟底宽)的圆曲线,朝下游与原水道相连接。

4. 跌水与急流槽

跌水与急流槽是路基地面排水沟渠的特殊形式,用于陡坡地段,沟槽的纵坡可达7%以上(跌水)或更陡(急流槽),是山区公路路基排水常见的结构物。

跌水是一种将沟底做成台阶状的人工沟渠。当高边坡水位落差较大,为了消能减速,便于水流安全进入涵洞而不至于冲刷时,可设置跌水。跌水有单级和多级之分。单级跌水用于边沟出水口高程与涵洞进水口高程水位落差较大,同时改变水流方向集中消能时,如图1-1-10所示。多级跌水用于水流通过较长陡坡,是为了逐步减缓水流速度,逐步消能而设,见图1-1-11所示。

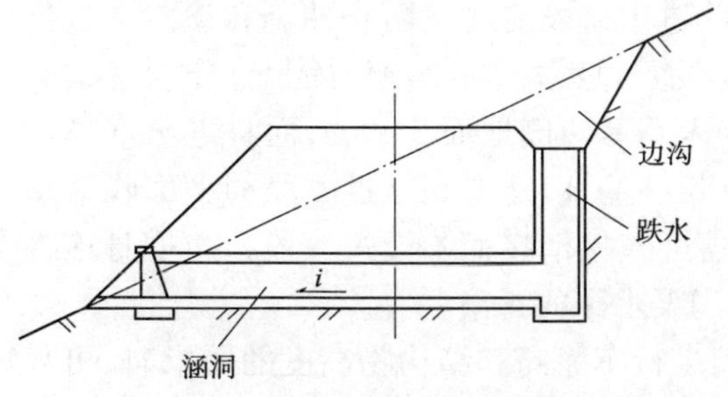

图1-1-10 边沟与涵洞用单级跌水连接

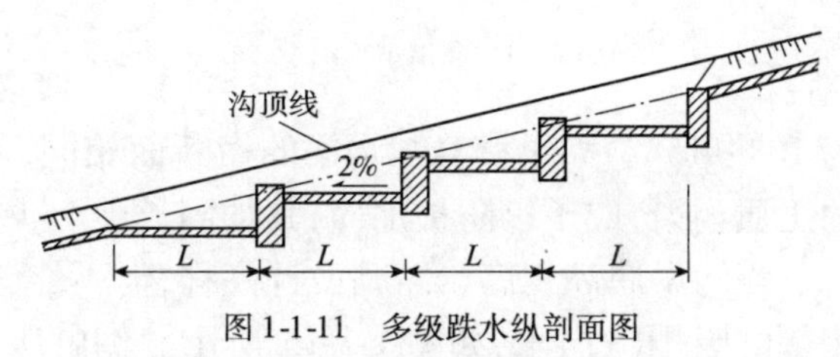

图1-1-11 多级跌水纵剖面图

跌水的构造可分为进水口、消力池(槛)和出水口三个组成部分,如图1-1-12所示。进水口水流呈水跌现象;消力池(槛)起消能减速作用(当地基为土质或软石易开挖时,一般采用消力池;当地基为坚石不易开挖时,可采用消力槛);出水口是为了使水流镇定而设的段落。其具体的尺寸可根据水力计算和结构强度计算确定。

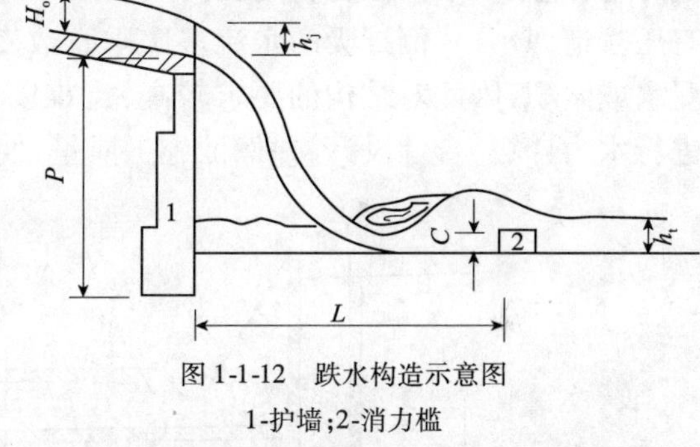

图1-1-12 跌水构造示意图
1-护墙;2-消力槛

通常在水平短距离内需要排泄急速水流,如陡坡路段涵洞的进出口附近连接处,或回头曲线上下线涵洞之间的连接处,可设置急流槽。急流槽的纵坡比跌水更陡,可达67%以上。如图1-1-13所示。

急流槽的构造可分为进口、槽身和出口三个组成部分。根据水力计算,进出口与槽身可采用不同大小的断面尺寸,因此进出口与槽身连接处应设置过渡段。

急流槽一般就地形坡度敷设,应具有稳固的基础,端部及槽身每隔2~5m,在槽底设耳墙嵌入地面以下。槽身较长时,宜分段砌筑,每段长5~10m,预留伸缩缝,并用防水材料填筑。

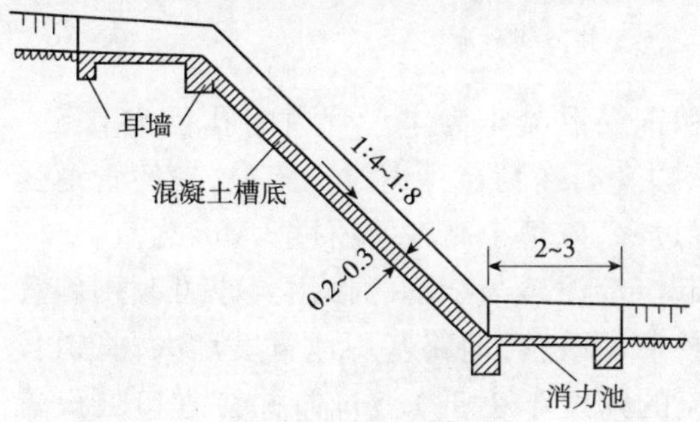

图1-1-13 急流槽构造示意图(尺寸单位:m)

5. 渡槽与倒虹吸

路堑路段，当农田水利灌溉沟渠水流需要上跨路基横穿通过时，可以采用渡槽或倒虹吸。这两者属于路基地面排水的特殊结构物。

当沟渠底高程与路基设计高程相差较大，能够同时满足行车净高和结构物高度的要求时，可采用渡槽排（过）水。渡槽相当于渡水桥，如图 1-1-14 所示。可设简易桥梁，架设水槽或管道，从路基上部跨越，以沟通路基两侧的水流。渡槽除了应满足沟渠排水通过流量的要求外，还应满足自身结构强度和稳定性的要求。

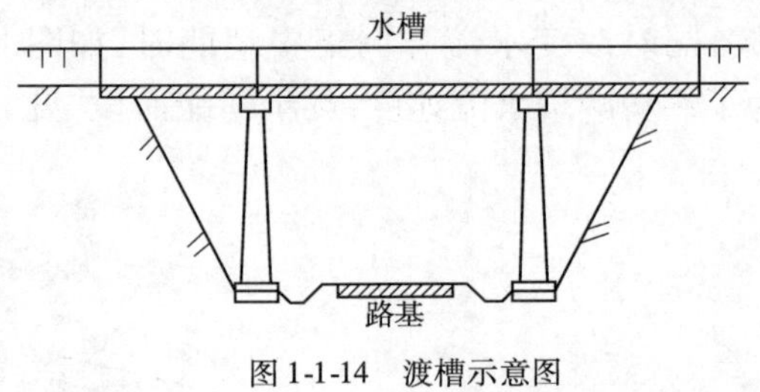

图 1-1-14 渡槽示意图

渡槽由进出水口、槽身和下部支承三部分组成。为降低工程造价，槽身过水横断面一般比两端的沟渠横断面要小，槽中水流速度相应有所提高，因此进出口段应注意防止冲刷和渗漏。进出水口处设置过渡段，根据土质情况，分别将槽身两端伸入路基两侧地面 2 ~ 5m，而且进出水口过渡段宜长一些，以防淤积。过渡段的平面收缩角为 10° ~ 15°。如果槽身与沟渠的横断面相同，沟槽可直接衔接而不设过渡段。与槽身连接的土质沟渠，应予以防护加固，其加固长度至少是沟渠水深的 4 倍。

当沟渠底高程高于路基设计高程，但不能够满足行车净高和结构物高度的要求时，可采用倒虹吸排（过）水，如图 1-1-15 所示。倒虹吸是借助上下游沟渠水位差，利用势能迫使水流降落，经路基下部洞身管道流向路基另一侧，然后再复升流入下游沟渠。由于所设管道为有压管道，竖井式倒虹吸的水流多次垂直改变方向，造成涡流局部冲刷，沿程不同位置容易漏水或淤积，因此对结构的要求较高，且难以清理和修复，应尽量不用或少用。需使用时应进行水力计算，合理设计，并保证施工质量，使用中要经常检查维修。

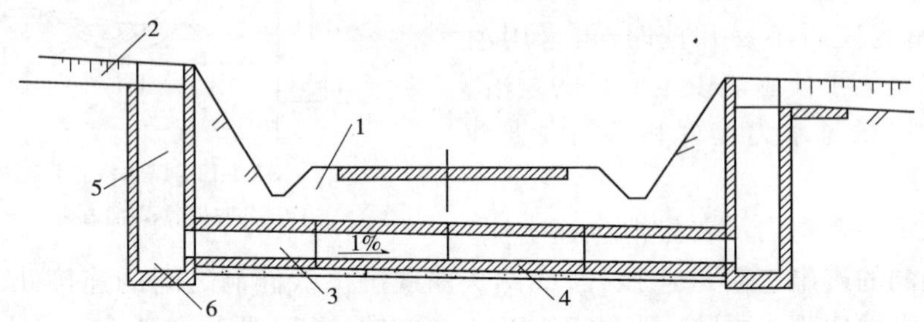

图 1-1-15 竖井式倒虹吸布置图

1-路基；2-原沟渠；3-洞身；4-垫层；5-竖井；6-沉砂池

洞身管道有箱形和圆形两种，以水泥混凝土和钢筋混凝土为主。管道的孔径为 0.5 ~ 1.5m，管道附近的路基填土厚度一般不小于 1.0m，以免行车荷载压力过于集中，易使管道受损或变形。为了施工和养护方便，管道亦不宜埋置过深，以填土高度不超过 3.0m 为宜。

倒虹吸管道两端设竖井，井底高程低于管道，起沉淀泥砂与杂物的作用。亦可改用斜管式或缓坡式，以代替竖井式升降水流，此时水流条件有所改善，但路基用地宽度增大，管道长度增加。为减少堵塞现象，设计时要求管道内水流的速度不小于 1.5m/s，并在进口处设置沉砂池和拦泥栅。

(三)路基常用的地下排水设施

由于开挖路堑,边坡或堑底出现流向路基工作区的层间水、集中的泉眼、大面积的渗水;由于填筑的路堤高度不高,堤旁地表长期积水位、堤下地基原地下水位以及毛细水上升等,总之将有各种地下水造成对路基的影响时,应设相应的地下排水设施,起到拦截、汇集、排除地下水或局部范围降低地下水位的作用。

常用的路基地下排水设施有:暗沟、渗沟和渗井等。由于地下排水设施埋置在地面以下,不易维修,在路基建成后又难以查明损坏失效情况,因此要求地下排水设施牢固及耐久。

1. 暗沟

暗沟的主要作用是把路基工作区范围内和以下较浅的集中泉眼或渗沟所拦截、汇集的水流,排到路基范围之外去。另外,暗沟用于如城市道路的污水管或雨水管;高速公路、一级公路中央分隔带有雨水浸入时,通过雨水口将水流引入地下暗沟,然后排到路基范围之外等。

暗沟应在路基填土前或开挖后,按泉眼范围及流量大小或渗沟汇集的水流情况,确定断面的尺寸。图 1-1-16 是用于排除路基泉眼的暗沟示意图。首先在泉眼处用浆砌块石或水泥混凝土圈井,上面加以盖板,然后在井壁上连接暗沟。暗沟敷设施工完毕后,恢复正常的路基填筑。当暗沟沟底高程处于路基工作区内或以下不深时,暗沟沿程必须防渗封闭,不然不能保证路基工作在干燥、中湿状态。暗沟沟底纵坡应不小于 1%,出水口沟底高程应高出沟外最高水位 20cm,以防水流倒灌。寒冷地区的暗沟,应采取防冻保温处理措施或将暗沟设在冰冻深度以下。

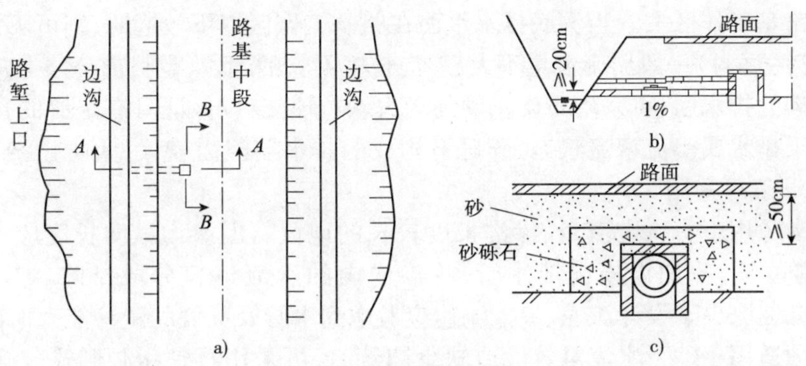

图 1-1-16 排除路基泉眼的暗沟

2. 渗沟

采用渗透方式将路基工作区或以下较浅的大面积地下水汇集于沟内,并沿沟把水排到指定地点,此种地下排水设施统称为渗沟。由于渗沟具有汇集水流的功能,渗沟沿程必须是“开放”的。根据地下水分布及影响路基情况的不同,渗沟设置的位置及作用也有所不同。

当用于拦截、汇集和排除流向路基的地下水时,渗沟可设在边沟以下或路基上侧山坡地面以下的适当位置,如图 1-1-17 所示。此时渗沟的平面布置应尽可能与地下水流向相互垂直,使之拦截效果良好。

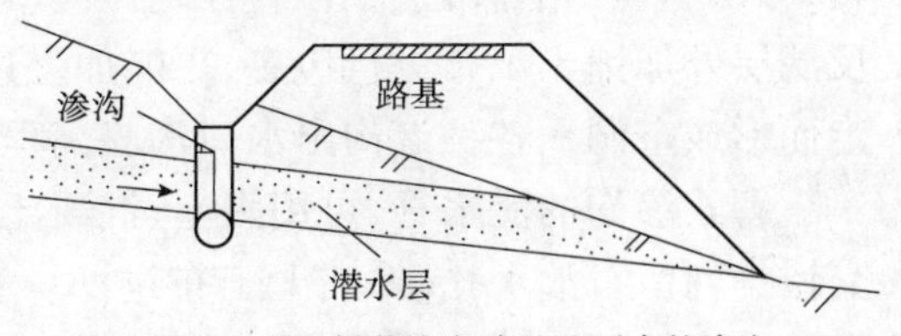

图 1-1-17 用于拦截流向路基地下水的渗沟

当用于汇集路基范围内大面积的渗水,并引

至指定地点时，首先应根据每条渗沟的流量，平面规划设计好渗沟网，然后在指定地点圈井以利汇集，其后再以暗沟连接，排水于路基之外。图1-1-18为渗沟与暗沟结合使用的示例。

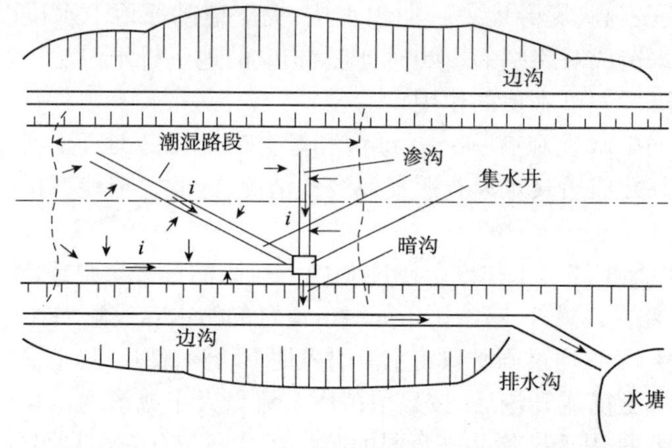

图1-1-18　用于汇集排除大面积渗水的渗沟网（示例）

按照需要排水流量的不同，渗沟大致有三种形式：填石渗沟（亦称盲沟）、管式渗沟和洞式渗沟，如图1-1-19所示。三种形式均由排水层（碎砾石缝或管、洞）和反滤层所组成。有无浆砌块石或水泥混凝土托底，应根据沟底排水水面的高程而定。当沟底排水水流已经进入路基工作区或接近该区时，必须设置托底，否则在渗沟内已经汇集应该排出的水，就会沿程又渗回到路基工作区去。当沟底排水水面在路基工作区以下较远时，则可不设托底。

填石渗沟（盲沟）一般用于流量不大、渗沟长度不长的地段，是目前公路上常用的一种渗沟形式。盲沟的排水层，可采用石质坚硬的较大颗粒填充，以保证具有足够的孔隙率排除设计流量。由于排水属渗流紊流状态，碎砾石构成的排水层阻力较大，为防止淤积，其纵坡应不小于1%，一般可采用5%。

管式渗沟适用于有一定流量、渗沟长度较长的地段。但渗沟纵向长度应不大于250～350m，若渗沟过长，应加设横向泄水管，将渗沟内的水流迅速分段排除。其最小纵坡为0.5%，沟底纵坡取决于设计流速，最大流速应考虑到水管及托底的耐冲能力而确定。

洞式渗沟适用于地下水流量较大或缺少圆管时，可采用石砌涵洞形式。洞身断面大小依设计流量而定。涵洞可用浆砌片石筑成，上加带泄水小孔的混凝土盖板或条石覆盖。沟底纵坡最小为0.5%，有条件时可适当采用较大纵坡，以利排水。渗沟施工时的人工开挖槽宽视沟深而定，一般深度在2m时，宽度为0.6～0.8m；深度在3～4m时，宽度不小于1.0m。

渗沟内用作渗水或排水的砂石填料，应经过筛选和清洗。反滤层是为了汇集水流，并用于防止含水层中土粒堵塞排水层而设置的。反滤层应尽可能选用颗粒大小均匀的砂石材料，分层填埋，相邻两层颗粒直径之比应不小于1:4，每层厚度不小于15cm。有条件时，可在反滤层外加铺土工布进行包裹，更能加强过滤作用，同时使得路基土颗粒不致因随水流被带走而形成空洞。各种渗沟出水口沟底高程应高于沟外最高水位高程20cm。

管式渗沟的泄水管，可用陶土、混凝土、石棉或带孔塑料管等材料制成。管壁上半部可交错排列留有渗水孔，外铺土工布过滤。管径视设计流量而定，一般为15～30cm。在冬季管内水流易结冰的地段，为防止堵塞，可采用较大直径的泄水管，并加设保温层。

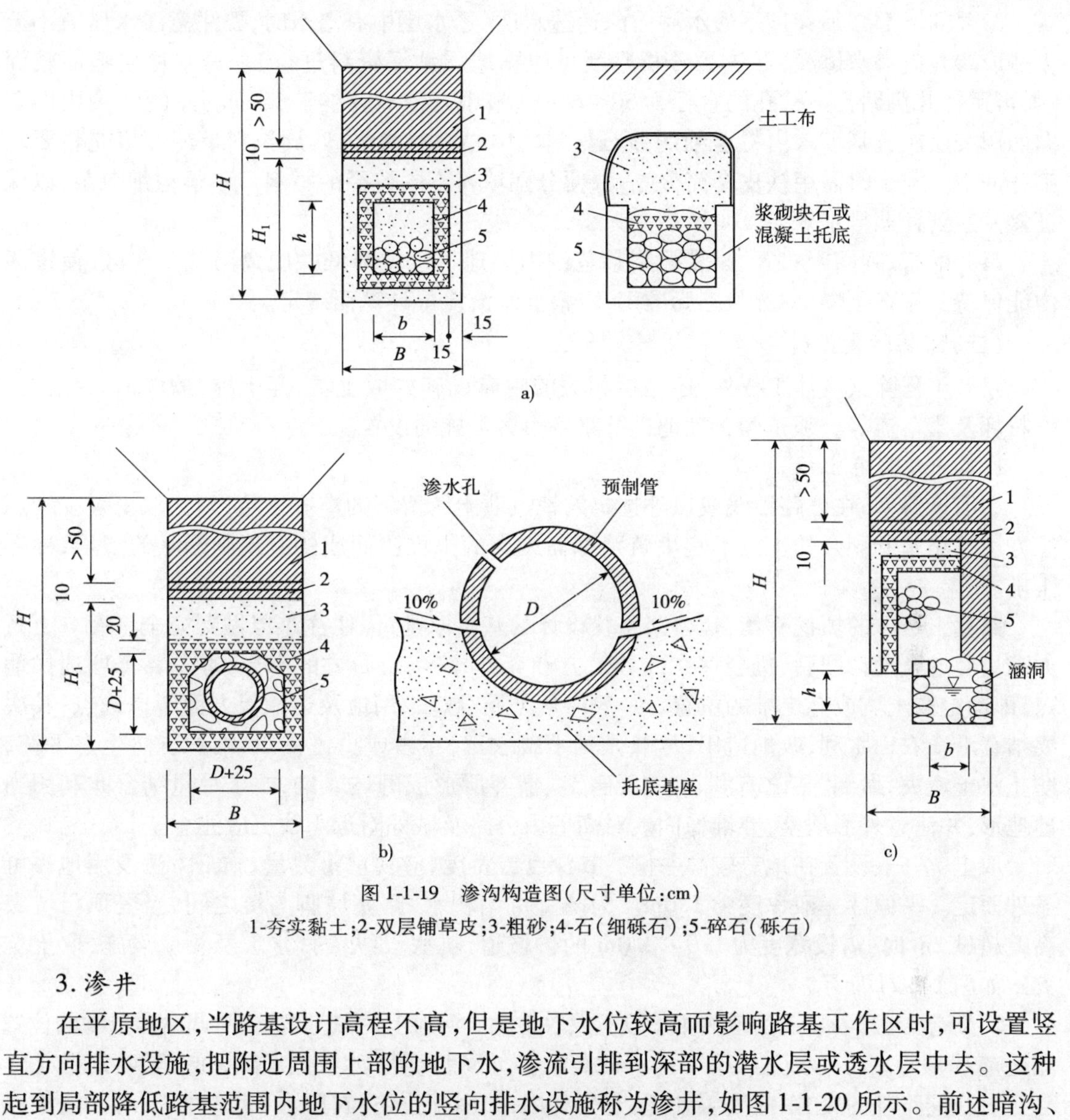

a)

b)

c)

图 1-1-19 渗沟构造图(尺寸单位:cm)

1-夯实黏土;2-双层铺草皮;3-粗砂;4-石(细砾石);5-碎石(砾石)

3. 渗井

在平原地区,当路基设计高程不高,但是地下水位较高而影响路基工作区时,可设置竖直方向排水设施,把附近周围上部的地下水,渗流引排到深部的潜水层或透水层中去。这种起到局部降低路基范围内地下水位的竖向排水设施称为渗井,如图 1-1-20 所示。前述暗沟、渗沟均属于平面方向的排水设施,而渗井则属于竖直方向的排水设施。

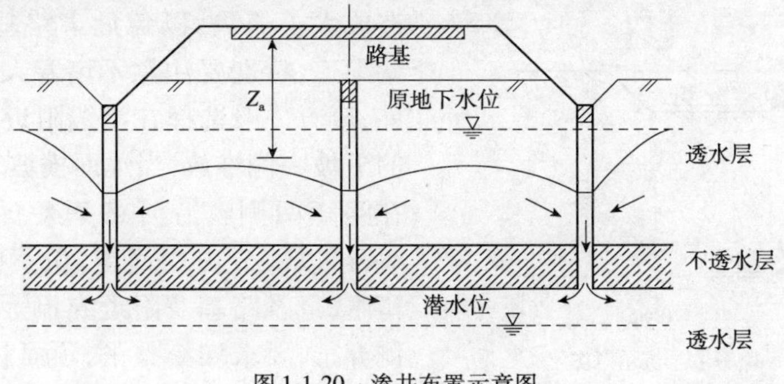

图 1-1-20 渗井布置示意图

渗井的下部必须穿过不透水层而深达透水层（透水层中有潜水时，要注意潜水压力不至于造成渗井内潜水倒灌，具体的分析判断可根据地质钻探资料进行）。透水层离地面较深时，可用钻井机钻孔。钻孔的直径为 50～60cm，最小直径不应小于 15cm。井（孔）内由中心向四周按层次分别填入由粗至细的砂石材料。中心粗料渗水，四周细料反滤。填充料要求筛分冲洗。施工时需用铁皮套筒分隔，以便分别填入不同粒径的材料。不得粗细混杂，以保证渗井达到预期排水效果。

渗井的行、列间距布置，以满足路基范围内原地下水位降低并脱离路基工作区，使该区内能保持工作在干燥、中湿状态为准则，应根据渗流流量计算而确定。

（四）路基附属设施

路基工程除其主体工程外，还包括相关的附属设施如取土坑、弃土堆、护坡道、碎落台、堆料坪及错车道等。须正确合理地进行路基附属设施的设置。

1. 取土坑与弃土堆

为填筑路基，在公路沿线或以外选定的地点取土所留下的整齐土坑，称为取土坑。利用挖方填筑路基所剩余的土或不宜填筑路基而废弃的土堆积而成的有规则形状的土堆，称弃土堆。

路基土石方的填挖平衡，是公路路线设计的基本原则，但往往难以做到完全平衡。土石方数量经过合理调配后，仍会存在部分借方和弃方，路基土石方的借弃，首先要合理选择地点，即确定取土坑或弃土堆的位置。一般应从土质、数量、用地及运输等方面考虑选点；其次要结合沿线农田水利，改地造田，尽量做到不毁农田，不占或少占良田，维护自然生态平衡，防止水土流失，做到“借之有利、弃之无害”。借弃所形成的坑或堆，要求尽量结合并利用当地地形，并注意外形规整，弃堆稳固。对高等级公路及城郊附近干线更应注意。

取土坑一般设置在地势较高一侧。其深度或宽度，应视填土数量、施工方法及用地许可条件而定。平原区一般深度为 1.0m。为防止坑内积水，路基坡脚与坑之间，当堤顶与坑底高差超过 2m 时，需设宽度为 1.0～2.0m 的护坡道，坑底设纵横排水坡及相应设施，取土坑大致如图 1-1-21 所示。

河流淹没地段及桥头引道两侧一般不设取土坑。河滩上的取土坑，应与调治构造物的位置相适应，一般距离河流水位界 1m 以上。此类取土坑不得长期积水及危害路基或构造物的稳定。

对开挖路基的废方，应妥善处理，充分利用，如用于公路、农田水利、基建等；对无法加以利用的弃土，做到弃而不乱，并应防止乱弃而造成水土流失，以免危害路基及农田水利，淤塞河道，特别要注意不堵塞天然排水通道。为此，废方一般选择在沿线附近低洼荒地或路堑的下坡一侧堆放，当地面横坡缓于 1∶5时，可设在路堑两侧。沿河路基废石方，当条件允许时，可以部分占用河道，但不能造成河道上游壅水，危及路基及附近农田等。如需在路堑上侧弃土，要求堆弃整平，顶面具有适当横坡，并设置平台三角土埂及排水沟渠，如图 1-1-22 所

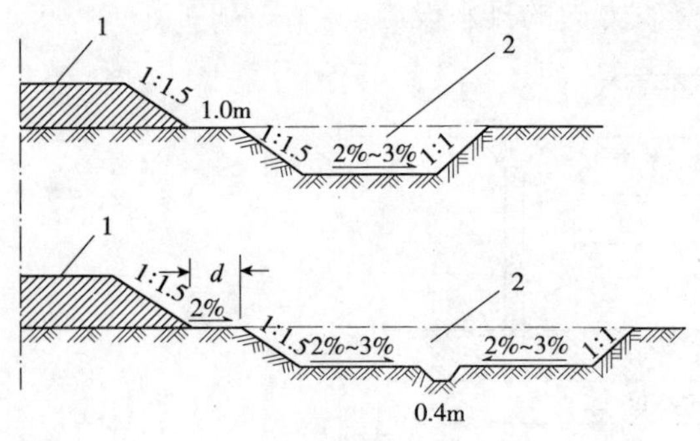

图 1-1-21　路旁取土坑示意图

1-路堤；2-取土坑

示。宽度 d 与地面土质有关，一般不小于5.0m，当路堑边坡较高，土质较差时，可按路堑深度加5.0m计算。积砂或积雪地段的弃土堆，为有利于防砂防雪，一般设在迎风一侧，并具有足够距离。此外，浅而开阔的路堑两旁不得设弃土堆。

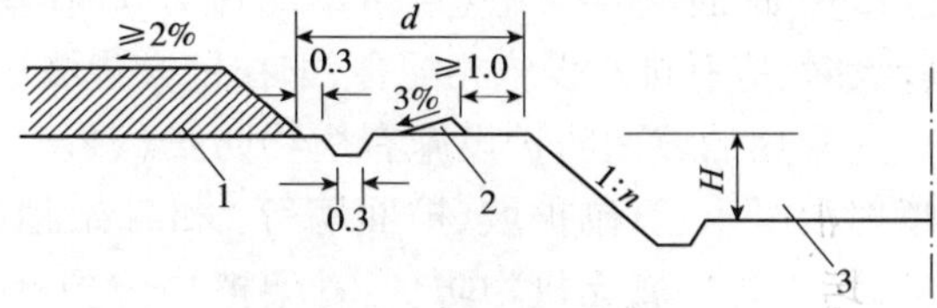

图1-1-22 路旁弃土堆示意图(尺寸单位:m)
1-弃土堆;2-平台与三角土块;3-路堑

2. 护坡道与碎落台

当路堤较高时，为保证边坡稳定，在取土坑与坡脚之间，或在边坡纵向，保留有一定宽度的平台，护坡道是保护路基边坡稳定的措施之一。设置护坡道的目的是加宽边坡横距，减缓边坡平均坡度。护坡道越宽，越有利于边坡稳定，但工程量会随之增加，不经济。根据实践经验，护坡道宽度至少为1.0m，并随填土高度而增加。一般情况下，护坡道宽度 d 宜选择：$h \leqslant 3.0$m，$d = 1.0$m；$h = 3 \sim 6$m，$d = 2$m；$h = 6 \sim 12$m，$d = 2 \sim 4$m。

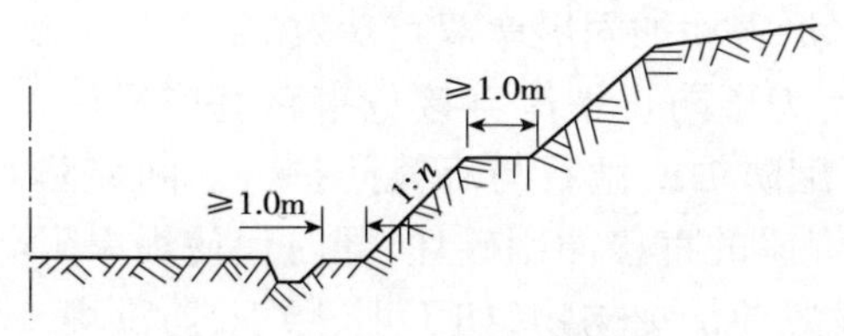

图1-1-23 碎落台与护坡道示意图

碎落台是指在路堑边坡坡脚与边沟外侧边缘之间或边坡上为防止碎落物落入边沟而设置的一定宽度的纵向平台，如图1-1-23所示。其作用是供零星土石碎块下落时临时堆积，以保护边沟不致阻塞，亦有护坡道的作用。碎落台宽度一般为1.0～1.5m，若兼有护坡道作用，可适当放宽。对风化严重的岩石边坡或不良土质边坡，为防止塌方，碎落台可修成矮墙，其顶部宽度大于0.5m，墙高为1～2m。对碎落台上的堆积物应定期清理。

3. 堆料坪与错车道

路面养护用矿质材料，可就近选择路旁合适地点堆置备用，亦可在路肩外缘设堆料坪。其面积可结合地形与材料数量而定，一般每隔50～100m设一个堆料坪，长5～8m，宽2m。高级路面或采用机械化养路的路段，可以不设堆料坪，或另设集中备用料场，以维护公路外形的视觉平顺和景观优美。

错车道是指在单车道公路可通视的一定距离内，供车辆交错避让而设置的一段加宽车道。通常应每隔200～500m设置一处错车道。按规定，错车道的长度不得短于30m，两端各有长度为10m的出入过渡段，中间10m供停车用。单车道的路基宽度为4.5m，而错车道地段的路基宽度为6.5m。错车道是单车道路基的一个组成部分，应与路基同时设计与施工。

五、路基防护加固工程

路基防护与加固设施，主要有边坡的坡面防护、沿河路堤河岸的冲刷防护以及湿软地基的加固处治。路基防护与加固工程的分类如下：

(一)坡面防护

坡面防护主要是保护路基边坡坡面免受雨水冲刷，减缓温差及湿度变化的影响，防止和延缓软弱岩土表面的风化、破碎、剥蚀演变进程，从而保护路基边坡的整体稳定性，在一定程度上还可以兼顾路容，美化公路。坡面防护设施，不考虑承受斜坡地层的侧压力，故要求坡面岩土整体稳定牢固。简易防护的边坡高度与坡度不宜过大，土质边坡坡度一般不陡于1:1～

1∶1.5。地面水的径流速度以不超过2.0m/s为宜，水亦不宜集中汇流。雨水集中或汇水面积较大时，应有排水设施相配合，如在挖方边坡顶部设截水沟，高填方的路肩边缘设拦水埂等。

常用的坡面防护设施有植物防护（种草、铺草皮、植树等）、圬工防护（抹面、捶面、喷浆、喷射混凝土、石砌护坡、护面墙等）和骨架植物防护。植物防护可视为有“生命”（成活）防护，圬工防护属无机物防护，骨架植物防护可视为前两种防护设施的综合使用。有“生命”防护以土质边坡为主，无机物防护以石质路堑边坡为主。在一定程度上，有“生命”防护在稳定边坡和改善路容方面优于无机物防护。

（二）冲刷防护

冲刷防护主要指沿河滨海路堤、河滩路堤、桥头引道、路基边旁堤岸的防止水流冲刷的防护。

此类堤岸常年或季节性浸水，在流水冲击、淘刷和侵蚀作用下，易造成路基水毁、坡脚淘空，或水位骤降时产生管涌现象，使路基内细粒填料流失，而导致路基失稳，边坡坍塌。所以堤岸冲刷防护，主要针对水流的破坏作用而设，起防水治害和加固堤岸双重功效。

冲刷防护的设施有直接和间接两类。直接防护是为了防止水流直接危害路基或堤岸，防护重点在边坡和坡脚。直接防护包括植物防护、石砌防护或抛石与石笼防护等。间接防护则是通过改变水流方向，消除和减缓水流对路基或堤岸的直接冲刷破坏，同时促使堤岸附近水流减速和泥砂淤积起安全保护作用。其主要是设置导治结构物，如丁坝、顺坝、防洪堤、拦水坝等，必要时进行疏浚河床、改变河道，但改变水流流速、流向和原来状态，可能导致水流加剧对对面堤岸的冲刷，因此必须慎重对待，掌握水流运动规律，因势利导，综合治理。

（三）湿软地基的加固处治

湿软地基的承载能力较差，如泥沼与软土、低洼的湖（海）相沉积土层、人为垃圾杂填土等，填筑路基前必须予以加固，以防路基沉陷、滑移或产生其他病害。湿软地基加固，规模大、造价高，应注意方案比较，研究技术和经济方面的可行性，力求从简，尽量就地取材。地基加固是路基主体工程的一部分，要结合路基设计（即确定路基高程，选择横断面，决定设施等），综合处治。

湿软地区修筑路基时，地基加固关键在于治水和固结。各种加固方法，可归纳成换填土、碾压夯实、排水固结、振动挤密和化学加固五类。其中加筋土为土中加入某种能承受一定拉力的筋条或化学纤维，凭借筋条与填土之间的摩擦作用，提高土的抗剪强度，改善路基抵抗变形的条件。土工布、土工格栅加筋是利用化纤材料织成布或网格，铺在软弱地基或填土层中，亦能收到良好效果。其他还有石灰桩、砂桩与砂井等，亦可采用强夯法，利用重锤的强大冲击力，以达到地基排水固结，提高承载能力的目的。

（四）挡土墙工程

1. 挡土墙用途

挡土墙是指承受土体侧压力的墙式构造物。在公路工程中，它广泛地用于支撑路堤填土或路堑边坡，以及桥台、隧道洞口和河流堤岸等处。

挡土墙各部分名称如图1-1-24a）所示。靠回填土或山体的一侧面称为墙背；外露的一侧面称为墙面，也称墙胸；墙的顶面部分称为墙顶；墙的底面部分称为基底或墙底；墙面与墙底的交线称为墙趾；墙背与墙底的交线称为墙踵；墙背与铅垂线的夹角称为墙背倾角 α。

按照挡土墙设置的位置不同，其用途也不相同。

路堑墙设置在路堑坡底部，主要用于支撑开挖后不能自行稳定的边坡，同时可减少挖方数量，降低挖方边坡的高度[图1-1-24a)]。

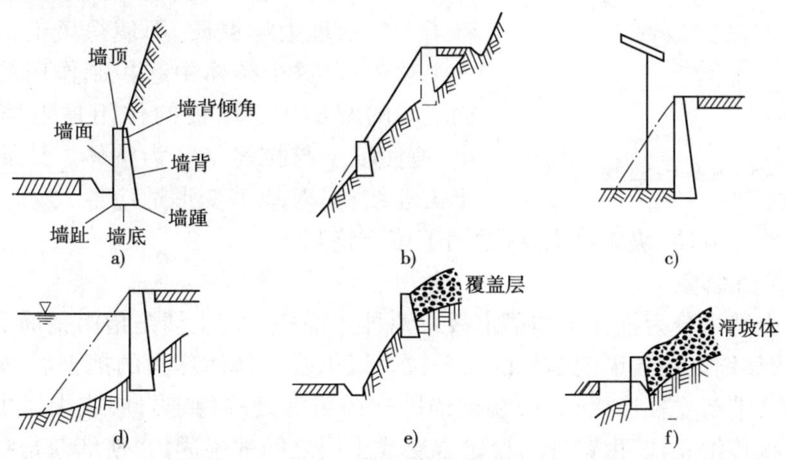

图1-1-24 设置挡土墙的位置

a)路堑墙；b)路堤墙(虚线为路肩墙)；c)路肩墙；d)浸水挡土墙；e)山坡挡土墙；f)抗滑挡土墙

路堤墙设置在高填土路堤或陡坡路堤的下方，可以防止路堤边坡或基底滑动，同时可以收缩路堤坡脚，减少填方数量，减小拆迁和占地面积[图1-1-24b)]。

路肩墙设置在路肩部位，墙顶是路肩的组成部分，其用途与路堤墙相同。它还可以保护邻近路线既有的重要建筑物[图1-1-24c)]。沿河路堤，在傍水的一侧设置挡土墙，可以防止水流对路基的冲刷和侵蚀，也是减少压缩河床的有效措施[图1-1-24d)]。

山坡墙设置在路堑或路堤上方，用于支撑山坡上可能坍滑的覆盖层、破碎岩层或山体滑坡[图1-1-24e)、图1-1-24f)]。

2. 挡土墙的分类及使用条件

1)挡土墙的分类

按照挡土墙设置的位置，挡土墙可分为路堑墙、路堤墙、路肩墙和山坡墙等类型，如图1-1-24所示。

按照挡土墙的结构形式，挡土墙可分为重力式挡土墙、锚定式挡土墙、薄壁式挡土墙、加筋土挡土墙等。

按照挡土墙的墙体材料，挡土墙可分为石砌挡土墙、混凝土挡土墙、钢筋混凝土挡土墙、钢板挡土墙等。

2)挡土墙的使用条件

根据挡土墙的结构形式的不同，其使用条件也不同。

(1)重力式挡土墙

重力式挡土墙是依靠墙身自重抵抗土体侧压力来维持其稳定的挡土墙。一般多用片(块)石砌筑，在缺乏石料的地区有时也用混凝土修建。图1-1-24所示的挡土墙均为重力式挡土墙。重力式挡土墙形式简单，施工方便，可就地取材，适应性较强，故被广泛应用。但其圬工数量较大，对地基的承载能力要求较高。

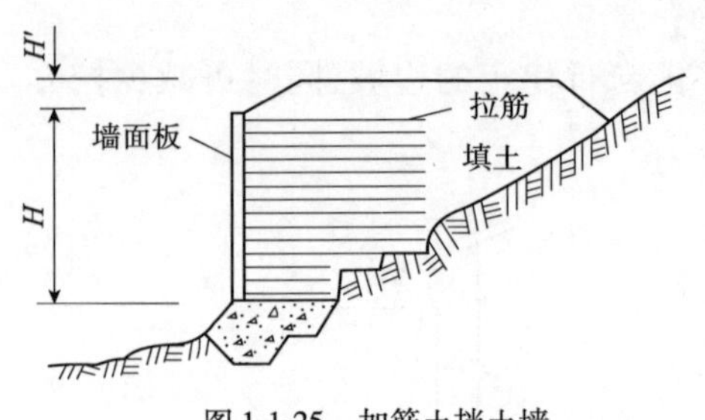

图 1-1-25　加筋土挡土墙

(2)加筋土挡土墙

加筋土挡土墙是填土、拉筋、面板三者的结合体,如图 1-1-25 所示。填土和拉筋之间的摩擦力改善了土的物理力学性质,而使得填土与拉筋结合为一个整体;在这个整体中起控制作用的是填土与拉筋之间的摩擦力。面板的作用是阻挡填土坍落挤出,迫使填土与拉筋结合为整体。加筋土挡土墙属于柔性结构,对地基变形适应性大,建筑高度大,具有省工、省料、施工方便、快速等优点,适用于填土路基。

(3)锚定式挡土墙

锚定式挡土墙可分为锚杆式和锚定板式两种。锚杆式挡土墙是指由钢筋混凝土墙板面和锚杆组成,依靠锚固在岩层内锚杆的水平拉力以承受土体侧压力的挡土墙,如图 1-1-26a)所示。锚杆的一端与立柱连接,另一端被锚固在山坡深处的稳定岩层或土层中。墙后侧向土压力由挡土板传给立柱,由锚杆与稳定岩层或土层之间的锚固力,使墙获得稳定。它适用于墙高较大,缺乏石料或挖基困难地区,具有锚固条件的路堑挡土墙。

锚定板式挡土墙是指由钢筋混凝土墙板、拉杆和锚定板组成,借埋在破裂面后部稳定土层内的锚定板和拉杆的水平拉力,以承受土体侧压力的挡土墙,如图 1-1-26b)所示。它借助于埋在填土内的锚定板的抗拔力抵抗侧土压力,保持墙的稳定。锚定式挡土墙的特点在于构件断面小,工程量小,不受地基承载力的限制,构件可预制,有利于实现结构轻型化和施工机械化。它适用于缺乏石料地区的路肩墙或路堤墙。

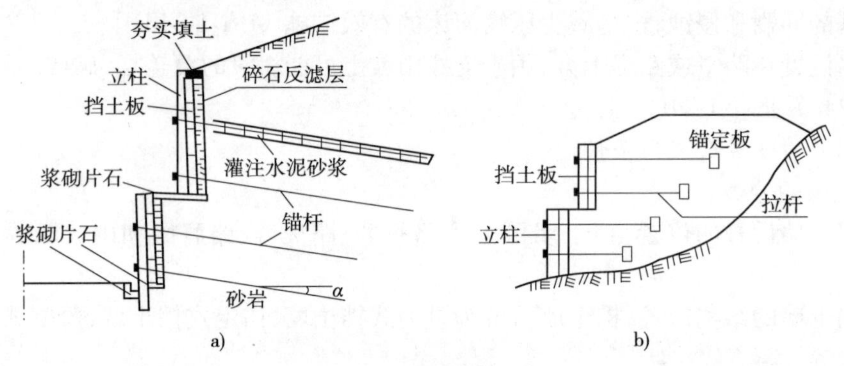

图 1-1-26　锚定式挡土墙

a)锚杆式挡土墙;b)锚定板式挡土墙

(4)薄壁式挡土墙

薄壁式挡土墙属于钢筋混凝土结构,可以分为悬臂式和扶壁式两种。悬臂式挡土墙由立壁、墙趾板和墙踵板三个钢筋混凝土悬壁式构件组成,如图1-1-27a)所示。扶壁式挡土墙是指沿悬壁式挡土墙的立壁,每隔一定距离加一道扶壁,将立壁与踵板连接起来的挡土墙,如图1-1-27b)所示。薄壁式挡土墙结构的稳定不是依靠其本身的重量,而主要依靠墙踵板上的填土重量来保证。它具有断面尺寸较小,自重轻,能修建在较弱的地基上等优点。它适用于城市或缺乏石料的地区。其缺点是需耗用一定数量的水泥和钢筋,施工工艺较为复杂。

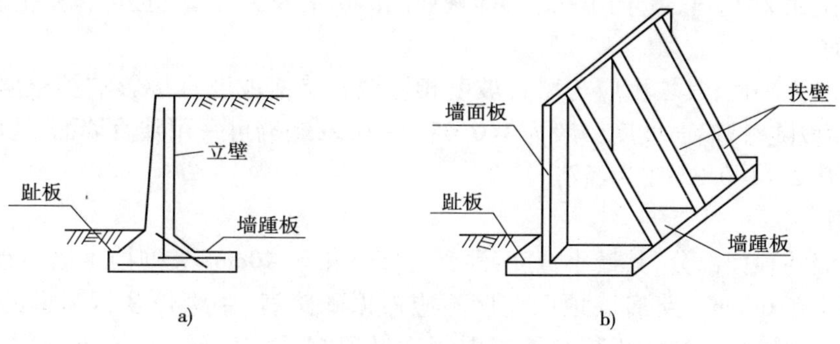

图 1-1-27 薄壁式挡土墙

a)悬臂式挡土墙;b)扶壁式挡土墙

3.重力式挡土墙的构造

挡土墙的构造必须满足强度和稳定性的要求,同时考虑就地取材、结构合理、断面经济、施工养护方便与安全。

重力式挡土墙一般由墙身、基础、排水设施和变形缝等部分组成。

1)墙身

(1)墙背

墙背是指靠回填土或山体的一侧面,根据墙背倾斜方向的不同可分为仰斜、俯斜、垂直、凸形折线、衡重式等形式,如图 1-1-28 所示。

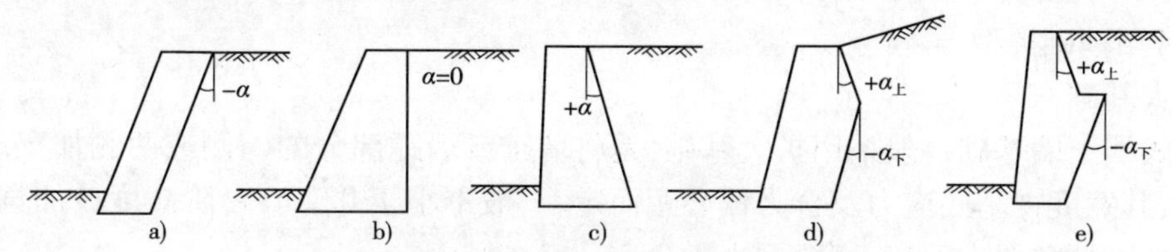

图 1-1-28 重力式挡土墙的断面形式

a)仰斜;b)垂直;c)俯斜;d)凸形折线式;e)衡重式

仰斜墙背所受土压力较小,墙身断面经济,用于路堑墙时,墙身与开挖坡面较贴合,故开挖及回填量较小。但当墙趾地面横坡较陡时,会使墙身增高,断面增大,故仰斜墙背适用于路堑墙及墙趾地面平坦的路肩及路堤墙。仰斜墙背的坡度不宜缓于 1:0.3,以免施工困难。

俯斜墙背所受的土压力较大。在地面横坡陡峻时,俯斜式挡土墙可采用陡直的墙面,以减小墙高。俯斜墙背也可做成台阶形,以增加墙背与填料间的摩擦力。背坡一般不缓于1:0.4。

垂直墙背的特点介于仰斜式与俯斜式墙背之间。

凸形折线墙背系将仰斜挡土墙的上部墙背改为俯斜,以减小上部尺寸,故其断面较为经济,多用于路堑墙,也可用于路肩墙。

衡重式墙背可视为在凸形折线式墙背的上下墙之间设置一衡重台,并采用陡直墙面。上墙俯斜墙背的坡度一般为 1:0.25~1:0.45,下墙仰斜墙背坡度在 1:0.25 左右,上下墙的墙高比一般采用2∶3。它适于山区地形陡峻处的路肩墙及路堤墙，也可用于路堑墙。

（2）墙面

墙面一般为平面，其坡度应与墙背坡度相协调。墙面坡度直接影响挡土墙的高度。因此，在地面横坡陡时，墙面坡度一般为1∶0.05～1∶0.2，矮墙可采用陡直墙面；地面横坡缓时，一般采用1∶0.2～1∶0.35较为经济。

（3）墙顶

墙顶是墙的顶面部分，其最小宽度：混凝土墙不小于40cm，浆砌挡土墙不小于50cm，干砌挡土墙不小于60cm。路肩墙顶面宽度不应占据硬路肩、路缘带及行车道的路基宽度范围。浆砌挡土墙墙顶一般宜用粗料石或混凝土做顶帽，厚40cm。若不做顶帽，应以大块石砌筑，并用M5砂浆抹平顶面，砂浆厚2cm。干砌挡土墙墙顶50cm高度内，应用砂浆砌筑，以增加墙身稳定性。

《公路路基设计规范》（JTG D30—2015）规定浆砌挡土墙墙高不大于12m，干砌挡土墙墙高不大于6m。高速、一级公路不用干砌挡土墙。

（4）护栏

路肩式挡土墙的墙顶应设置护栏。高速、一级公路的护栏设计应符合《公路交通安全设施设计规范》（JTG D81—2006）的要求。护栏内侧边缘至路面边缘的距离：二、三级公路不小于75cm，四级公路不小于50cm。

2）基础

基础设计，包括基础类型选择和确定基础埋置深度两项主要内容。

（1）常用基础类型

①扩大基础

重力式挡土墙基础一般采用扩大基础，是将墙趾或墙踵部分的一侧或两侧加宽成台阶，称为襟边，其宽度视基底应力及合力偏心距而定，一般不小于0.2m，台阶高度按加宽部分强度及材料的刚性角要求而定，一般不小于0.5m。

②切割台阶基础

陡坡上，且地基为稳定坚硬岩石时，为节省圬工和基坑开挖量，采用高∶宽不大于2∶1，台阶高度一般不小于0.5m的台阶基础。

（2）基础埋置深度

挡土墙基础的埋置深度，应视地形、地质条件而定，以保证挡土墙的稳定性。

①土质地基：

a. 无冲刷时，应埋于天然地面以下不小于1.0m，有冲刷时，基底埋于局部冲刷线以下不小于1.0m。

b. 受冻胀影响时，若冻深小于1.0m，应埋于冻结线下不小于0.25m，且符合不小于1.0m埋深要求；若冻深大于1.0m，埋深不小于1.25m，且基底至冻结线下0.25m深度范围的地基土换填为弱冻胀材料。

c. 路堑挡土墙基础顶面应低于路堑边沟底面不小于0.5m。

②碎石、砾石和砂类土地基，碎石、砾石和砂类土地基不考虑冻胀影响，但基础埋深不小于1.0m。

③岩石地基：

a. 软质岩石，埋深不小于1.0m。

b. 风化层不厚的硬岩地基，基底应置于基岩表面风化层以下，基础嵌入岩层的深度，如表1-1-14所示。

④斜坡地面基础埋置：

墙趾前地面横坡较大时，墙趾埋入地面的深度和距地表的水平距离应满足表1-1-14的要求。

斜坡地面基础埋置条件 表1-1-14

土层类别	最小埋入深度 h(m)	距地表水平距离 L(m)	嵌入示意图
较完整的硬质岩石	0.25	0.25～0.50	
一般硬质岩石	0.60	0.60～1.50	
软质岩石	1.00	1.00～2.00	
土质	≥1.00	1.50～2.50	

(3)排水设施

①目的：疏干墙后土体，防止地面水下渗，防止墙后积水形成静水压力，减小冻胀压力，消除黏性土的膨胀压力。

②措施：设置地面排水沟引排地面水；夯实回填土表面防雨水下渗，必要时可加设铺砌；路堑墙趾前边沟应铺砌加固，防边沟水渗入基础；墙身设泄水孔，排除墙后水。

泄水孔尺寸一般为5cm×10cm、10cm×10cm、15cm×20cm的方孔或直径为5～10cm的圆孔，间距一般为2～3m。下排泄水孔应高出墙前地面0.3m，路堑墙高出边沟水位0.3m，浸水挡土墙高出常水位0.3m。泄水孔向外倾斜一定坡度，一般为3%。

墙后填料宜用透水性强的砂性土、砂砾，并设反滤层，且最下一排泄水孔下设30～50cm厚的黏土隔水层。当墙背填料透水不良时，墙后最下一排泄水孔至墙顶下0.5m范围设置不小于0.3m厚度的砂卵石排水层。

(4)伸缩缝

为避免地基不均匀沉陷而引起墙身开裂，需根据地质条件的差异和墙高、墙身断面的变化情况设置沉降缝。为了防止圬工砌体硬化收缩和温度变化而产生裂缝，应设置伸缩缝。

一般将沉降缝和伸缩缝设在一起，沿纵向10～15m设一道，宽2～3cm，用沥青麻絮等弹性材料沿墙内、外、顶三方填塞，深度不小于15cm。干砌挡土墙，缝两侧应平整，做成由墙顶到基底的垂直通缝。

六、路基土的分类及常用强度指标

(一)路基土的分类

我国公路用土依据土的颗粒组成特征、土的塑性指标和土中有机质存在的情况，分为巨粒土、粗粒土、细粒土和特殊土四类，并进一步细分为11种土。土的颗粒组成特征可用不同粒径粒组在土中的百分含量表示。不同粒组的划分界限及范围见表1-1-15。土分类总体系包括四类并且细分为11种，如图1-1-29所示。

粒组划分表　　表 1-1-15

<table>
<tr><td></td><td>200</td><td>60</td><td>20</td><td>5</td><td>2</td><td>0.5</td><td>0.25</td><td>0.074</td><td>0.002(mm)</td></tr>
<tr><td colspan="2">巨粒组</td><td colspan="6">粗粒组</td><td colspan="2">细粒组</td></tr>
<tr><td rowspan="2">漂石
(块石)</td><td rowspan="2">卵石
(小块石)</td><td colspan="3">砾(角砾)</td><td colspan="3">砂</td><td rowspan="2">粉粒</td><td rowspan="2">黏粒</td></tr>
<tr><td>粗</td><td>中</td><td>细</td><td>粗</td><td>中</td><td>细</td></tr>
</table>

巨粒组（大于 60mm 的颗粒）质量多于总质量 50% 的土称为巨粒土。巨粒土分漂石土和卵石土。

粗粒土分砾类土和砂类土两种，砾粒组（2～60mm 的颗粒）质量多于总质量 50% 的土称为砾类土，砾粒组质量小于或等于 50% 的土称为砂类土。

细粒土中细粒组（小于 0.074mm 的颗粒）质量多于总质量 50% 的土总称为细粒土，细粒土中粗粒组（2～60mm 的颗粒）质量小于总质量 25% 的土称为细粒土，粗粒组质量为总质量 25%～50% 的土称为含粗粒的细粒土，含有机质的细粒土称为有机质土。

特殊土主要包括黄土、膨胀土、红黏土和盐渍土。黄土、膨胀土、红黏土按塑性指数和液限划分，据特殊塑性图上的位置定名。黄土属低液限黏土，$w_L < 40\%$；膨胀土属高液限黏土，$w_L < 50\%$；红黏土属高液限粉土，$w_L < 55\%$；盐渍土按照土层中所含盐的种类和质量百分率进行分类，分为弱盐渍土、中盐渍土、强盐渍土、过盐渍土。

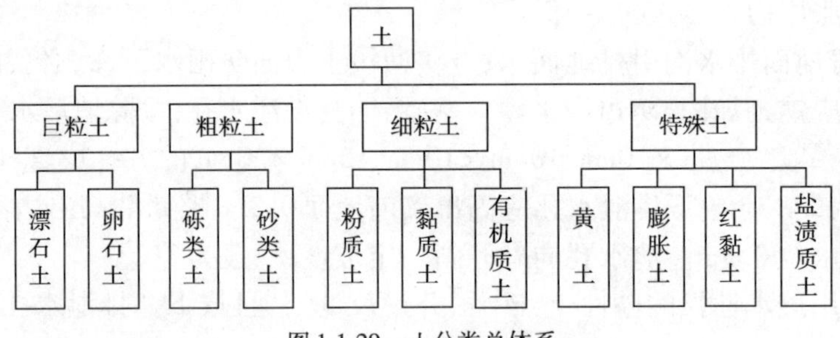

图 1-1-29　土分类总体系

（二）路基土的工程特性

公路用土具有不同的工程性质，在选择路基填筑材料，以及修筑稳定土路面结构层时，应根据不同的土类分别采取不同的工程技术措施。

1. 巨粒土

巨粒土有很高的强度及稳定性，是填筑路基很好的材料。对于漂石土，在码砌边坡时，应正确选用边坡值，以保证路基稳定。对于卵石土，填筑时应保证有足够的密实度。

2. 粗粒土

砾类土由于粒径较大，内摩擦力亦大，因而强度和稳定性均能满足要求。级配良好的砾类土混合料，密实度好。对于级配不良的砾类土混合料，填筑时应保证密实度，防止由于空隙大而造成路基积水、不均匀沉陷或表面松散等病害。

砂类土又可分为砂、含细粒土砂（或称砂土）和细粒土质砂（或称砂性土）三种。

砂和砂土无塑性，透水性强，毛细上升高度很小，具有较大的摩擦系数，强度和水稳定性均较好。但由于黏性小，易松散，故压实困难，需要振动法或灌水法才能压实。为克服这一缺点，可添加一些黏质土，以改善其使用质量。

砂性土既含有一定数量的粗颗粒,有利于路基具有强度和水稳性,又含有一定数量的细粒土,使其具有一定的黏性,不致过分松散,且一般遇水疏散快,不膨胀,干时有相当的黏结性,扬尘少,容易被压实。因此,砂性土是修筑路基的良好材料。

3. 细粒土

粉质土为最差的筑路材料。它含有较多的粉土粒,干时稍有黏性,但易被压碎,扬尘性大,浸水时很快被湿透,易成稀泥。粉质土的毛细作用强烈,上升高度快,毛细上升高度一般可达0.9~1.5m。在季节性冰冻地区,水分积聚现象严重,造成严重的冬季冻胀,春融期间出现翻浆,故又称翻浆土。如遇粉质土,特别是在水文条件不良时,应采用一定的措施,改善其工程性质,在达到规定的要求后进行使用。

黏质土透水性很差,黏聚力大,因而干时坚硬,不易挖掘。它具有较大的可塑性、黏结性和膨胀性,毛细管现象也很显著,用来填筑路基比粉质土好,但不如砂性土。浸水后黏质土能较长时间保持水分,因而承载能力小。对于黏质土,如在适当的含水率时加以充分压实和有良好的排水设施,筑成的路基也能获得稳定。

有机质土(如泥炭、腐殖土等)不宜作路基填料,如遇有机质土均应在设计和施工上采取适当措施。

4. 特殊土

黄土属大孔和多孔结构,具有湿陷性;膨胀土受水浸湿发生膨胀,失水则收缩;红黏土失水后体积收缩量较大;盐渍土潮湿时承载力很低。因此,特殊土也不宜作路基填料。

(三)路基土的工程分级

在交通运输部颁布的《公路工程国内招标文件范本》(2009年版)第5篇“技术规范”第200章第201节中规定,路基土石划分的标准是:在公路路基土石挖方中用不小于112.5kW推土机单齿松土器无法松动,须用爆破或用钢楔大锤或用气钻方法开挖的,以及体积大于或等于1m^{3}的孤石为石方,其余为土方。为便于选择施工方法和施工机具,确定工程量及费用,在施工中,路基土石按其开挖难易程度,可分为六级,如表1-1-16所示。

土、石工程分级 表1-1-16

土、石等级	土、石类别	土、石名称	钻1m所需时间		爆破1m^{3}所需炮眼长度(m)			开挖方法
			湿式凿岩一字合金钻头净钻时间(min)	湿式凿岩普通淬火钻头净钻时间(min)	双人打眼(人工)	路堑	隧道导坑	
I	松土	砂类土、腐殖土、种植土、中密的黏性土及砂性土、松散的水分不大的黏土,含有30mm以下的树根或灌木根的泥炭土						用铁锹挖,脚蹬一下到底的松散土层

续上表

土、石等级	土、石类别	土、石名称	钻1m所需时间		爆破1m³所需炮眼长度（m）			开挖方法
			湿式凿岩一字合金钻头净钻时间（min）	湿式凿岩普通淬火钻头净钻时间（min）	双人打眼（人工）	路堑	隧道导坑	
Ⅱ	普通土	水分较大的黏土、密实的黏性土及砂性土、半干硬状态的黄土、含有30mm以上的树根或灌木根的泥炭土、碎石类土（不包括块石土及漂石土）						部分用镐刨松，再用锹挖，以脚蹬需连蹬数次才能挖动
Ⅲ	硬土	硬黏土、密实的硬黄土，含有较多的块石土及漂石土，各种风化成土块的岩石						必须用镐先整个刨过才能用锹挖
Ⅳ	软石	各种松散岩石、盐岩、胶结不紧的砾岩、泥质页岩、砂岩、煤、较坚实的泥灰岩、块石土及漂石土、软的节理多的石灰岩		<7	<0.2	<0.2	<2.0	部分用撬棍或十字镐及大锤开挖，部分用爆破法开挖
Ⅴ	坚石	硅质页岩、砂岩、白云岩、石灰岩、坚实的泥灰岩、软玄武岩、片麻岩、正长岩、花岗岩	<15	7~20	0.2~1.0	0.2~0.4	2.0~3.5	用爆破法开挖
Ⅵ	次坚石	硬玄武岩，坚实的石灰岩、白云岩、大理岩、石英岩、闪长岩、粗粒花岗岩、正长岩	>15	>20	>1.0	>0.4	>3.5	用爆破法开挖

（四）路基土的常用强度指标

路基土的强度是指路基土在外力和重力作用下抵抗相对滑动位移变形和竖向垂直位移变形的能力。根据路基土简化的力学模型，以及土体破坏的不同原因，表征路基土强度的指标主要有路基土的承载能力指标和抗剪强度指标。

1. 承载能力指标

路基土的承载能力指路基土在一定应力级位下的抗变形能力。用于表征路基土承载力的参数指标有回弹模量、地基反应模量、加州承载比（CBR）等。

1)路基土回弹模量

路基土回弹模量表示路基土在弹性变形阶段内,在垂直荷载作用下,抵抗竖向变形的能力。路基土回弹模量设计值确定方法如下:

(1)新建公路初步设计时,可根据查表法[查表法可参考现行《公路沥青路面设计规范》(JTG D50—2006)附录F进行]或现有公路调查法、室内试验法、换算法等,经综合分析、论证,确定沿线不同路基状况的路基回弹模量设计值。

(2)通过现场测定路基土回弹模量值与压实度、路基稠度 w_c 或室内试验测定路基土回弹模量值与室内路基土CBR值等资料,建立可靠的换算关系,利用换算关系计算现场路基回弹模量。

(3)路基建成后,在不利季节实测各路段路基回弹模量代表值,以检验是否符合设计值要求。现场实测方法宜采用承载板法,也可用贝克曼梁弯沉仪法。若为非不利季节测试,则应进行修正。常用压入承载板法:在路基土表面,压入圆形刚性承载板,采用逐级加载、卸载的方法,测出每级荷载相应的回弹变形值,通过计算可求得路基土回弹模量值。测试依据及测试方法参阅《公路工程检测技术》(ISBN 978-7-114-10770-2,金桃主编)。

$$E_0 = \frac{\pi D}{4}(1 - \mu_0{}^2)\frac{\sum P_i}{\sum l_i} \tag{1-1-2}$$

2)加州承载比(CBR)

加州承载比是表征路基土、粒料、稳定土强度的一种指标。即标准试件在贯入量为2.5mm时所施加的试验荷载与标准碎石材料在相同贯入量时所施加的荷载之比值,以百分率表示。

CBR试验有室内试验与现场试验两种。室外试验应通过试验分析,寻找与室内试验之间的关系,换算为室内试验CBR值后,再用于路基施工强度检验或评定。其具体试验方法请参阅相关规范、规程。

3)地基反应模量

在刚性路面设计中,除用弹性模量表征路基土强度外,亦常用路基土反应模量作为指标。该力学模型假设地基上任一点的反力与该点的挠度成正比,而与其他点无关,即路基土相当于由互不联系的弹簧组成,见图1-1-30。

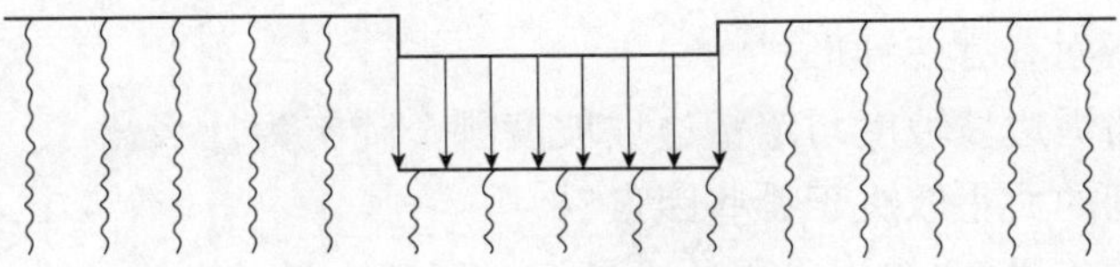

图1-1-30 文克勒地基力学模型

这种地基力学模型首先由捷克工程师文克勒(E. Winkler)提出,因此,又叫文克勒地基。地基反应模量 K_0(MPa/m)为压力 P 与沉降 l 之比,即:

$$K_0 = \frac{P}{l} \tag{1-1-3}$$

地基反应模量 K_0 值,用承载板试验确定。承载板的直径规定为76cm。测试方法与回弹模量测试方法相类似,但采用一次加载法,施加的荷载由两种方法控制:当地基较为软弱时,用0.127cm的沉降控制承压板的荷载;若地基较为坚硬,沉降难以达到0.127cm时,以单位压力 $P=0.07\text{MPa}$ 控制承载板的荷载。

以上三项指标,都表征特定力学模型下路基土的应力与应变的关系。但由于路基土是非线弹性体,其强度还随土质、密实度、水温状况及自然条件而变,因此,在应用各项指标进行路面设计和对路基土强度进行评价时,必须与路面结构设计方法相配合,把路基路面的设计力学模型与具体条件和要求联系起来。

我国现行沥青和水泥混凝土路面设计规范采用回弹模量作为路基路面的设计参数指标,而在国外公路建设中多采用CBR指标。为积累经验,促进国际学术交流,我国《公路路基设计规范》(JTG D30—2015)和《公路路基施工技术规范》(JTG F10—2006)中列入了CBR指标,作为路基填料选择的依据。

2. 抗剪强度指标

土的抗剪强度指土体抵抗剪切破坏的能力。路基土的抗剪强度对分析土坡稳定以及挡土墙后土压力计算具有十分重要的意义。

土的抗剪强度通常用库仑公式表示:

$$\tau = c + \sigma\tan\varphi \tag{1-1-4}$$

式中:τ——土的抗剪强度(kPa);

σ——剪切破坏面上的法向总应力(kPa);

c——土的单位黏聚力(kPa);

φ——土体的内摩擦角(°)。

c,φ 值即为土的抗剪强度指标,它反映了土体抗剪强度的大小。

土的抗剪强度测试有多种方法。若用三轴压缩试验测定,在一定围压下进行轴向加载,可以模拟土体受荷作用时发生的应力情况。如果试验时可以完全控制排水,水分可以从孔隙流出或排出,则土的性质完全可以按库仑公式[式(1-1-4)]表示。

复习思考题

1. 一般路基和特殊路基有什么区别?
2. 路基典型横断面有哪三种形式?
3. 同一种土的路堤边坡坡度与路堑边坡坡度哪个陡?为什么?
4. 路基边坡坡度的大小取决于哪些因素?
5. 从工程性质上来说,路基用土哪种土最好?哪类土最差?为什么?
6. 路基干湿类型有哪几类?要求路基工作在什么状态?
7. 何谓稠度?何谓路基临界高度?它们各自适用性如何?
8. 影响路基的水源分为哪两类?危害路基时各自包括哪些范畴?
9. 渗沟按流量的不同可分为哪几种?
10. 路基防护与加固工程,按作用不同可分为哪几种?各类的作用是什么?
11. 冲刷防护常用哪些措施?
12. 根据挡土墙结构形式的不同,挡土墙可分为几类?各类的使用条件是什么?

能力训练

1. 绘图说明常见的路基横断面形式。
2. 简单介绍路基常用的地面和地下排水设施及其作用。
3. 如何判断路基干湿类型。
4. 试解释路基高度与路基边坡高度的区别。
5. 简单叙述不同结构形式的挡土墙。

任务二 路基施工特点及施工准备

引例

路基是支承路面的土工构筑物，在挖方地段，路基是开挖天然地层形成的路堑；在填方地段，则是用压实的土石填筑而成的路堤。由于路基在使用过程中要承受由路面传递而来的行车荷载作用并抵御各种环境因素的影响，因此要求路基必须具有足够的强度、良好的水稳定性和整体稳定性。

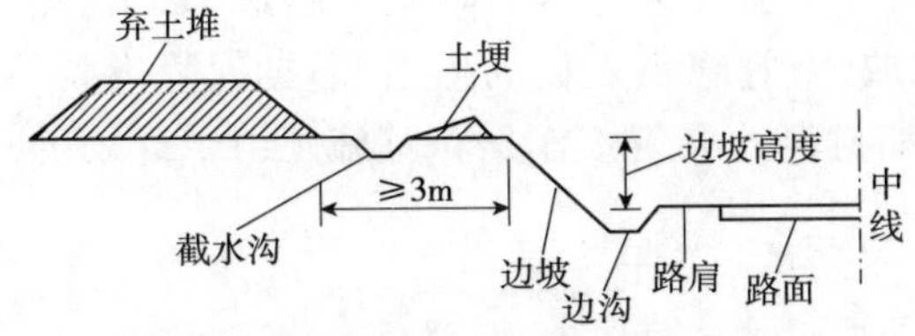

所谓路基施工，就是以设计文件和施工技术规范为依据，以工程质量为中心，有组织、有计划地将设计图纸转化为工程实体的建筑活动。

路基施工准备工作的主要内容包括组织准备、技术准备和物质准备等。

一、路基施工的特点

路基施工的特点，突出表现为对工程质量的高标准要求。强度高、水温稳定性和整体稳定性良好的路基将成为路面结构的良好支承体系，有利于提高路面整体强度和使用性能，延长路面使用寿命，同时，还可以降低路面工程造价和公路养护维修费用。反之，若路基工程质量低劣，将给路面和路基自身留下许多隐患，路面的使用品质和使用寿命会因此而降低，严重的路基或路面破坏甚至会中断交通，造成重大经济损失。由此可见，必须重视路基施工，切实保证路基工程质量，为提高公路建设的经济效益和社会效益提供切实的保障。

路基施工还在于工程质量受到多种因素的不利影响。虽然路基施工主要是开挖、运输、填筑、压实等比较简单的工序，但由于路基施工存在着条件变化大、工程数量大、施工难度大、施工方法多样等特点，对于保证路基工程质量有相当的难度。特别是地质不良的特殊路段及隐蔽工程较多的路基，在施工时常会遇到复杂的技术问题和各种突发性事故需要处理，可以说，路基施工技术是简单中蕴含着复杂。在与人工构造物的关系方面，路基自身的施工既与排水、防护及加固等工程的施工相互制约，有时又与桥梁、隧道、路面等分项工程的施工相互交叉、相互影响；在其他如气候、交通条件等方面，由于公路施工为野外作业，工程质量受气候条件影响很大，雨季时土质路基往往无法施工；交通运输不便会使物资、设备和施工队伍调遣困难。所有这些因素的影响都必须加以克服,才能保证路基工程的质量。

二、路基的施工准备

路基施工需要消耗大量的人工、物资、机械和时间等资源,是一项历时长、技术要求高的工作。路基施工前,必须根据工程的实际情况做好组织准备、物质准备和技术准备工作,使各项施工活动能正常进行。在施工过程中,所有的施工活动都必须严格按有关施工规范进行,以确保工程质量,最后得到质量优良的路基实体。

(一)组织准备

开工前的组织准备工作主要是建立健全工程管理机构和施工队伍,明确各自的施工任务,制定施工过程中必要的规章制度,确定工程应达到的目标等。组织准备是其他准备工作的开始。

(二)物质准备

路基施工要消耗大量的人工、材料和机具,因此开工前应进行所需材料的购进、采集、加工、调运和储备等工作。同时要检修或购置施工机械,做好施工人员的生活、后勤保障准备,正所谓"兵马未动,粮草先行"。劳动力、机械设备和材料的准备工作是路基施工组织计划的重要组成部分。

(三)技术准备

路基施工前的技术准备包括制订施工组织计划、施工测量、施工前的复查与试验及清理施工现场等工作。对于高速公路和一级公路或采用新技术、新工艺及新材料的其他等级公路,除做好上述准备工作外,还应在大规模施工前铺筑试验路段,为正式施工提供技术指导。

1. 制订施工组织计划

制订路基施工的实施性施工组织计划,是路基施工前非常重要的技术准备工作,施工单位应根据设计文件、工程实际条件、工程量、施工难易程度以及设备、人员、材料供应情况和工期要求等认真编制。所编制的施工组织计划应针对工程实际,科学合理、易于操作,有利于保证工程质量和工程进度,做到"运筹",使路基施工能连续、均衡地进行。在编制工程中,施工单位应对设计文件和设计交底全面熟悉、认真研究,组织有关人员进行现场核对和施工调查;若有必要,应按有关程序提出修改设计意见并报请变更设计。

2. 施工测量

开工前应做好施工测量工作,内容包括导线、中线、水准点复测,检查与补测横断面,校对和增加水准点等。

开工前应全面恢复路中线并固定路线的交点、平曲线主点等主要控制桩,高速公路和一级公路应采用坐标法恢复主要控制桩。若设计文件中公路路线主要由导线控制,施工测量时必须做好导线的复测工作,以准确控制路线的平面位置。为满足施工要求,复测路中线时应对指标桩进行必要的加密和加固。若发现路中线与相邻施工段或结构物中轴线不闭合,应及时查明原因并上报有关部门。若原设计路线长度丈量有错误或局部改线时,应作断链处理并相应调整纵坡。

路基施工时,若使用设计单位设置的水准点,应进行校核并与国家水准点闭合;产生的闭合差应按有关规定处理,闭合差超出允许误差范围应查明原因并报告有关部门。为方便施工可增设水准点,但应可靠固定。

施工前应对路基纵横断面进行检查核对,并适当补测。根据已经恢复的路中线,按设计文件、施工规定和技术要求等标出路基用地界桩、路堤坡脚、路堑坡顶、边沟及路基附属设施的具体位置。为方便施工,还应在距路中线一定安全距离处设置控制桩,桩间距不宜大于50m,桩上标明桩号及路中心填挖高度。在路基施工过程中应采取有效措施保护所有测量标志,以免增加测量工作量,减少出现错误的可能。

3. 施工前的复查与试验

路基施工前,施工技术人员应对路基施工范围内的地质、地形、水文情况进行详细调查。根据设计文件提供的资料,除对取自挖方、借土场、料场的路堤填料进行复查和取样试验外,还应进行环境保护分析并提交报告,经批准后方可使用。

4. 清理施工现场

路基施工前应先办好有关土地的征用、占用手续,依法使用土地。对路基范围内的既有建筑物、道路、沟渠、通信及电力设施等,施工单位应协同有关部门事先拆除或迁建;对路基附近的危险建筑物应进行适当加固,对文物古迹应妥善保护。

5. 铺筑试验路

高速公路和一级公路、特殊地区公路或采用新技术、新工艺、新材料的路基,在正式施工前,应采用不同的施工方案和施工方法,铺筑试验路并进行相关试验分析,从中选出最佳施工方案和施工方法以指导大面积路基施工。所铺筑的试验路应具有代表性,施工机械和工艺过程要与以后全面施工时相同。通过试验路铺筑可确定不同压实下各种填料的最佳含水率、适宜的松铺厚度、相应的碾压遍数、最佳机械配置和施工组织方法等。

(四)施工注意事项

(1)严格按照设计文件和施工规范进行路基施工,以试验及测试结果作为检查、评定路基施工质量是否符合要求的主要依据。

(2)加强排水,确保路基施工质量。施工排水有利于控制土的含水率,便于施工作业。路基施工前应先修筑截水沟、排水沟等排水设施。雨季施工时要加强工地临时排水,对各施工作业面应及时整平、压实、封闭。填方地段路基应根据土质情况和气候条件做成2%~4%的排水横坡;挖方工作面应根据路堑纵横断面情况,采取有效措施把积水排除。当地下水位较高或有地下水渗流时,应根据地下水的位置和流量设置渗沟等适宜的地下排水设施。

(3)合理取土、弃土。施工时取土与弃土应从方便路基施工、节约用地、保护耕地和农田水利设施等角度考虑,并注意取土、弃土后的排水畅通,避免对路基造成不利影响。

(4)注意保护生态环境。建成后的公路应有美好的路容和景观。路基施工时应尽量减少对自然植被及地形地貌的破坏,以免造成水土流失,不能避免时应适当进行绿地恢复。对施工时清除的杂物应区别情况,予以妥善处理,不得倾弃于河流及水域中。

(5)应因地制宜,合理利用当地材料和工业废料修筑路基,有效降低工程造价。

（6）安全施工。必须贯彻安全生产的方针，制订施工安全措施，加强安全教育和检查，严格执行安全操作规程，避免造成人员伤亡和财产损失。

三、路基施工机械和设备

（一）施工机械性能及适用性

施工机械按其性能，都有与其相适应的工作范围，施工机械作业包括基本土方施工作业和施工辅助作业。为了根据施工条件正确地选用土方工程机械，科学地安排和组织各种机械的作业和综合组织机械作业，施工技术人员必须了解施工机械的种类、基本工作性能及主要作业范围，合理、保质、保时和经济地完成工程施工任务。

常用施工机械的作业范围见表1-2-1、表1-2-2。

常用施工机械的作业范围 表1-2-1

机械名称	适用的作业范围		
	准备工作	基本作业	辅助作业
推土机	（1）修筑临时道路； （2）推倒树木、拔除树根； （3）铲草皮，除积雪及建筑碎屑； （4）推缓陡坡地形，整平场地； （5）翻挖回填井、坑、陷穴	（1）高度3m以内的路堤和路堑土方； （2）运距100m以内土石方的挖填与压实； （3）傍山坡挖填结合路基土方	（1）路基缺口土方的回填； （2）路基初平，取弃土的整平； （3）填土压实，斜坡上挖台阶； （4）配合铲运机与挖掘机松土、运土
铲运机	（1）铲草皮； （2）移运孤石	运距在60～70m以内的挖土、运土、铺平与压实（高度不限）	（1）路基初平； （2）取土坑与弃土堆的整平
平地机	除草、除雪及松土	修筑0.75m以内的路堤与0.6m以内的路堑，以及填挖结合路基的挖土、运土、填土	开挖排水沟，平整路基，整修边坡
挖掘机		（1）半径7m以内的挖土与卸土； （2）装土供汽车远运	（1）挖沟槽与基坑； （2）水下捞土（反向铲土）
装载机		具有推土机和挖掘机两者的工作能力	进行铲掘、推运、整平、装卸和牵引等多种作业
松土机	翻松旧路面、清除树根及废土层、翻松硬土		（1）Ⅲ～Ⅳ类土的翻松； （2）破碎0.5m以内的冻土层

根据施工条件选用施工机械 表 1-2-2

路基形式及土方工程		填挖高度(m)	土方移运水平距离(m)	主要施工机械	辅助机械	运距(m)	最小工作地段长度(m)
路堤	路侧取土	<0.75	<15	平地机	58.8kW 推土机	—	300~500
	远运取土	<3.00	<10	58.8kW 推土机		10~40	—
		<3.00	<60	73.5~102.9kW 推土机		10~60	—
		<6.00	20~100	$6m^3$ 拖式铲运机		80~250	50~80
		>6.00	50~200	$6m^3$ 拖式铲运机		250~500	80~100
		不限	<500	$6m^3$ 拖式铲运机		<700	50~80
		不限	500~700	9~$12m^3$ 拖式铲运机		<1 000	50~80
		不限	>500	$9m^3$ 以上自运铲运机		>500	50~80
		不限	>500	自卸汽车运土		>500	(5 $000m^3$)
路堑	路侧弃土	<0.60	<15	平地机		—	300~500
	路肩下坡弃土 路侧弃土	<3.00	<40	58.8kW 推土机		10~40	—
		<4.00	<70	73.5~102.9kW 推土机		10~70	—
		<6.00	30~100	$6m^3$ 拖式铲运机		100~300	50~80
		<15.0	50~200	$6m^3$ 拖式铲运机		300~600	>100
		>15.0	>100	9~$12m^3$ 拖式铲运机		<1 000	>200
	纵向利用	不限	20~70	58.8kW 推土机		20~70	—
		不限	<100	73.5~102.9kW 推土机		<100	—
		不限	40~600	$6m^3$ 以上拖式铲运机		80~700	>100
		不限	<800	9~$12m^3$ 拖式铲运机		<1 000	>100
		不限	>500	$9m^3$ 以下自动铲运机		>500	>100
		不限	>500	自卸汽车运土		>500	(5 $000m^3$)
半填半挖 横向利用		不限	<60	58.8~102.9kW 斜角推土机		10~60	—

1. 推土机

1) 性能

推土机是以工业拖拉机或专用牵引车为主机，前端装有推土装置，依靠主机的顶推力，对土石方或散装物料进行切削或搬运的铲土运输机械。

推土机担负着切削、推运、开挖、填积、回填、平整、疏松和压实等多种土石方作业，其特点是作业面小，机动灵活，转移方便，短距离运土方便。因此，推土机是路基施工中必不可少的机械设备。

2) 分类

推土机可按其行走装置形式、推土板的安装方式、操作系统及发动机功率进行分类。按行走装置形式分为履带式和轮胎式；按推土板安装方式分为固定式和回转式(图 1-2-1)；按推土

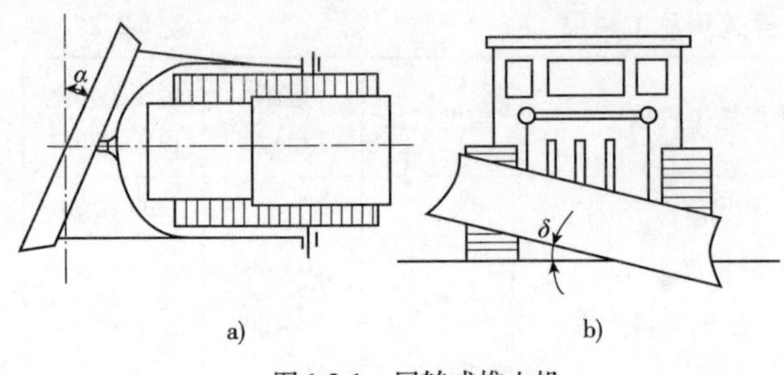

图 1-2-1　回转式推土机

板的操作方式分为机械式和液压式；按发动机功率分为小型（37kW 以下），中型（37～250kW），大型（大于 250kW）。

3）适用性

推土机一般适用于季节性较强、工程量集中、施工条件较差的工程环境，主要用于 50～100m 短距离的作业，如路基修筑、基坑开挖、平整场地、清除树根、堆积散料等，并可为铲运机与挖装机械松土和助铲及牵引各种拖式工作装置等作业。

履带式推土机，适用于Ⅳ级以下土的推运。当推运Ⅳ级及Ⅳ级以上土和冻土时，须先进行松土作业。

4）作业方式

推土机的基本作业是铲土、运土、卸土和空回四个过程，通常有以下作业方法。

（1）波浪式铲土法

这种方法可使发动机功率得到充分发挥并缩短铲土时间和距离，但空回时会产生颠簸。如图 1-2-2 所示。

（2）接力式推土法

在取土场较长而土质较硬的场地上作业时，可自近而远分段将土推成堆，然后再由远而近地将各段土堆一次推送到卸土处。

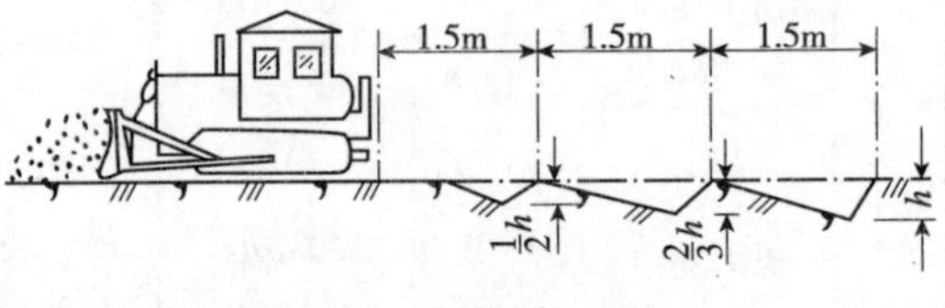

图 1-2-2　波浪式铲土法

（3）槽式推土法

为减少运土损失，可在一固定作业线上多次推运，形成土槽，或利用铲刀两端外漏的土壤形成土埂，再增加一次推运，以提高生产率。

（4）并列推土法

大面积时，可用 2～3 台同类型推土机并列同步推运土方，以减少土方损失。两铲间距以 15～20m 为宜，同时应掌握好每台推土机的运行速度和方向，避免相互影响。

（5）下坡推土法

借助机械向下的重力作用，可增大铲土深度和运土量，提高推土能力，缩短推土时间，一般可提高生产率 30%～40%。

2. 铲运机

1）性能

铲运机主要用于较大运距的土方工程，如填筑路堤、开挖路堑和大面积的平整场地等。由于它本身能完成铲装、运输和卸铺作业，并兼有一定的压实和平整能力，所以在公路工程施工中，铲运机是一种使用范围很广的土方施工机械。

2）分类

铲运机按铲斗容量分为四种：小容量（$3m^3$ 以下）、中等容量（$3\sim14m^3$）、大容量（$15\sim30m^3$）和特大容量（$30m^3$ 以上）；按卸土方法分为三种：强制式、半强制式和自由式；按操纵系统形式分为两种：钢索滑轮式和液压操纵式；按行走方式分为三种：拖式、半拖式和自行式（图 1-2-3）。

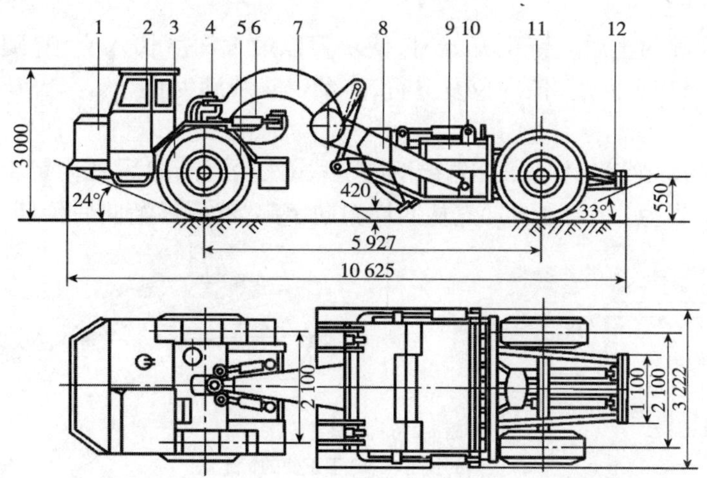

图 1-2-3 CL7 型自行式铲土推土机外形图(尺寸单位:mm)

1-发动机;2-单轴牵引车;3-前轮;4-转向支架;5-转向液压缸;6-辕架;7-提升油缸;8-斗门;9-斗门油缸;10-铲斗;11-后轮;12-屋架

3)适用性

铲运机的适用范围主要取决于土质特性、运距、机器本身的性能和道路状况。

铲运机的经济运距视其类型不同而异,一般与斗容量的大小成正比。斗容量 $6m^3$ 以下的铲运机的最短运距以不小于 100m 为宜,最长不应超过 350m,经济运距为 200 ~ 300m。斗容量 $10 \sim 30m^3$ 的自行式铲运机,最小运距不小于 800m,最长运距可达 1 500m 以上。

铲运机应在Ⅰ、Ⅱ级土中施工,如遇Ⅲ、Ⅳ级土应预先松土,最适宜在湿度较小(含水率在 25% 以下)的松散砂土和黏土中施工,但不适宜于在干燥的粉砂土和潮湿的黏性土中作业,更不宜在地下水位较高的潮湿地区和沼泽地带以及岩石类地区作业。

铲运机在施工中应尽可能地利用地形下坡铲装和运输以提高生产率。一般铲装时的下坡角不应大于 8°,如坡度过大,铲下的土不易进入斗内,效率反而降低。

4)作业方式

(1)一次铲装法

铲刀一次切入土中并完成铲土行程,装满铲斗,如图 1-2-4 所示。

(2)交替铲装法(跨铲法)

如图 1-2-5 所示,先在取土场第一排(1、2、3 区)铲土道上取土,相邻两铲土道间留出 1/2 铲刀宽的土不铲。然后再从第二排铲土道上铲起(4、5 区),且铲土起点后移的距离为铲土道长的一半,随后依次进行交替铲土作业。

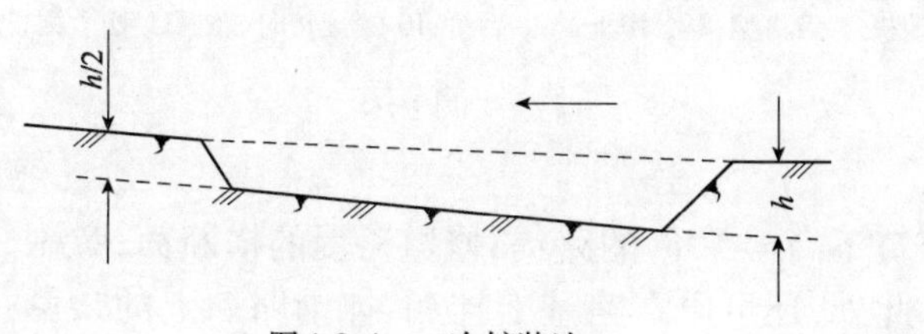

图 1-2-4 一次铲装法

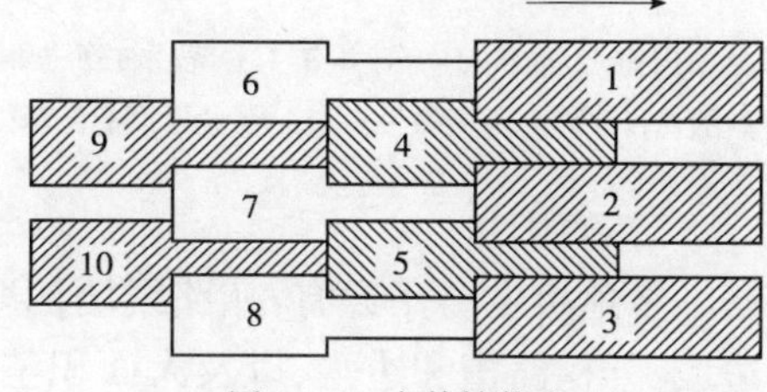

图 1-2-5 交替铲装法

(3)波浪式铲土法

此法适用于较硬的土质。铲土开始时，使铲刀以最大深度切入土中，随着负荷增加，车速降低，相应地减小切土深度，依次反复进行，直到铲斗装满为止。

(4)下坡铲土法

如图 1-2-6 所示，在平地铲土时，先铲挖前一段，然后逐渐向后延伸铲土道，以形成前低后高的自然坡道。当为一小土丘时，先从四周斜向铲起，然后逐渐向后延伸，以利下坡取土。

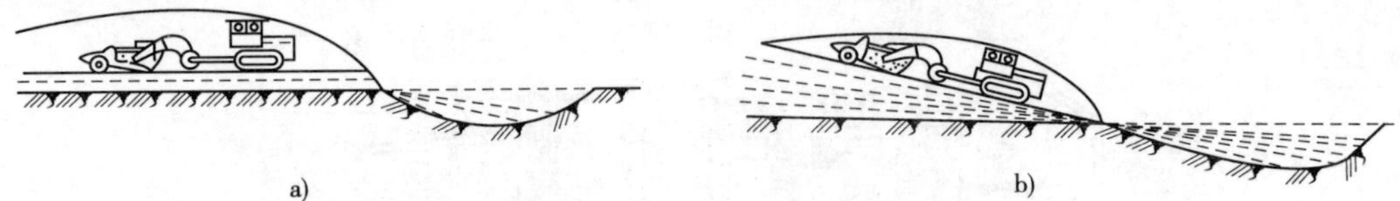

图 1-2-6　下坡铲土法

a)正确的铲土法；b)不正确的铲土法

3. 平地机

1)性能

平地机是一种装有以铲土刮刀为主，配备其他多种可换作业装置，进行刮平和整平连续作业的工程机械。平地机的铲土刮刀较推土机的推土铲刀灵活，它能连续改变刮刀的平面角和倾斜角，使刮刀向一侧伸出，可以连续进行铲土、运土、大面积平地、挖沟、刮边坡等作业。

2)分类

平地机按操纵方式可分为：机械操纵式和液压操纵式；按行走轮数分为：四轮式和六轮式；按转向方式分为：前轮式转向、全轮式转向、后转向架转向和铰接式四种；按驱动轮数分为：两轮驱动式、四轮驱动式和六轮驱动式三种。

PY180 型平地机外形见图 1-2-7。

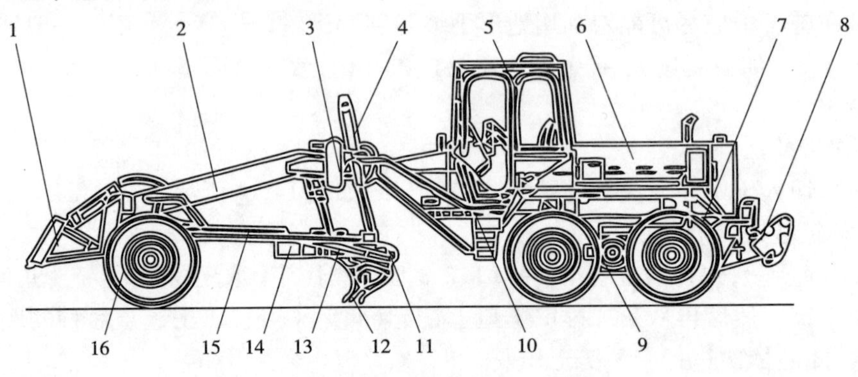

图 1-2-7　国产 PY180 型平地机外形图

1-前推土板；2-前机；3-摆架；4-铲刀升降油缸；5-架驶室；6-发动机；7-后机架；8-后松土器；9-后桥；10-铰接转向油缸；11-松土耙；12-刮刀；13-铲土角变换油缸；14-转盘齿圈；15-牵引架；16-转向轮

3)适用性

平地机主要用途有：从路线两侧取土，填筑不高于 10m 的路堤；修整路堤的横断面；旁刷边坡；开挖路槽和边沟，以及大面积整平等。此外，还可以在路基上拌和、摊铺路肩上的杂草以及冬季道路除雪等。

平地机是一种铲土、运土、卸土同时进行的连续作业机械,主要工作装置是刮刀,它可以调整四种作业运作,即刮刀平面回转、刮刀左右端升降、刮刀左右引伸和刮刀外侧倾斜,来完成刮刀角铲土侧移、刮刀刮土侧移、刮刀直移和机身外刮土等作业。

4)作业方式

(1)选择铲土角

铲土角指刮刀切削刃与地面的夹角。铲土角的大小由作业类型确定,一般60°左右的切削角适用于平整作业,切削、剥离土壤时,则需要较小的铲土角。

(2)选择刮刀回转角

如图1-2-8所示。刮刀回转角 w,对于切削、剥离、混合作业及硬土切削作业时,可取30°~50°;对于进行最后一道刮平以及进行松软或轻质土刮整作业时,可取0°~30°;在狭窄地段、短距离施工时,将刮刀回转180°,平地机可以在倒退状态下作业。

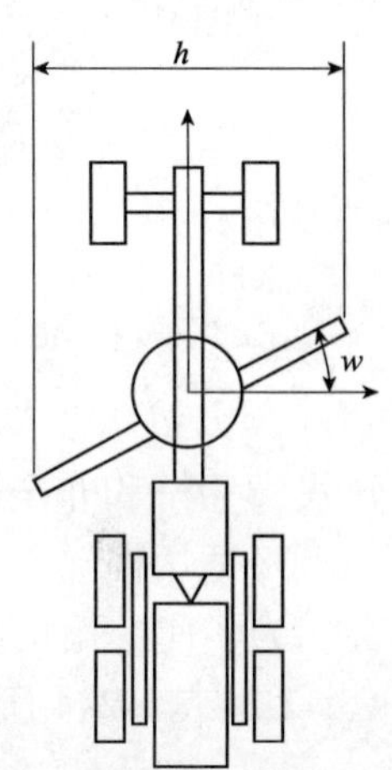

图1-2-8 刮刀回转角 w

(3)斜行作业

利用车架铰接或全轮转向的特点,在很多作业场地需采用斜行作业方法,使车轮避开料堆,保持机械的稳定。

(4)刮刀侧移

平地机作业时,常需要操作刮刀侧移来辅助实现刮刀的运动轨迹。当在弯道或作业面边界呈不规则的曲线状地段作业时,可同时操作转向和刮刀侧向移动,机动灵活地沿曲折的边界作业。

(5)刮刀移土作业

将刮刀回转角调整为0°,此时切削宽度最大,但切入深度较小,主要用于铺平作业,应注意采用适当的回转角,使刮刀前有足够的料,当刮刀侧移作业用于物料混合时,应注意刮刀的回转角大小要适当,并要有较大的铲土角。图1-2-9为平地机基本作业示意图。

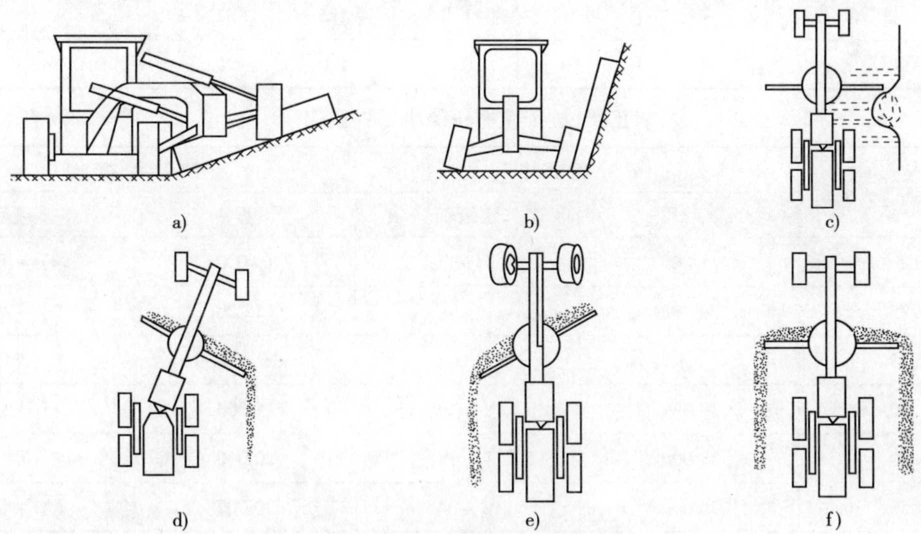

图1-2-9 平地机基本作业示意图

a)偏置行驶刮坡;b)前轮倾斜作业;c)躲避障碍物;d)斜行作业;e)刮刀回转角运用;f)刮土直行作业

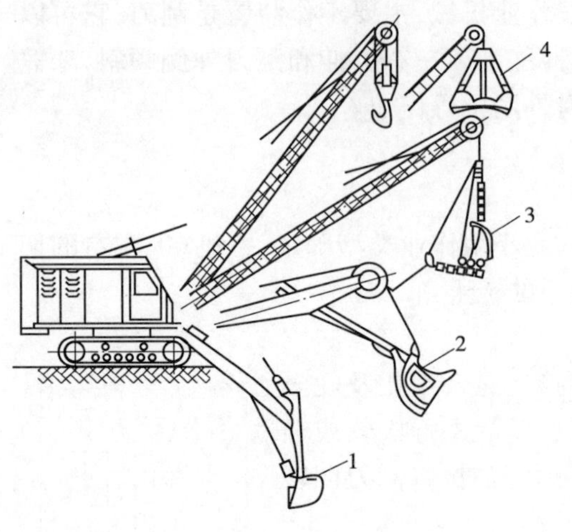

图 1-2-10　挖掘机作业方式

1-反铲；2-正铲；3-拉铲；4-抓斗

4. 挖掘机

1）性能

挖掘机（图 1-2-10）在公路工程中是用于挖掘和装载土、石、砂砾和散粒材料的重要施工机械。挖掘机是土石方工程施工的主要机械，特点是效率高、产量大，但机动性较差。在公路工程施工中，遇到开挖量较大的路堑和填筑高路堤等大工程量时，选用挖掘机配合运输车辆组织施工是比较合理的。

2）分类

挖掘机按走行方式分为：履带式、轮胎式、步履式和轨行式；按动力装置分为内燃机驱动式和电动驱动式；按传动装置分为机械传动式、半液压传动式和全液压传动式；按回转范围分为全回转式（360°）和非全回转式（小于 270°）。

3）适用性

为了使挖掘机发挥最大效能，在使用挖掘机时应考虑最小工程量和最低工作面高度，如表1-2-3、表 1-2-4 所列。

正铲挖掘机工作面最小高度（单位：m）　　表 1-2-3

土级别 \ 斗容量（m^3）	1.5	2.0	2.5	3.0	3.5	4.0	5.0
Ⅰ ~ Ⅱ	0.5	1.0	1.5	2.0	2.5	3.0	—
Ⅲ	—	0.5	1.0	1.5	2.0	2.5	3.0
Ⅳ	—	—	0.5	1.0	1.5	2.0	2.5

正铲、拉铲挖掘机最小工程量表　　表 1-2-4

铲斗容量（m^3）	正 铲 挖 掘 机		拉 铲 挖 掘 机	
	工程量	土级别	工程量	土级别
0.5	15 000	Ⅰ ~ Ⅳ	10 000	Ⅰ ~ Ⅱ
0.75	20 000	Ⅰ ~ Ⅳ	15 000	Ⅰ ~ Ⅱ
0.75	—	—	12 000	Ⅲ
1.00	15 000	Ⅴ ~ Ⅵ	15 000	Ⅰ ~ Ⅱ
1.00	25 000	Ⅰ ~ Ⅳ	20 000	Ⅲ
1.50	25 000	Ⅴ ~ Ⅵ	20 000	Ⅰ ~ Ⅱ

工程量较小可选用斗容量较小、机动性强的轮胎式全液压挖掘机。

挖掘机的主要工作条件为：工作物为Ⅰ ~ Ⅳ级土和松动后的Ⅴ级以上的土；可用于装载

和开挖爆破后的石方以及不大于斗容量的石块；机械传动的正铲挖掘机，其工作面只能在停机面以上，而机械传动的反铲挖掘机，其工作面只能在停机面以下；液压传动、液压操纵的正反铲挖掘机，其工作面不受这种限制。

4）作业方式

各种类型的挖掘机可根据需要换装反铲、正铲、拉铲和抓斗的任何一种工作装置，都属于一种循环作业式机械，每一个工作循环包括挖掘、回转、卸料和返回四个过程。

（1）反铲的工作过程

①先将铲斗向前伸出，让动臂带着铲斗落在工作面上。

②铲斗向着挖掘机方向拉转，于是它就在动臂和铲斗等重力以及牵引索的拉力作用下，使斗内装满土。

③铲斗保持状态连同动臂一起提升，再回转至卸料处进行卸料。

④反铲有斗底可打开式与不可打开式两种。前者可打开底准确地卸料于车辆上，后者需将铲斗向前伸出，使斗口朝下卸料。

反铲挖掘机适宜于停机面以下的挖掘，如挖掘基坑及沟槽等。机械传动的反铲挖掘过程由于只是依靠铲斗自身重力切土，所以只适宜于挖掘轻级和中级土壤。

（2）正铲的工作过程

①挖掘过程。先将铲斗下放到工作面底部，然后提升铲斗，同时使斗杆向前推压，斗内装满土料。

②回转过程。先将铲斗向后退出工作面，然后回转，使动臂带着铲斗转到卸料处上空。在此过程中可适当调整斗的伸出长度和高度以适应卸料要求，提高工效。

③卸料过程。打开斗底卸料。

④回转过程。回转挖掘机转台，使动臂带着空斗返回挖掘面，同时放下铲斗，斗底在惯性作用下自动关闭。

机械传动式正铲挖掘机适宜挖掘和装载停机面以上的Ⅰ～Ⅳ级土壤和松散物料。

（3）拉铲的工作过程

①首先提升铲斗，使斗在空中前后摆动，然后共同放松提升索和牵引索，铲斗就被抛掷在工作面上。然后拉动牵引索，铲斗在自重作用下切入土中，使铲斗装满土料。

②提升铲斗，同时放松牵引索，使铲斗保持在斗底与水平面成8°～12°仰角，不让土料撒出。

③在提升铲斗的同时将挖掘机回转到卸载处。卸料时制动提升索，放松牵引索，斗口就朝下卸料。再转回工作面进行下一次挖掘。

拉铲挖掘机适宜于停机面以下的挖掘，特别适宜于开挖河道等工程。拉铲由于靠铲斗自身重力切土，所以只适宜挖掘一般土料和砂砾。

（4）抓斗的工作过程

①固定提升索，放松闭合索，使斗瓣张开。同时放松提升索和闭合索，让张开的抓斗落在工作面上，并在自重作用下切入土中。

②收紧闭合索，抓斗在闭合过程中抓满土料。

③当抓斗完全闭合后，以同一速度提升索和闭合索将抓斗提升。

④同时使挖掘机转到卸料位置。卸料时固定提升索，放松闭合索，使斗瓣张开，卸出土料。

挖掘机适宜停机面以上或以下的挖掘，卸料时无论是卸在车辆上或弃土堆上都很方便。由于抓斗是垂直上下运动，所以特别适合挖掘桥基桩孔、陡峭的深坑以及水下土方等作业。但抓斗的挖掘能力也受自重的限制，只能挖取一般土料、砂砾和松散料。

5. 装载机

1）性能

装载机是一种工作效率较高的铲土运输机械。它兼有推土机和挖掘机两者的工作能力，可以进行铲掘、推运、整平、装卸和牵引等多种作业。

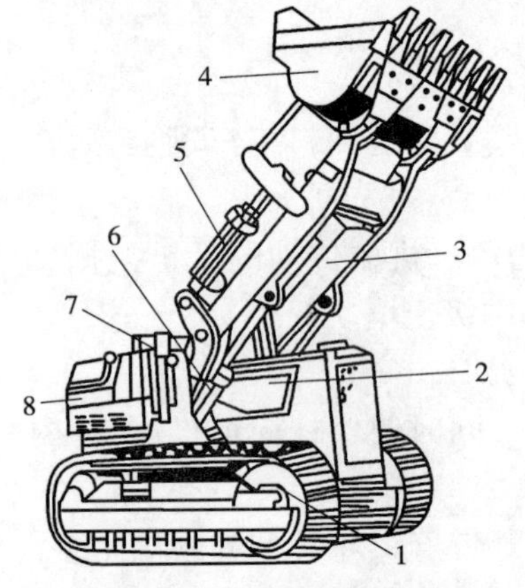

图 1-2-11　履带式装载机简图

1-履带行走机构；2-发动机；3-动臂；4-铲斗；5-转斗油缸；6-动臂油缸；7-驾驶室；8-油箱

2）分类

装载机按发动机功率分为四种：小型（74kW 以下）、中型（74 ~ 147kW）、大型（147 ~ 515kW）和特大型（515kW 以上）；按传动装置分为四种：机械传动、液力机械传动、液压传动和电传动；按行走方式分为两种：轮胎式和履带式（图 1-2-11）；按装载方式分为三种：前卸式、回转式和后卸式。

3）适用性

装载机的适用范围主要取决于使用场所、土石料特性和工作环境，选用时应注意以下几点：

（1）装载机的经济合理运距。装载机在运距和道路坡度经常变化的情况下，如果整个采、装、运作业循环时间少于 3min 时，自铲自运是经济合理的。

（2）装载机的斗容量与汽车车箱容积的匹配。通常以 2 ~ 4 斗装满一车箱为宜，车箱长度要比装载斗宽大 25% ~ 75%，装载机铲斗 45°倾斜卸载时，斗齿最低点的高度要比车箱侧壁高 20 ~ 100cm。

（3）充分发挥装载机的效率。装载机作业循环时间，小型的不超过 15s，大型的不超过 20s，而且应考虑装载机走行与转弯速度。

（二）配套与效率

1. 推土机

提高推土机的生产效率，首先应缩短推土机作业时的循环时间，提高时间利用系数，降低运送中的漏损。为缩短一个循环作业时间，推土机在铲土时应充分利用发动机的功率，以缩短铲土运距；合理选择运距，使送土和回程距离最短，并尽量创造下坡土的条件。

为提高时间的利用系数，消除不必要的非生产时间，正确地进行施工组织，合理地选择机型，在工中应根据施工条件采用正确合理的操作方法。为减少土的漏损，运土时应采用土槽、土埂和双台并列推土等作业方法，以提高生产效率。推土机的生产效率可用每铲最大推土量表示。

将推土板前的土堆看作一个三角形棱柱体，按式（1-2-1）近似计算。

$$V=\frac{B(H-h)}{2\tan\alpha_0}K_m \tag{1-2-1}$$

式中：V——推土机每铲最大推土量(m^3)；

B——推土板的宽度(m)；

H——推土板的高度(m)；

h——平均切土深度(m)；

α_0——土的自然坡度角，按表1-2-5选取；

K_m——土的充盈亏系数，一般取0.5~1.2。

土的自然坡度角 表1-2-5

种类 状态	碎石	砾石	砂石			黏土		轻亚黏土	种植土
			粗砂	中砂	细砂	肥土	贫土		
干	35°	40°	30°	28°	25°	45°	50°	40°	40°
湿	45°	40°	32°	35°	30°	35°	40°	30°	35°
饱和	25°	35°	37°	25°	20°	15°	30°	20°	25°

为了提高生产率，必须增大铲刀前的推土量，减少推土过程中的损失，缩短铲土、运土、回程等每一工作循环的延续时间。

2. 铲运机

铲运机生产率 Q_c 可由下式计算：

$$Q_c=\frac{60VK_HK_B}{t_TK_S} \tag{1-2-2}$$

式中：V——铲斗的几何容量(m^3)；

K_H——铲斗充满系数(表1-2-6)；

K_B——时间利用系数，取0.75~0.8；

K_S——土的松散系数(表1-2-7)；

t_T——铲运机每一个工作循环所用的时间(min)，由下式计算：

$$t_T=\frac{L_1}{v_1}+\frac{L_2}{v_2}+\frac{L_3}{v_3}+\frac{L_4}{v_4}+nt_1+2t_2$$

L_1、L_2、L_3、L_4——铲土、运土、卸土、回驶的行程(m)；

v_1、v_2、v_3、v_4——铲土、运土、卸土、回驶的行驶速度(m/min)；

t_1——换挡时间(min)；

t_2——每循环中始点和终点转向用的时间(min)；

n——换挡次数。

铲运机铲斗的充满系数 表1-2-6

土的种类	充满系数 K_H	土的种类	充满系数 K_H
干砂	0.6~0.7	砂土与黏性土 (含水率4%~6%)	1.1~1.2
湿砂(含水率12%~15%)	0.7~0.9	干性土	1.0~1.1

土的松散系数　表1-2-7

土的种类和等级		土的松散系数 K_S		土的种类和等级		土的松散系数 K_S	
		标准值	平均值			标准值	平均值
Ⅰ	植物土以外的土	1.08~1.17	1.10	Ⅲ	坚土	1.24~1.20	1.27
Ⅰ	植物土、泥炭黑土	1.20~1.30	1.25	Ⅳ	除软石灰石以外	1.26~1.32	1.28
Ⅱ	普通土	1.14~1.28	1.20	Ⅳ	软石灰石	1.33~1.37	1.34

影响生产率的因素,除了土性质的自然因素外,主要是施工操作技术的熟练程度、操作方法和其他的施工辅助措施等。要缩短铲运机的铲土距离,提高铲运机的运行速度,通常采用的措施有:对于Ⅲ级以上的土或冻土,应先用松土器预松,但每次的松土深度宜在20~30cm,否则会影响铲运机的牵引力;应清除预铲土地段的树根、树桩、灌木丛和孤石等,以免影响铲运机的铲装和运行时间;为了缩短铲运机的运行时间,在确定运行路线时,应尽可能地缩短运距,减少转弯次数,并尽量使空车转弯和上坡;尽可能地采用高速挡,为了保证铲运机特别是自行式铲运机高速行驶,应经常保持运土道路处于良好状态。

在施工中,应准确掌握施工要点,以提高铲运机的生产率,主要措施如下。

1)下坡铲土

利用机械重力的水平分力所产生的附加牵引力,来加大切土深度和缩短铲土时间。但上下坡不得超过25°,横坡不得超过6°,不能在陡坡上急转弯,以免翻车。

2)挖近填远,挖远填近

挖土先从距离填土区最近一端开始,由近而远;填土则从距离挖土区最远一端开始,由远而近。这样既可以使铲土机始终在适合的运距内作业,又能创造下坡铲土的良好条件。

3)挂大斗铲运

在土质松软地区,为充分利用拖拉机的牵引力,除双连铲运外,也可改挂大型铲土斗。

4)采用交替铲装法(跨铲法)

合理规划铲运机在平面上的铲土顺序,尽可能采用交替铲装法,可保证铲切厚度和铲土速度,减少向外撒土机会,从而提高铲运机的生产能力。

3.平地机

平地机修整路形时,其作业有铲土、运土和整平三道工序。

铲平作业行程数:

$$n_1 = \frac{A\varphi}{2A'} \tag{1-2-3}$$

式中:A——两侧取土坑的断面面积(m^2);

φ——两行程中的重叠系数;

A'——刮刀每次铲土面积(m^2)。

运土行程数:

$$n_2 = \frac{L_0\varphi_2}{L_n} \tag{1-2-4}$$

式中：L_0——路基一侧需运土的平均距离（m）；

L_n——平地机刮土刀一次可运送的距离，由刮刀调整的平面角 α 而定；

φ_2——运土中两行程重叠系数，取 1.1～1.2。

整平行程数：只考虑刮平，一般取 $n_3 = 2 \sim 3$ 次。

由于平地机在修筑路基时，每走完一个行程有两次掉头，因此在完成长 L 的一段路基的全部整形工作时，所用时间为：

$$L_{\mathrm{T}} = 2L\left(\frac{n_1}{v_1} + \frac{n_2}{v_2} + \frac{n_3}{v_3}\right) + 2t_1(n_1 + n_2 + n_3) \tag{1-2-5}$$

式中：v_1、v_2、v_3——平地机铲土、运土、整平三个过程的运行速度（km/h）；

t_1——每次掉头时间（min）。

所用平地修整路形的生产率为：

$$Q_{\mathrm{p}} = \frac{1\,000LAK_{\mathrm{B}}}{2L\left(\frac{n_1}{v_1} + \frac{n_2}{v_2} + \frac{n_3}{v_3}\right) + 2t_1(n_1 + n_2 + n_3)} \quad (\mathrm{m}^3/\mathrm{h}) \tag{1-2-6}$$

式中：L——修整的路段长度（km）。

平地机掉头所需时间较长，应尽可能减少掉头次数，工作过程中铲土角和平面角在刮刀调整后，在一个行程中是不变的，切土深度在一个行程中视土质进行调整。如果只用一台平地机修整路形，就必须经常停车去调整各种角度，如果选用 2～3 台平地机联合作业，分别承担不同的作业内容，可以大大提高工作效率。

4. 挖掘机

单斗挖掘机的生产率 Q_{w} 可按下式计算：

$$Q_{\mathrm{w}} = qn\frac{K_{\mathrm{H}}}{K_{\mathrm{S}}}K_{\mathrm{B}} \quad (\mathrm{m}^3/\mathrm{h}) \tag{1-2-7}$$

式中：q——铲斗的几何容量（m^3）；

n——挖掘机每小时工作次数，其计算公式为：

$$n = \frac{3\,600}{t_1 + t_2 + t_3 + t_4 + t_5}$$

t_1——挖掘机挖土时间（s）；

t_2——自挖土处转至卸土处的时间（s）；

t_3——调整卸料位置和卸土时间（s）；

t_4——空斗返回挖掘面时间（s）；

t_5——空斗放至挖掘面始点时间（s）；

K_{H}——铲斗充满系数；

K_{S}——土的松散系数；

K_{B}——时间利用系数，取 0.7～0.8。

施工组织设计方面：挖掘机配合运输的车辆应尽量达到挖掘机生产能力的要求，而装载的容量应为斗容量的倍数，挖掘机装车时，应尽量采用装运“双放”法，车辆的行驶路线，在施工组织中应事先拟订好，避免不必要的上坡道，必须做到各有一条空车放送道，以免进出车辆相互干扰。

施工技术操作过程方面:挖掘机驾驶员应具有熟练的操作技能,以缩短每一个工作循环的时间。在施工中应注意斗齿的磨损情况,损坏后应及时修复或更换新齿。

5.装载机

装载机在单位时间内实际可能达到的生产率可用式(1-2-8)计算:

$$Q=\frac{3\ 600qK_{H}K_{B}t_{T}}{tK_{S}} \tag{1-2-8}$$

式中: q——装载机额定斗容量(m^3);

K_H——铲斗充满系数;

K_B——时间利用系数,取0.7~0.8;

t_T——每班工作时间(h);

K_S——物料松散系数;

t——每装一斗的循环时间(s),

$$t=t_1+t_2+t_3+t_4$$

t_1、t_2、t_3、t_4——分别为铲装、载运、卸料和空驶所用时间(s)。

四、路基施工放样

(一)路基施工放样的基本方法

1.施工放样的内容和基本方法

路基施工前,将公路中线桩号的位置,路基填挖高度、横断面的各主要点、边坡坡率,路基路面的设计高程、路面各结构层的边桩位置等,根据路基横断面设计图进行实地放样,称为施工放样。

1)施工放样的主要内容

(1)熟悉图纸和施工现场

设计图纸主要有路线平面图、纵面图、横面图和附属构造图等。核对图纸主要尺寸、位置、高程有无错误。在明了设计意图及在对测量精度要求的范围内,应勘察施工现场,找出各交点桩、转点桩、里程桩和水准点的位置,必要时应实测校核,为施工放样做好充分准备。

(2)公路中线施工放样

公路中线定测以后,一般情况下不会立即施工,在这段时间内,部分标桩可能丢失或者被移动。因此,施工前必须进行复测工作,以恢复公路中线的位置,并按设计图表对导线点、水准点进行复测,把决定路线位置的各测点加以恢复。由于施工现场需要,有时对个别导线点或水准点需要进行移动和固定的处理,增设导线点或水准点,最后对横断面进行检查与补测。

(3)路基横断面放样

路基施工前,应根据中线桩和设计图表在实地定出路基的几何形状,作为施工依据。路基放样主要是测设路基填挖高度、路基宽度和路基边坡桩(即路堤坡脚桩和路堑坡顶桩)。

2)路基放样的工作内容

路基开工前,应根据路基控制桩和路基平、纵、横断面设计图或路基设计表进行放样。路基放样的目的是在原地面上标定路基的轮廓,作为施工的依据。

放样工作内容:

(1)在地面中线桩处标定填挖高度。

(2)按设计图纸定出横断面的各主要点,如路堤的边缘和坡脚、路堑的坡顶、半填半挖断面的坡脚和坡顶。

(3)边坡放样,按设计的路基边坡率放出边坡的位置桩来。

(4)移桩移点,遇有在施工中难以保存的桩标志,应沿横断面方向将桩点移设于施工范围以外。

3)放样工具

对于低等级公路,在路基放样时,需要准备好:方向架、花杆、皮尺、红油漆、毛笔、小竹桩、铁锤、小竹竿、小麻绳等。

对于高等级公路,在路基放样时,需要准备好的工具及仪器有:全站仪(或测距仪)、棱镜及棱镜杆、钢尺、红油漆、毛笔、木桩等。

4)放样方法

(1)低等级公路的放样方法

①图解法

在有路基横断面设计图时,可根据设计图中所示的尺寸,直接在地面上沿横断面方向量出路肩、坡脚、排水沟等各特征点距中桩的距离,定出路肩桩、坡脚桩或坡顶桩。

②计算法

在现场没有横断面设计图,只有中心桩填挖高度时,就必须用计算法算出路肩、坡脚或坡顶的位置,然后再用皮尺量出。

采用以上两种方法丈量距离时,尺子一定要保持水平。每个横断面都必须放出路基宽度(路堑加边沟宽度)的边桩后,再分别放出两侧的路堤坡脚桩和路堑的坡顶桩,然后再将各个桩号的坡脚和坡顶用石灰线连接起来就是路基填挖边界线(或在填方坡脚桩外挖 1m 宽的水沟作田、路分界线)。

(2)高等级公路的放样方法

高等级公路,特别对于高填深挖路段,在进行坡脚桩和坡顶桩放样时应使用全站仪,采用坐标法或极坐标法放样,以保证放样的准确性。

2. 直线段距离放样

距离放样,不同于距离丈量。距离丈量是先用钢尺量出两定点间的尺面长度,然后加上钢尺的尺长、温度和倾斜等项改正值,求得两点间的水平距离。而距离放样则是根据给定的水平距离,结合现场情况,先进行钢尺的各项改正,反算出放样的尺面长度,然后按这一长度从起点开始,沿已知方向定出终点位置。因此,放样时的程序和改正数的符号,恰恰与距离丈量时相反。

例如,放样的水平距离 S 为 30.000m,已知钢尺的名义长度 D 为 30.000m,经检定钢尺实长为 30.003m,检定时的温度 t_0 为 20℃,拉力为 100N;放样时钢尺温度 t 为 30℃,拉力采用 100N。测得放样端点的高差 h 为 1.00m，则三项改正数计算如下：

$$\Delta D_l = 30.003 - 30.000 = +0.003 \quad (\mathrm{m})$$

$$\Delta D_t = \alpha \cdot D(t - t_0) = 0.000\,012 \times 30 \times (30 - 20) = +0.004 \quad (\mathrm{m})$$

$$\Delta D_h = \frac{h_2}{2S} = \frac{1^2}{2} \times 30 = +0.017 \quad (\mathrm{m})$$

式中：α——温度更正系数。

沿倾斜地面放样时，钢尺的另一端读数应为：

$$30.000 - 0.003 - 0.004 + 0.017 = 30.010 \quad (\mathrm{m})$$

当放样的距离大于一个整尺段时，应按地形情况分段施测，并求取分段应量长度，然后分段标定，最后将终点放样于实地。

距离放样时，应使用拉力计，要求对钢尺所施拉力等于检定时的拉力，故不需要进行拉力改正。

3. 水平角放样

如图 1-2-12 所示，角顶点 A 及方向线 AB 已确定，拟在 A 点从 AB 开始顺时针方向设置水平角 β，定出 AC 方向。放样时，多采用正倒镜分中法。在 A 点安置经纬仪，先以盘左位置使水平度盘读数为零照准 B 点，转动照准部，使读数为 β，在视线方向定出 C' 点；再用盘右位置以同样方法放样出 β 角，定出 C'' 点；然后定出 $C'C''$ 中点 C，则 AC 即为放样的方向线，$\angle BAC$ 为放样角值 β。

若需精确放样 β 角，可按图 1-2-13 进行。先按上法定出 $\angle BAC$，再用经纬仪观测 $\angle BAC$ 数个测回，取其平均值 β' 作为观测结果。令观测值 β' 与放样角值 β 之差为 $\Delta\beta$，则可根据 AC 长度和 $\Delta\beta$ 计算垂距 CC_1：

$$CC_1 = AC \cdot \frac{\Delta\beta}{\rho''}$$

式中，$\rho'' = 206\,265''$。过 C 点作 AC 的垂线，在垂线上按 CC_1 定出 C_1 点，则 $\angle BAC_1$ 即为所放样之 β 角。若 $\Delta\beta$ 为正，则按逆时针方向改正点位；若 $\Delta\beta$ 为负，则按顺时针方向改正点位。

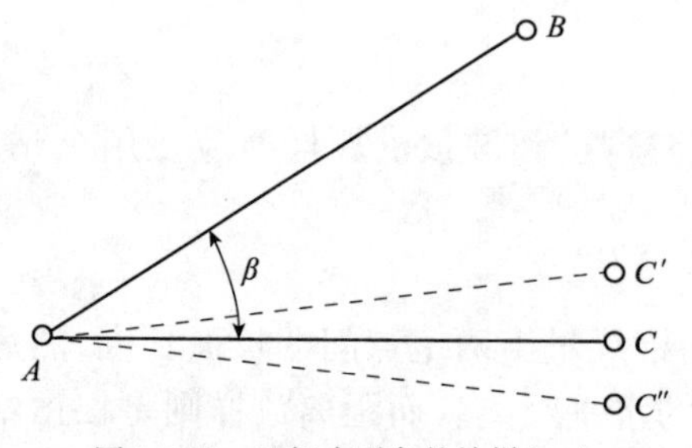

图 1-2-12　已知水平角的放样（一）

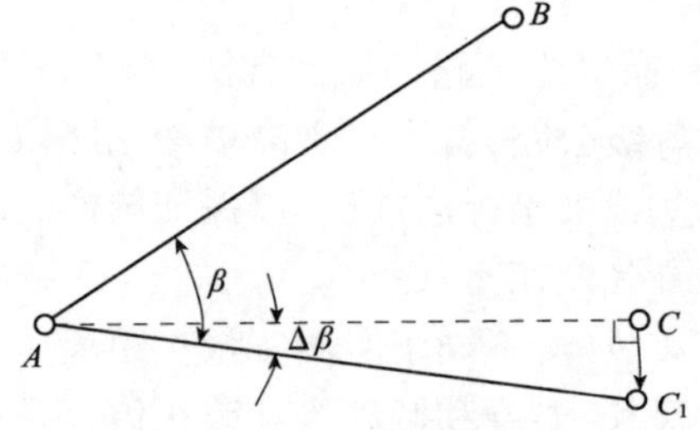

图 1-2-13　已知水平角的放样（二）

4. 已知高程的放样

已知高程的放样，是根据已知高程点，用水准测量的方法进行放样。如图 1-2-14 所示，设 A 点的已知高程为 $H_A = 40.359\mathrm{m}$，在 B 点放样的高程为 41.000m，则在 A、B 间安置水准仪，后视 A 尺得读数 $a = 2.468\mathrm{m}$，仪器视线高程为：

$H_1 = 40.359 + 2.468 = 42.827$ (m)

B 点的尺读数应为：

$B = H_i - H_B = 42.827 - 41.000 = 1.827$(m)

操作时，在 B 点徐徐打入木桩（或先打下木桩，紧贴木桩侧面上下移动标尺），直至前视读数 b 恰为 1.827m 为止（或沿尺底在木桩侧面画一水平线），即可得放样点 B 的高程。

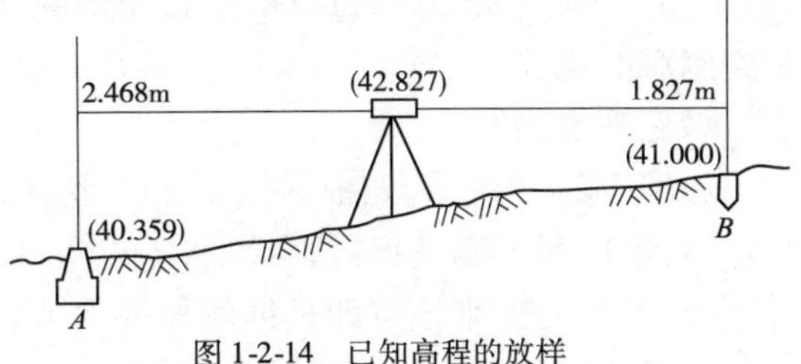

图 1-2-14 已知高程的放样

在施工测量中常需要放样设计坡度线、设计坡度面，此时可先求出坡度线、坡度面上欲设点的高程，应用上述方法，即可将它们放样到实地上。

若待测设高程点的设计高程与已知高程点的高程相差较大，如测较深的基坑高程或测高层建筑物的高程，只用标尺已无法测设，此时可借助钢尺将地面水准点的高程传递到在坑底或高楼上所设置的临时水准点上，然后再根据临时水准点测设其他各点的设计高程。

5. 平面点位的放样

1）直角坐标法

直角坐标法放样，是在指定的坐标轴系中，通过 x、y 的放样，来确定其放样点位的。

在现场，通常是以导线边施工基线和建筑物的主轴线为 x 轴，某一固定点为坐标原点。放样时，从原点开始，沿 x 轴用钢尺量出 x 值得垂足点，然后在垂足点安置经纬仪，设置垂线，沿垂线方向量出 y 值，即得放样点的位置。

2）极坐标法

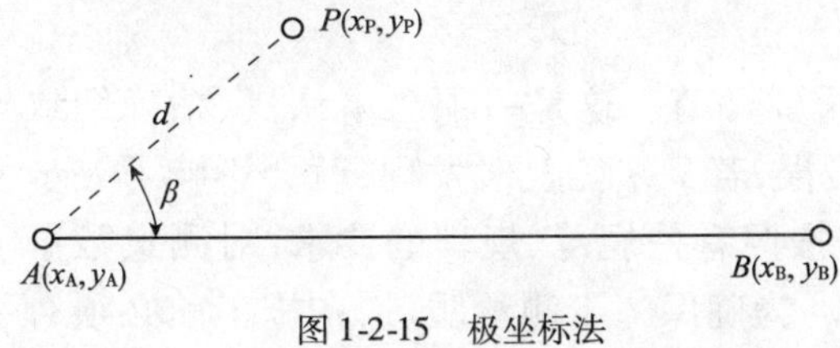

图 1-2-15 极坐标法

当放样点距已知直线上某定点（如导线点）不远，且易于量距测角时，宜采用极坐标法定点。如图 1-2-15 所示，P 为待放样点，A、B 为控制点。如以 A 为极点，则可根据 A、B 坐标反算出 d 和 AP 方位角 α_{AP}，同理也可反算出 AB 方位角 α_{AB}。由图可知，α_{AB} 与 α_{AP} 之差即为所求的极角 β。使用经纬仪和钢尺把极角 β、极距 d 放样到地面上去，即可确定 P 点位置。

其中：

$$d = \sqrt{(x_P - x_A)^2 + (y_P - y_A)^2} \tag{1-2-9}$$

$$R_{Ai} = \arctan\left|\frac{y_P - y_A}{x_P - x_A}\right|, i = B, P \tag{1-2-10}$$

$$\alpha_{Ai} = \begin{cases} R_{Ai} & (R_{Ai}\text{在 I 象限}) \\ 180° - R_{Ai} & (R_{Ai}\text{在 II 象限}) \\ 180° + R_{Ai} & (R_{Ai}\text{在 III 象限}) \\ 360° - R_{Ai} & (R_{Ai}\text{在 IV 象限}) \end{cases} \tag{1-2-11}$$

3）角度交会法

角度交会法放样点位如图 1-2-16 所示，先根据控制点 A、B 和放样点 P 的坐标，反算出水平角 β_1、β_2。再在 A、B 点上安置经纬仪分别放出角 β_1、β_2，并在交会方向线上于 P 点前、后分别标定骑马桩 1、2 和 3、4。最后在 1、2 与 3、4 点上分别拉上线绳，则两线交点即是角度交会点。为了保证交会点的精度，交会角值应在30°～150°之间。此法适用于地面不平或丈量距离困难的地段。

4）距离交会法

如图1-2-17所示，先根据控制点A、B和待放样点P的坐标，反算出水平距离d_1和d_2。测设时，需同时用两把钢尺，分别将零点对准A与B，将钢尺拉平且使尺上的读数d_1及d_2的分划线交于一点，则该点即是欲放样的P点。此法在便于量距且放样点至控制点的距离不超过钢尺长度的情况下使用较为方便。

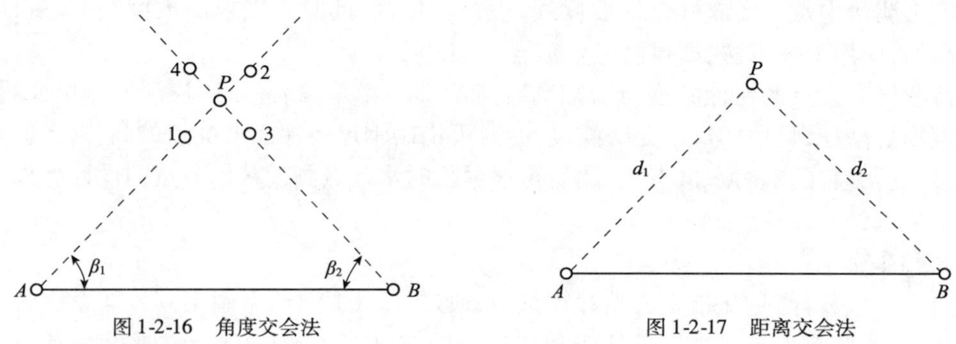

图1-2-16　角度交会法　　图1-2-17　距离交会法

（二）路线中线的施工放样

路线中线的施工放样就是利用测量仪器和设备，按设计图纸中的各项元素（如公路平、纵、横元素）和控制点坐标（或路线控制桩），将公路的"中心线"准确无误地放到实地上，指导施工作业，习惯上称为"中线放样"。

路线中线的施工放样是保证施工质量的一个重要环节。这是一项严肃认真、精确细致的工作，稍有不慎，就有可能发生错误。一旦发生错误，若又未能及时发现，就会影响下一步工作，影响工作进度，甚至造成损失。因此，要严格按照有关规范、规程的要求，对测量数据进行认真复核检查，不合格的成果一定要返工重测。为确保施工测量质量，在施工前必须对导线控制点和路线控制桩进行复测，施工过程中也要定期检查。放样时应尽量使用精良的测量设备，采用先进的测设方法。

路线中线的施工放样又称为恢复中线。一般有两种放样方法，即导线控制点放样和路线主桩（交点、直圆、圆直等点）放样。

用导线控制点放样中线，放样精度能得到充分的保证。在测量技术飞速发展的今天，测距仪的使用非常普遍，几乎所有的施工单位都有测距仪或全站仪，因而这种方法得到了广泛的应用，成为恢复中线的主要手段。《公路路基施工技术规范》（JTG F10—2006）规定，对于高速公路、一级公路，应用坐标法恢复路线主要控制桩。实际工程应用中，二级以上的公路勘察设计，沿路线均建有导线控制点作为首级控制，故可采用导线控制点放样中线。

用路线控制桩来恢复中线有两种情况：一是公路两旁未布设导线控制点，公路中线均用交点桩号、曲线元素（转角、半径、缓和曲线长）标定，施工单位只能根据路线控制桩来恢复中线，这种情况在修建低等级公路时非常常见；另外一种情况就是由于施工单位没有测距仪，无法利用控制点，因此只能利用路线控制桩恢复中线，但这种方法常用于低等级公路。

1. 施工放样的精度

施工放样测量的精度取决于公路等级、设计要求以及施工控制测量的精度。测量时应从工程设计和施工的精度需要出发,确定与之相匹配的精度等级以及相应的测量技术,确定满足精度要求的测量方案,使放样测量的结果满足施工的需要。具体内容参考《工程测量规范》(GB 50026—2007)及有关书籍。

2. 施工放样测量的基本要求

(1)熟悉设计图纸和施工现场。

设计图纸主要有路线平面图,纵、横断面图,桥涵、构造物图及附属工程图等。施工放样前要求熟悉所有设计图纸,充分领会设计图纸的设计思路和意图,核对图纸主要尺寸、位置、高程有无错误。在明了设计意图及对测量精度的要求范围内,应勘察施工现场,找出各交点桩、转点桩、里程桩和水准点的位置,并应实测校核,为施工测量做好充分准备。还应了解工程施工组织计划,协调测量与施工进度的关系,以便合理安排施工放样测量工作。

(2)加强测量标志的管理与保护,注意受损测量标志的恢复。

3. 控制点复测

控制点复测是施工测量前必不可少的准备工作,它包括导线控制点和路线控制桩的复测。路线勘测设计完成以后,往往要经过一段时间才能施工。在这段时间内,不知道导线控制点或路线控制桩是否移位和精度大小,需对其进行复测;另外,由于人为或其他原因,导线控制点或路线控制桩丢失或遭到破坏,要对其进行补测;有的导线点在路基范围以内,需将其移至路基范围以外。只有当这一切都完成无误后,方能进行施工放样工作。

1)导线控制点的复测、补测和移位

用导线控制点恢复公路中线,适用于高等级公路。在实际应用中,二级以上的公路,沿线均设有导线控制点,故可采用控制点放样,即用坐标法恢复公路中线。在恢复中线之前,首先要对导线控制点进行复测、补测和移位,以保证控制点的精度。

(1)导线控制点的复测

导线控制点的复测主要是检查它的坐标和高程是否正确。检测方法如图 1-2-18 所示。

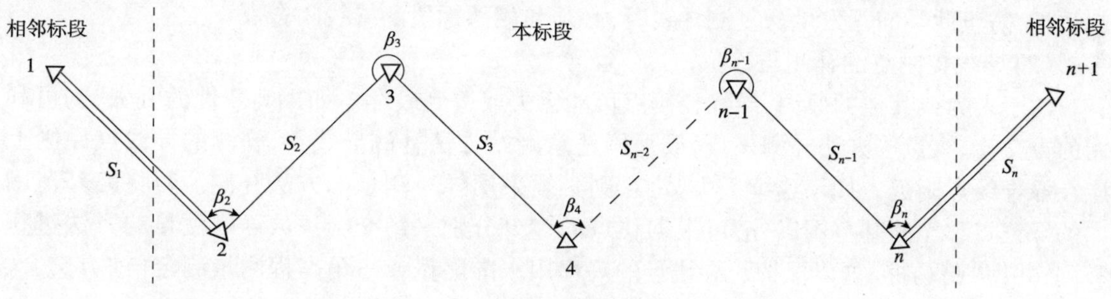

图 1-2-18 导线点复测

第一步：根据导线点 1 ~ n 的坐标反算转角（左角）β_2 ~ β_{n-1} 和导线边长 S_1 ~ S_{n-1}。

$$\alpha_{i+1,i} = \arctan \frac{Y_i - Y_{i+1}}{X_i - X_{i+1}} \tag{1-2-12}$$

$$\alpha_{i+1,i+2} = \arctan \frac{Y_{i+2} - Y_{i+1}}{X_{i+2} - X_{i+1}} \tag{1-2-13}$$

$$\beta_{i+1} = \alpha_{i+1,i+2} - \alpha_{i+1,i} \tag{1-2-14}$$

$$S_i = \sqrt{(X_{i+1} - X_i)^2 - (Y_{i+1} - Y_i)^2} \tag{1-2-15}$$

第二步：实地观测各左角 β'_{i+1} 及导线边长 S'_i。角度观测可取一个测回平均值，边长测量可取连续测量 3 ~4 次的平均值。当观测值和计算值满足下式：

$$|\beta_{i+1} - \beta'_{i+1}| \leqslant 16'' \tag{1-2-16}$$

$$\left|\frac{S_i - S'_i}{S_i}\right| \leqslant \frac{1}{15\,000} \tag{1-2-17}$$

则认为点的平面坐标和位置是正确的。

另外，还要对导线进行检查，检查时可将图 1-2-18 中的 1,2 和 $n,n+1$ 点作为已知点，$\alpha_{1,2}$ 和 $\alpha_{n,n+1}$ 作为已知坐标方位角，按二级导线的方位角闭合差和导线全长闭合差的精度要求进行控制。具体参考《工程测量》中导线测量的有关知识。

第三步：水准点高程的检查。

在使用水准点之前应仔细校核，并与国家水准点闭合。水准点高程的检查和水准测量的方法一样。高速公路和一级公路的水准点闭合差按四等水准（$20\sqrt{L}$）控制，二级以下公路水准点闭合差按五等水准（$30\sqrt{L}$）控制。大桥附近的水准点闭合差应按《公路桥涵施工技术规范》（JTG/T F50—2011）的规定办理。如满足精度要求，则认为点的高程是正确的。

一般情况下，公路两旁布设导线点，其坐标和高程均在同一点上。因此，在复测坐标的同时可利用三角高程测量的方法检测高程。

水准点间距不宜大于 1km。在人工构造物附近、高填深挖地段、工程量集中及地形复杂地段宜增设临时水准点。临时水准点必须符合精度要求，并与相邻路段水准点闭合。

值得注意的是，有的施工单位在复测导线点时，只检查本标段的点，而忽视了对前后相邻标段点的检查，这样就有可能在标段衔接处出现路中线错位或断高。在实际工作中，应引起重视，防止此类问题发生。复测导线时，必须和相邻标段的导线闭合。

（2）导线控制点的补测与移位

由于人为或其他的原因，导线控制点可能丢失或遭到破坏。如果间断性的丢失，则可利用前方交会、支点等方法补测该点，或采用任意测站方法补测导线点，补测的导线点原则上应在原导线点附近。如果连续丢失数点，则必须采用导线测量的方法补测。若将路基范围内的导线点移至路基范围以外，可根据移点的多少分别采用交会法或导线测量的方法进行补测，并用“骑马桩”加以保护。导线点的高程用水准测量或三角高程测量测定（前方交会、支点、任意测站等方法请参阅有关测量教材）。

应该特别注意的是，在补点时应尽量将点位选在路线的一侧且地势较高处，以避免路基填土达到一定高度时影响导线点之间的通视。

施工期间应定期(一般为半年时间)对导线控制点(特别是水准点)进行复测。季节冻融地区,在冻融以后也要进行复测。发现导线控制点丢失后应及时补上,并做好对导线控制点(特别是原始点)的保护工作。

2)路线控制桩的恢复与固定

对于低等级公路或沿线没有布设导线控制点的公路,只能采用路线控制桩来恢复公路中线(路线控制桩主要是交点桩、转点桩和路线的起讫桩)。因此,首先要对路线控制桩进行恢复与固定。

(1)路线控制桩的恢复与复测

当原勘测设计时所钉的交点桩或转点桩基本完好,只有个别点丢失时,恢复中线的测量工作就比较简单,可用角度交会法,将丢失或破坏的路线控制桩恢复出来,并检测精度。

当原勘测设计时所钉的交点桩或转点桩大部分丢失,路线要恢复到原来的位置是比较困难的,一般只能恢复到与原位置比较接近的位置。恢复时,根据原勘测设计的直线——曲线转角一览表,用放样已知水平角和已知长度直线的方法,放出丢失的交点桩。

路线控制桩的复测主要是检查其平面位置是否正确。一般有两种情况:一是路线控制桩本来就是由导线控制点(如果沿线建有导线控制点)坐标放样的。检查的方法可根据放样的原始资料,按导线控制点复测的方法进行,检测精度控制按式(1-2-16)和式(1-2-17)处理。二是路线两旁没有布设导线点,或者施工单位没有测距仪。在这种情况下,在直线路段用普通钢尺量距来复测路线控制桩是否正确,在曲线路段可按常规的偏角法来复测桩位。

(2)路线控制桩的固定

在施工过程中,随着路基施工高度的不断变化,有些交点桩或转点桩会被掩埋或挖掉,因此需要对其进行固定,以便在施工时能随时利用它们来恢复或检查公路中线。路线控制桩固定后,要求做好记录并绘制草图,以供随时恢复查寻。固定方法如下:

①交点桩的固定。如图 1-2-19 所示,JD_1 在实地上的位置测定以后,需要加以固定。在 JD_1 的前、后 2 条导线的延长线上,分别设置 A_1、A_2 和 B_1、$B_2$4 个栓桩,将全站仪置于 JD_1 上,测定这 4 个栓桩相互之间的距离 $L_1 \sim L_4$。在施工时若 JD_1 的位置移动或丢失,可用全站仪利用这 4 个栓桩进行恢复。上述 4 个栓桩应设置在路基施工范围以外易于保存的地方。

②转点桩的固定。如图 1-2-20 所示,ZD_1、ZD_2、ZD_3 为已经在实地上标定的或恢复出来的路线转点,为避免破坏应加以固定,可采用两种方法。第一种:固定 ZD_1 时,在 ZD_1 上安置全站仪后视 ZD_2,归零,向路线左侧拨 90°角设置栓桩 A_1、A_2,同时测定他们的之间距离 L_1、L_2;同理,向路线右侧拨 90°角设置栓桩 A_3、A_4,同时测定他们的之间距离 L_3、L_4。在施工时,若 ZD_1 的位置移动或丢失,可用全站仪利用这 4 个栓桩进行恢复。第二种:固定 ZD_2 时,如果在转点 ZD_2 的右侧不便设置栓桩,可在左侧设置 2 个栓桩,如图 1-2-21 所示的 A、B,测出 L_1,L_2 和 α_1,α_2。恢复时,将全站仪安置在 A 点并后视 B 点,拨角 α_1,量距 L_1 得放样点 ZD_2;再将全站仪安置在 B 点并后视 A 点,用同样的方法进行校核。

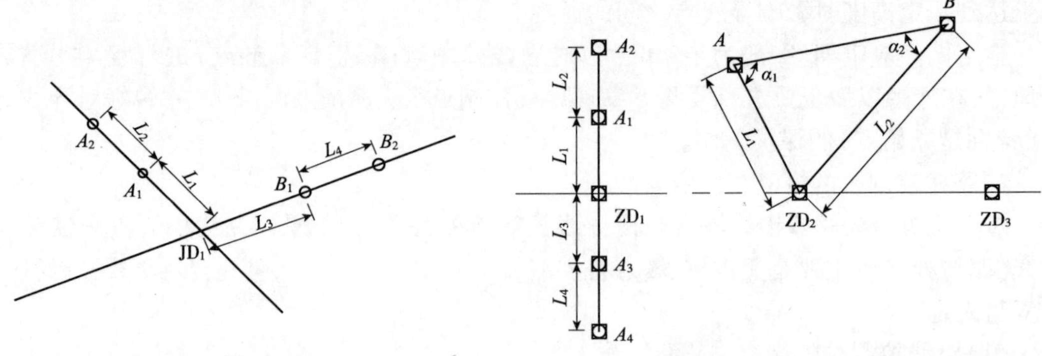

图 1-2-19　交点桩的固定　　图 1-2-20　转点桩的固定

(三)用导线控制点恢复中线

用导线控制点恢复中线，实质上就是根据导线点坐标与公路中线坐标之间的关系，借以高精度的测距手段，将公路中线放到实地。因此也可称之为“坐标法”。在公路勘测设计时，根据公路等级的不同，设计文件提供的设计资料也是不一样的。对于高等级公路如高速公路、一级公路和部分二级公路，设计文件中包括公路中线逐桩坐标表，可用坐标法恢复路线中桩。

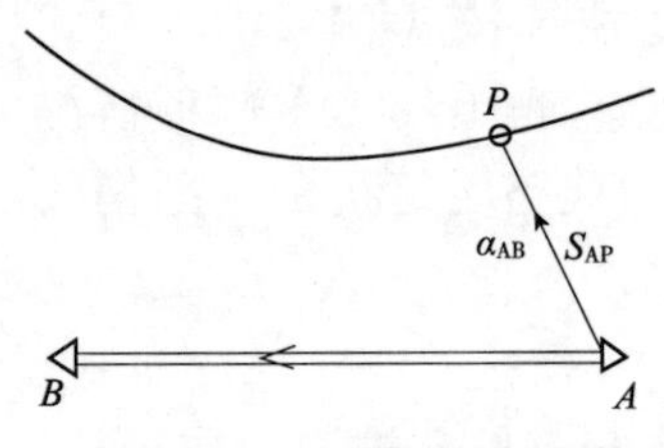

图 1-2-21　导线点恢复中线

如图 1-2-21 所示，P 为公路中线点，坐标为$(X_P、Y_P)$；A、B 为公路中线附近的导线点，坐标分别为$(X_A、Y_A)$、$(X_B、Y_B)$。P 点与 A 点的极坐标关系用 A 点到 P 点的距离 S_{AP}、坐标方向 α_{AP} 表示，即：

$$S_{AP}=\sqrt{(X_P-X_A)^2+(Y_P-Y_A)^2} \tag{1-2-18}$$

$$\alpha_{AP}=\tan^{-1}\frac{Y_P-Y_A}{X_P-X_A} \tag{1-2-19}$$

式(1-2-18)和式(1-2-19)就是两点间距离和坐标方位角的计算公式。其中，导线点 A 的坐标通过控制测量求得，点 P 的坐标可由放线人员自己计算(或查设计文件中的逐桩坐标表)，可分为以下几种情况：

1. 点 P 在直线段上

如图 1-2-22 所示，JD_n 的坐标为(X_n,Y_n)，$JD_n\sim JD_{n+1}$ 的坐标方位角为 $\alpha_{n\sim n+1}$，点 P 在 JD_n 与 JD_{n+1} 的直线段上，则点 P 的坐标按下式求得：

$$X=X_n+[T_n+(L_i-L)]\cos\alpha_{n\sim n+1} \tag{1-2-20}$$

$$Y=Y_n+[T_n+(L_i-L)]\sin\alpha_{n\sim n+1} \tag{1-2-21}$$

式中：L_i、L——P 点和 YZ(或 HZ)点的里程桩号；

T_n——切线长。

2. 点 P 在平曲线段上

单圆曲线中桩坐标的计算比较简单，而带有缓和曲线的平曲线其坐标计算则比较麻烦，现举例如下：

点 P 在带有缓和曲线的平曲线段上，已知 JD_{n-1}、JD_n、JD_{n+1} 的坐标分别为(X_{n-1},Y_{n-1})、(X_n,Y_n)、(X_{n+1},Y_{n+1})，$JD_{n-1}\sim JD_n$，$JD_n\sim JD_{n+1}$ 的坐标方位角分别为 $\alpha_{n-1,n}$，$\alpha_{n,n+1}$。参见图1-2-23。

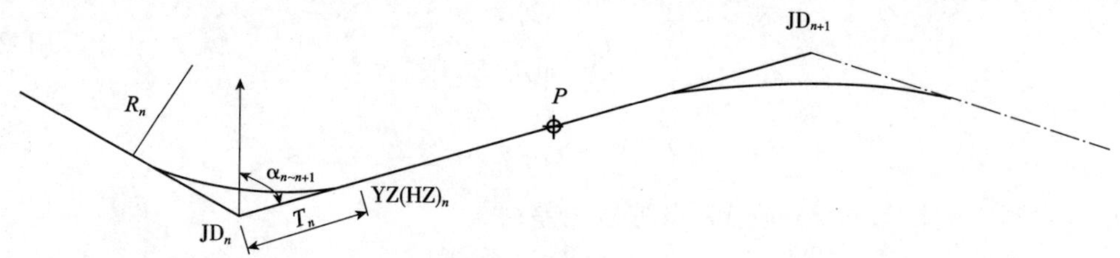

图 1-2-22　点 P 在直线段上

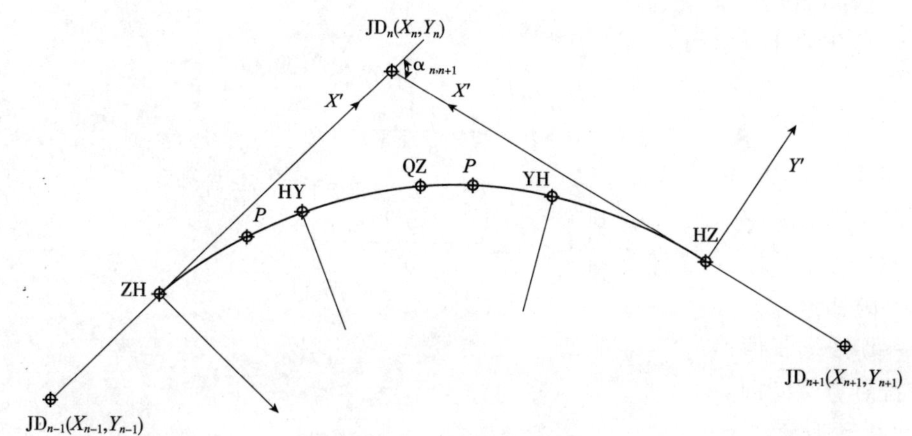

图 1-2-23　点 P 在平曲线段上

1)坐标方位角的计算

$$\alpha_{n-1,n} = \arctan\frac{Y_n - Y_{n-1}}{X_n - X_{n-1}} \tag{1-2-22}$$

$$\alpha_{n,n+1} = \arctan\frac{Y_{n+1} - Y_n}{X_{n+1} - X_n} \tag{1-2-23}$$

则转角:

$$\alpha = \alpha_{n,n+1} - \alpha_{n-1,n} \tag{1-2-24}$$

结果为负表示左转,为正表示右转。

2)中桩坐标的计算

先根据交点的坐标、切线的坐标方位角与切线长,采用导线坐标的计算方法,计算主点桩 ZH,HZ 的坐标,然后以 ZH 或 HZ 为坐标原点,以向 JD$_n$ 的切线为 X'轴,过原点的法线为 Y'轴,建立 $X'OY'$局部坐标系,计算点 P 在局部坐标系中的坐标(X',Y'),再利用坐标平移和旋转的方法将此坐标转化为路线坐标系中的坐标(X,Y)。

(1)主点桩坐标的计算

$$X_{ZH} = X_n + T_h\cos(\alpha_{n-1,n} + 180°) \tag{1-2-25}$$

$$Y_{ZH} = Y_n + T_h\sin(\alpha_{n-1,n} + 180°) \tag{1-2-26}$$

$$X_{HZ} = X_n + T_h\cos\alpha_{n,n+1} \tag{1-2-27}$$

$$Y_{HZ} = X_n + T_h\sin\alpha_{n,n+1} \tag{1-2-28}$$

(2)计算点 P 在坐标系 $X'OY'$中的坐标(X',Y')

①当点 P 在缓和曲线段内:

$$X' = L_i - \frac{L_i^5}{40R^2L_s^2} \tag{1-2-29}$$

$$Y' = \frac{L_i^3}{6RL_s} \tag{1-2-30}$$

式中：L_i——点 P 的桩号与 ZY 或 YZ 点桩号之差；

R——圆曲线半径；

L_s——缓和曲线长度。

②当点 P 在圆曲线段内：

$$X' = R\sin\frac{\left(L_i - \frac{L_s}{2}\right)\frac{180^\circ}{\pi}}{R} + q \tag{1-2-31}$$

$$Y' = R\left[1 - \cos\frac{\left(L_i - \frac{L_s}{2}\right)\frac{180^\circ}{\pi}}{R}\right] + p \tag{1-2-32}$$

式中：p——内移值；

q——切线增长值；

其余符号意义同前。

(3)坐标转换

①前半个曲线：

$$X = X_{ZH} + X'\cos\alpha_{n-1,n} - Y'\sin\alpha_{n-1,n} \tag{1-2-33}$$

$$Y = X_{ZH} + X'\sin\alpha_{n-1,n} + Y\cos\alpha_{n-1,n} \tag{1-2-34}$$

②后半个曲线：

$$X = X_{HZ} + X'\cos(\alpha_{n,n+1} + 180^\circ) - Y'\sin(\alpha_{n,n+1} + 180^\circ) \tag{1-2-35}$$

$$Y = Y_{HZ} + X'\sin(\alpha_{n,n+1} + 180^\circ) + Y'\cos(\alpha_{n,n+1} + 180^\circ) \tag{1-2-36}$$

其中，X'的符号始终为正值，Y'的符号有正有负，当起点为 ZH 点，曲线为左偏时，Y'取负值；当起点为 HZ 点，曲线为右偏时，Y'取负值；反之取正值。

3. 点 P 的放样

根据求得的 P 点坐标，代入式(1-2-18)、式(1-2-19)中，计算出点 P 与导线点 A 的距离 S_{AP}和坐标方位角 α_{AP}，并按以下放样步骤进行放样：

(1)在控制点 A 架设全站仪或经纬仪，对中、整平。

(2)将导线点坐标、路线有关数据输入计算机，运行计算机程序。

(3)后视已知导线点 B，配置水平度盘读数至后视导线点坐标方位角 α_{AB}。

(4)根据待放点 P 的桩号 L_i，计算机自动判断并计算该点的放样资料 S_{AP}、α_{AP}。

(5)转动照准部，拨方位角 α_{AP}、量距离 S_{AP}，精确定出待放点 P。

(6)检查该点 P 的桩号、方位角、距离是否正确。

重复第(4)~(6)步，放样其他路线中桩。

(四)用路线控制桩恢复中线

对于低等级公路或当施工单位没有测距仪时，可用路线控制桩恢复中线，中线恢复时所用公路平面设计资料主要包括：路线平面图、路线固定表、直线—曲线转角一览表等。施工前，当路线控制桩(交点桩、转点桩及路线起讫桩)恢复完成后，应首先恢复公路中线直线段的施工控制桩，再恢复公路中线曲线段的施工控制桩。曲线段公路中线的恢复是先恢复主点桩，再按施工要求设置加桩。

在直线段，施工控制桩的恢复比较简单；在曲线段，可以建立局部坐标系，计算曲线段上各施工控制桩在局部坐标系中的坐标，然后利用坐标法进行放样。

曲线段各施工控制桩的其他放样方法(偏角法、极坐标法等)可参见《工程测量》相关教材，在此只介绍用坐标法放样施工控制桩的方法。

由于低等级公路平面线形标准低，所以设计在交点处的平曲线线形形式也较多，主要包括单圆曲线、带缓和曲线的平曲线、凸形曲线、回头曲线等几种。下面对这几种平曲线线形的施工控制桩放样方法进行介绍。

1. 单圆曲线施工控制桩的放样

1)主点桩的放样

如图1-2-24所示，在JD_n处所设平曲线为单圆曲线，从直曲表中可查出曲线要素：交点桩号、偏角α、曲线半径R、切线长T、外距值E等。放样步骤如下：

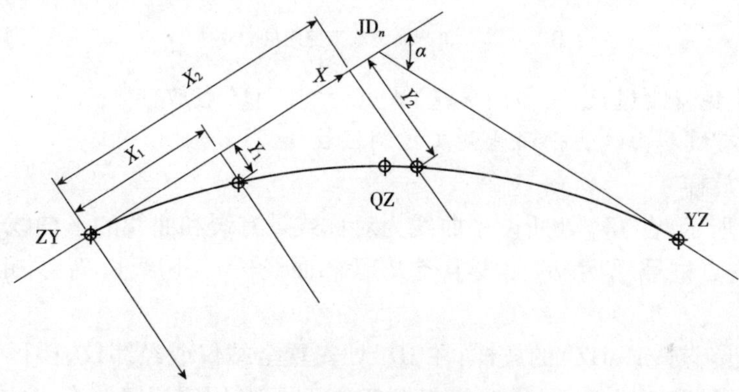

图1-2-24 单圆曲线施工控制桩的放样

(1)曲线起、终点(ZY、YZ)的放样：在JD_n处安置全站仪或经纬仪，望远镜照准JD_{n-1}或此方向上的转点，量取切线长T，得曲线起点(ZY)；同理，用望远镜照准JD_{n+1}或此方向上的转点，量取切线长T，得曲线终点(YZ)。

(2)曲中点(QZ)的放样：曲线起、终点(ZY、YZ)放样完毕后，转动全站仪或经纬仪照准部，瞄准角分线方向，沿此方向量取外距值E，得曲中点(QZ)。

2)加桩放样

在圆曲线的主点桩设置完成后，即可进行圆曲线加桩的放样。曲线加桩放样方法很多，在此只介绍最常用的一种方法——直角坐标法，它是以曲线的起点ZY或终点YZ为坐标原点，以切线为X轴，过原点的曲率半径方向为Y轴，按曲线上各点坐标设置各点位置。

如图1-2-25所示，设点P为曲线上待放点，该点至ZY或YZ点的弧长为L_i，R为圆曲线半径，则点P的坐标可按下式计算：

$$X = R\sin\left(\frac{L_i}{R}\frac{180°}{\pi}\right) \tag{1-2-37}$$

$$Y = R\left[1 - \cos\left(\frac{L_i}{R}\frac{180°}{\pi}\right)\right] \tag{1-2-38}$$

式中：L_i——待放点 P 桩号与 ZY 或 YZ 点桩号之差；

R——圆曲线半径。

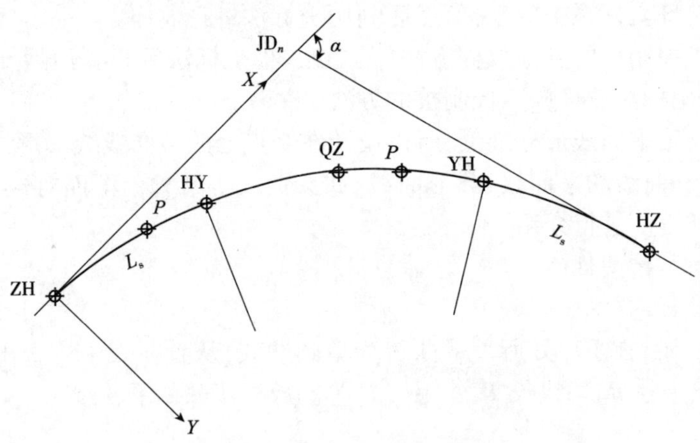

图 1-2-25　单圆曲线施工控制桩的放样

放样时，为避免支距过长，一般由 ZY，YZ 点分别向 QZ 点放样。

2. 对称式带有缓和曲线的平曲线施工控制桩放样

1）主点桩的放样

如图 1-2-25 所示，在 JD_n 处所设平曲线为对称式带有缓和曲线的平曲线，从直曲表中可查出曲线要素：交点桩号、偏角 α、曲线半径 R、缓和曲线长 L_s、切线长 T_h、外距值 E 等。放样步骤如下：

（1）曲线起、终点（ZH、HZ）的放样：在 JD_n 处安置全站仪或经纬仪，望远镜照准 JD_{n-1} 或此方向上的转点，量取切线长 T_h，得曲线起点（ZH）；同理，用望远镜照准 JD_{n+1} 或此方向上的转点，量取切线长 T_h，得曲线起点（HZ）。

（2）曲中点的放样（QZ）：曲线起终点放样完毕后，转动全站仪或经纬仪照准部，瞄准角分线方向，沿此方向量取外距值 E，得曲中点（QZ）。

（3）HY、YH 点的放样：分别以 ZH 点、HZ 点为坐标原点，以（X_h，Y_h）坐标，进行放样。

2）加桩放样

如图 1-2-26 所示，以曲线的起点 ZH 或终点 HZ 为坐标原点，以切线为 X 轴，过原点的曲率半径方向为 Y 轴，建立坐标系，计算曲线上任意一点在该坐标系中的坐标，然后进行放样。

（1）当待放点 P 在缓和曲线上时，其坐标可按下式计算：

$$X = L_i - \frac{L_i^5}{40R^2L_s^2} \tag{1-2-39}$$

$$Y = \frac{L_i^3}{6RL_s} \tag{1-2-40}$$

$$p = \frac{L_s^2}{24R} \tag{1-2-41}$$

$$q=\frac{L_s}{2}-\frac{L_s^3}{240R^2} \tag{1-2-42}$$

式中：L_i——待放点 P 至 ZH 点或 HZ 点的弧长，其值等于待放点 P 桩号与 ZH 或 HZ 点桩号之差。式(1-2-39)和式(1-2-40)中，当 $L_i=L_s$ 时，即得 HY、YH 点的坐标(X_h，Y_h)。

L_s——缓和曲线长；

p——圆曲线内移值；

q——切线增长值；

R——圆曲线半径。

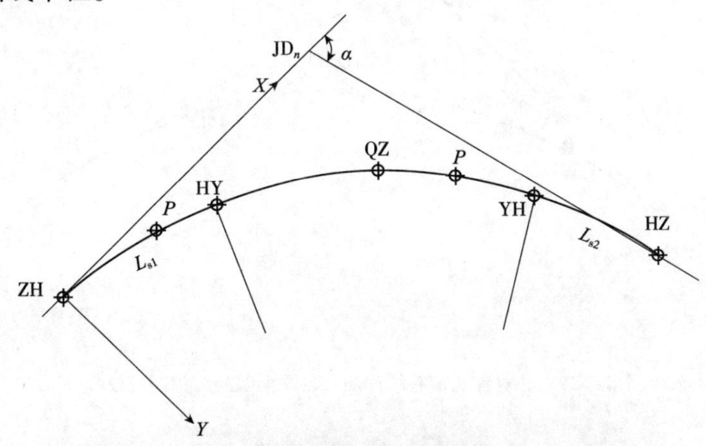

图 1-2-26 对称式带有缓和曲线的平曲线施工控制桩放样

(2)当待放点 P 在圆曲线上时，其坐标可按下式计算：

$$X=R\sin\frac{\left(L_i-\frac{L_s}{2}\right)\frac{180°}{\pi}}{R}+q \tag{1-2-43}$$

$$Y=R\left[1-\cos\frac{\left(L_i-\frac{L_s}{2}\right)\frac{180°}{\pi}}{R}\right]+p \tag{1-2-44}$$

式中：L_i——待放点 P 至 ZH 点的弧长，其值等于待放点 P 桩号与 ZH 点桩号之差；

其余符号意义同前。

放样时，为了避免支距过长，一般由 ZH、HZ 点分别向 QZ 点放样。

3. 非对称式带有缓和曲线的平曲线施工控制桩放样

如图 1-2-27 所示，在 JD$_n$ 处所设曲线为非对称式带有缓和曲线的平曲线，其中 $L_{s1}>L_{s2}$。曲中点不在右角平分线上，而是偏向缓和曲线短的一侧。点 P 为曲线上任意待放点。对于非对称式带有缓和曲线的平曲线，先计算前、后两半部分曲线的内移值 p_1、p_2，曲线增长值 q_1、q_2，前、后两半部分曲线的切线长 T_{h1}、T_{h2}，中间圆曲线长 L_y。

$$p_1=\frac{L_{s1}^2}{24R};\quad p_2=\frac{L_{s2}^2}{24R} \tag{1-2-45}$$

$$q_1=\frac{L_{s1}}{2}-\frac{L_{s1}^3}{240R^2};\quad q_2=\frac{L_{s2}}{2}-\frac{L_{s2}^3}{240R^2} \tag{1-2-46}$$

$$T_{h1} = \frac{R + p_2 - (R + p_1)\cos\alpha}{\sin\alpha} + q_1 \tag{1-2-47}$$

$$T_{h2} = \frac{R + p_1 - (R + p_2)\cos\alpha}{\sin\alpha} + q_2 \tag{1-2-48}$$

$$L_y = \frac{\pi}{180°}\alpha R - \frac{L_{s1}}{2} - \frac{L_{s2}}{2} \tag{1-2-49}$$

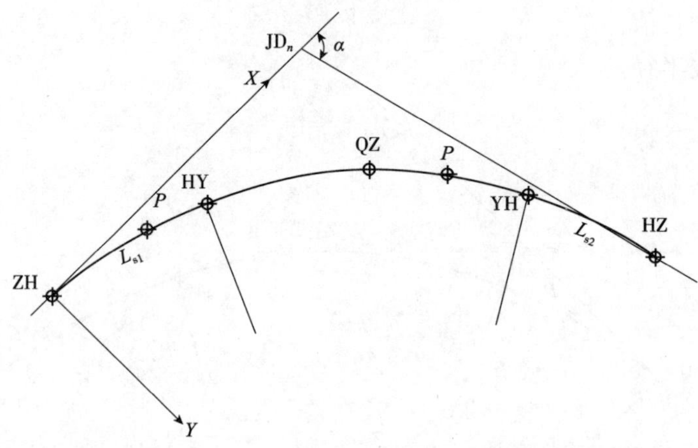

图 1-2-27　非对称式带有缓和曲线的平曲线施工控制桩放样

1）主点放样

如图 1-2-27 所示，在 JD$_n$ 处所设平曲线为非对称式带有缓和曲线的平曲线，放样步骤如下：

（1）曲线起、终点（ZH、HZ）的放样：在 JD$_n$ 处安置全站仪或经纬仪，望远镜照准 JD$_{n-1}$ 或此方向上的转点，量取切线长 T_{h1}，得曲线起点 ZH；同理，用望远镜照准 JD$_{n+1}$ 或此方向上的转点，量取切线长 T_{h2}，得曲线起点 HZ。

（2）曲中点（QZ）的放样：对于非对称式带有缓和曲线的平曲线，曲中点不在右角平分线上，因此，曲中点的放样，可根据计算出来的坐标进行放样。

（3）HY、YH 点的放样：分别以 ZH 点、HZ 点为坐标原点，以（X_{h1}，Y_{h1}）、（X_{h2}，Y_{h2}）为坐标，进行放样。

2）加桩放样

（1）当待放点 P 在第一段缓和曲线上时，以曲线的起点 ZH 为坐标原点，以切线为 X 轴，过原点的曲率半径方向为 Y 轴，建立坐标系，其坐标可按下式计算：

$$X_1 = L_i - \frac{L_i^5}{40R^2L_{s1}^2} \tag{1-2-50}$$

$$Y_1 = \frac{L_i^3}{6RL_{s1}} \tag{1-2-51}$$

式中：L_i——待放点 P 至 ZH 点的弧长，其值等于待放点 P 桩号与 ZH 点桩号之差。上式中，当 $L_i = L_{s1}$ 时，即得 HY 点的坐标（X_{h1}，Y_{h1}）；

L_{s1}——第一段缓和曲线长；

R——圆曲线半径。

(2)当待放点 P 在圆曲线上时,以曲线的起点 ZH 为坐标原点,以切线为 X 轴,过原点的曲率半径方向为 Y 轴,建立坐标系,其坐标可按下式计算:

$$X = R\sin\frac{\left(L_i - \dfrac{L_{s1}}{2}\right)\dfrac{180^\circ}{\pi}}{R} + q_1 \tag{1-2-52}$$

$$Y = R\left[1 - \cos\frac{\left(L_i - \dfrac{L_{s1}}{2}\right)\dfrac{180^\circ}{\pi}}{R}\right] + p_1 \tag{1-2-53}$$

(3)当待放点 P 在第二段缓和曲线上时,以曲线的终点 HZ 为坐标原点,以切线为 X 轴,过原点的曲率半径方向为 Y 轴,建立坐标系,其坐标可按下式计算:

$$X_2 = L_i - \frac{L_i^5}{40R^2 L_{s1}^5} \tag{1-2-54}$$

$$Y_2 = \frac{L_i^3}{6RL_{s2}} \tag{1-2-55}$$

式中,当 $L_i = L_{s2}$ 时,即得 YH 点的坐标(X_{h2},Y_{h2});其余符号意义同前。

放样时,为避免支距过长,一般由 ZH、HZ 点分别向 QZ 点放样。

4. 凸曲线上施工控制桩的放样

如图 1-2-28 所示,在 JD_n 处的平曲线为凸形曲线,在直曲表中可查出 3 个主点桩(ZH、QZ、HZ)的桩号、缓和曲线长 L_s、缓和曲线终点的半径 R、回旋线参数 A 及偏角 α。凸曲线施工控制桩的放样方法与其他平曲线的放样方法相同,不再赘述,在此只介绍凸曲线施工控制桩坐标的计算。

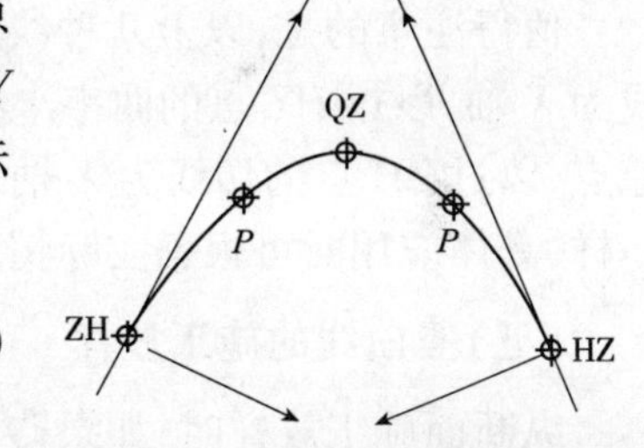

图 1-2-28　凸曲线上施工控制桩的放样

(1)当待放点 P 在 ZH ~ QZ 段上时,以 ZH 点为坐标原点,以过 ZH 点的切线为 X 轴,以过原点的曲率半径方向为 Y 轴建立直角坐标系,计算曲线上施工控制桩的坐标。其坐标计算如下:

$$X = L_i - \frac{L_i^5}{40R^2 L_s^2} \tag{1-2-56}$$

$$Y = \frac{L_i^3}{6RL_s} - \frac{L_i^7}{336R^3 L_s^3} \tag{1-2-57}$$

式中:R——QZ 点所对应的缓和曲线的曲率半径,$R = A/L_s$。

(2)当待放点 P 在 QZ ~ ZH 段上时,其坐标计算与上式相同。只不过此时是以 HZ 点为坐标原点,以过原点的切线为 X 轴,过原点的曲率半径方向为 Y 轴建立的直角坐标系。

5. 回头曲线施工控制桩的放样

山区低等级公路中,当路线跨越山岭时,为了克服高差需要用回头曲线来展线。回头曲线的线形较差,通常情况下应尽量避免使用回头曲线。

回头曲线的线形有三种形式,即大回头、小回头、平头,这三种回头曲线的计算方法是相同的。以大回头曲线为例,介绍其施工控制桩的坐标计算方法。其放样方法与其他平曲线放样方法相同,在此不再赘述。

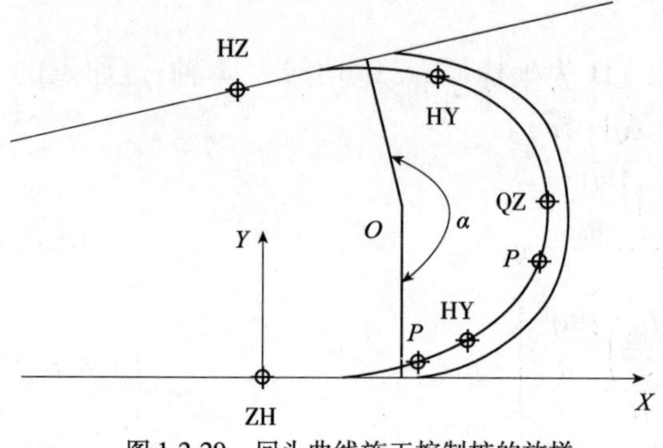

图 1-2-29　回头曲线施工控制桩的放样

如图 1-2-29 所示，以 ZH 或 HZ 点为坐标原点，以切线为 X 轴，过原点的曲率半径方向为 Y 轴建立直角坐标系，计算各段曲线上施工控制桩的坐标。

（1）当待放点 P 在缓和曲线上时，其坐标按下式计算：

$$X = L_i - \frac{L_i^5}{40R^2 L_s^2} \tag{1-2-58}$$

$$Y = \frac{L_i^3}{6RL_s} - \frac{L_i^7}{336R^3 L_s^3} \tag{1-2-59}$$

式中：L_i——待放点 P 至 ZH 点或 HZ 点的弧长，其值等于待放点 P 桩号与 ZH 或 HZ 点桩号之差。

（2）当待放点 P 在圆曲线上时，其坐标可按下式计算：

$$X = R\sin\frac{\left(L_i - \frac{L_s}{2}\right)\frac{180°}{\pi}}{R} + q \tag{1-2-60}$$

$$Y = R\left[1 - \cos\frac{\left(L_i - \frac{L_s}{2}\right)\frac{180°}{\pi}}{R}\right] + p \tag{1-2-61}$$

式中：L_i——待放点 P 至 ZH 点的弧长，其值等于待放点 P 桩号与 ZH 点桩号之差。

值得注意的是，以上几种线形坐标计算公式当中，以 HZ 点为坐标原点，以过 HZ 点的切线为 X 轴，以过 HZ 点的曲率半径方向为 Y 轴建立的直角坐标系，可转化为以 ZH 点为坐标原点，以过 ZH 点的切线为 X 轴，过 ZH 点的曲率半径方向为 Y 轴建立的直角坐标系，其结果一样，具体应用时可根据实际情况进行选择。

（五）竖曲线的施工放样

纵断面施工放样时，如果待放点在直坡段，其放样较为简单，下面着重介绍竖曲线的放样。竖曲线放样时，可以在路基设计表或纵断面图上直接查得中桩设计高程。但有时根据实际，放线人员需要自己计算时，可根据纵断面图上的设计资料，按如下方法进行（图 1-2-30）。

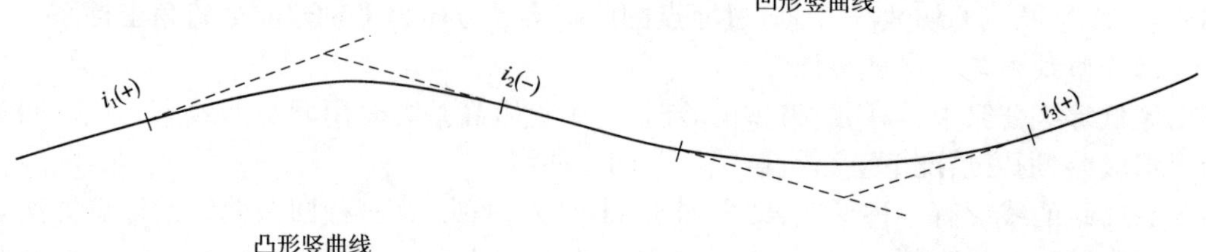

图 1-2-30　竖曲线的放样

$$T=\frac{1}{2}R(i_1-i_2) \tag{1-2-62}$$

$$L=R(i_1-i_2) \tag{1-2-63}$$

$$E=\frac{T^2}{2R} \tag{1-2-64}$$

当中桩位于竖曲线范围内时，应对其坡道高程进行修正。竖曲线的高程改正值计算公式为：

$$Y_i=\frac{X_i^2}{2R} \tag{1-2-65}$$

其中 Y_i 的值在凸曲线中为正号，在凹曲线中为负号。计算时，只需把已算出的各点的坡道高程加上（对于凹曲线）或减去（对于凸曲线）相应点的高程改正值即可。

（六）路基路面横断面的施工放样

横断面的放样包括边桩放样、边坡放样和路面放样。

1. 路基边桩放样

（1）平地上放路基边桩

路堤坡脚至中桩的距离：

$$l=\frac{b}{2}+mH \tag{1-2-66}$$

路堑坡顶至中桩的距离：

$$l=\frac{b_1}{2}+mH \tag{1-2-67}$$

式中：b——路基设计宽度（m）；

b_1——路基加两侧边沟宽度之和（m）；

m——边坡设计坡率；

H——路基中心设计填挖高度（m）。

（2）斜坡地上放路基边桩，如图 1-2-31 所示，当地面横向倾斜较大时，计算时应考虑横向坡度的影响。

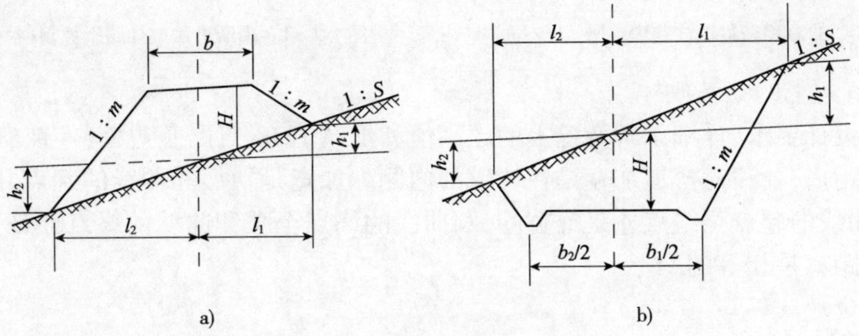

图 1-2-31 斜坡地上放样边桩

a）路堤；b）路堑

路堤坡脚至中桩的距离：

上侧坡脚

$$l_1 = \frac{b}{2} + m(H - h_1) \tag{1-2-68}$$

下侧坡脚

$$l_2 = \frac{b}{2} + m(H + h_2) \tag{1-2-69}$$

路堑坡顶至中桩的距离：

上侧坡顶

$$l_1 = \frac{b_1}{2} + m(H + h_1) \tag{1-2-70}$$

下侧坡顶

$$l_2 = \frac{b_1}{2} + m(H - h_2) \tag{1-2-71}$$

式中：h_1——上侧坡脚（坡顶）与中桩的高差（m）；

h_2——下侧坡脚（坡顶）与中桩的高差（m）。

应当指出，上列各式中的 h_1 及 h_2 都是未知数，因此还不能计算出路基边桩至中桩的距离，所以必须先量出路基设计宽度（$b/2$ 或 $b_1/2$）再用水平尺量出 $b/2$ 或 $b_1/2$ 处至中桩的高差，就可得到 $b/2$ 或 $b_1/2$ 处的填或挖的高度（h_1 或 h_2），再乘以坡度率（m）就可得到 $b/2$ 或 $b_1/2$ 处的坡脚或坡顶的距离。若仍有高差，则用同样的方法反复进行多次，就可得到坡脚桩或坡顶桩的正确位置，如图 1-2-32 和图 1-2-33 所示。

即：

$$L_2 = (H + h_2)m + h_3 m + h_4 m + \cdots$$

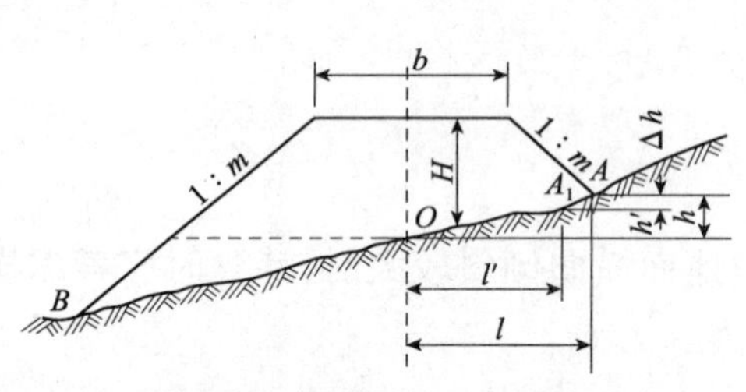

图 1-2-32　用渐进法放路堤坡脚

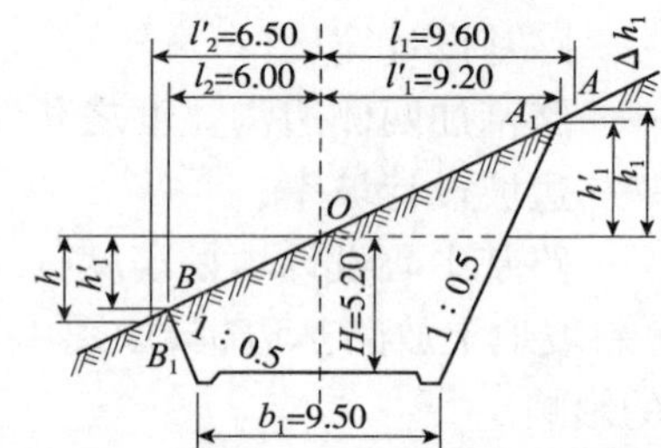

图 1-2-33　用渐进法放样路堑坡顶（尺寸单位：m）

（3）在弯道上的路基放样

要根据设计要求，详细了解弯道上的超高值和加宽值，确定路基边桩（左或右）的高程和至中心桩的距离，要注意弯道加宽是在弯道的内侧。加宽是从缓和曲线的起点开始的，是变数，直到圆曲线的起点至终点才是等宽的，圆曲线的终点至缓和曲线的终点亦是变数。缓和曲线两端和距离是相等的。

2. 路基边坡放样

1）用小麻绳和小竹竿

当路堤高度不大时，可按图 1-2-34a）所示放样。当路堤填土较高时，可分层挂线，在每次挂线前，应当穿中线并用水准仪抄平，如图 1-2-34b）所示。

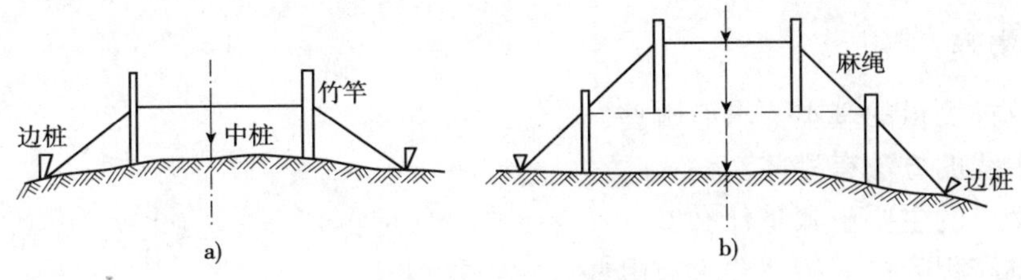

图 1-2-34 用挂线法放边坡

a)一次挂线;b)分层挂线

2)用坡度样板放边坡

首先按照边坡坡度做好边坡样板。样板的式样有活动边坡样,如图 1-2-35a)所示;固定边坡样板用于路堑开挖,在坡顶外侧钉立固定样板,施工时可瞄准样板所指示的坡度进行开挖,如图 1-2-35b)所示。

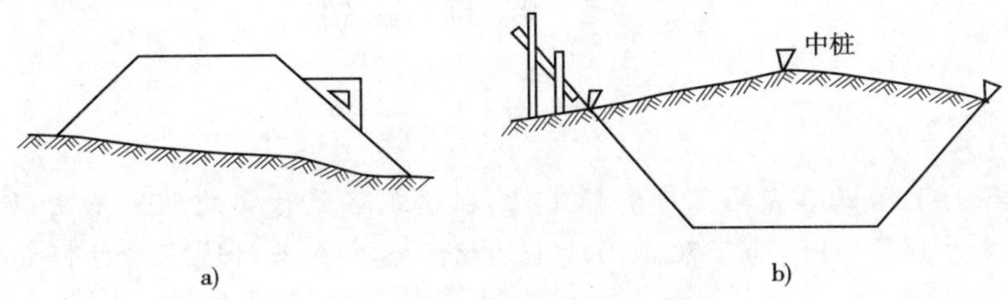

图 1-2-35 边坡样板放边坡

a)活动样板;b)固定样板

3. 机械化施工路基边坡放样

1)路堤边坡与填高的控制方法

(1)机械填土时,应按照铺土厚度及边坡坡度,保持每层间正确的向内收缩一定距离,且不可按自然的堆土坡度往上填土,这样会造成超填而浪费土方。

(2)每填高 1m 左右或填至距路肩 1m 时,要重新恢复中线、测高程、放铺筑面桩,用石灰显示铺筑面边线位置,并将标杆移至铺筑面边上。

(3)距路肩 1m 以下的边坡,常按设计宽度每侧多填 0.25m 控制;距路肩 1m 以内的边坡,则按稍陡于设计坡度控制,使路基面有足够的宽度,以便整修边坡时铲除超宽的松土层后,能保证路肩部分的压实度。

(4)填至路肩高程时,应将大部分地段(填高 4m 以下的路堤)设计高程进行实地检测。

(5)填高大于 4m 地段,应按土质和填高的不同,考虑预留沉落量,使粗平后的路基无缺土现象。最后测设中线桩及路肩桩,抄平后计算整修工作量。

2)路堑边坡及挖深的控制办法

路堑机械开挖过程中,一般都需要配合人工同时进行整修边坡工作。

(1)机械挖土时,应按每层挖土厚度及边坡坡度保持层与层之间的内向回收的宽度,防止挖伤边坡或留土过多。

(2)每挖深 1m 左右,应测设边坡、复核路基宽度,并将标杆下移至挖掘面上。每挖 3 ~ 4m 或距路基面 20 ~ 30cm 时,应复测中线、高程、放样路基面宽度。按以上做法,可及时控制填方超填和挖方超挖现象。

复习思考题

1. 施工放样测量的基本要求有哪些？
2. 恢复中线的方法有哪些？
3. 恢复交点的主要步骤是什么？
4. 水准点高程的检测精度要求有哪些？
5. 路基施工机械有哪些类型？各有什么用途？

能力训练

1. 叙述路基施工准备工作的主要内容。
2. 叙述路基横断面的边桩放样方法及其要点。

任务三 路堤填筑

引例

某路基工程为了保证路堤的强度和稳定性，在填筑路堤时要处理好基底，选择必需的压实度及正确填筑方案。同时，为了阻止山坡上的填方路基有沿斜坡下滑的倾向，在路基坡脚设置护脚。

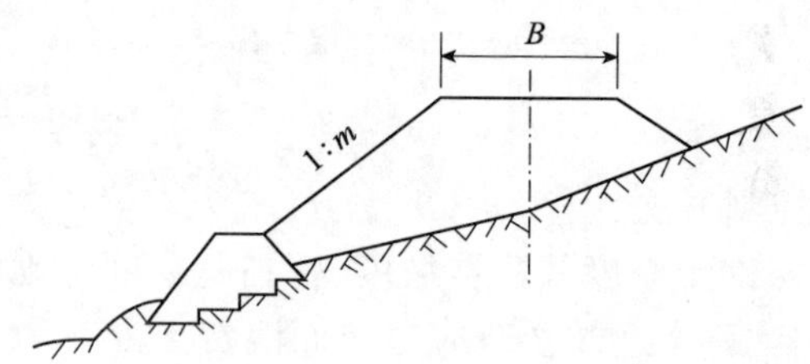

一、路堤填筑方案

路堤填方取土，应根据设计要求，结合路基排水和当地土地规划、环境保护要求进行，不得任意挖取。考虑土质路堤、填石路堤和土石路堤等的填料要求，从原地面逐层填起，并水平分层压实。

（一）土方路堤的填筑

（1）性质不同的填料，应水平分层、分段填筑，分层压实。同一水平路基的全宽应采用同一种填料，不得混合填筑。每种填料的填筑层压实后的连续厚度不宜小于500mm。填筑路床顶最后一层时，压实后的厚度应不小于100mm。

（2）潮湿或冻融敏感性小的填料应填筑在路基的上层。强度较小的填料应填筑在下层。在有地下水的路段或临水路基范围内，宜填筑透水性好的填料。

（3）在透水性不好的压实层上填筑透水性较好的填料前，应在其表面设2% ~4%的双向横坡，并采取相应的防水措施。不得在由透水性较好的填料所填筑的路堤边坡上覆盖透水性不好的填料。

(4)每种填料的松铺厚度应通过试验确定。

(5)每一填筑层压实后的宽度不得小于设计宽度。

(6)路堤填筑时,应从最低处起分层填筑,逐层压实;当原地面纵坡大于12%或横坡陡于1∶5时,应按设计要求挖台阶,或设置坡度向内并大于4%、宽度大于2m的台阶。

(7)填方分几个作业段施工时,接头部位如不能交替填筑,则先填路段,应按1∶1坡度分层留台阶;如能交替填筑,则应分层交替搭接,搭接长度不小于2m。

不同土质填筑路堤的正确与错误方式见图1-3-1和图1-3-2。

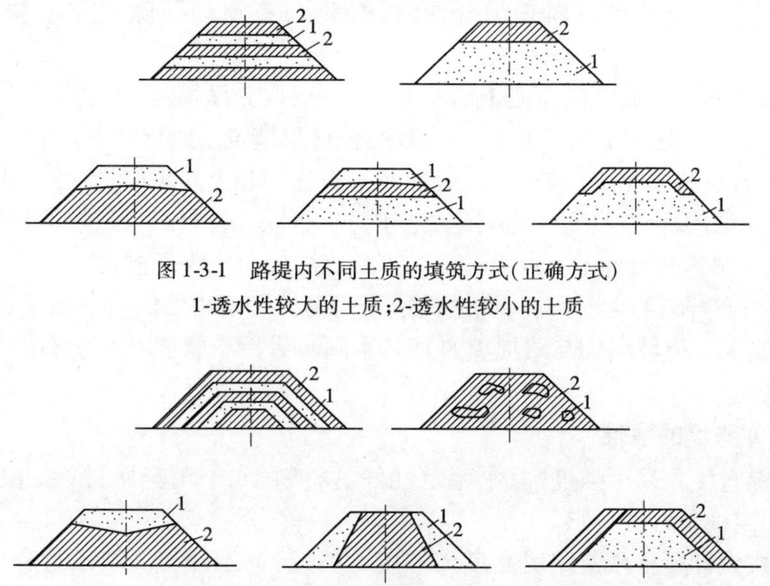

图1-3-1 路堤内不同土质的填筑方式(正确方式)

1-透水性较大的土质;2-透水性较小的土质

图1-3-2 路堤内不同土质的填筑方式(错误方式)

1-透水性较大的土质;2-透水性较小的土质

(二)填石路堤的填筑

填石路堤指用粒径大于37.5mm且含量超过总质量70%的石料填筑的路堤。填石路堤的施工要点如下:

(1)填石路堤施工前,应先修筑试验路段,确定满足表1-3-5中孔隙率标准的松铺厚度、压实机械型号及组合、压实速度及压实遍数、沉降差等参数。

(2)填石路堤的路床施工前,应先修筑试验路段,确定达到最大干密度的松铺厚度、压实机械型号及组合、压实速度及压实遍数、沉降差等参数。

(3)二级及二级以上公路的填石路堤应分层填筑压实。

(4)岩性相差较大的填料路堤应分层或分段填筑。严禁将软质石料与硬质石料混合使用。

(5)中硬、硬质石料填筑路堤时,应进行边坡码砌。码砌边坡的石料强度、尺寸及码砌厚度应符合设计要求。边坡码砌与路基填筑宜同步进行。

(6)压实机械宜选用自重不小于18t的振动压路机。

(7)在填石路堤顶面与细粒土填土层之间应按设计要求设置过滤层。

（三）土石路堤的混填

土石路堤指石料含量占总质量30%～70%的土石混合材料修筑的路堤。土石路堤混填时的施工要点如下：

（1）压实机械宜选用自重不小于18t的振动压路机。

（2）施工前，应根据土石混合材料的类别分别进行试验路段施工，确定能达到最大压实干密度的松铺厚度、压实机械型号及组合、压实速度及遍数、沉降差等参数。

（3）土石路堤不得倾覆，应分层填筑压实。

（4）碾压前应使大粒径石料均匀分散在填料中，石料间孔隙填充小粒径填料、土和石渣。

（5）压实后透水性差异大的土石混合材料，应分层或分段填筑，不宜纵向分幅填筑；如确需纵向分幅填筑，应将压实后渗水良好的土石混合材料填筑于路堤两侧。

（6）土石混合材料来自不同料场，其岩性或土石比例相差较大时，宜分层或分段填筑。

（7）填料由土石混合材料变化为其他材料时，土石混合材料最后一层的压实厚度应小于300mm，该层填料最大粒径宜小于150mm，压实后该层表面应无孔洞。

（8）中硬、硬质石料的土石路堤，应进行边坡码砌。码砌边坡的石料强度、尺寸及码砌厚度应符合设计要求。边坡码砌与路堤填筑宜基本同步进行。软质石料土石路堤的边坡按土质陆地边坡处理。

（四）高填方路堤的填筑

高填方路堤宜优先采用强度高、水稳定性好的材料，或采用轻质材料。受水淹、浸的部分，应采用水稳定性较好的材料。

施工时应按设计要求预留路堤高度与宽度，并进行动态监控。施工过程中应进行沉降观测，按照设计要求控制填筑速率。另外，高填方路堤宜优先安排施工。

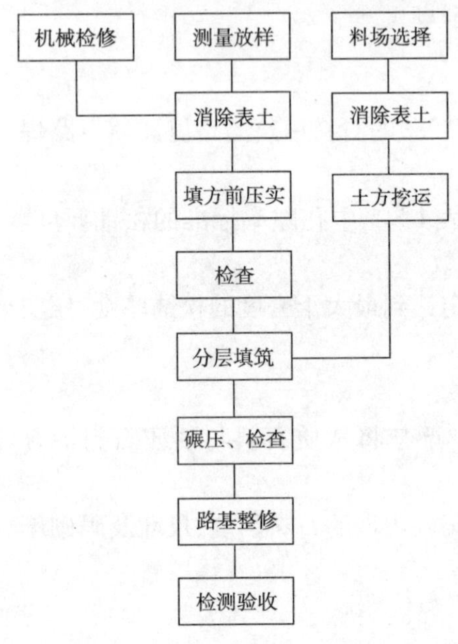

图1-3-3　路基填筑施工的工艺流程

二、路基填筑施工工艺

（一）路基填筑施工的工艺流程

路基填筑施工的工艺流程见图1-3-3。

（二）路基填筑施工的主要工序

路基填筑施工的主要工序有料场选择、基底处理、填筑和碾压。现分述如下：

1．料场选择

填筑路堤的材料（以下简称填料）以采用强度高，水稳定性好，压缩变形小，便于施工压实以及运距短的土、石为宜。在选择填料时，一方面要考虑料源和经济性，另一方面要顾及填料的性质是否合适。

为了节约投资和少占耕地，一般应利用附近路堑或附属工程（如排水沟等）的弃方作为填料，或者将取土坑布置在荒地、空地或劣地上。

2. 基底处理

路堤基底的处理是保证路堤稳定与坚固极为重要的措施。在路堤填筑前进行基底处理,能使填土与原来的表土密切结合;能使初期填土作业顺利进行,能使地基保持稳定,增加承载能力;能防止因草皮、树根腐烂而引起的路堤沉陷。对于一般的路堤基底处理,应按下列规定执行:

(1)基底土密实且地面横坡不陡于1:10时,经碾压符合要求后,可直接在地面上修筑路堤(但在不填不挖或路堤高度小于1m的地段,应清除草皮、树根等杂物)。在稳定的斜坡上,横坡为1:10~1:5时,基底应清除草皮。横坡陡于1:5时,原地面应挖成台阶,台阶宽度不小于1m,高度不小于0.5m(图1-3-4)。若地面横坡超过1:2.5时,外坡角应进行特殊处理,如修筑护墙和护脚等。

(2)当路基受到地下水影响时,应设置地下排水设施予以拦截或排除,引地下水至路堤基础之外,再进行填方压实。

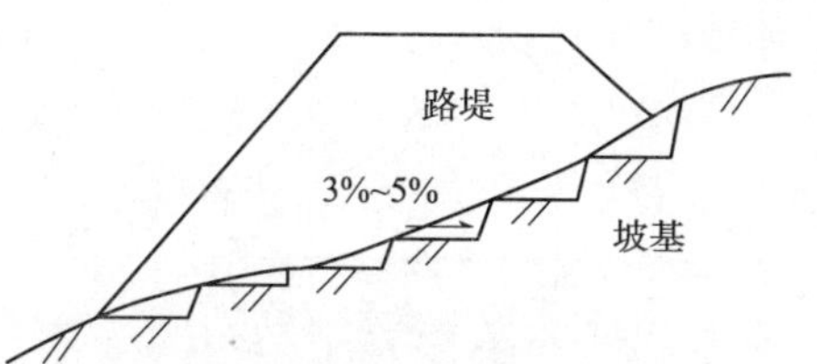

图1-3-4 横坡较大时的台阶形基底

(3)路堤基底为耕地土或松土时,应先清除种植有机土,平整后按规定要求压实。在深耕地段,必要时应将松土翻挖,土块打碎,然后回填、整平、压实。经过水田、池塘或洼地时,应根据具体情况采取排水疏干、挖除淤泥、打砂桩、抛填片石、砂砾石或石灰(水泥)处理土等措施,以保持基底的稳固。

(4)路堤修筑范围内,原地面的坑、洞、墓穴等,应用原地的土或砂性土回填,并按规定进行压实。

3. 填土压实

填土压实是路基填筑工程的一个关键工序,有效地压实路基填筑土,才能保证路基工程的施工质量。为此,必须控制每层填土的厚度、含水率和压实度,并选择合适的压实机械与压实厚度,以及合理的施工方案等。

三、路基压实

(一)路基压实的目的

路堤填筑所用的土或者路堑开挖形成路基表面的土,由于开挖扰动破坏了土体原来紧密的状态,致使结构松散,颗粒间需要重新密实组合。为了使路基具有足够的强度与稳定性,必须予以压实,以提高其密实程度。因此,路基的压实是路基施工过程中一项重要的工序。

土是三相体,土粒为骨架,颗粒之间的孔隙为水分和气体所占据。压实的目的在于使土粒重新组合,彼此挤紧,孔隙缩小,土的单位重量提高,形成密实整体,最终导致强度增加,稳定性提高。

大量的试验和工程实践已经证明:土基压实后,路基的塑性变形、渗透系数、毛细水上升及隔温性能等均有明显改善。

（二）影响压实效果的因素

对于细粒土的路基，影响压实效果的因素有内因和外因两个方面。内因指土质和湿度，外因指压实功能（如机械性能、压实时间与速度、土层厚度）及压实时外界自然和人为的其他因素等。下面就影响压实效果的主要因素进行讨论。

1. 含水率对压实效果的影响

1）含水率 w 与密实度（以干重度 γ 度量）的关系

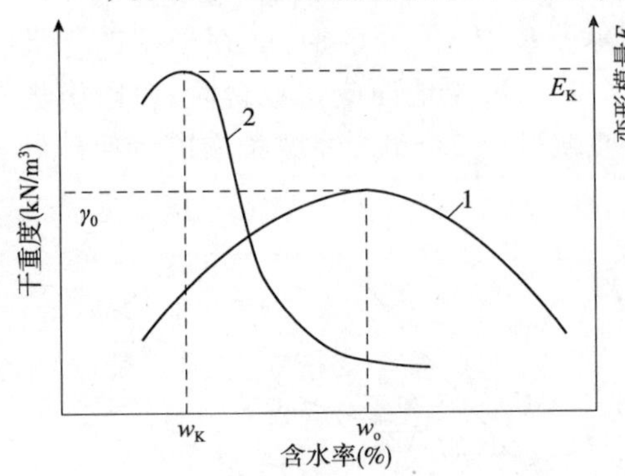

图 1-3-5 土基的 E,γ 与 w 关系示意图
1-γ 与 w 的关系；2-E 与 w 的关系

以同一种土在同一贯入击实标准试验下，各个土样配以不同的含水率 w，测定各个干重度 γ，作干重度 γ 随含水率 w 而变的规律性曲线，得图 1-3-5 中曲线 1 的驼峰曲线。该图表明同等条件下，在一定含水率之前，γ 随 w 增加而提高，主要原因在于水起润滑作用，土粒间阻力减小，施加外力后，孔隙减小，土粒易于被挤紧，γ 得以提高。γ 值至最大值后，w 再继续增大，土粒孔隙被水分占据，而水一般不为外力所压缩，水分互挤转移，因而 w 增大，γ 随之降低。通常在一定压实条件下干重度的最大值，称为最大干重度 γ_0（驼峰曲线的最高点），相应的含水率称为最佳含水率 w_0。由此可见，压实时若能控制土的最佳含水率 w_0，则压实效果为最好。

2）含水率 w 与土的水稳定性的关系

如果以形变模量 E_y 代替 γ，它与 w 亦有类似的驼峰型曲线关系，而且最高点的 E_K 及其相应的 w_K 值，与 γ_0 及 w_0 有区别。曲线 2 表明，土体含水率未达到最佳值 w_0 之前（$w_K < w_0$），形变模量（间接反映强度）已达最高值 E_K，而土中含水率在 w_K 值前后增加或减少，相应的 E_y 随含水率增加有所降低。

图 1-3-6 是饱水前后土基的压实试验结果对照曲线关系图，它可反映出含水率 w 与土的水稳定性的关系。从图中曲线 1 和曲线 2 的对比可见：饱水后，γ 与 E 均有所降低，但在 w_0 时，两曲线间的降低值（$\gamma_0 - \gamma_s$ 或 $E'_K - E'_S$）均最小，这种状态称为水稳定性好。由此可见，控制最佳含水率 w_0 压实的土基，其强度和稳定性最好。如果以 w_K 为准，尽管相应的 E_K 最高，但饱水后的 E_s 却大大降低，表明水稳定性极差。通过比较可见最大干重度 γ_0 及相应的最佳含水率 w_0 作为控制土基压实指标的原因。

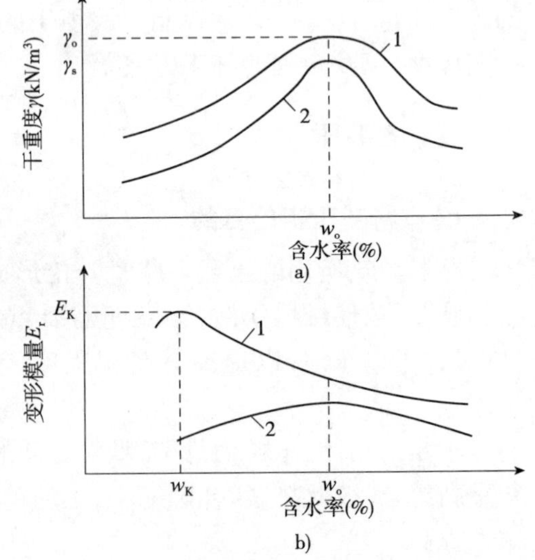

图 1-3-6 饱水前后土基压实指标对照
1-饱水前；2-饱水后

2. 土质对压实效果的影响

在同样压实条件下，不同的土质其压实效果是不一样的。一般规律是：不同的土质有着不同

的最佳含水率 w_0 及最大干重度 γ_0，见图 1-3-7。颗粒分散性（液限、黏性）较高的土，其 w_0 值较高，γ_0 值较低。同时通过对比可见，砂性土的压实效果优于黏性土。其机理在于土粒愈细，比表面积愈大，土粒表面水膜所需的含水率就愈多，加之黏土中含有亲水性较高的胶体物质。另外，由于砂土呈松散状态，水分极易散失，对其最佳含水率的概念就没有多大的实际意义。

3. 压实功能对压实效果的影响

压实功能（指压实工具的质量、碾压遍数、作用时间等）对压实效果的影响，是上述因素之外的又一重要因素。图 1-3-8 是同一种土在不同压实条件下，压实功能与压实效果的关系曲线。通过几条曲线的对比表明：同一种土的最佳含水率 w_0 随压实功能的增大而减小，最大干重度 γ_0 则随压实功能的增大而提高；在相同含水率条件下，压实功能愈高，土基密实度（即 γ）愈高。据此规律，工程实践中可以增加压实功能（如选用重碾，增加碾压遍数或延长作用时间等），以提高路基土的干重度或降低最佳含水率。但必须指出，用增加压实功能的办法，来提高土基强度的效果，有一定的限度。压实功能增加到一定限度以上，其对效果的影响就会小，这样在经济效益和施工组织上不尽合理。当压实功能超过限度过大时，一是超过土的极限强度，造成土基结构的破坏；二是相对应压实时的含水率减少，获得的密实度经不起水的影响，即水稳定性变差。相比之下，严格控制最佳含水率，要比增加压实功能收效大得多。当含水率不足，洒水有困难时，适当增加压实功能可以收效；但如果土的含水率过大，此时再增大压实功能，必将出现“弹簧”现象，即压实效果很差，造成返工浪费。

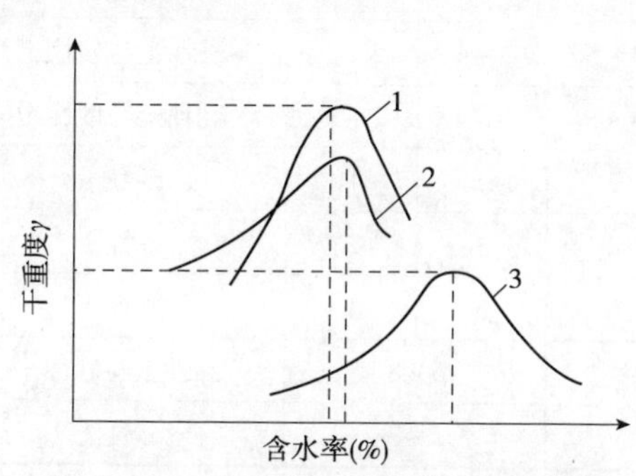

图 1-3-7 几种土质的压实曲线对照

1-亚砂土；2-亚黏土；3-黏土

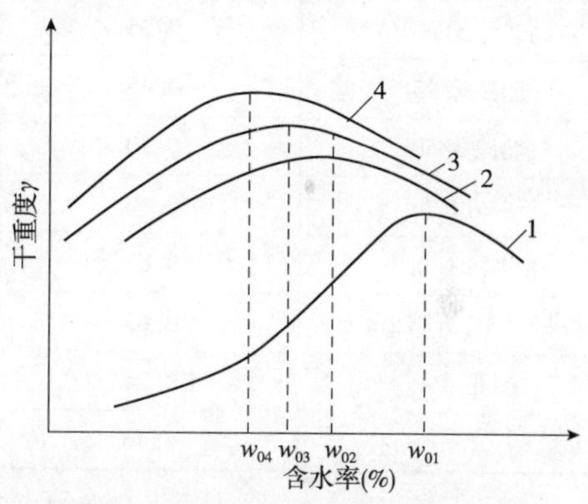

图 1-3-8 不同压实功能的压实曲线对照

注：1、2、3、4 曲线的功能分别为 600kN · m、1 150kN · m、2 300kN · m、3 400kN · m。

4. 压实厚度对压实效果的影响

相同压实条件下（土质、含水率与压实功能不变），实测土层不同深度的密实度（γ 或压实度）可得知，密实度随深度递减，表层 5cm 为最高。不同压实工具的有效压实深度有所差异，根据压实工具类型、土质及压实的基本要求，路基分层压实的厚度有具体的规定数值。一般情况下，夯实不宜超过 20cm；12 ~ 15t 光面压路机，不宜超过 25cm；振动压路机或夯击机，宜以 50cm 为限。确定了实际施工时的压实厚度之后，还应通过现场试验确定合适的摊铺厚度。

（三）压实机具的选择

土基压实机具的类型较多，大致上分为碾压式、夯击式和振动式三大类型。碾压式（又称静力碾压式），包括光面碾（普通的两轮和三轮压路机）、羊足碾和气胎碾等几种。夯击式压实机具中除了人工使用的石夯、大夯外，机动设备中有夯锤、夯板、风动夯及蛙式夯机等。振动式压实机具中有振动器、振动压路机等。此外，运土工具中的汽车、拖拉机以及土方机械等，也可用于路基压实。

不同压实机具，适用于不同土质及不同土层厚度等条件，表1-3-1所列的是几种常用机具的一般技术特性。正常条件下，对于砂性土的压实效果，振动式较好，夯击式次之，碾压式较差。对于黏性土，则宜选用碾压式或夯击式，振动式较差甚至无效。不同的压实机具通常采用的压实遍数，在最佳含水率条件下，适应于一定的最佳压实厚度。表1-3-2是各种土质情况下适宜的碾压机械使用建议。

压实机具的技术性能　　表1-3-1

机具名称	最大有效压实厚度（实厚）（m）	碾压行程遍数				适用土类
		黏性土	亚黏土	粉砂土	砂黏土	
人工夯实	0.10	3～4	3～4	2～3	2～3	黏性土与砂性土
牵引式光面碾	0.15	—	—	7	5	黏性土与砂性土
羊足碾（2个）	0.20	10	8	6	—	黏性土
自动式光面碾5t	0.15	12	10	7	—	黏性土与砂性土
自动式光面碾10t	0.25	10	8	6	—	黏性土与砂性土
气胎路碾25t	0.45	5～6	4～5	3～4	2～3	黏性土与砂性土
气胎路碾50t	0.70	5～6	4～5	3～4	2～3	黏性土与砂性土
夯击机0.5t	0.40	4	3	2	1	砂性土
夯击机1.0t	0.60	5	4	3	2	砂性土
夯板1.5t，落高2m	0.65	6	5	2	1	砂性土
履带式	0.25	6～8		6～8		黏性土与砂性土
振动式	0.40	—		2～3		砂性土

各种土质适用的碾压机械　　表1-3-2

机械名称 \ 土的分类	细粒土	砾石土	砾石土	巨粒土	备注
6～8t两轮光轮压路机	A	A	A	A	用于预压整平
12～18t两轮光轮压路机	A	A	A	B	最常使用
25～50t两轮光轮压路机	A	A	A	A	最常使用
羊足碾	A	C或B	C	C	粉黏土质砂可用
振动压路机	B	A	A	A	最常使用
凸块式振动压路机	A	A	A	A	最宜使用含水率较高的细粒土

续上表

机械名称 \ 土的分类	细粒土	砾石土	砾石土	巨粒土	备　注
手扶式振动压路机	B	A	A	C	用于狭窄地点
振动平板夯	B	A	A	B 或 C	用于狭窄地点，机械质量 800kN 的可用于巨粒土
夯锤(板)	A	A	A	B	用于狭窄地点
推土机、铲运机	A	A	A	A	夯击影响深度最大
	A	A	A	A	仅用于摊平土层和预压

注:①表中符号:A 代表适用;B 代表无适当机械时可用;C 代表不适用。
②土的类别按《公路土工试验规程》(JTG E40—2007)的规定划分。
③对特殊土和黄土(CLY)、膨胀土(CHE)、盐渍土等的压实机械选择可按细粒土考虑。
④自行式压路机宜用于一般路堤、路堑基底的换填等的压实,宜采用直线式进退运行。
⑤羊足碾(包括凸块碾、条形碾)应有光轮压路机配合使用。

压实机具对土施加的外力,应有所控制,以防压实功能太大,压实过度,不仅失效、浪费甚至有害。一般认为,压实时的单位压力不应超过土的强度极限。不同土的强度极限,还与压实机具的质量、相互接触的面积、施荷速度及作用时间(遍数)等因素有关。表 1-3-3 所列的是在最佳含水率条件下,土质由几类压实机具作用时的极限强度,可供选择机具和压实功能时参考。

压实时土的强度极限

表 1-3-3

土　类	土的极限强度(MPa)		
	光 面 碾	气 胎 碾	夯板(直径 70 ~ 100cm)
低黏性土(砂土、亚砂土粉土)	0.3 ~ 0.60	0.3 ~ 0.40	0.3 ~ 0.70
中等黏性土(亚黏土)	0.6 ~ 1.00	0.4 ~ 0.60	0.7 ~ 1.20
高黏性土(重亚黏土)	1.0 ~ 1.50	0.6 ~ 0.80	1.2 ~ 2.00
极黏土(黏土)	1.5 ~ 1.80	0.8 ~ 1.00	2.0 ~ 2.30

实践经验证明:土基压实时,在机具类型、土层厚度及行程遍数已经选定的条件下,压实操作时宜先轻后重、先慢后快,先边缘后中间(匝道及弯道的超高路段需要时,则从内侧至外侧宜先低后高)。压实时,相邻两次压实的轮迹应重叠轮宽的 1/3,保持压实均匀,不漏压,对于压不到的边角,应辅以人力或小型机具夯实。压实全过程中,应经常检查含水率和密实度,以达到符合规定压实度的要求。

(四)土基压实标准

土基野外施工,受到种种条件限制,不能达到室内标准击实试验所得的最大干重度 γ_0,应予以适当降低。令工地实测干重度为 γ,它与室内标准击实试验得到的 γ_0 值之比的相对值,称为压实度 K。

$$K = \frac{\gamma}{\gamma_0} \times 100\% \tag{1-3-1}$$

压实度 K 就是现行规范规定的路基压实标准。表 1-3-4 所列的压实度是以《公路土工试验规程》（JTG E40—2007）重型击实试验法为准的压实度标准。对于铺筑中级或低级路面的三、四极公路路基，以及南方多雨地区天然土的含水率较大时，允许采用轻型击实试验法的路基压实标准。

1. 土质路堤

土质路堤压实度标准 表 1-3-4

填挖类型		路床顶面以下深度（m）	压实度（%）		
			高速公路、一级公路	二级公路	三、四级公路
路堤	上路床	0～0.30	≥96	≥95	≥94
	下路床	0.30～0.80	≥96	≥95	≥94
	上路堤	0.80～1.50	≥94	≥94	≥93
	下路堤	>1.50	≥93	≥92	≥90
零填及路堑路床		0～0.30	≥96	≥95	≥94
		0.30～0.80	≥96	≥95	—

2. 填石路堤

膨胀岩石、易溶性岩石不易直接用于路堤填筑，强风化石料、崩解性岩石和盐化岩石不得直接用于路堤材料。路堤填料粒径不应大于 500mm，并不宜超过层厚的 2/3，不均匀系数宜为 15～20。路床底面以下 400mm 范围内，填料粒径应小于 150mm。路床填料粒径应小于 100mm。

上、下路堤的压实质量标准见表 1-3-5。

填石路堤上、下路堤的压实质量标准 表 1-3-5

分区	路床顶面以下深度（m）	硬质石料孔隙率（%）	中硬石料孔隙率（%）	软质石料孔隙率（%）
上路堤	0.8～1.50	≤23	≤23	≤20
下路堤	>1.50	≤25	≤25	≤22

（五）碾压工序的控制

为了有效地压实路基填筑土，必须对碾压工序作以下的控制：

（1）确定工地施工要求的密实度。路基要求的压实度根据填挖类型和公路等级及路堤填筑的高度而定，见表 1-3-4。通常根据表中的规定，用标准击实试验，得出最大干密度和相应的最佳含水率。

（2）对于各种压实机具碾压不同土类的适宜厚度，所需压实遍数与填土的实际含水率（最佳含水率 ±2% 以内）等，均应根据要求的压实度，通过做试验路段时加以确定。高等级公路路基填土压实宜采用振动压路机或 35～50t 轮胎压路机进行。采用振动压路机碾压时，第一遍应静压，第二遍开始用振动压实。

压实过程中严格控制填土的含水率。含水率过大时，应将土翻晒至要求的含水率再碾压；含水率过小时，需均匀洒水后再进行碾压。通常天然土的含水率接近最佳含水率时，在填土后应随即压实。

(3)填石路堤在压实前，应先用大型推土机推铺平整，个别不平处，应用人工配合，用细石屑找平。采用的压路机宜选18t以上的重型振动压路机。碾压时要求均匀压实，不得漏压。每层的填铺厚度在0.4m左右，当采用重型振动压路机或夯锤压实时，可加厚至1.0m。

填石路堤所要求的密实度、所需的碾压遍数（或夯压遍数）应经过试验确定。以18t以上的振动压路机进行压实试验，当压实层顶面稳定，不再下沉（无轮迹）时，可判为密实状态，即压实度合格。

(4)土石混填路堤的压实要根据混合料中巨粒土含量的多少来确定。当巨粒土含量较少时，应按填土路堤的压实方法进行压实；当巨粒土含量较大时，应按填石路堤的压实方法压实。

不论何种路堤，碾压都必须确保均匀密实。

(5)压实度的检测方法有环刀法、灌砂法、灌水法（水袋法）和核子密度湿度仪法。在使用核子密度仪时，事先应与规定试验方法作对比试验而进行标定。

复习思考题

1. 路基填筑施工有哪些工艺流程？
2. 何谓最佳含水率、最大干密度和压实度？
3. 路基的填筑方式有哪几种？各自的适用性如何？
4. 土质路堑常用的开挖方法可分为哪三种？其中的纵挖法又可分为哪两种？各自的适用性又如何？
5. 土基的压实机具可分为哪三类？对于不同的土质应如何正确选择？
6. 土基碾压的操作要领有哪些？
7. 在实际工程中如何检测压实度？

能力训练

1. 简述路基填筑施工的工艺流程。
2. 简单叙述路基填筑的主要施工工序。
3. 叙述提高路基的压实效果的方法。

任务四 路堑开挖

引例

经过挖土松动后，土方体积必将增大，运土时的土方就增多。松散系数L是指松散后土石体积与原状岩土未松动时的自然体积的比值。

$$L=\frac{\text{松散后土石体积}(\text{m}^3)}{\text{原状岩土体积}(\text{m}^3)}$$

路基填土经过压实后，土方体积必将减小。夯实系数C是指夯实土体积与土石料松散时体积的比值。

$$C=\frac{\text{夯实土体积}(\text{m}^3)}{\text{松散土体积}(\text{m}^3)}$$

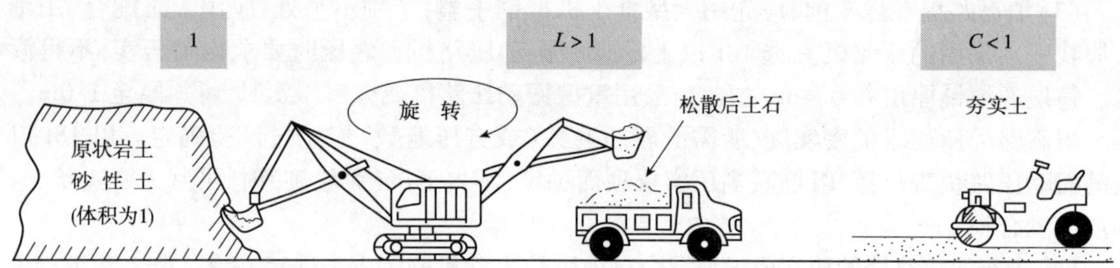

一、土质路堑开挖方案

土质路堑可根据路堑深度、纵向长度及所处的地形选择不同的开挖方式。目前,常用的土质路堑开挖方法可分为全断面横挖法、纵挖法及混合开挖法三种。

(一)全断面横挖法

对路堑整个横断面的宽度和深度从一端或两端逐渐向前开挖的方式称为全断面法。此方法适用于较短的路堑。图1-4-1a)所示的为一层全断面横挖法,其适用于开挖深度小的路堑。图1-4-2b)所示的为多层全断面横挖法,适用于开挖深且土方量大的路堑。施工时各层纵向前后拉开,多层出土,可安排较多的劳动力和机械,以加快施工进度。每层挖掘台阶深度:人工施工时,一般为1.5~2.0m;机械施工时,可达到3~4m。同时各层要有独立的临时排水沟。

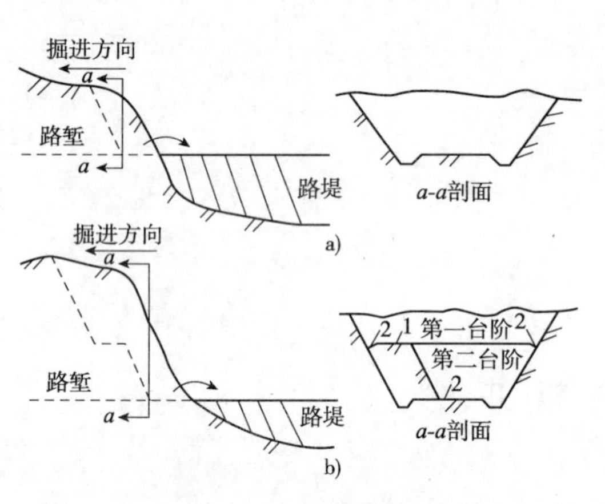

图1-4-1 全断面横挖法

a)一层全断面横挖法;b)多层全断面横挖法

1-第一台阶纵向运土道;2-临时排水沟

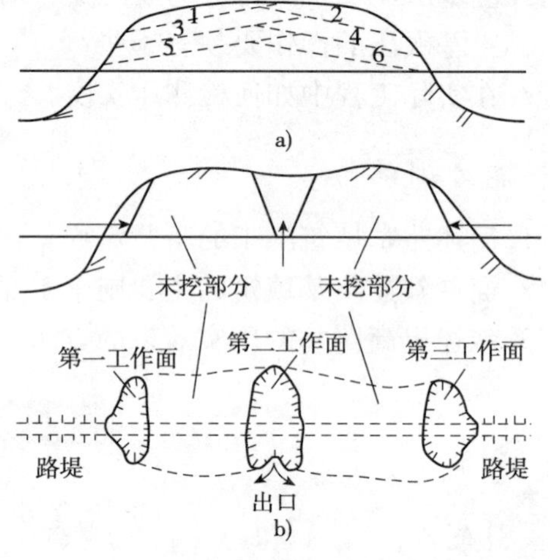

图1-4-2 纵挖法

(二)纵挖法

此方法适用于较长的路堑,如图1-4-2所示。纵挖法可分为分层纵挖法和分段纵挖法两种。前者适用于施工机械能够到达路线上方堑顶,并在堑顶能够展开推土施工;后者适用于施工机械无法到达堑顶,但通过先修临时施工便道,能够到达与路线设计高程基本一致,并且离路线一侧不远的(即向路线打横向通道,增加挖方量不大)若干处,便于水平作业施工。

1. 分层纵挖法[图 1-4-2a)]

施工机械到达路线上方的堑顶后，沿路堑全宽以深度不大的纵向分层挖掘前进的作业方法称为分层纵挖法。当路堑长度不超过 100m，开挖深度不大于 3m，地面横坡度较陡时，宜采用推土机作业；当地面横坡度较缓时，表面宜横向铲土，下层的土宜纵向推运。当路堑横向宽度较大时，宜采用两台或多台推土机横向联合作业。当路堑前傍陡峻山坡时，宜采用斜铲推土。按图中所示"1、2、3、4、5、6"的顺序进行爆破作业。

2. 分段纵挖法[图 1-4-2b)]

沿路堑纵向选择若干处，在山体较薄一侧横向朝着路线先挖穿(俗称打"马口")，提供通道便于横向出土，这样将路堑沿纵向分成若干段，待机械到达路线位置时，各段再纵向开挖，此种作业方法称为分段纵挖法。本法适用于路堑过长、纵向弃土运距过远的傍山路堑。这种方法由于增加了许多工作面，使得施工进度大大加快。具体方案选择时，应把山体一侧堑壁不厚的横向出土通道，与附近的弃土场及有利于废弃土方调配等条件综合考虑确定。

(三)混合开挖法(亦称通道纵挖法)

先在路堑的中央沿路线纵向挖成通道，然后在堑内改为横向挖成若干个通道，使许多挖掘机械各自到达横向通道内的工作面后，再沿路线纵向进行全断面开挖，此种纵挖法与全断面横挖法结合的作业方法称为混合开挖法，如图 1-4-3 所示。由图可见，当路堑较深时，还可以结合机械的功能进行分层施工作业。此法适用于工程量很大而且工期又紧的重点快速工程，并且铲式挖掘机和运输自卸车以配合使用为宜。混合开挖法具体实施时，对各种机械尤其是运土车辆的进出，必须统一调度、相互协调、运行流畅。

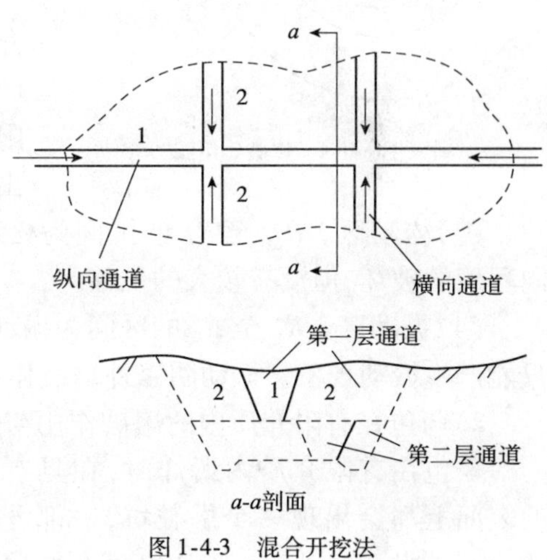

图 1-4-3 混合开挖法

二、石方爆破与爆破方法

山区公路路基石方工程量大，而且集中，据统计一般占土石方总量的 45% ~75%。爆破是石方路基施工最有效的方法，亦可用以爆松冻土、淤泥，开采石料等。在公路工程中采用综合爆破，不但施工技术获得了重大革新，而且对公路选线、设计也有较大的影响。例如，沿溪线经常要遇到悬崖峭壁，施工十分困难，工程量也很大，过去多采用展线翻越或跨河绕避的方案。展线方案，由于急弯陡坡较多，既降低路线的技术标准，又增加公路里程。跨河方案，增加桥梁工程，不仅增加工程费用，还可能遇到基础施工等困难。如能采用综合爆破法施工，功效较高，工期较短，占用劳动力较少，成本也可降低，且可考虑采用平缓顺直的沿溪线方案而无须展线或跨河。又如，公路通过鸡爪地形地段时，为了避免施工困难和节省工程量，往往是随地形曲折起伏，如采用综合爆破法施工，可取顺直的路线布置方案。

(一)爆破作用原理及爆破器材与方法

1. 爆破作用原理

为了爆破某一岩体，在其中或表面放置的一定数量的炸药，称为药包。按药包的形状或集结程度不同，可以分为集中药包、延长药包和分集药包三种。

1）药包在无限介质内的作用

药包在无限介质内爆炸时，炸药在瞬间内通过化学反应转化为气体状态的爆炸产物。由于膨胀作用，体积增加数千倍甚至上万倍，产生高温高压，产生的冲击波以每秒上千米的速度，自药包中心按球面等量向外扩散，传递给周围介质，使介质产生各种不同程度的破坏和振动现象。这种现象随着距药包中心的距离增大而逐渐消失。按破坏程度的不同大致可分为四个爆破作用区。如图 1-4-4 所示。

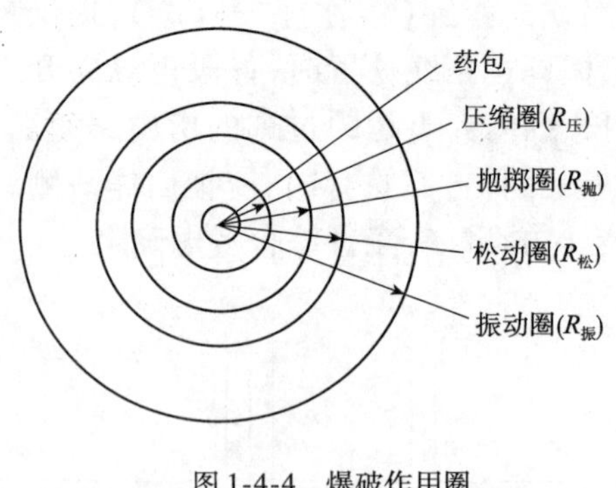

图 1-4-4　爆破作用圈

（1）压缩区。图 1-4-4 中 $R_{压}$ 表示压缩圈半径，在这个作用圈范围内，介质直接承受药包爆炸所产生的极其巨大的作用力。如果介质是可塑性的土，便会遭到压缩形成空腔；如果是坚硬的脆性岩石，便会被粉碎。以 $R_{压}$ 为半径的球形区称为压缩区。

（2）抛掷区。$R_{压}$ 至 $R_{抛}$ 的区间为抛掷区。该区介质的原有结构受到破坏而分裂成碎块，而且爆炸力尚有余力，足以使这些碎块获得运动速度。如果在有限介质内，这些碎块的一部分会向临空面方向抛掷出去。

（3）松动区。$R_{抛}$ 至 $R_{松}$ 的区间为松动区。该区爆炸力大大减弱，能使介质结构受到不同程度的破坏，但没有较大的位移。

（4）振动区。$R_{松}$ 至 $R_{振}$ 的区间为振动区。微弱的爆破作用力不能使该区介质产生破坏，只能产生振动现象。振动圈以外爆破作用能量将逐渐消失。

2）药包在有限介质内的爆破作用与爆破漏斗

药包在有限介质内爆炸时，在具有临空的表面上都会出现一个爆破坑，一部分炸碎的土石被抛至坑外，一部分仍落在坑底。由于爆破坑形状如同漏斗，称为爆破漏斗，如图 1-4-5 所示。爆破漏斗的形状和大小，不但与药包量大小、炸药性能、介质的性能等有关，同时还与临空面的数量和所处的边界条件有关。

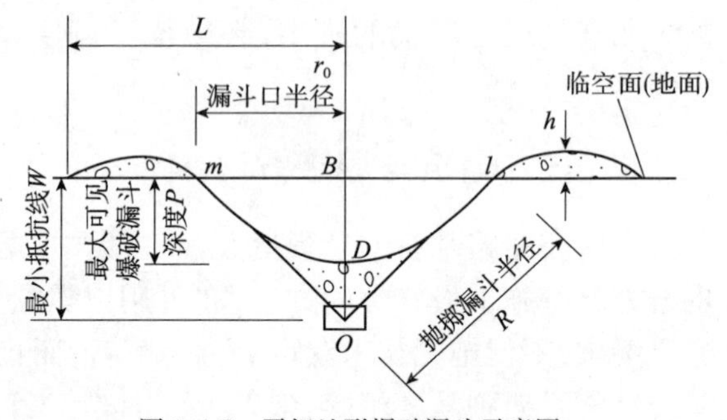

图 1-4-5　平坦地形爆破漏斗示意图

爆破漏斗一般用以下几个要素表示：

最小抵抗线 W——药包中心至临空面的最短距离。

爆破漏斗口半径 r_0——最小抵抗线与临空面交点至漏斗口边缘的距离。

抛掷漏斗半径 R——从药包中心沿漏斗边缘至坑口的距离。

爆破作用的性质通常用爆破作用指数 n 来表示。爆破作用指数是爆破漏斗口半径与最小抵抗线的比值：即 $n = r_0/W$。当 $n = 1$ 时，称为标准抛掷爆破，此时漏斗顶部夹角为 90°；$n > 1$时，称为加强抛掷爆破；$n < 1$ 时，称为减弱抛掷爆破；当 $n < 0.75$ 时，不会发生抛掷现象，岩石只能产生松动和隆起。通常将 $n = 0.75$ 时的爆破称为标准松动爆破，$n < 0.75$ 时的爆破

称为减弱松动爆破。

2.影响爆破的主要因素

药包在介质中爆炸时,介质被抛掷和松动的体积或破碎的程度称为爆破效果。影响爆破效果的因素主要有:

(1)炸药的威力。一般在坚石中,宜用粉碎力大的炸药,如TNT、胶质炸药等,爆破后岩石破碎程度较大,但破坏范围一般较小;在次坚实、软石、裂缝大而多的岩石中以及松动爆破中,宜用爆力大而粉碎力较小的炸药,如硝铵类炸药;开采料石,则宜用爆力和猛度都较小的炸药,如黑火药。

(2)炸药用量。药量少了,达不到预期的效果;药量多了,不但造成浪费,而且会出现飞石过远、裂缝增多、边坡坍塌等超爆现象。因此,药量应适中。

(3)地形条件。在爆破工程中,地形的陡坦程度及临空面数量,对爆破效果影响也很大。地形越陡,临空面数目越多,爆破效果越好;反之,爆破效果差。

(4)地质条件。地质条件是指岩石性质和岩层构造。岩石性质包括岩石的密度、韧性和整体性等,是确定岩石单位耗药量和能否采用大爆破的主要依据;岩石构造主要指岩石的层理产状等,往往会对爆破的范围、爆破漏斗的形状和大小产生重大影响(图1-4-5)。

(5)其他因素。装药的密实度、堵塞炮眼和导洞的质量、爆破技术的熟练与正确程度等对爆破效果均有影响。

3.炸药

1)炸药的性质

炸药是一种化学性质不稳定的物质,在外力的作用下(如冲击、摩擦等),易发生爆炸。爆速高达每秒几千米,爆温高达1 500~4 500℃,压力超过10万个大气压,因此,具有非常大的破坏力。炸药的性质用以下指标描述:

(1)炸药的威力

一般用爆力和猛度来衡量。爆力是指炸药破坏一定量介质的能力;猛度是指炸药爆炸时,将一定量岩石粉碎成细块的能力。

(2)炸药的敏感度

指炸药在外能作用下发生爆炸的难易程度,包括爆燃点、撞击敏感度、摩擦敏感度和起爆敏感度。炸药的敏感度受其密度、湿度、粒度和杂质含量的影响。

(3)炸药的安定性

指炸药在长期存储时,保持其原有物理化学性质不变的能力。

2)炸药的分类

炸药的种类繁多,爆破工程中常用的可分为如下两类:

(1)起爆炸药

起爆炸药是一种爆炸速度极高的烈性炸药。爆速可达2 000~8 000m/s,用以制造雷管。起爆炸药又可分为正起炸药和副起炸药。正起炸药对热能和机械冲击能均具有强烈的敏感性,如雷汞、黑索金、泰安等;副起炸药须由正起炸药起爆,其爆速甚高,可加强雷管的起爆能量,如三硝基甲硝胺,四硝化戊四醇等。

(2) 主要炸药

用以对岩石或其他介质进行爆炸的炸药称为主要炸药。它的敏感性较低，要在起爆炸药强力的冲击下才能爆炸。它可分为：缓性炸药，爆速为1 000～3 500m/s，如硝铵炸药、铵油炸药；粉碎性炸药，爆速为3 500～7 000m/s，如TNT、胶质炸药等。道路工程中常用的主要炸药的成分和性能如下：

①黑色炸药。由硝酸钾、硫磺、木炭（配比为75∶10∶15）所组成的混合物。它对火星和碰击极其敏感，易燃烧爆炸，怕潮湿，威力小，适用于开采石料。

②TNT炸药。TNT或称三硝基甲苯。淡黄色针状结晶体，熔铸块呈褐色，敏感度低，安定性好，耐水性强，爆炸威力大，适用于爆破坚硬的岩石。但本身含氧不足，爆炸时产生有毒的一氧化碳，不宜用于地下作业。

③胶质炸药。硝化甘油和硝酸铵（有时用硝酸钾或硝酸钠）的混合物，另加入一些木屑和稳定剂制成。可分为耐冻、非耐冻两种。工业上常用的是硝化甘油及二硝化乙二醇含量各为62%和35%的耐冻胶质炸药。它对冲击、摩擦和火星都很敏感，如果湿度较高或储存时间过久，容易分解、渗油和挥发，此时对外界的作用更敏感，受冻后尤其危险，它是一种危险性较高的炸药。但胶质炸药威力大，不吸湿，有较大密度和可塑性，适合于水下和坚石使用。

④硝铵炸药。这是目前石方爆破中广泛应用的一种炸药。其主要品种有煤矿铵锑炸药、岩石铵梯炸药、露天铵梯炸药等。道路工程中常用的岩石硝铵炸药由硝酸铵、TNT和少量木粉组成，其配合比为85∶11∶4，具有中等威力和一定的敏感性，在8号雷管作用下可以充分起爆，是安全的炸药。但是它有吸湿性与结块性，受潮后敏感性和威力显著降低，同时产生毒气。

⑤铵油炸药。是硝酸铵和柴油（或加木粉）的混合物，通常两者比例为94.5∶5.5，当加木粉时，其比例为92∶4∶4。这是一种廉价、安全、制造简单、威力比硝铵炸药略低、敏感性低的炸药，具有结块性和吸湿性，使用时不能直接用8号雷管起爆，须同时用10%的硝铵炸药做起爆体，才能使其充分起爆。

⑥浆状炸药。是以硝酸铵、TNT（或铝、镁粉）和水为主混合而成的一种浆糊状炸药，其威力大，抗水性强，适用于深水爆破（坚硬岩石），但需烈性炸药起爆。

4. 起爆器材

雷管是常用的起爆材料。按照引爆方式分为火雷管和电雷管两种。电雷管又分为即发、延期及毫秒雷管。雷管外壳有纸、铜、铁等几种。工业上依雷管内起爆药量多少，分成10种号码，通常使用6号和8号两种。6号雷管相当于1g雷汞的装药量，8号相当于2g雷汞的装药量。

1) 雷管的构造

雷管由雷管壳、正副装药、加强帽三部分组成，如图1-4-6所示。

火雷管与电雷管的不同之处，是在管壳开口的一端，火雷管留出15mm左右的空隙端，以备导火索插入之用；而电雷管则有一个电气点火装置，并以防潮涂料密封端口。延期和毫秒电雷管的特殊点是在点火装置和正装药之间加了一段缓燃剂。

电气点火装置的构造，是在脚线（纱包绝缘铜线）的端部焊接一段高电阻的金属丝（一般为康铜丝，也有铬镍合金或铂铱合金丝），称为电桥丝。电桥上滴上一滴引燃剂，通电时灼热的电桥就能点燃引燃剂，使电雷管的正副起爆药发火起爆。

2)电雷管的主要指标

为了保证电雷管的准爆和操作安全,现将电雷管的有关参数介绍如下:

(1)电阻。一般使用的电雷管,电阻大致为0.5~1.5Ω(2m长铜脚线、康铜电桥丝)。按安全规定串联在一起的电雷管,电阻差彼此不能超过0.25Ω。

(2)最大安全电流和准爆电流。所谓最大安全电流,是指在通电5min左右而不引起爆炸的最大电流。康铜电桥丝的雷管最大安全电流和准爆电流为0.3~0.4A,铬镍合金电桥丝的雷管为0.15~0.2A。用来测定电雷管的仪器输出电流,不得超过0.05A。

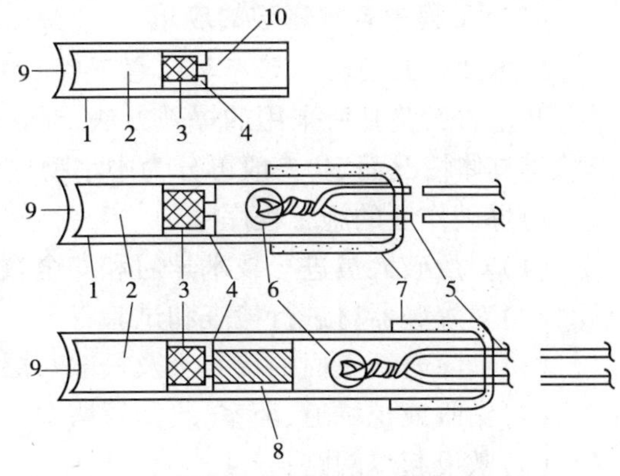

图1-4-6 雷管的构造

1-雷管壳;2-副装药;3-正装药;4-加强帽;5-电器点火装置;6-滴状引燃剂;7-密封胶和防潮涂料;8-延缓剂;9-窝槽(集能槽);10-帽孔

所谓最小准爆电流,是指在2min左右的时间内,通电而使雷管准爆的最小电流。康铜电桥丝的为0.5~0.8A,铬镍合金电桥丝的为0.4~0.5A。按照安全规定,成组串联电雷管的准爆电流,直流电为2A,交流电为2.5A。若能保证有2.0~5.0A的电流通过每个电雷管,则可充分保证准爆。

5.起爆方法

1)导火索起爆

导火索起爆是先将导火索点燃,引爆火雷管,从而使全部炸药引起爆炸。雷管内装的都是烈性炸药,遇撞击、按压、摩擦、加热、火花都会爆炸。因此在运输、保管、使用中要特别注意,要轻拿轻放,不可随便乱扔。

2)电力起爆

电力起爆是利用电雷管中电力引火剂的通电发热燃烧使雷管爆炸,从而引起药包爆炸。电力起爆的电源有放炮器、干电池、蓄电池、移动式发电站、照明电力线路或动力电力线等。电力起爆网中,电雷管的联结方式有串联、并联和混合联三种。电力起爆所用电线必须采用绝缘完好的导线。

3)导爆索起爆

导爆索(又称传爆线)起爆就是利用导爆索的爆炸直接引起药包的爆炸。导爆索其外形与导火索相似,直径4.8~5.8mm,药芯系烈性炸药做成,有良好的防水性能,浸在水中12h仍能爆炸。导爆索爆速快(6 800~7 200m/s),主要用于深孔爆破和药室爆破,使几个药室能做到几乎同时起爆,可以提高爆破效果。由于导爆索着火较困难,使用时须在药室外的导爆索上捆扎一个8号雷管来起爆。

4)塑料导爆管起爆

由内涂引爆炸药的塑料导爆管组成的起爆网络与药包连接,通过雷管、导火索、引火头等能产生冲击波的器材激发导爆管,从而起爆药包。导爆管本身很安全,可作为非危险品运输。一个8号雷管能激发30~50根导爆管,效率高,成本低,安全可靠。

(二)工程中各种爆破的应用

1. 爆破作业的施工程序与注意事项

开挖岩石路基所采用的爆破方法，要根据石方的集中程度、地质、地形条件及路基断面形状等具体情况而定，一般可分为中小型爆破和大型爆破两大类：

1)爆破作业的施工程序

(1)对爆破人员进行技术学习和安全教育；

(2)对爆破器材进行检查和试验；

(3)消除岩石表面的覆盖土及松散石层，确定炮型，选择炮位；

(4)钻眼或挖坑道、药室，装药及堵塞；

(5)敷设起爆网路；

(6)设置警戒；

(7)起爆；

(8)清理爆破现场(处理哑炮，测定爆破效果等)。

2)炮眼位置选择的注意事项

(1)选择炮眼时，必须注意石层、石质、石纹、石穴，以在无裂纹、无水湿之处设置为宜。当用铁锤敲击石面发生空响时，应避免打眼。

(2)应避免选择在两种岩石硬度相关很大的交界处。

(3)应尽量选择在抵抗线最小，临空面较多的地方，并应与各临空面的距离接近相等。

(4)炮眼选择时，应尽量为下一炮创造更多的临空面。

(5)群炮炮眼的间距，宜根据地形、岩石类别、炮型及炸药的种类计算确定。

(6)炮眼的方向，应与岩石侧面平行，并尽量与岩石走向垂直。一般按岩石外形、纹理裂隙等实际情况，分别选择正眼、斜眼、平眼、吊眼等方位。

此外，进行爆破作业时的安全事项，须按照《公路工程施工安全技术规程》(JTJ 076—1995)有关规定办理。

2. 常用的爆破方法及适用性

综合爆破是根据石方的集中程度，地质、地形条件，公路路基断面的形状，结合各种爆破方法的最佳使用特性，因地制宜，综合配套使用的一种比较先进的爆破方法。一般包括中小炮和大炮两大类。中小炮主要包括钢钎炮、深孔爆破等钻孔爆破、药壶炮和猫洞炮；洞室炮则随药包性质、断面形状和微地形的变化而不同。用药量 1t 以上的为大炮，1t 以下的为中小炮。现将各种爆破方法在综合爆破中的作用与特性分述如下：

1)钢钎炮(眼炮)

在路基工程中，钢钎炮通常指眼炮直径和深度分别小于 7cm 和 5m 的爆破方法。一般情况下，单独使用钢钎炮爆破石方是不大经济的，其原因一是炮眼浅，用药少，每次爆破的方数不多，并全靠人工清除，所以功效较低；二是不利于爆破能量的利用。由于眼浅，爆破时爆炸气体很容易冲出，变成不做功的声波，以致响声大而炸下的石方不多，个别石块飞得很远。因此，在公路工程中，应尽可能少用这种炮型。但是，由于它比较灵活因而它又是一种不可缺少的炮型，在地形艰险及爆破量较小地段(如打水沟、开挖便道、基坑等)仍属必需，在综合爆破中是一种改造地形，为其他炮型服务的辅助炮型。

2)深孔爆破

深孔爆破是孔径大于75mm、深度5m以上、采用延长药包的一种爆破方法。炮孔需用大型的潜孔凿岩机或穿孔机钻孔,如用挖运机械清方可以实现石方施工全面机械化,是大量石方(万方以上)快速施工的发展方向之一。其优点是劳动生产率高,一次爆破的方量多,施工进度快,爆破时对路基边坡的影响比大炮小。若配合预裂或光面爆破,则边坡平整稳定,爆破效果容易控制,爆破时比较安全。但由于需要用大型机械,故转移工地、开辟场地、修筑便道等准备工作都较复杂,且爆破后仍有10%~25%的大石块需经第二次爆破改小。

进行深孔爆破,要求先将地面修成台阶,称为梯段。梯段的倾角最好为60°~75°,高度应在5~15m之间。炮孔分垂直孔和斜孔两种。如图1-4-7和图1-4-8所示,炮孔直径D一般为80~300mm,公路工程中以100~150mm为宜。超钻长度h大致是梯段高度的10%~15%。岩石坚硬者取大值。

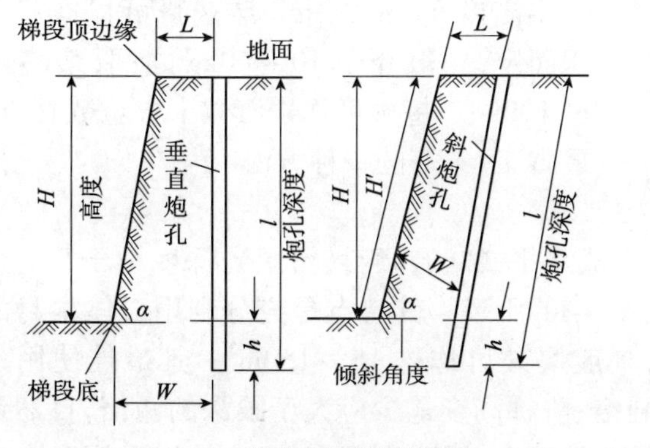

图1-4-7 垂直和斜炮梯断面图

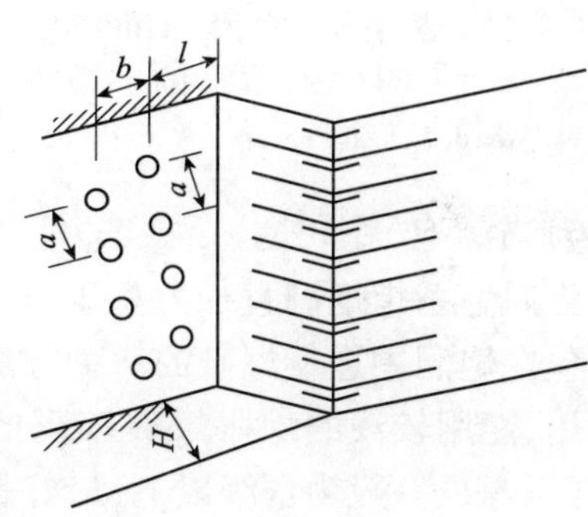

图1-4-8 炮孔布置立面图

深孔爆破对装药、堵塞等操作技术要求也比较严格。随着石方施工机械化程度的提高,深孔爆破已开始在石方集中、地形较平缓的垭口或深路堑中使用,并获得较好的效果。单位耗药量为0.45~0.75kg/m^3,平均每米钻孔爆落岩石11~20m^3。因此,在有条件时应尽可能采用这种爆破方法。

3)微差爆破

两相邻药包或前后排药包以毫秒的时间间隔(一般为15~75ms)依次起爆,称为微差爆破,亦称毫秒爆破。多发一次爆破最好采用毫秒雷管。当装药量相等时其优点是:可减震1/3~2/3;前发药包为后发药包开创了临空面,从而加强了岩石的破碎效果;降低多排孔一次爆破的堆积高度,有利于挖掘机作业;由于逐发或逐排依次爆破,减少了岩石夹制力,可节省炸药20%,并可增大孔距,提高每米钻孔的炸落方量。炮孔排列和起爆顺序,根据断面形状和岩性,有如图1-4-9所示的几种类型。多排孔微差爆破是浅孔爆破和深孔爆破发展的方向。

4)光面爆破和预裂爆破

光面爆破是在开挖限界的周边,适当排列一定间隔的炮孔,在有侧向临空面的情况下,用控制抵抗线和药量的方法进行爆破,使之形成一个光滑平整的边坡。

预裂爆破是在开挖限界处按适当间隔排列炮孔,在没有侧向临空面和最小抵抗线的情况下,用控制药量的方法,预先炸出一条裂缝,使拟爆体与山体分开,作为隔震减震带,起保护和减弱开挖限界以外山体或建筑物的地震破坏作用,光面与预裂爆破后,在边坡壁上通常

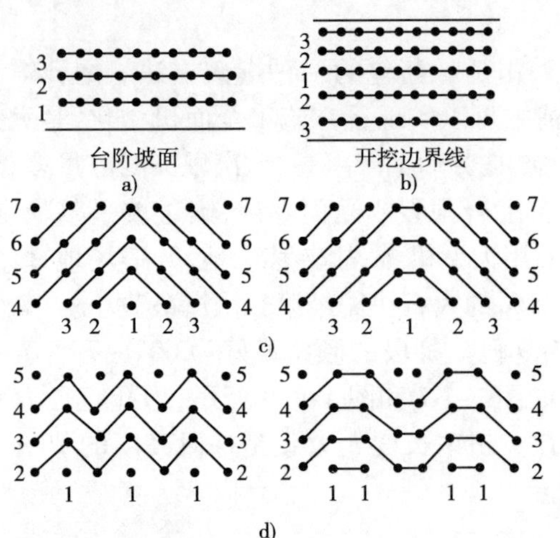

图 1-4-9　微差爆破各种起爆网络图(图中数字为起爆顺序)
a)直排依次顺序起爆法；b)直排中心掏槽起爆法；c)“V”形起爆网路；d)波形起爆网路

均留下半个炮孔的痕迹。

5)药壶炮(烘膛炮)

药壶炮是指在深 2.5m 以上的炮眼底部用少量炸药经一次或多次烘膛，使眼底成葫芦形，将炸药集中装入药壶中进行爆破，如图 1-4-10 所示。此法主要用于露天爆破，其使用条件是：岩石应在Ⅺ级以下，不含水分，阶梯高度(H)小于 10m，自然地面坡度在 70°左右。如果自然地面坡度较缓，一般先用钢钎炮切脚，炸出台阶后再使用。经验证明，药壶炮最好用于Ⅻ ~ Ⅸ级岩石，中心挖深 4 ~ 6m，阶梯高度在 7m 以下。装药量可根据药壶体积而定，一般介于 10 ~ 60kg 之间，最多可超过 100kg。每次可炸岩石数十方至数百方，是最省工、省药的一种方法。

6)猫洞炮(蛇穴炮)

猫洞炮系指炮洞直径为 0.2 ~ 0.5m，洞穴成水平或略有倾斜(台眼)，深度小于 5m，用集中药包在炮洞中进行爆破的一种方法，如图 1-4-11 所示。其特点是充分利用岩体本身的崩塌作用，能用较浅的炮眼爆破较高的岩体，一般爆破可炸松 15 ~ 150m^3。其最佳使用条件是：岩石等级一般为Ⅸ级以下，最好是Ⅴ ~ Ⅶ级；阶梯高度最少应大于眼深的两倍，自然地面坡度不小于 50°，最好在 70°左右。由于炮眼直径较大，爆破利用率甚差，故炮眼深度应大于 1.5m，不能放孤炮。猫洞炮功效，一般可达 4 ~ 10m^3，单位耗药量在 0.13 ~ 0.3kg/m^3 之间。在有裂缝的软石和坚石中，阶梯高度大于 4m，药壶炮药壶不易形成时，采用这种爆破方法，可以获得好的爆破效果。

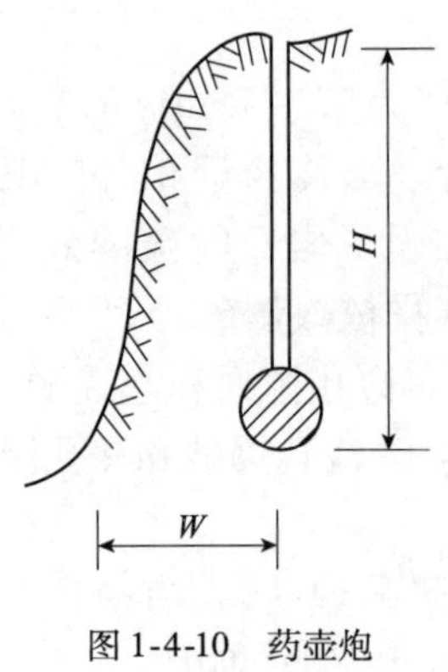

图 1-4-10　药壶炮

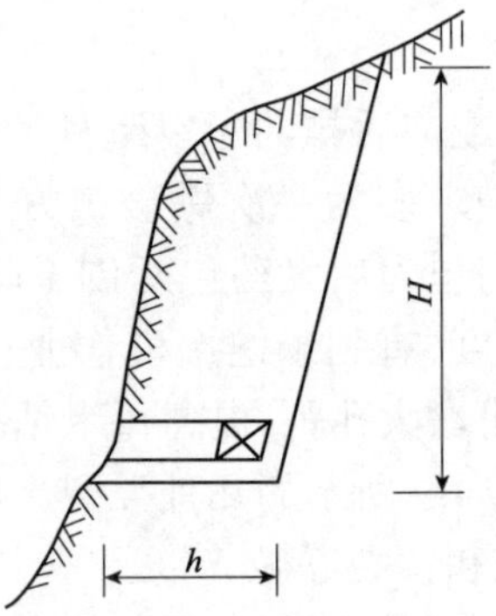

图 1-4-11　猫洞炮

7)大炮

大炮是采用导洞和药室装药，用药量在 1t 以上的爆破。大炮主要用于石方大量集中，地势险要或工期紧迫的路段。

(三)选用爆破方法的基本原则

为了充分发挥各种爆破方法的特点。利用微地形和地质的客观条件,在路基石方工程中采用综合爆破,选用各种爆破方法,组织炮群,有计划、有步骤地爆破拟开挖石方是十分重要的。为此,石方工程的施工方案应按以下原则与步骤进行。

(1)全面规划,重点设计。对拟爆破的路基工程,应根据石方集中的程度、微地形的变化、路基设计断面的形状,以及地质条件所能允许的爆破规模,结合各种爆破方法的特点,进行全面规划,确定哪些地段采用洞室炮、深孔炮,哪些地段采用小炮群(一般中心挖深大于6m时可采用洞室炮,小于6m可采用小炮群),以及各段的开挖顺序。然后对石方集中点进行重点设计。在生产中,一般可按照爆破方案选择表进行(表1-4-1)。

爆破方案选择表 表1-4-1

编 号	起讫桩号	中心挖深(m)	爆破地段长度(m)	自然坡度(°)	断面石方量(m^3)	爆破类型	备 注
1	K1+500~K1+600	3~5	100	39~45	3 000	小炮群	软石
2	K3+700~K3+900	6~9	200	50~70	7 000	抛坍爆破炮群	坚石
3	K4+100~K4+140	12	40	40	4 000	多面临空面地形爆破	次坚石,节理不发达

(2)由路基面开挖,形成高阶梯。为了充分利用岩石的崩塌作用,开挖应从路基面开始,逐渐形成高阶梯,为深孔炮、药壶炮或猫洞炮创造有利条件。

(3)综合利用小炮群,分段分批爆破。一般有以下几种方法:

①在半挖半填的斜坡地形,采用一字排炮,对自然坡度较缓的地形,应先用钢钎炮切脚,改造地形后,再采用一字排炮。

②路线横切小山包时,采用钢钎炮三面切脚,改造地形后,再在中间用药壶爆破。

③遇路基加宽,阶梯较高的地形,采用上下互相配合的小炮群,如图1-4-12所示。

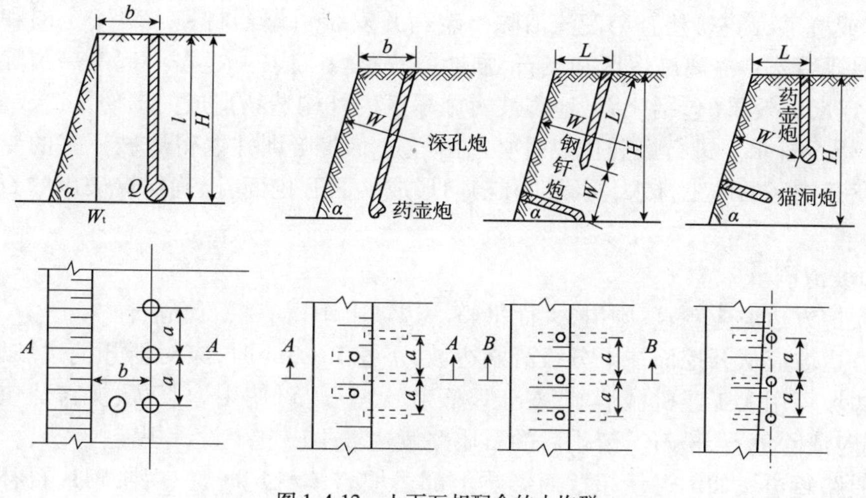

图1-4-12 上下互相配合的小炮群

④对拉沟地堑，采用两头开挖时，可以用竖眼揭盖，平眼搜底的梅花炮，如图 1-4-13 所示。

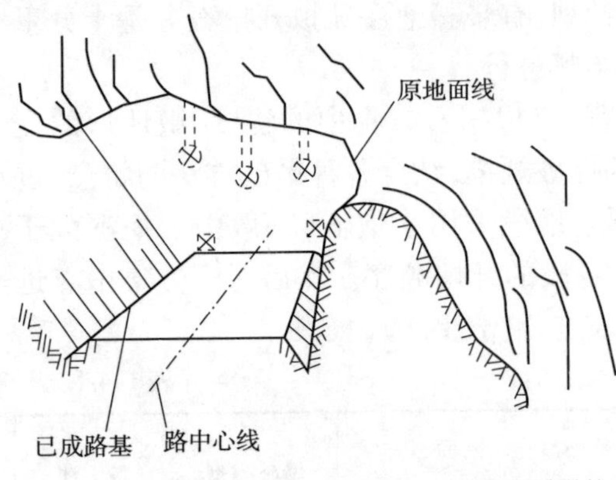

图 1-4-13 拉沟路堑使用的梅花形立眼和平眼的混合炮群（炮数可酌情增减）

⑤机械化清方时，如遇坚石，可采用眼深 2m 以上的钢钎炮，组合成 30～40 个的多层炮群，或采用深孔炮。在坚硬岩石中，为使岩石破碎的程度满足清方的要求，除调整炮群设计参数外，还可以采用微差爆破和间隔药包。遇软石或节理发育的次坚石，可用松动爆破开挖。

由上面的介绍可知，根据不同的客观条件，采用不同的爆破方法，可以使工效提高 2～10 倍，劳动强度也可大大降低。但由于单位耗药量都比小炮定额高 2～4 倍以上，因此工程造价的降低并不显著。为了降低工程造价，有条件时可在综合爆破中采用铵油炸药。

虽然综合爆破具有不少优点，但是在快速施工方面仍然不足，特别是导洞掘进和清方这两道工序很慢，一般人工开挖导洞就需要 15～30 天，爆破后虽有 65% 左右的岩体被抛掷（抛坍）出路基，但剩下岩体若用人工清方，仍须较长时间。这种两头慢中间快的不协调现象，只有采用机械化打眼和机械化、半机械化清方的办法才能改变。

（四）爆破施工中易出现的问题及处理方法

1. 施工中应注意的问题

爆破法开挖时，应注意如下问题：

（1）进行爆破区管线调查。

（2）需用爆破法开挖的地段，必须查明空中缆线及地下管线的具体位置以确保其安全。爆破法开挖中石方爆破开挖必须严格按如下程序进行：施爆区管线调查→炮位设计与设计审批→配备专业施爆人员→清除施爆区覆盖层和强风化岩石→钻孔→爆破器材检查与试验→炮孔（或坑道、药室）检查与废渣清除→装药并安装引爆器材→布置安全岗和施爆区安全人员→炮孔堵塞→撤离施爆区和飞石、强地震波影响区内的人、畜→起爆→清除哑炮→解除警戒、测定爆破效果（包括飞石、地震波对施爆区内外构造物造成的损伤及造成的损失）。

（3）施爆及排水。进行爆破作业时必须由经过专业培训并取得爆破证书的专业人员施爆。要注意开挖区的施工排水，在纵向和横向形成坡面开挖面，以确保爆破出的石料不受积水浸泡。

（4）边坡清刷。

①石质挖方边坡应顺直、圆滑、大面平整。边坡上不得有松石、危石。

②挖方边坡应从开挖面往下分级清刷边坡，下挖 2～3m 时，应对新开挖边坡刷坡，对于软质岩石边坡可用人工或机械清刷，对于坚石和次坚石，可使用炮眼法、裸露药包法爆破清刷边坡，同时清除危石、松石。清刷后的石质路堑边坡不应陡于设计规定。

③石质路堑边坡如因过量超挖而影响上部边坡岩体稳定时，应用浆砌片石补砌超挖的坑槽。

(5)路床整修。石质路堑路床底高程应符合设计要求,开挖后的路床基岩高程与设计高程之差应符合规范要求。如过高,应凿平;过低,应用开挖的石屑或灰土碎石填平并碾压密实。

2. 哑炮处理

点火后未爆炸的炮为哑炮。哑炮不但浪费炸药和材料,影响施工进度,而且严重地影响安全生产。因此,必须采取一切有效的措施防止产生哑炮。一旦出现哑炮,应停止哑炮附近的所有其他工作,由原施工人员参加处理,采取措施安全排除,其方法为:对大爆破,应找出线头接上电源重新起爆;或沿导洞小心掏取堵塞物取出起爆体;或用水灌浸药室使炸药失效后清除。对中小炮,可在距哑炮的最近距离不小于0.6m处,另行打眼爆破;当炮眼或装药不深时,也可用裸露药包爆破。

复习思考题

1. 土质路堑常用的开挖方法有哪几种?其中的纵挖法又可分为哪两种?各自的适用性又如何?
2. 爆破漏斗的形状和大小与哪些因素有关?
3. 道路工程中常用的主要炸药有哪些?
4. 炸药的起爆方法有哪几种?
5. 不宜进行大爆破的工程地质条件是什么?
6. 哑炮处理的方法有哪些?
7. 工程中选用各种爆破方法的基本原则有哪些?

能力训练

1. 简述土质路基开挖中应注意的问题。
2. 简述爆破作业的施工程序。
3. 试分析哑炮的处理要点。

任务五 防护与支挡工程施工

引例

上三高速公路K100+600桩号附近的路肩式挡墙,为衡重式直立挡墙结构,高为5~8m,宽2m。该挡墙由浆砌片石而成。

一、常见防护与加固工程施工

由岩土填筑的路基，受到浸水、风化、温差、河水及软基沉陷等自然因素的影响后，导致各种变形、病害甚至破坏。为了减少与防治公路病害，确保行车安全，保持公路与自然环境协调，保证公路使用品质，路基的防护工程及支挡工程具有十分重要意义。

路基防护工程主要包括路基的坡面防护和冲刷防护，支挡工程主要指用于支承路基填土或山坡土体，防止路基失稳的挡土墙工程。

（一）路基坡面防护

1. 植物防护

1）铺草皮

铺草皮适用于坡度不陡于1∶1的土质边坡，强风化、全风化的岩质边坡。草皮可为天然草皮或人工培植的土工网草皮，应选择根系发达、茎矮叶茂的耐旱草类。常用的草皮有白茅草、毛鸭嘴、果圆、鼠尾草和小冠等，对生长在泥沼或砂砾土中的草不能选用。

草皮规格一般为宽20cm，长30cm，厚5～10cm，干燥炎热地区厚度可增加到15cm。草皮应铺过堑顶肩部至少100cm，或铺至截水沟。

铺草皮一般应在春季或初夏进行，气候干燥地区则应在雨季进行。铺设前边坡表层挖松整平，洒水润湿。铺草皮需预先备料，草皮可就近培育，切成整齐块状，然后移铺在坡面上。铺时应自下而上，并用竹木小桩将草皮钉在坡面上，使之稳固。草皮根部土应随草切割，坡面要预先整平，必要时还应加铺种植土，草皮应随挖随铺，注意相互贴紧。

如图1-5-1所示，为铺草皮示意图。

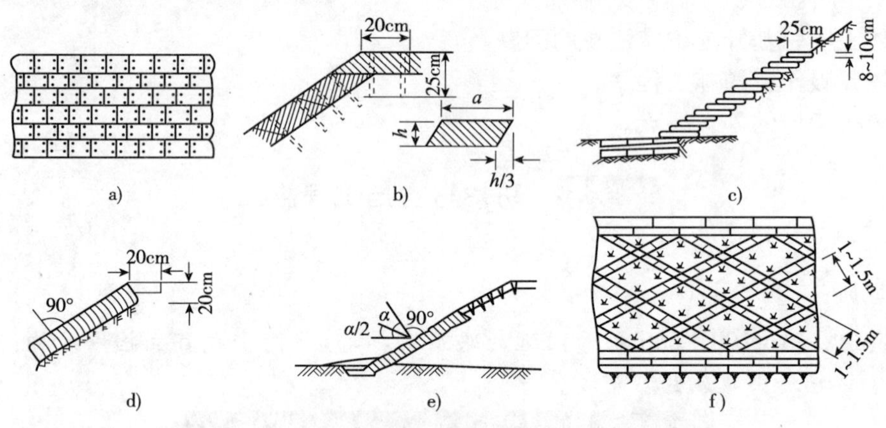

图1-5-1 铺草皮示意图

a）平铺平面；b）平铺剖面；c）水平叠铺；d）垂直叠铺；e）斜交叠铺；f）网格式

注：图中 h 为草皮厚度，为5～8cm；a 为草皮边长，为20～25cm。

2）植树

植树适用于各种土质边坡和极严重风化的岩质边坡，边坡坡度不陡于1∶1.5。树种应为根系发达、枝叶茂盛、能迅速生长的低矮灌木。常用灌木树种有紫穗槐、夹竹桃、黄荆、野蔷薇和山楂等。在公路弯道内侧边坡严禁栽植高大树木。

植树间距一般在5.0cm以上，植树之坑深一般为25cm，应在当地植树季节栽种。如图1-5-2所示的为植树示意图。

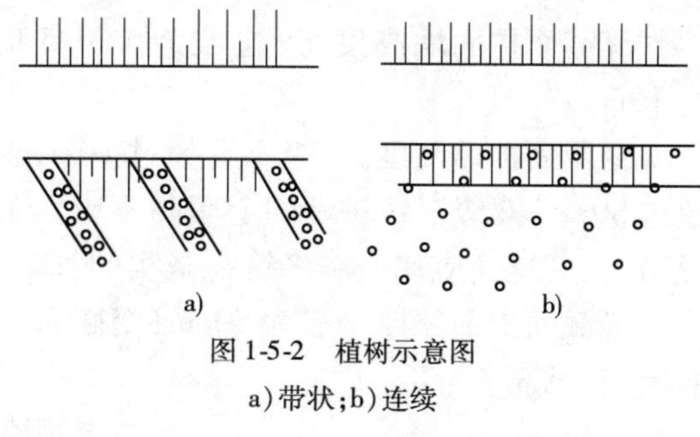

图1-5-2 植树示意图

a)带状；b)连续

2. 抹面

抹面适用于坡面较干燥、尚未严重风化的各种易风化岩质边坡。抹面材料可采用石灰炉渣灰浆、石灰炉渣三合土或水泥石灰砂浆。抹面厚度为3～7cm，分为2～3层。抹面使用年限较短，一般为8～10年。

抹面护坡的周边与未防护坡面衔接处应严格封闭，其措施为：凿槽嵌入岩石内，嵌入深度不小于10cm，并和相衔接之坡面平顺；坡脚宜设1～2m高的浆砌片石护坡。

在软硬岩层相间的边坡上，仅对软层抹面时，在分界处，抹面也应嵌入硬岩层内至少10cm。当需增强抹面的抗冲蚀能力和防止开裂时，可在表面涂沥青保护层。

抹面前须将边坡表面的风化岩石清刷干净；边坡上大的凹陷应用浆砌片石嵌补，宽的裂缝应灌浆。采用石灰炉渣浆抹面时，在灰浆抹上后，稍干后进行夯拍，直至表面出浆为止，然后抹平涂上速凝剂。抹面不宜在严寒季节、雨天及日照强烈时施工，其适宜的气温为4～30℃，并注意盖草洒水养生。如发现裂纹或脱落要及时灌浆修补。

3. 喷浆及喷射混凝土

喷浆及喷射混凝土适用于易风化但尚未严重风化的岩质边坡，坡面较干燥。对高而陡的边坡，上部岩层较破碎而下部岩层完整的边坡和需大面积防护的边坡，采用此种类型更为经济。对成岩作用差的黏土岩质边坡不宜采用。

喷浆厚度不宜小于5cm，喷射混凝土厚度以8cm为宜，分2～3次喷射。喷浆及喷射混凝土护坡的周边与未防护坡面之衔接与抹面护坡相同，坡脚应做1～2m高的浆砌片石护坡。

4. 单层干砌片石护坡

单层干砌片石护坡适用于土质路堤边坡易受表水冲刷或边坡经常有少量地下水渗出而产生小型溜坍等病害地段，边坡坡度不宜陡于1∶1.25。

干砌片石厚度一般为0.3m，其底部设置不小于0.1m厚的碎石或砂砾垫层；基础应选用较大石块砌筑，其埋深至侧沟底，基础与沟相连时，采用5号浆砌片砌筑；施工应自下而上进行栽砌，彼此镶紧，接缝要错开，缝隙间用小石块填满塞紧。

5. 浆砌片石护坡

浆砌片石护坡适用于各种易风化的岩质边坡，若用于路堤边坡上，应待路堤压实后再施工；边坡坡度不宜陡于1∶1。

浆砌片石护坡一般采用等截面，其厚度视边坡高度及陡度而定，一般为0.3～0.4m。边坡过高时应分级设平台，每级高度不宜超过10m。平台宽度视上级护坡基础的稳固要求而定，一般不小于1m。当护坡面积大且边坡较陡时，不增强护坡的稳定性，可采用肋式护坡。

6. 浆砌片石护面墙

浆砌片石护面墙能防治比较严重的坡面变形，适用于各种土质边坡及易风化剥落的岩质边坡。边坡坡度不大于1∶0.5。分等截面和变截面两种形式。

等截面护面墙高度，当边坡为 1∶0.5 时，不宜超过 6m；当边坡缓于 1∶0.5 时，不宜超过 10m。

变截面护墙高度，单级不宜超过 10m，否则应采用双级或三级护墙，但高度一般也不宜超过 30m。双级三级护墙的上墙高不应大于下墙高，下端的截面应比上墙大，上下墙之间应设错台，其宽度应使上墙修筑在坚实的基础上，一般不宜小于 1m。

等截面护面墙厚一般为 50cm，变截面护面墙顶宽一般为 40 ~ 60cm，底宽 B 根据墙高 H 而定，参见表 1-5-1。

护面墙厚度参考表 表 1-5-1

护面墙高度 H（m）	路堑坡度	护面墙尺寸（cm）		护面墙高度 H（m）	路堑坡度	护面墙尺寸（cm）	
		顶宽 b	底宽 B			顶宽 b	底宽 B
$H\leqslant 2$	1∶0.5	40	40	$6<H\leqslant 10$	1∶0.5 ~ 1∶0.75	40	$40+H/20$
$H\leqslant 6$	>1∶0.5	40	$10+H/10$	$10<H<15$	1∶0.75 ~ 1∶1	60	$60+H/20$

（二）冲刷防护

沿河路基地段，应采用冲刷防护措施，常用的防护方式有以下几种。

1. 抛石防护

抛石防护常用于浸水且水较深地段的路基边坡防护，为了减小坡脚处的局部冲刷及增加抛石的稳定性，抛石堆的水下边坡不宜陡于 1∶1.5，当水较深且流速较快时，不宜陡于 1∶2 ~ 1∶3。抛石防护的顶宽不应小于所用最小石块尺寸的 2 倍，所抛石料应选用质地坚硬、耐冻且不易风化崩解的石块。

抛石防护，一般应于枯水季节施工。

新建路基的抛石防护，可采用如图1-5-3a）所示的断面形式，已有路基的边坡抛石防护一般采用图 1-5-3b）的断面形式。

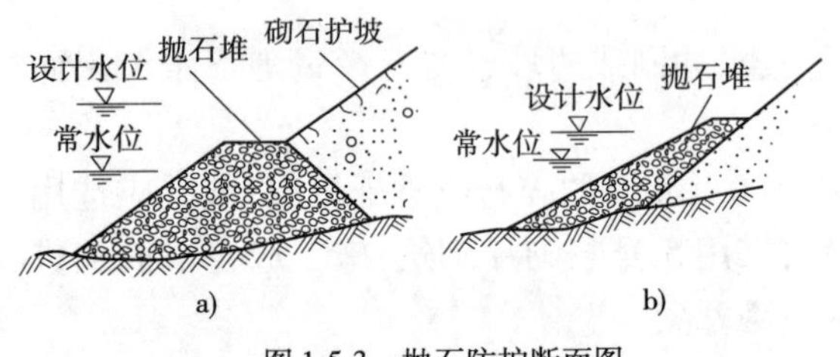

图 1-5-3 抛石防护断面图

2. 干砌片石护坡

此种护坡用于周期性浸水的河岸或路基边坡防护，一般适用于洪水时水流较平顺，不受主流冲刷且流速小于 3m/s 的地段。

为了防止边坡内细粒土被水流冲出，并为了增加护坡的弹性，以抵抗外力的冲击作用，应在护坡面层与边坡土之间设置 1 ~ 2 层的砂（砾）垫层，厚度为 10 ~ 15cm。

砌筑前应先夯实整平边坡，砌筑石块要相互嵌紧。护坡基础，当冲刷深度小于 1m 时，可采用墁石铺砌基础；当冲刷深度大于 1m 时，宜采用浆砌片石脚墙基础。多种砌石护坡见图 1-5-4。

3. 浆砌片石护坡

该方式用于经常浸水的受主流冲刷或受较强烈的波浪作用的路基边坡防护和河岸及水库边岸防护，也用于有流冰及封冻的河岸边坡防护。

护坡砌筑的石料宜选用坚硬、抗压强度大于 30MPa、遇水不崩解的石料。水泥砂浆一般采用 M7.5，严寒地区应使用 M10。浆砌片石护坡下设置 10 ~ 15cm 的卵、砾石垫层。

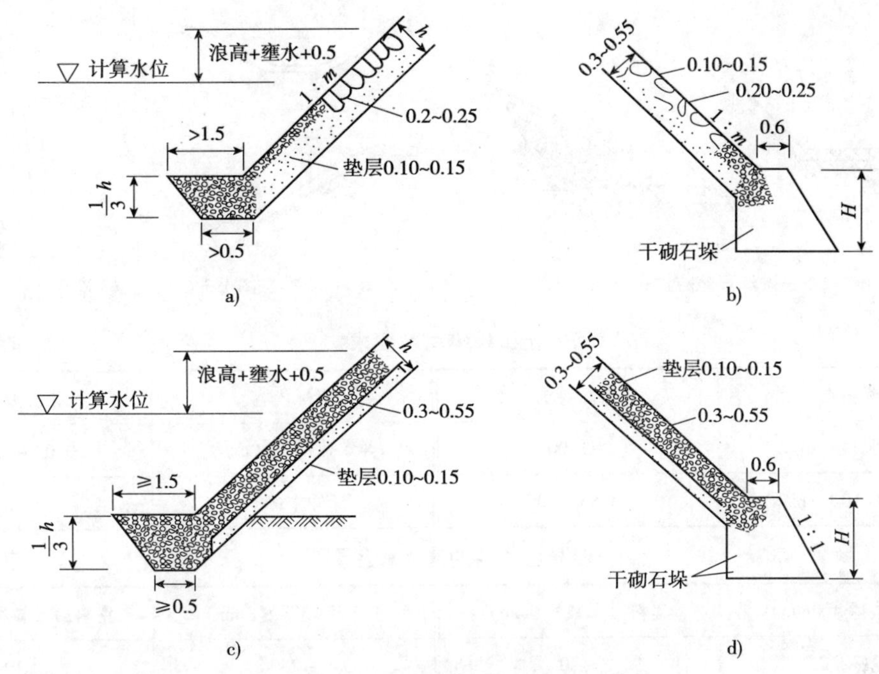

图1-5-4 单层与双层干砌片石护坡(尺寸单位:m)

4. 石笼护坡

沿河路堤坡脚及河岸因防护工程基础不易处理或沿河挡土墙、护坡基础局部冲刷深度过大时,可采用石笼防护。石笼是用铁丝编织成的框架,内填石料,设在坡脚处以防急流和风浪破坏堤岸,也可用来加固河床,防止淘刷。铁丝框架可以是箱形或圆形。

一般河段,常用镀锌铁丝、高强度聚合物土工格栅或竹木石笼;急流滚石河段,可在铁丝笼内灌注小石块,或采用钢筋混凝土框架石笼。用于防止冲刷淘底时,一般在河床上将石笼平铺并与坡脚线垂直,而且堤岸一端固定,另一端不必固定,淘刷后可以向下沉落贴于底面;若防护岸坡或坡脚,则用垒码形式,但岸坡较缓时,也可平铺升坡面。石笼内装填的石料块径应大于石笼的网孔。单个石笼的大小,以不被相应速度的水流或波浪冲移为宜。石笼防护的容许流速可达5~6m/s。图1-5-5为铁丝石笼防护示意图。

笼内填石的最小粒径应不小于4.0cm,一般为5~20cm,外层应用较大且有棱角的石料。内层可用较小石块填充。

5. 土工模袋

土工模袋是一种双层织物袋,袋内充满流动性混凝土或水泥砂浆或稀石混凝土,凝固后形成高强度与高刚度的硬块板块。其主要应用场合及铺设形式如图1-5-6所示。土工模袋材料应满足表1-5-2的技术要求。充填混凝土时,粗集料最大粒径应符合表1-5-3的要求,坍落度不宜小于20mm,其强度等级不低于C10;充填砂浆时,其强度不低于M2.5。采用土工模袋护坡的坡度不得陡于1:1。如在水下施工时,水流速度不宜大于1.5m/s。模袋选型应根据工程要求和当地土质、地形、水文、经济与施工条件等确定。应根据水流量选定模袋滤水点分布数量,当选用无滤水点模袋时,应增设渗水滤管。模袋应用尼龙绳缝制。

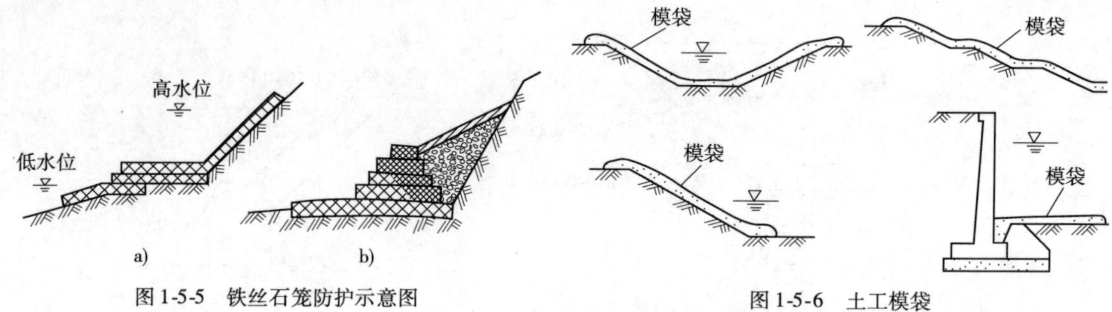

图 1-5-5　铁丝石笼防护示意图

图 1-5-6　土工模袋

土工模袋材料要求　　表 1-5-2

指标内容	指标要求	指标内容	指标要求
顶破强度（N）	≥1500	等效孔径 o_{95}（mm）	0.07～0.15
渗透系数（10^{-3}cm/s）	0.86～10	延伸率（%）	≤15

混凝土集料的最大粒径要求　　表 1-5-3

土工模袋厚度（mm）	集料最大料径（mm）	土工模袋厚度（mm）	集料最大粒径（mm）
150～250	≤20	≥250	≤40

二、挡土墙施工

挡土墙是用于支挡路基填土或山坡土体的结构物。因施工方便，可就地取材，适应性强，在公路上得到广泛的使用。工程中，通常以重力式挡土墙、混凝土挡土墙和加筋土挡土墙为主。

（一）重力式挡土墙

重力式挡土墙一般采用明挖基础，当基底松软或水下挖基困难时，可采用换填基础、桩基础或沉井基础。为了保证挡土墙的稳定，墙趾的施工埋置深度应符合以下要求：

（1）无冲刷时，一般应在自然地面下至少 1.0m；

（2）有冲刷时，在冲刷线以下至少 1.0m；

（3）冻胀地区，应在冻结线以下至少 0.25m，冻胀深度超过 1.0m 时，基底应换填一定厚度的砂砾或碎石垫层等不冻胀填料，且垫层底面应在冻结线以下至少 0.25m，但埋置深度不宜小于 1.25m。

（4）对岩石地基，应清除表面风化层，如风化层较厚，基础应嵌岩 0.25～0.60m（按照岩层的坚硬程度和抗风化能力确定），墙趾前应有足够的襟边宽度。

砌筑前，应将石料表面泥垢清扫干净并用水保持湿润。砌筑时，外面线应顺直整齐，内面线可大致顺直，砌筑过程中应经常校正。浆砌石底面应卧浆铺砌，立缝填浆补实，不得有空隙和立缝贯通现象。施工缝位置宜设在伸缩缝和沉降缝处，水平缝应一致。分段砌筑时，相邻段的高差不宜超过 1.2m。砌体外的浆缝需留 1～2cm 深的缝槽，以便砂浆勾缝。

1. 浆砌片石

(1)片石宜分层砌筑,应长短相间地与里层砌块咬接成一体,上下层石块交错排列,避免竖缝成一直线。每层的水平缝大致齐平,竖缝应错开、不能贯通,砌缝宽度一般不应大于4cm。

(2)较大的片石,宜用在砌体下面,宽面朝下,片石间以砂浆隔开。

(3)砌体中的片石应大小搭配,相互错叠,咬紧密实并配有小石块,作挤浆填缝之用。

2. 浆砌块石

(1)用作镶面的块石,表面四周应修整。

(2)块石应平砌,每层石料高度应做到基本齐平。外圈定位和镶面的石块应一丁一顺排列,丁石深入墙心不小于25cm,灰浆缝宽为2~3cm,上下层竖缝错开距离不应小于10cm。

3. 料石砌筑

(1)每层镶面料石均应事先按规定灰缝宽及错缝要求配好石料,再用铺浆法顺序砌筑和随砌随填立缝,并应先砌角石。

(2)镶面石砌筑完毕后,方可砌填心石,其高度与镶面石齐平。

(3)每层料石均应采用一丁一顺砌法,缝宽一般为1.0~1.5cm,相邻两层立缝应错开不小于10cm。

4. 墙顶

墙顶宜用粗料石或现浇混凝土做成顶帽,路肩墙顶面宽宜用大石块砌筑,用5号砂浆勾缝和抹面,并均应在墙顶外缘线留出10cm的帽檐。

5. 基础

(1)在松软地层或坡积层地段时,基坑不宜全段贯通,应采用跳槽办法开挖以防上部失稳。当基底土质为碎石土、砂砾土、砂性土、黏性土等时,应将其整平夯实。地质、水文较特殊时,也可采用桩基、沉井等基础。

(2)当基底软弱、地形平坦、墙身又超过一定高度时,可在墙趾处伸出一台阶,以拓宽基础。

(3)当地层为淤泥土、杂填土等,可采用砂砾、碎石、矿渣灰土等材料以换填,或用砂桩、石灰桩、碎石桩、土工织布、粉喷桩等方法处理。

(4)当岩层有空隙裂缝时,应以水泥砂浆或小石子混凝土浇筑饱满。墙趾地面纵坡较大时,挡土墙基底可做成不大于5%的纵坡。

(5)基坑底面开挖宽度应比设计尺寸各边增宽0.5~1.0m,并保持一定的开挖边坡坡度。

6. 墙背填料

(1)砌体砂浆强度70%以上时,方可回填墙背填料,并应优先选择渗水性较好的砂砾土填筑。浸水挡土墙背应全部用水稳性和透水性较好的材料填筑。

(2)墙背回填要均匀、摊铺平整,并设不小于3%的横坡逐层填筑,逐层夯实。每层压实厚度不宜超过20cm,碾压机具和填料性质、厚度及碾压遍数应经过试验确定。

(3)压实时,临近墙背1.0m范围内,应采用小型压实机具如蛙式打夯机、内燃打夯机、手扶式振动压路机、振动平板夯等。

7. 施工质量控制

(1)石料的规格和质量应符合有关规范和设计要求。

(2)砂浆所用的水泥、砂、水的质量应满足有关规范的要求，并按规定的配合比施工。

(3)地基承载力必须满足设计要求。

(4)砌筑应分层错缝。浆砌时坐浆挤紧，嵌填饱满密实，不得有空洞；干砌时不得松动、叠砌和浮塞。

(5)沉降缝、泄水孔、反滤层的设置位置、质量和数量应符合设计要求。

(6)检查验收的实测项目有砂浆强度、平面位置、顶面高程、坡度、断面尺寸、底面高程、表面平整度等。

(7)外观鉴定。砌体表面平整，砌缝完好、无开裂现象，勾缝平顺，无脱落现象。泄水孔坡度向外，无堵塞现象。沉降缝整齐垂直，上下贯通。

(二)混凝土挡土墙

混凝土挡土墙一般包括重力式混凝土挡土墙、扶壁式钢筋混凝土挡土墙、悬臂式钢筋混凝土挡土墙和组合式钢筋混凝土挡土墙(如挡土板)等，如图1-5-7～图1-5-10所示。其共同特点是墙身断面小、自重轻、圬工省，适用于石料缺乏、地基承载力较低的路堤和路肩墙，浇筑的钢筋混凝土系整体结构，以现浇为宜。

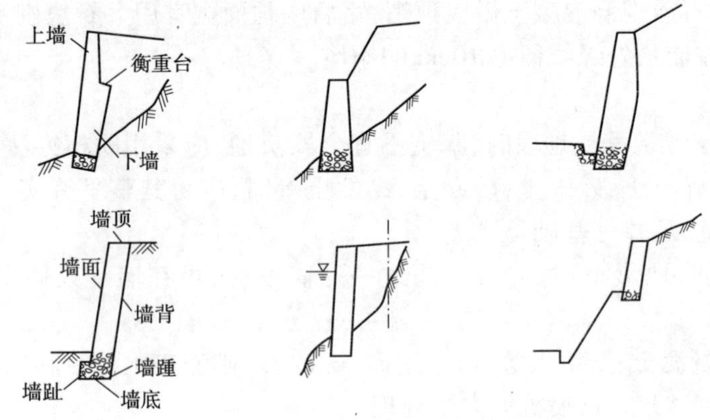

图1-5-7　重力式混凝土挡土墙

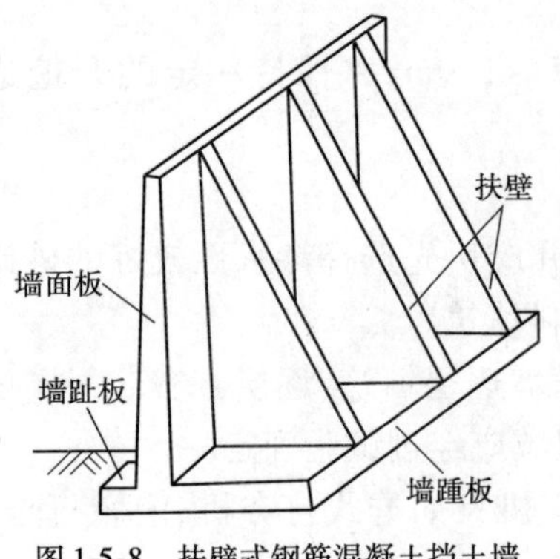

图1-5-8　扶壁式钢筋混凝土挡土墙

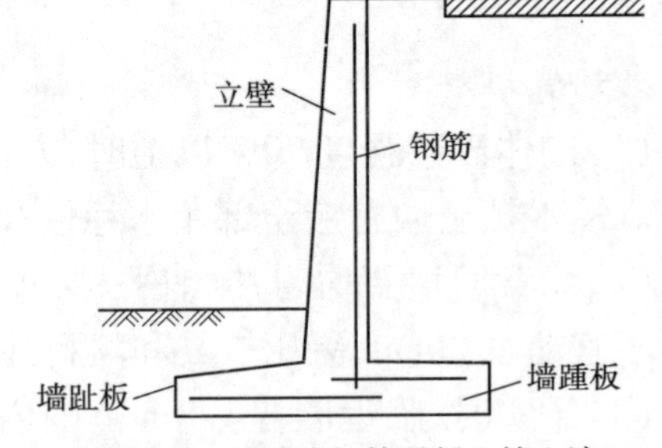

图1-5-9　悬臂式钢筋混凝土挡土墙

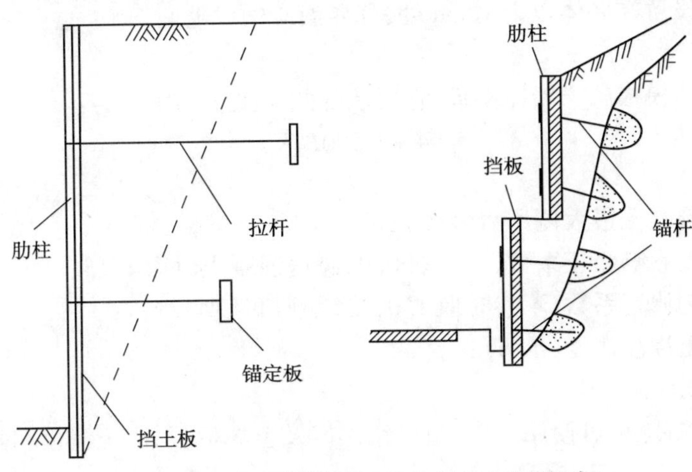

图 1-5-10 组合式钢筋混凝土挡土墙(挡土板锚杆式)

1. 形式

1)重力式混凝土挡土墙

该形式一般是指素混凝土结构,相似于砌石挡土墙,其施工特点是模板简单、混凝土量大。

2)扶壁式钢筋混凝土挡土墙

该形式属典型的钢筋混凝土结构,有直墙、斜墙和板等几种结构,模板、钢筋和混凝土施工工序齐全。

3)悬臂式钢筋混凝土挡土墙

该形式与扶壁式钢筋混凝土挡土墙相比,结构受力方式虽不同,但其结构形式、施工工艺相似。

4)组合式钢筋混凝土挡土墙

该形式适用于需要快速施工的挡土墙,开挖前,预制钢筋混凝土挡土板。土方开挖到位,将预制的钢筋混凝土挡板安装到位,作临时支撑,起到土体防护作用。同时进行基底清理,组立模板,浇筑混凝土,与预制钢筋混凝土一起组成重力式挡土墙。

2. 基础施工

1)基底处理

与砌石挡土墙基础基本相同。软基处可以采取桩基础、加固结剂等加固措施。

2)桩基础

挡土墙的桩体规模不大,常用挤密振冲桩或沉桩。

3)施工方式

混凝土底板(图 1-5-11),可以在地基上直接立模;钢筋混凝土底板,则需先浇垫层,在垫层上放线扎钢筋立模。

基础模板的支撑,不宜直接落在土基上,应加垫木。

钢筋混凝土基础施工时,要注意钢筋的保护层厚度,墙体的钢筋应安装到位,并且有可靠的固定措施。

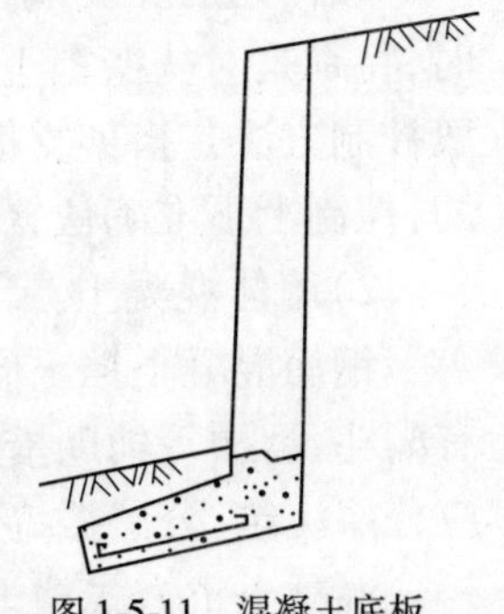

图 1-5-11 混凝土底板

混凝土的施工缝应尽量避免设置在基础与墙体的分界面上,基础混凝土成型面设置在墙体以上 10cm 处，其界面应做成毛面。

3. 墙体模板

混凝土挡土墙模板属于墙体模板，它所承受的混凝土侧压力为：

$$p=\frac{4+1\ 500K_{s}K_{w}v^{0.33}}{T+30} \tag{1-5-1}$$

式中：p——新浇混凝土最大侧压力(kPa)；

K_s——坍落度影响修正系数，一般取 0.9，泵送混凝土时取 1.15；

K_w——外加剂修正系数，不掺时取 1.0，掺缓凝剂时取 1.2；

v——混凝土浇注速度(m/h)；

T——混凝土温度(℃)。

按墙体模板的特点，可使用木模、组合钢模以及整体模板，甚至滑模和翻模。

1)基本要求

挡土墙分段施工时，相邻段应错开间断施工。钢筋混凝土挡土墙，特别是扶壁式挡土墙，因墙体交叉倾斜，需要放样准确，支撑控制到位，并且模板要有一定的结构刚度。

2)整体模板技术

整体模板是目前发展比较快的一种模板技术。它的特点是整体设计、工厂加工、整体拼装，整体模板成型混凝土质量高，功效也大大提高。

(1)整体模板由面板、筋肋和支撑件构成。面板常用胶合板、竹胶板或木板(要覆面)，筋肋可用木条、型钢或冲压件。对于小型结构也可直接冲压成固定模板，模板的大小由结构尺寸、吊装能力和材料规格等因素决定。

(2)挡土墙对模板接缝要求不是很高，可不用拼接件而直接安装。安装时从转角处开始，注意控制对线和模板坡度。整体模板一般用于专用支撑，有时可用临时支撑，也可用对销螺栓来平衡混凝土侧压力。

(3)为了方便拆模，模板表面应涂刷拆模剂。拆模应在混凝土成型 24h 以后进行，但也不能太迟以免增加拆模的难度。

3)其他辅助施工

混凝土挡土墙同砌石挡土墙一样，需作排水、渗水和接缝处理，方法基本相同。

4. 墙体钢筋及混凝土施工

1)墙体钢筋安装

墙体钢筋安装应在立模前施工(有时先立一侧，再扎钢筋，然后封闭另一侧)。安装模板时，特别是对扶壁挡土墙钢筋，不易校正其位置偏差，因此钢筋安装绑扎必须控制到位。一般控制方法是搭架支撑，在钢筋顶部位置设置檩架，控制钢筋在顶端的准确位置。对每根钢筋，控制上下准确位置，拉紧固定。

2)墙体混凝土

钢筋混凝土挡土墙截面较小，钢筋密，混凝土浇注时，坍落度可适当大些，混凝土下仓要有漏斗、溜槽等辅助措施，以免上层钢筋沾上残浆，影响成型混凝土对钢筋的握裹力。另外，应分层浇筑，分层振捣，每层厚度以 30cm 为宜，浇筑进度控制在每小时 1～1.5m。

混凝土重力式挡土墙属大体积混凝土，宜用低热量、收缩小的矿渣类水泥。必要时还可在混凝土中抛入块石，抛石比例不超过混凝土的15%，要求石质坚硬，清洗干净，石块厚度不小于15cm，不得使用片石、卵石。石块距石块、模板、钢筋及预埋件净距均不小于4cm。

混凝土的养生方法及要求与其他结构相同。

5.施工质量控制

(1)混凝土所用的水泥、碎石、砂、水和外加剂的规格和质量应符合有关规范的要求，并应按规定的配合比施工。

(2)地基承载力必须满足设计要求。

(3)不得有露筋和空洞现象。

(4)沉降缝、泄水孔的设置位置、质量和数量应符合设计要求。

(5)检查验收的实测项目有混凝土强度、平面位置、顶面高程、坡度、断面尺寸、底面高程、表面平整度等。

(6)外观鉴定。混凝土施工缝平顺；蜂窝、麻面面积不得超过该面面积的0.5%；混凝土表面出现无受力裂缝；泄水孔坡度向外，无堵塞现象；沉降缝整齐垂直，上下贯通。

(三)加筋土挡土墙

加筋土挡土墙由填料、在填料中布置的拉筋以及面板三部分组成，是利用加筋土技术修建的支挡结构物。它具有圬工工程量少，地基强度要求不高，抗震性能好，造价低，施工方便，进度快等特点，在路基工程中得到广泛应用。

1.施工准备

1)面板形式及预制

面板一般是混凝土预制板，其外形有矩形槽板、正六边形槽板、十字形板以及相应形状的角隅板，如表1-5-4所示。

面板尺寸参考表(单位:cm) 表1-5-4

类型	简图	高度 H	宽度 B	厚度 D	备注
十字形		50~150	50~150	8~25	
槽形		30~70	100~200	14~20	底板及翼缘厚度 $l \geqslant 5$
六角形		80~120	1.15H	8~25	
L形		30~50	100~200	8~12	L形底宽20~25 L形底厚8~12
矩形		50~100	100~200	8~25	
弧形	外 内	50~100	100~200	8~15	

构件预制可以在工厂进行，机械化操作，批量生产。预制模板时采用定型钢模，这种模板专用设计，一次成本大，但综合效益高。对于批量小或较少采用的特殊面板，可以用木模钉铁皮制成有足够刚度、强度和表面光洁度的定型模板。无论哪种定型模板，都要求尺寸准确、方便装拆。

面板钢筋根据设计尺寸，工厂加工成钢筋片，浇混凝土前安装到位。采用干性或半干性混凝土，机械振捣密实，混凝土等级不低于C20。面板混凝土成型后，应特别注意养生，防止产生龟裂，影响美观，降低防渗防水性能。

2）筋带选择及技术标准

筋带采用强度高、受力变形小、能与土料产生足够摩擦力的耐腐蚀材料制成。一端通过预留孔与面板连接，另一端拉直锚固在压实的土料上，目前可采用钢带（或钢筋带）、钢筋混凝土带和复合材料土工带，具体性能参见表1-5-5。

常用筋带性能 表1-5-5

项目	钢带/扁钢	钢筋混凝土带	聚丙烯土工带	钢塑复合带
断裂拉应力（MPa）	410～470		127～276	100～150
容许拉应力（MPa）	135	钢筋：135 C18：0.45	19～53	67～100
破断伸长率（%）	<22（规范值）		10～30	1.0～1.5
摩擦系数（砂砾材料）	0.4	0.4～0.6	0.5	0.49～0.52

钢带在我国目前没有定型产品，国外是使用3号扁钢，宽度不应小于30mm，厚度不应小于3mm，表面压成肋纹增强抗拔力。

筋带是受拉构件，钢筋混凝土筋带是由主筋受拉，主筋数量根据计算确定，直径不得小于8mm。混凝土起到增强咬合力和保护钢筋作用。这种筋带做成等厚变宽形式，断面尺寸为（6～10）×（10～25）cm，每节长度等宽2～3m，不等宽1.5～2m。

目前，复合材料筋带主要有聚丙烯土工带（打包带）和钢塑复合材料拉筋带。聚丙烯土工带在包装行业普遍使用，具有质量轻、强度大、耐腐蚀等优点，但易老化，持力后有蠕变的缺点，特别在储藏中须防晒。钢塑复合带是针对拉筋带专门设计的，克服了钢带的质量大防腐差的缺点，相对聚丙烯土工带，又具有防老化、蠕变小的优点。

3）填料分类及选用

回填土料要求有较好的稳定性和较高的抗剪强度，一般采用中低液限黏土、砂类土、砾碎石土和各种稳定土。对于满足要求的工业废渣也可采用。禁止使用腐殖土、冻结土、白垩土和硅藻土。

挡土墙采用的填料按级配分为三类，其物理力学性能指标见表1-5-6。

挡土墙填料力学性能指标 表1-5-6

填料种类	重度（kN/m^3）	计算内摩擦角（°）	摩擦系数	基底摩擦系数
中低液限黏土	20	30	0.3	0.3
砂性土	19	35	0.4	0.4
砾碎石类土	21	37	0.4	0.4

填料的选用宜根据当地土源情况，尽可能选择力学性能好的土料。

4）排水滤水构件

为了保证土体稳定，必须控制土壤含水率。施工中通过埋设滤水管网和铺设滤水粒料，及时排除加筋体内积水或渗水。管网材料目前常用直径40～100mm的UPVC管件，支管（也有主管）有规则钻出洞眼，管周填较粗的砂砾，以达到排水滤水的目的。

2. 施工方法

加筋土工程施工主要包括：基坑开挖、基底处理、基础浇筑、构件准备、面板安装，筋带布设、填料摊铺及压实、封闭压顶、附属构件安装。一般可按图1-5-12所示工艺流程安排作业。

1）基础施工

进行基础开挖时，基槽（坑）底平面尺寸一般大于基础外缘0.3m，对未风化的岩石应将岩石凿成水平台阶，台阶宽度不宜小于0.5m，台阶长度除满足面板安装需要外，高宽比不宜大于1∶2。基槽（坑）底土质为碎石土、砂性土或黏性土等时，均应整平夯实。对风化岩石和特殊土地基，应按有关规定处理。在地基上浇筑或预制基础，基础一定要做得平整，使得面板能够直立。

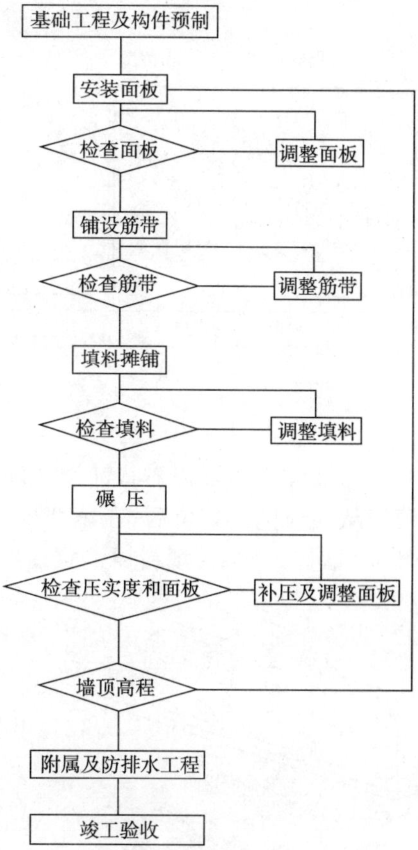

基础工程及构件预制
安装面板
检查面板
调整面板
铺设筋带
检查筋带
调整筋带
填料摊铺
检查填料
调整填料
碾 压
检查压实度和面板
补压及调整面板
墙顶高程
附属及防排水工程
竣工验收

图1-5-12　组砌施工网络图

2）面板安装

混凝土面板可在预制厂或工地附近场地预制后，运到施工场地安装。在每块面板上都布置了便于安装的插销和插销孔。安装时应防止插销孔破裂、变形以及角隅碰坏。在拼装最低一层面板时，必须把半尺寸的和全尺寸的面板相间地、平衡地安装在基础上。面板安装可用人工或机械吊装就位，安装时单块面板倾斜度一般可内倾1/200～1/100作为填料压实时面板外倾的预留度。为防止相邻面板错位，宜用夹木螺栓或斜撑固定。水平误差用软木条或低强度砂浆调整。水平及倾斜的误差应逐层调整，不得将误差累积后再进行总调整。

矩形、十字形及六角形面板安装顺序如图1-5-13所示。每块面板的放置应从上而下垂直就位，以免横向施力造成相邻面板移位。为防止相邻面板错位，可采用螺栓夹木或斜撑固定，如图1-5-13所示。面板一般干砌，接缝不作处理，可用砂浆或软木进行调整。

3）拉筋铺设

安装拉筋时，应把拉筋垂直墙面平放在已经压密的填土上，如填土与拉筋间不密贴而产生空隙，应用砂垫平以防止拉筋断裂。钢筋混凝土带或钢带与面板拉环的连接，以及每节钢筋混凝土带间的钢筋连接或钢带接长，可采用焊接、扣环连接或螺栓连接；聚丙烯土工聚合物带与面板的连接，一般可将聚合物带的一端从面板预埋拉环或预留孔中穿过，折回与另一端对齐。聚合物带可采用单孔穿过，上下穿过或左右环孔合并穿过，并绑扎以防止抽动，无论何种方法均应避免土工聚合物带在环（孔）上绕成死结。

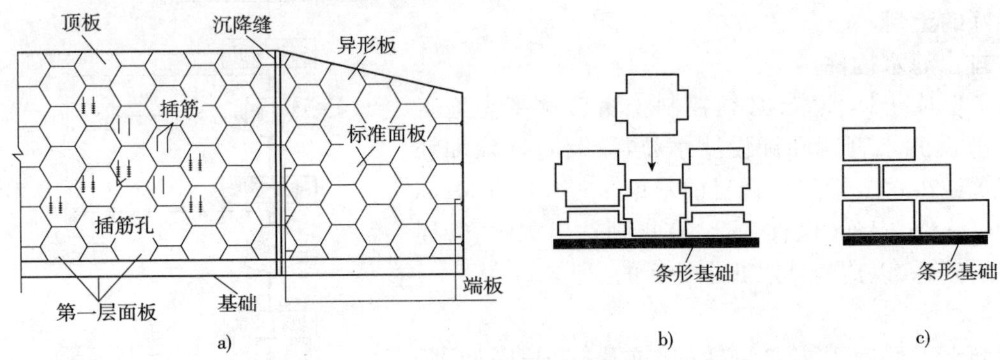

图 1-5-13　面板安装顺序

筋带应成扇形辐射状铺设在硬基上，如图 1-5-14 所示。不得与硬质棱角填料直接接触。筋带从面板铺设到位后，在尾部少量填土，且固定在预先埋设的小木条上，然后再进行尾部张拉（不宜太紧）。填料摊铺碾压结束后，取出木条，下次再用。

4）填土的铺筑与压实

加筋土填料应根据拉筋竖向间距分层铺筑和压实，每层的填土厚度应根据上、下两层的拉筋间距和碾压机具统筹考虑后决定。钢筋混凝土拉筋顶面以上填土，一次铺筑厚度不小于20cm。当用机械铺筑时，铺筑机械距面板不小于 1.5m，在距面板 1.5m 范围内应用人工铺筑。铺筑填土时为了防止面板受到土压力后向外倾斜，铺筑应从远离面板的拉筋端部开始逐步向面板方面进行，机械运行方向应与拉筋垂直，并不得在未覆盖填土的拉筋上行驶或停车。

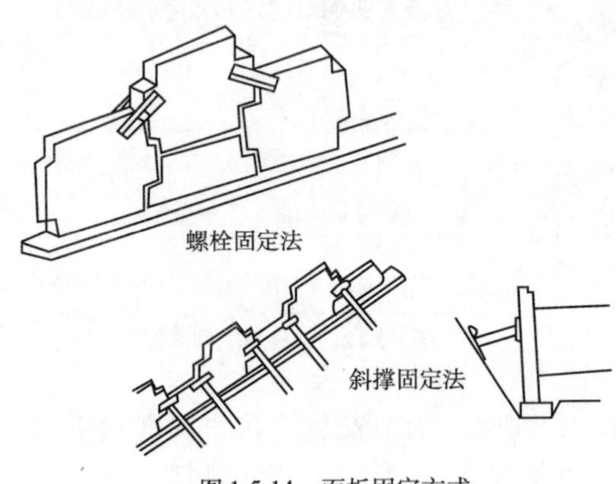

图 1-5-14　面板固定方式

碾压前应进行压实试验，根据碾压机械和填土性质确定填土分层铺筑厚度、碾压遍数以指导施工。每层填土铺填完毕应及时碾压，碾压时一般应先轻后重，并不得使用羊足碾。压实作业应先从拉筋中部开始，并平行墙平板方向逐步驶向尾部，然后再向面板方向进行碾压（严禁向平行拉筋方向碾压）。用黏性土做填土时，雨季施工应采取排水和遮盖措施。

当加筋土挡墙建造在压缩性大的土上时，要定期检查地基的变形、结构物的沉降和不均匀沉降、水平向变形、孔隙水压力增长和消散的情况等。

3. 施工质量控制

（1）混凝土所用的水泥、碎石、砂、水和外加剂的规格和质量应符合有关规范的要求，并应按规定的配合比施工。

（2）地基强度必须满足设计要求。

（3）筋带的强度、质量和规格应满足设计和有关规范的要求。

（4）筋带须理顺，放平拉直，筋带与面板、筋带与筋带连接牢固。

(5)检查验收的实测项目有筋带长度、筋带与面板连接、筋带与筋带连接、筋带铺设、面板高程、面板垂直度等。

(6)外观鉴定。预制面板表面平整光洁,线条顺直美观,不得有破损翘曲、掉角啃边等现象。蜂窝、麻面面积不得超过该面面积的0.5%。混凝土表面出现无受力裂缝。墙面直顺,板缝均匀,伸缩缝贯通垂直。

复习思考题

1. 路基防护与支挡工程的形式有哪几种?
2. 挡土墙的形式有哪几种?
3. 加筋挡土墙的施工方法有何特点?
4. 挡土墙的组成有哪些主要部分?
5. 冲刷防护有哪些常用方法?

能力训练

1. 简述重力式挡土墙的施工要点。
2. 简述混凝土挡土墙的基础施工要点。
3. 简述挡土墙沉降缝与伸缩缝的作用。

任务六 路基病害处治

引例

某国道改建工程投入使用几个月时间后,路上就大坑挨着小坑,给行车安全造成隐患。冻胀的道路在春暖化冻时,路基中上部已融化的水被下部未融化的冻土所阻,不能下渗,使路基土上部处于饱水状态,承载力显著降低。在车轮碾压下,路面下沉,饱水泥浆从路面裂缝中挤出,造成翻浆,给公路交通带来危害。

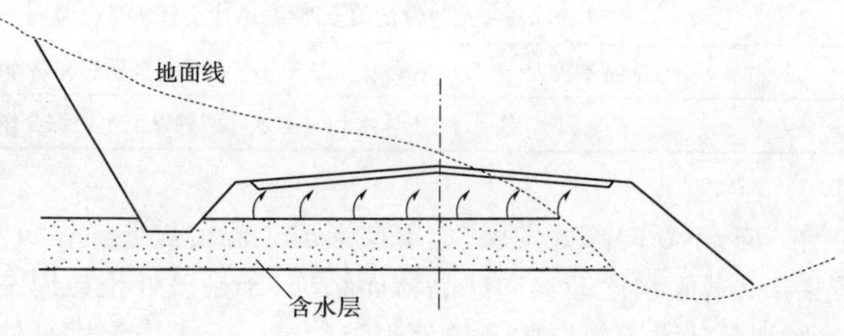

一、路基病害的种类及成因

路基因经受各种自然因家的长期影响,承受车辆荷载的重复作用,并且由于路基所经过地区的地形、地质及水文地质等条件的影响,路基在使用过程中常产生各种病害。主要的病害有:路基的沉陷、翻浆、路基边坡的滑坡、坍方及泥石流等。

(一)路基的沉陷

路基沉陷是指路基在垂直方向产生较大的沉落,从而引起局部路段的破坏,影响交通。路基沉陷有两种:一是路堤的沉落;一是地基的沉陷。如图 1-6-1 所示。

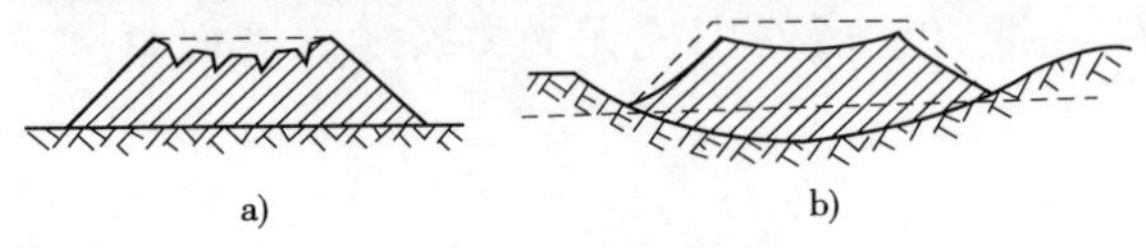

图 1-6-1　路堤的沉陷
a)堤身下陷;b)地基下陷

(1)路堤的沉落。因填料选择不当,填筑方法不合理,压实不足,在荷载和水、温度综合作用下,堤身可能向下沉陷。

(2)地基的沉陷。原地面为软弱土层,如泥沼、流沙或垃圾堆积等,填筑前未经换土或压实,发生地基下沉,侧面剪裂凸起,引起路堤下陷。

(二)翻浆

翻浆是指在冻胀性土的路段,在冬季地下水分连续向上聚集、冻结成冰,导致春融期间,土基含水率过多,强度急剧降低,在行车作用下路面发生弹簧、裂缝、鼓包、冒泥等现象。

1. 翻浆的分类

根据翻浆的破坏程度可分为三个等级,见表 1-6-1。根据导致翻浆的水分来源的不同可分为五类,见表 1-6-2。

翻 浆 分 级　　表 1-6-1

翻浆等级	路面变形破坏程度
轻型	路面龟裂、湿润、车辆行驶时有轻微弹簧
中型	大片裂纹、路面松散、局部鼓包、车辙较浅
重型	严重变形、翻浆冒泥、车辙很深

导致翻浆的水体来源及分类　　表 1-6-2

翻浆类别	水 分 来 源
地面水类	受季节性积水、结冰融水、排水不良影响造成的路旁积水和路面渗水
地下水类	受上层滞水、泉水、潜水等地下水影响,土基经常处于潮湿状态
土体水类	雨季施工或过湿的填土路堤,造成土基水量过大
气态水类	冬季温差较大,土中水主要以气态成分存在于土基顶部和路面结构层
混合水类	受地面水、地下水、土体水和气态水等两种以上水类综合作用

2. 形成原因

冬季路基开始结冻,不断向深处发展,上下层形成了温度坡差。在负温区内,土中的毛细水、自由水首先结冻,薄膜水逐渐移向冰晶体而结冻,于是该处土粒周围的水膜减薄而剩余了许多表面能,增加了从水膜较厚的土粒处吸温的能力。土中温度高处的水分便向上移动,补充低温处土粒薄膜水的转移。在正温区内,下层水分向零度等温线附近移动,气态水由于冷处比暖处气压小而移向冰晶体,凝成液态水而结冰;毛细水通过毛细作用上升移向冰晶体,部分冻结,部分转变为薄膜水以补给负温区的水分转移,从而造成大量水分积聚在土基上层。由于气候的变化,零度等温线不断下移,形成一层、两层或多层聚冰层。土基中水分冻结后体积膨胀,由于土质不均匀,使路面冻死或冻胀隆起。

春季气温回升到0℃以上，土基开始解冻，由于路面导热性大，路中的融解速度较两侧快，水分不易向下及两侧排泄，土基土层便呈现过湿状态。当融解到聚冰层时，土层的湿度有时会超过液限。土基承载力极低，在车辆通过时，稀软的泥浆使会沿着开裂的路面缝隙挤出或形成较深的车辙和鼓包，此即为翻浆现象。

3.影响翻浆的因素

1）土质

粉性土是最容易翻浆的土，这种土毛细水上升速度快且高，土中水分增多时强度降低很快，容易失去稳定。

黏性土毛细水上升虽高，但上升速度慢，因此，只有在水源供给充足并且在土基冻结速度缓慢的情况下，才能形成比较严重的翻浆。

砂性土在一般情况下不会发生翻浆，这种土透水性强，毛细水上升高度小，在冻结过程中水分聚流现象极轻。同时，这种土即使含有大量水分也能保持一定的强度。

2）水文

地面排水困难；路基填土高度不足；边沟积水或利用边沟作农田灌渠，路基靠近坑塘；地下水位较高的路段都会为水分积聚提供充足的水源。

3）气候

多雨的秋天、暖和的冬天、骤热的晚春、春融期降雨等都是加剧湿度偏高和翻浆现象的不利气候。

4）行车

由于行车重复荷载的作用，最后形成和暴露出来的影响翻浆的因素是行车。当其他条件相同时，在翻浆季节，交通量大，车辆超载超限，则加速翻浆发生。

5）养护

不及时排泄路基积水，修补裂缝、坑槽，会促成或加剧翻浆的形成。

（三）滑坡

滑坡的成因很多，主要是由水害引起的。因此，重视导水、排水是防止滑坡的主要措施。

滑坡的主要类型有：

（1）堆积层滑坡。主要是由于地下水引起的。

（2）残积层滑坡。由于强烈的化学风化作用。使坚硬的基岩风化成土和碎石而形成的。

（3）黄土滑坡。由于黄土对水的不稳定而引起的起的。

（4）黏性土滑坡。水沿裂缝下渗，使土的强度降低而引起的。

（5）破碎岩体滑坡。由于碎（块）石和黏土混合组成的岩体，失去完整性，且地下水位较多而引起的。

案例

川藏公路102滑坡

川藏公路102滑坡位于波密县易贡乡境内，因邻近102道班而得名。102滑坡的形成历史较长，在20世纪50年代初期修筑川藏公路时，滑坡已有成灾先兆。1986年本区降雨特别丰富，引起整个斜坡的蠕滑变形。1991年6月16日，此段公路路基急剧下沉2m，17日又继续下沉1m，18日路基边坡局部开始坍塌，至6月20日下午2时左右，整段边坡失去平衡，突然快速下滑，大量物质滑入河中，滑体前缘直冲帕隆藏布河彼岸，形成北岸高、南岸低的堵塞大坝（图1-6-2），北岸堵塞高度达50m，南岸高度为10m左右，堵塞大坝平均高20m，河流堵断40min，堵河回水3.0km。

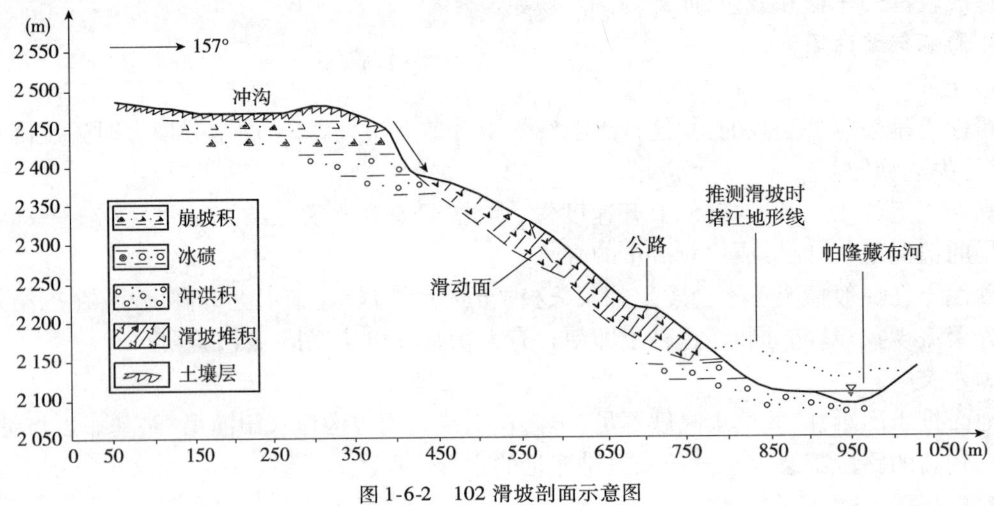

图1-6-2 102滑坡剖面示意图

（四）坍方

路基的坍方是山区常见的路基病害，根据其形成的条件及原因一般可分为：剥落、碎落、滑坍和崩塌等形式。

（1）剥落。边坡表土层或风化岩表面，在湿热的作用下，表面发生胀缩现象，从而引起零碎薄层从边坡上脱落下来。

（2）碎落。是岩石碎块的一种剥落现象，其范围较剥落严重。碎落产生原因：路堑边坡度较陡（大于45°），岩石破碎和风化严重，在震动及水的浸蚀和冲刷下，块状碎末沿坡面向下滚动。

（3）滑坍。路基边坡土体或岩石，沿着一定的滑动面向下滑动的现象。产生主要原因：边坡较高，大于10m；边坡坡度较陡，陡于50°；填土不密实，缺少应有的支撑与加固；岩层倾向公路路基，岩层倾角在50°~70°之间，岩石风化严重。

（4）崩塌。路基边坡上的土体或岩层在自重作用塌落下滚的现象。产生的主要原因：山坡岩层软硬交错，风化程度不同；边坡较陡、较高；边坡下部或坡脚被掏空或挖空，使上部土石失去支撑；大爆破震松了岩层；边坡上部水流的浸入，使边坡土体失去了平衡。

（五）泥石流

泥石流是一种突发性的，含大量泥沙、石块和巨砾的固液两相流体。泥石流对路基的危害主要是通过堵塞、淤埋、冲刷、撞击等造成的，也可通过压缩、堵塞河路使水位骤升，淹没上游沿河路基，或者迫使主河槽改道，引起对岸的冲刷，造成间接水毁。

泥石流的形成主要有以下原因：

（1）流域内有丰富的松散固体物质。

（2）地形陡峻，沟槽纵坡较大。

（3）流域中上游有大量的降雨、急剧消融的冰雪或渠道、水库的溃决。

二、路基病害的处理方法及施工工艺

路基病害的防治应贯彻“预防为主，综合治理”的原则。地质、气候和水文等自然因素每时每刻都对路基产生影响，这就势必加剧病害的扩大与发展。调查发生病害的成因，是治理病害的起点，而同一病害在不同时间、不同场所发生时，其根源往往不全相同。因此，深入现场，综合分析，才能因地制宜地采取有效的措施。

（一）路基沉陷的处治方法

路基沉陷一般可用换土法、粉喷桩法、灌浆法等进行处治。

1. 换土法

换土法是先将路基一定范围内的松软土挖去，然后回填、分层夯实的砂砾石或素土等强度较高的填土材料。主要施工要点如下：

（1）基坑开挖。

（2）选用良好的填料，严禁用腐蚀土或有草根的土块，应分层填筑、分层夯实。

（3）填石路堤从下而上，应用由大到小的石块按序填筑，并用石渣或石屑填空隙。

（4）设置路基排水设施。

（5）原地面为软弱土层时，路堤高度较低的且可中断行车时，应挖除换上良好的料然后按原高度填平夯实；路堤高度较高的，且又不能中断行车时，可采用打砂桩、凝土桩或松木桩。

2. 粉喷桩法

粉喷桩法的主要施工要点如下：

（1）放样定位。

（2）移动钻机，准确对孔。对孔误差不得大于50mm。

（3）利用支腿油缸调平钻机，钻机主轴垂直度误差应不大于1%。

（4）启动主电动机，根据施工要求，以Ⅰ、Ⅱ、Ⅲ挡逐级加速的顺序，正转预搅下沉钻至接近设计深度时，应用低速慢钻，钻机应原位钻动1～2min。为保持钻杆中间的送风通道的干燥，从预搅下沉开始直到喷粉为止，应在钻杆内连续输送压缩空气。

（5）粉体材料及掺合量：使用粉体材料，除水泥外，还有石灰、石膏及矿渣等，也可使用粉煤灰等作为掺加料。在国内工程中普通硅酸盐水泥，其掺合量常为180～240kg/m^3。

（6）提升喷粉搅拌。在确认加固料已喷至孔底时，按0.5m/min的速度反转提升。当提升到设计停灰高程时，应慢速原地搅拌1～2min。

（7）重复搅拌。为保证粉体搅拌均匀，须再次将搅拌头下沉到设计深度。提升搅拌时，其速度控制在0.5～0.8m/min。

（8）为防止空气污染，在提升喷粉距地面0.5m处应减压或停止喷粉。在施工中，孔口应设喷灰防护装置。

（9）提升喷灰过程中，须有自动计量装置。该装置为控制和检验喷粉桩质量的关键，应予以足够的重视。

（10）钻具提升至地面后，钻机移位对孔，按上述步骤进行下一根桩的施工。

3. 灌浆法

灌浆法主要施工要点如下：

(1)钻孔。对于较浅的软土，可采用螺旋钻，较深则宜采用回转式钻机。为防止冒浆，孔径宜小一些，一般为75～110mm，垂直偏差小于1%。

(2)制浆。根据材料试验确定配比、选择浆体，制浆时应注意以下几点：①按程序加料，准确计量，掌握浆液性能，控制浆量；②浆液应进行充分搅拌，并坚持灌浆前不断地搅拌，防止再次沉淀，影响浆液质量。

(3)灌浆。灌浆是通过灌浆设备、输浆管路，将浆液注入目的层中。用于公路软弱地基处治工程的灌浆方法有：①自下而上式孔口封闭灌浆法。这种工序一次成孔，孔口用三角楔止浆塞封口，分段自下而上灌浆，灌浆段高度在1.5～2.0m之间。该方法对于黏性土层较多或地层下部具有少量中粗粒砂土层的软弱土层较为适用。②自上而下式孔口封闭灌浆法。这种方法一次只钻成一段灌浆孔，孔口用三角楔止浆塞封口，分段自上而下灌浆，灌浆段在1.5～2.0m之间。该方法于上部中粗粒砂土层较多的软弱土层较为适用。

在开始灌浆前，应进行现场灌浆试验，确定单孔灌浆量，然后按照所采用的灌浆工艺施工。在灌浆顺序上，先施工边缘帷幕孔，再施工加固孔，并宜按序次施工，即先注第1序次孔，再注第2序次孔，其次注第3序次孔。当灌浆量达到设计要求时可终止灌浆。边缘帷幕孔孔距应为一般流浆孔孔距的1/2，以确保灌浆工程的质量。

在边缘帷幕孔施工后，应根据处治段水文地质情况决定是否施工排水孔。在地下水位较高地区，应在处治范围内用钻机钻成1～3个排水孔，其目的是将边缘帷幕孔所围范围内的地下水随灌浆施工排出，以便能更有效地保证灌浆质量。当排水孔周围灌浆孔施工时，排水孔内见到灌浆浆液时，可将该排水孔用灌浆浆液灌实，并封孔。

在灌浆过程中，当地面隆起或地面有跑浆现象时，应停止灌浆，分析其原因，对下一个灌浆段宜减少灌浆量，并检查封孔装置、灌浆设备等，如仍然有地面隆起或地面跑浆应结束该孔灌浆施工。

(二)翻浆处治

路基一旦发生了翻浆，可适当地选用下面的方法处治(表1-6-3)。

翻浆防治措施的参考选用

表1-6-3

编号	防治措施种类	翻浆类型	翻浆等级	适用地区或条件
1	路基排水	①、②、③	轻、中、重	平原区、丘陵区、山区
2	换土	①、②、③、⑤	中、重	产砂砾，水稳定性良好地段
3	砂填层	①、②、③、⑤	中、重	产砂砾地区
4	掺石灰	①、②、③、④、⑤	轻、中、重	缺砂、石地区
5	煤渣石灰土	①、②、③、④、⑤	中、重	缺砂、石地区，煤渣供应良好
6	透水性隔离层	②、⑤	中、重	产砂、石地区
7	不透水性隔离层	①、②、③、④、⑤	中、重	沥青、油毡纸、塑料薄膜供应良好
8	盲沟	①、②、④、⑤	轻、中、重	地下水位较高地段
9	提高路基	①、②、⑤	轻、中、重	平原区、洼地、盆地

注：①地面水类；②地下水类；③土体水类；④气态水类；⑤混合水类。

1. 挖换土

把翻浆路段上的土挖出来，挖到稳定土层，然后把挖出的土摊在路肩翻晒再回填。或换铺一层水稳性较佳的土壤。此法适用于翻浆较严重的路段。

2. 掺石灰

在翻浆路段上，撒铺石灰，并用木棍或木榔头捣夯，使石灰进入路基里面去。此法可用于路基已经翻浆破坏了的路段。

3. 换铺粒料

挖除稀泥填以碎石、碎砖或炉渣等粒料，表面整平后直接通车，或在下面填一层干土，再铺上粒料，垫平后通车。此法也适用于翻浆严重地段。

4. 挖渗水坑

在翻浆路段的中心线上，顺路向每隔 4 ~ 6m 挖一个圆坑，其直径为 30 ~ 40cm，坑深要挖到冻土层以下 10cm 左右，以便把融化的冰水引聚到坑内，再加以掏除。此方法适用于基层渗透性较好的路段，但要设立交通安全标志，以保行车安全。

5. 提高路基

根据实际情况加高路基，使路基上部土层远离地下水或地表积水。路基加高的数值，应根据当地冻土深度、路基土质和水文情况，以路基最小填土高度或临界高度的方法确定，以保证路基处于干燥状态。此法适用于平原区的土路和其他地区取土较易的路段。

6. 设置不透水隔离层

用经过沥青结合料处理的土做成厚 2 ~ 3cm 的不透水隔离层，用油毛毡则为 2 ~ 3 层，或用不易老化的特别塑料薄膜，铺在路基全宽上，做贯通式，或只做到路面边缘 50 ~ 60cm 处的不贯通式。

(三)滑坡的防治

滑坡的防治主要有以下措施：

1. 排水

滑坡体上以及以外的地表水，应拦截引离，可采用截水沟、明沟、渗沟等排水构造物；地下水可采用支撑渗沟、边坡渗沟及截水渗沟等措施，如图 1-6-3 ~ 图 1-6-5 所示。

2. 减重

在滑坡体后缘挖除一定数量的滑体，以减小滑体的下滑力，常与其他方法配合使用。减重的弃土，应尽量堆填于滑坡前缘，以稳定滑坡。减重后的坡面，应注意整平、排水及防渗。

3. 支挡措施

根据滑坡性质，可采用干砌石垛、重力式防护挡土墙、锚杆及加筋挡土墙等构造物进行处理，具体可参见挡土墙施工部分的有关内容。川藏公路 102 滑坡整治措施采用了锚索肋板墙、桩板墙等支挡形式，加强滑体、路基的稳定。该滑坡整治措施从 2001 年 7 月开始，至 2002 年 11 月完工，该滑坡路段实现基本畅通。

(四)崩塌的防治

崩塌的防治措施主要有：

1. 加固边坡

对于土质路基，可种草或植树；对于风化的软质岩层，可修建干砌或浆砌片石护墙。同

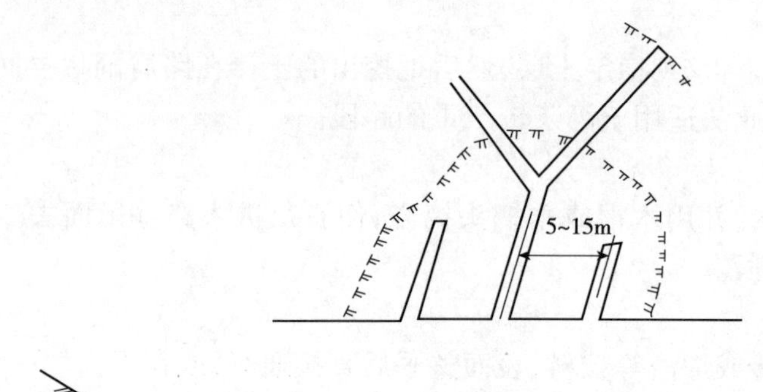

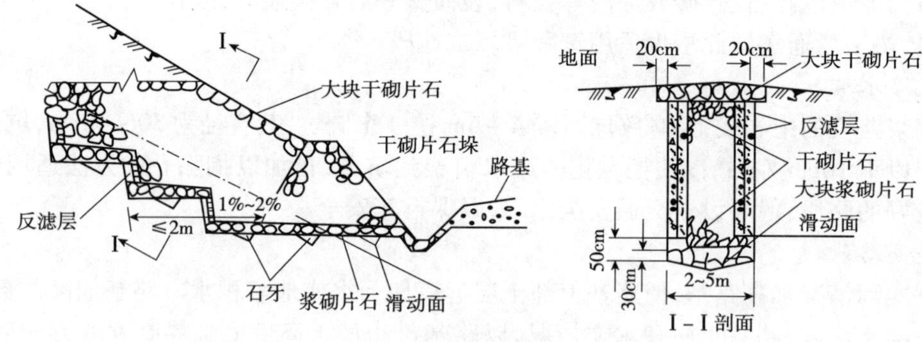

图 1-6-3　支撑渗沟平面布置图

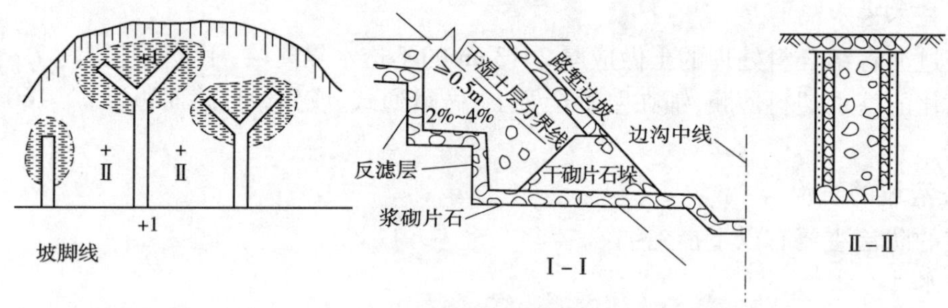

图 1-6-4　边坡渗沟设计参考图

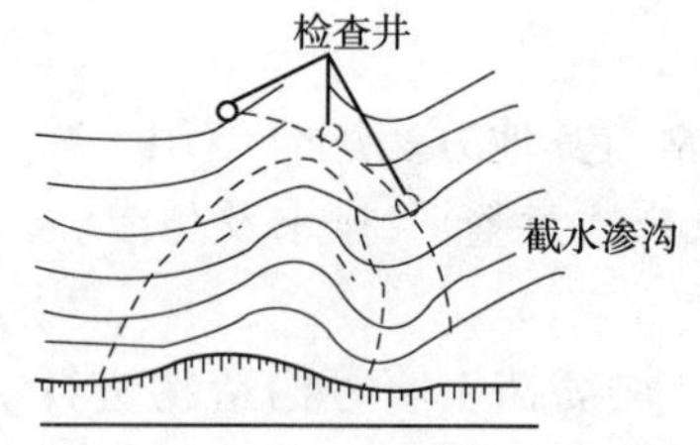

图 1-6-5　截水渗沟示意图

时，还应及时清除滑塌的土石方。

2. 拦截构造物

在小型崩塌地段，若基岩破坏严重，可采用落石平台、落石槽、拦石堤、拦石墙等构造物。

3. 支挡构造物

主要防治公路上方的危岩、危石等，应根据地形和岩层情况，采取嵌补、支顶、支护、支撑等构造物进行加固。

(五)泥石流的防治

泥石流的防治措施主要有：

1. 水土保持措施

在易发生泥石流地区植树造林，平整填洼，修筑截水沟、边坡渗沟等排水工程，设置支挡工程。

2. 跨越措施

以桥梁、涵洞、明洞、渡槽等形式跨越泥石流区域。

复习思考题

1. 路基的主要病害有哪些？
2. 路基沉陷可分为哪两种？从施工处理角度上看，哪种更严重？
3. 路基翻浆的破坏程度有哪三个等级？从外观上如何判定？
4. 影响路基翻浆的因素有哪些？其中最主要的是哪两个因素？
5. 路基的坍方按程度轻重可分为哪些形式？

能力训练

1. 简述路基沉陷的原因与处治方法。
2. 举例说明路基翻浆的处治方法。
3. 举例说明滑坡的防治方法。

任务七 路基施工过程质量管理

引例

根据工程建设项目的形式、具体条件和施工组织的需要，路基工程的施工过程管理包括施工组织管理、工程质量控制体系、施工过程质量控制和安全施工管理与环境保护。

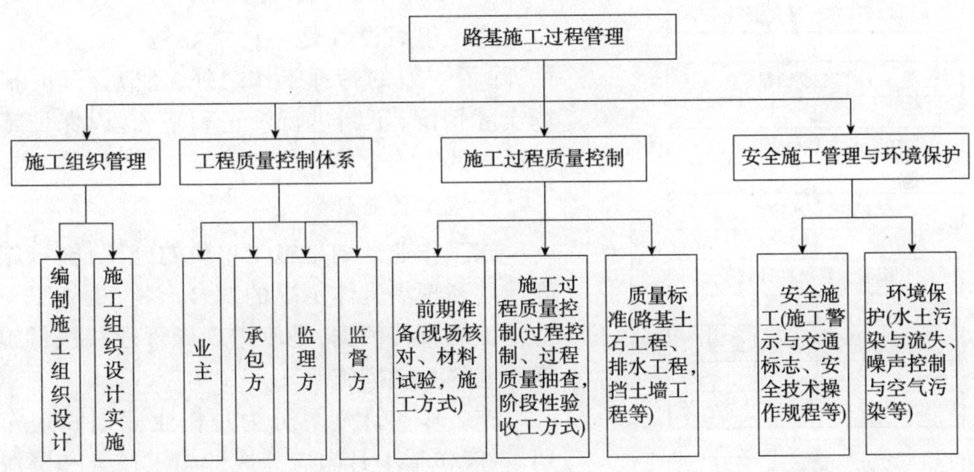

一、施工组织管理

根据路基施工的特点，路基工程可分为土石方工程、防护工程、排水工程、小桥涵工程和交通服务设施等。路基工程作为建设项目的单位工程，按工程量的大小、工程实体的类型和施工单位的条件，可分为一个或几个施工路段，因此，施工组织管理应根据工程的实际情况而定。

(一)施工组织设计

施工单位应根据客观的施工规律和当时、当地的具体条件,编制可操作性的施工组织计划,用以指导、安排路基工程的施工。施工组织计划是施工单位制定年度、季度施工计划和编制月、旬作业计划的重要依据,是施工单位保证工程质量和工程进度的关键措施。

1. 施工组织设计的内容

(1)编制依据及工程情况简介,如工程规模、数量、工期、特征,主要地质、水文、气候情况、技术要求等;

(2)各分部(项)工程的施工方案与方法;

(3)施工准备工作;

(4)施工进度计划;

(5)施工总体平面布置;

(6)各项资源(人、料、机)配置与安排;

(7)技术、质量、安全组织及保证措施;

(8)文明施工、环境保护措施;

(9)各项技术经济指标。

2. 施工组织设计的依据和程序

施工组织设计的依据为:设计文件和施工组织总体设计;现场核对、恢复定线的补充资料;施工单位的资质水平和机具装备水平;有关规范、规程、合同等。

施工组织设计的程序可按图1-7-1进行编制。

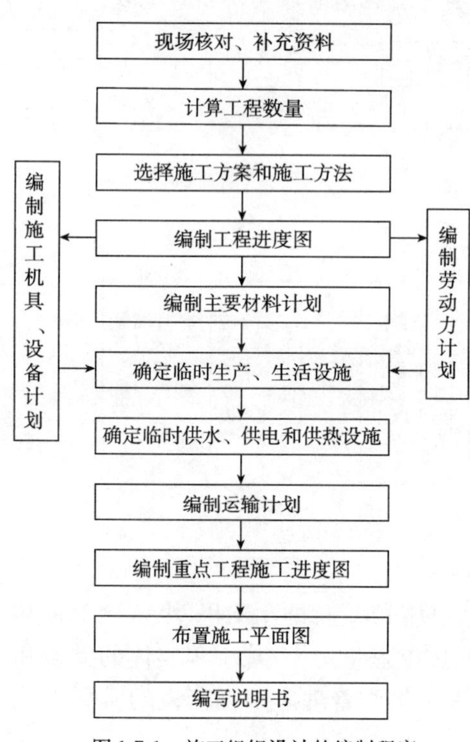

图1-7-1 施工组织设计的编制程序

(二)施工组织设计的实施

施工组织设计是一种指导施工的技术经济文件,除了一般的管理工作之外,还应该随时根据现场实际情况,不断进行修正和平衡,以保证施工组织计划的实施。

1. 施工作业计划

施工作业计划是施工单位的施工任务、施工进度计划和现场具体情况的综合产物,是施工单位进行施工的直接依据,是改进现场管理和执行施工进度计划的关键措施。

施工作业计划可分为月作业计划和旬作业计划,一般包括本月内应完成的施工任务和资源需要等内容。

施工作业计划由直接进行施工的基层单位编制,经管理部门批准后,以施工任务单的形式下达给所属的施工技术人员执行。

2. 施工调度

施工调度工作,是组织施工中各个环节、各专业、各工种协调动作的中心。为了施工任务按期保质完成,必须随时掌握施工进度情况,了解施工计划完成情况;了解材料、燃料供应、进场情况和电力供应情况;对停水、停电、停工、断路及工程事故等申请进行审查、批复,把对工程的不利影响降低到最低限度;了解施工人员的出勤、工时利用、劳动纪律和生产秩序情况。

3. 施工原始记录

施工单位从事施工活动的原始记录,是各项工程完成情况的文字和数据反映,是鉴定工程质量等级的可靠资料,也是交付使用后进行养护管理、维修的依据。原始记录主要包括:各种原材料、半成品、成品的检验、试验记录;主要测试记录;隐蔽工程检查记录及照片;各种有关质量问题的报告,如变更设计申请、质量事故报告等;工程进度日记,交接检查记录。

二、工程质量控制体系

为使路基工程顺利有序地进行,保证工程整体质量,创造优质精品工程,工程建设项目的管理部门在工程的组织、施工、交工验收、质量监督等环节应根据工程项目的具体特点和特定条件建立相应的工程质量控制体系。

工程质量控制体系一般由工程项目建设部门(业主)、施工部门(承包方)、专业部门(工程监理)和政府部门(工程质量监督)共同组成。各部门应设置相应的质量保证机构,层层控制,相互制约,共同保证工程质量。

(一)建设部门(业主)的质量控制

建设部门(业主)为了控制工程项目的整体质量和投入营运后的公路服务水平,在工程实施过程中需要设置相应的临时部门(如建设指挥部),合理地协调工程的质量、进度和资金的关系。其中,工地中心试验室对施工标段、工程项目的施工阶段和施工部位进行全面的技术控制,通过组织抽检、复查、验收等环节,将工程隐患尽量消除在施工的各个阶段中。

(二)施工部门(承包方)的质量控制

施工部门(承包方)根据合同文件,建立工程质量保证体系,组建行之有效的机构,全面、具体、系统地控制工程质量。

目前,施工单位设置与工程质量相关的机构主要有工程技术、施工机械、试验检测、质量验收等组别。工程技术组全面负责工程各环节的质量及相互组别间的协调,控制工程的关键工序;施工机械组根据可实施的施工组织计划,合理地选用机械的型号、性能及数量;试验检测组负责所有的工程试验(标准试验和阶段性常规试验)和施工各阶段、各部位的试验与检测,为工程的阶段性实施提供可靠、可行的指导性建议;质量验收组全面掌握工程项目的质量,施工原始资料,为工程的竣工验收提供翔实、可靠的资料。

(三)专业部门(工程监理)的质量控制

工程监理是工程顺利、有序进行的重要保证,是工程项目实施全过程的监控核心。作为相对独立的部门,工程监理以业主与承包方签订的合同文件为依据,执行与业主签订的监理委托合同,平等、公正、依法保证业主与承包方在质量、进度、资金等合同上的履行。

监理技术人员应按照合同要求对影响工程质量的各个因素从原材料、施工工艺到成品进行全过程的质量控制。对工程实施中的实际情况和可预见性的工程隐患采取合理的处理措施,并利用旁站、抽检、试验、验收和指令性文件等手段进行质量控制。

（四）政府部门（工程监督）的质量控制

作为独立的政府部门的工程质量监督站，对工程项目的质量进行全方位的监督。对工程实施中的建设业主在工程的立项、审批、组织形式、招（投）标及合同文件的执行、工程的计量支付等方面进行监督；对现场施工单位的企业资质、技术人员素质、机械设备力量、管理水平及模式等进行抽查、测试和复审。对工程监理的组织模式、人员素质、业务水平、执法能力进行全面的复查和督导。

工程质量监督站对工程的重要环节、主要部位通过工程试验与检测不定期地进行跟踪监督，并对整个工程项目进行质量验收与质量评定。

三、施工过程的质量控制

（一）前期工作

路基施工质量必须达到设计和规范的要求。施工过程应进行全面质量管理，建立健全行之有效的质量保证体系。实行严格的目标管理、工序管理及岗位质量管理责任制度，对各施工阶段的工程质量进行检查、控制、评定，从制度上确保路基施工质量。

施工单位进入现场后，需要熟悉所承包的施工路段周围环境，以便统筹考虑生活住所、料场位置、出行交通及工程初期的安排等。

1. 施工现场核对

熟悉设计文件后，施工单位应会同业主、设计单位代表、工程监理进行现场核对，与设计文件有严重不符的地方，应按相应的合同条款执行。

2. 材料检验与标准试验

施工单位应会同业主、工程监理对设计文件中确定的料场进行实地复查，核定材料的工程性能和产量，必要时，可增加候补的料厂，以满足工程需要。对取土场和路基以内远运利用的填料应取试样做试验鉴定。

工程中的钢材、水泥等材料应使用国家免检产品，并随机抽样检验。砂、石、石灰等材料须做常规的工程试验，以确定其路用性能。

对现场原材料随机取样，做路基的标准试验。一般试验项目包括：最佳含水率、最大干密度、液塑性、钢筋的强度和韧度、石灰的钙镁含量、水泥的强度、改善土的灰（石灰、水泥等）剂量、构造物的混凝土及砂浆强度等，试验的结果应与工程监理的试验结果作对比。经双方确认后，报工地中心试验室审批。

3. 拟定施工方式

根据编制的施工作业计划和工程量分布情况、难易程度，合理安排施工段落，拟定施工方式。土石方工程和路基附属设施可以同时施工，也可以分期分段施工，一般采用平行作业法和流水作业法进行多劳力、多作业面施工，以缩短工期。

（二）施工过程质量控制

路基工程包括的项目较多，工作点散，且施工方式不同。因此，施工单位应根据自身的条件和技术人员的数量、素质合理地确定作业计划，以免影响工程质量。

1. 过程控制

1）原地面的处理

路堤地基土密实，且地面横坡不陡于 1∶10 时，可直接填筑；零填或填土高度低于 0.50m，应清除表层草皮及腐殖土；横坡较陡时，应开挖台阶。当地基土为耕地或松土时，应压实后再填筑；经过水田、池塘、洼地时，应先排水清淤，后回填、压实，特殊时，可采取挖除、填碎砾石等措施，以保证基底有足够的稳定性。

挖方路堑处的表层土，若利用在路基上，应清除表层草皮、树（竹）根及腐殖土等。

2）隐蔽工程施工

对特殊地基的处理如砂桩、砂井、碎石桩、插板桩、粉喷桩、土工布等应严格遵循相应的设计和施工规范，并进行数据记录，跟踪检测、掌握地基的变形和沉降速度，以控制路基的稳定。

对构造物的天然基础施工，应检查其基底的平面位置、尺寸大小、基底高程，基底土质的均匀性、地基稳定性及承载力，施工日记及有关试验资料等。

对构造物的桩基础施工，应由具备相应资质的部门进行桩身检测（结构完整性检测）和单桩承载力检测。同时应对桩基的原材料及半成品、人工挖孔桩孔底检测。

3）路基施工

对路基的填筑，主要控制填土路基上的颗粒大小、杂质含量、分层厚度、含水率，塑性指数和分区的压实度等指标；对填石或土石混填路基，主要控制石块的尺寸、空隙、分层厚度、碾压机械类型、施工方式和压实度等。

零填及挖方地段的施工，应检测地基的承载力和翻松层的压实状况，挖方边坡的坡面是否平顺，有无浮石、扎堆、坑穴等。

4）构造物的施工

应检查构造物的施工方式是否合理，施工工序是否规范，控制现场材料的质量、砂浆和混凝土的强度。

5）特殊地段的施工

挖方地段施工时，应检查开挖面的排水设施，挖方边坡与有关防护工程的衔接，结构物台后填料类型、施工方式和压实度检测。

6）特殊季节的施工

冬季施工时，不能填筑冻土块；基底应清除积雪；填方路堤应在全宽范围内分层压实，并预留沉落量；施工工序要紧凑，随挖、随填、随压；路基的填挖结合部，应在冬季前做完，或在天暖后用解冻土填压。

雨季施工时，应加强路基的排水工作，特别注意填料的选择。对低洼地段、高填深挖地段、工程地质水文条件不良地段及受水浸害地段，不宜施工。

2. 施工过程的质量抽检

（1）路基的含水率和压实度，应分层分路段全幅控制，路基范围内任意点都应满足规范要求。一般黏性土可采用环刀法，石质土或改善土结合施工方法可采用灌砂法，有条件时，可采用贯入仪法和圆锥仪法。

（2）对取土场的土质应根据开挖的深度，经常进行检测，并根据土质变化（成分、含水率）随时调整施工的标准试验。同时对进场材料（砂、石等）根据料源经常进行检测，以指导施工配合比。

（3）对路基改善土，应控制其含水率和含灰量，同时现场取样，以 7d 无侧限抗压强度控制其施工质量。

（4）对构造物工程，应检查石料的强度、砂浆和混凝土试块的抗压强度。

3. 阶段性验收

一般路基施工、路基排水、路基防护与支挡等工程项目完成后，应按《公路路基施工技术规范》（JTG F10—2006）的工程质量控制标准进行检测验收，并会同有关专家对其进行鉴定。

（三）质量标准

《公路路基施工技术规范》（JTG F10—2006）和《公路工程质量检验评定标准（第一册 土建工程）》（JTG F80/1—2004）规定的质量标准为：

1. 路基土石方工程

1）土方路基

（1）路基必须分层填筑压实，表面平整坚实，无软弹和翻浆现象，路拱合适，排水良好，压实度、土基强度、路基和路床的整体强度符合设计要求。

（2）不得采用设计或规范规定的不适用材料作为路基填料。路基填料强度（CBR）应符合规范和设计规定。

（3）填方地段应在填土前排除地面积水和其他杂物、草皮、淤泥、腐殖土和冰块并平整压实。

路堤边坡应修整密实、直顺、平整稳定、曲线圆顺，填料及路堤的整体强度必须符合设计要求。

（4）挖方地段遇有树根、洞穴等必须进行处理，上边坡要平整稳定。路床土质强度及压实度必须符合规定。

（5）取土坑、弃土堆的位置适当、整齐，无水土流失和淤塞河道情况。

（6）土质路基施工质量标准见表 1-7-1。

土质路基施工质量标准　　表 1-7-1

项次	检查项目	规定值或允许偏差		检查方法和频率
		高速、一级公路	三、四级公路	
1	压实度（%）	符合规定	符合规定	施工记录
2	弯沉	不大于设计要求值	不大于设计要求值	—
3	纵断高程（mm）	+10，-15	+10，-20	每 200mm 测 4 个断面
4	中线偏位（mm）	50	100	每 200m 测 4 点，弯道加 HY、YH 两点
5	宽度	不小于设计要求值	不小于设计要求值	每 200m 测 4 处

续上表

项次	检查项目	规定值或允许偏差		检查方法和频率
		高速、一级公路	三、四级公路	
6	平整度(mm)	15	20	3m 直尺:每 200m 测 2 处×10 尺
7	横坡(%)	±0.3	±0.5	每 200m 测 4 个断面
8	边坡坡度	不陡于设计坡度	不陡于设计坡度	每 200m 抽查 4 处

注:①表列压实度以重型击实试验法为准,评定路段内的压实度平均值 F 置信界限不得小于规定标准,单个测定值不得小于极值(表列规定值减 5 个百分点);小于表列规定值 2 个百分点的测点,按其数量占总检查点的百分率计算减分值。

②采用核子仪检验压实度时,应进行标定试验,确认其可靠性。

③特殊干旱、特殊潮湿地区或过湿土路基,可按交通运输部颁发的路基设计、施工相关规范所规定的压实度标准进行评定。

④三、四级公路铺筑沥青混凝土或水泥混凝土路面时,其路基压实度应采用二级公路标准。

2)石方路基

(1)石方路堑的开挖宜采用光面爆破,开炸石方应避免超量爆破,爆破后坡面的松石、危石必须清除干净,确保上边坡安全、稳定。

(2)欠挖部分必须凿除,超挖部分应采用无机结合料稳定碎石或级配碎石填平碾压密实,路基表面应整修平整,边线直顺,曲线圆滑。

(3)修筑填石路堤应认真进行地表清理,逐层水平填筑石块,摆放平稳。填筑层厚度及石块尺寸应符合设计和施工规范规定,填石空隙用石渣或石屑嵌压稳定。采用振动压路机分层碾压,压至填筑层顶面石块稳定,振压两遍无明显高程差异。上、下路床填料和石料最大尺寸应符合规范规定。

(4)填石路堤成型后的外观质量标准:表面无明显孔洞;大粒径石料不松动,铁锹挖动困难;边坡码砌紧贴、密实,无明显孔洞、松动,砌块间承接面向内倾斜,坡面平顺,表面不得露有直径大于 15cm 的石块。

(5)石方路基施工质量标准见表 1-7-2。

石方路基施工质量标准 表 1-7-2

项次	检查项目	规定值或允许偏差		检查方法和频率
		高速、一级公路	其他等级公路	
1	压实度	符合试验确定的施工工艺		施工纪录
		沉降差小于或等于试验路确定的沉降差		水准仪:每 40m 检测 1 个断面,每个断面检测 5~9 点
2	纵面高程(mm)	+10,-20	+10,-30	水准仪:每 200m 测 4 个断面
3	弯沉	不大于设计值		—
4	中线偏位(mm)	50	100	经纬仪:每 200m 测 4 点,弯道加 HY、YH 两点
5	宽度	不小于设计值		米尺:每 200m 测 4 处

续上表

<table>
<tr><th rowspan="2">项次</th><th rowspan="2" colspan="2">检查项目</th><th colspan="2">规定值或允许偏差</th><th rowspan="2">检查方法和频率</th></tr>
<tr><th>高速、一级公路</th><th>其他等级公路</th></tr>
<tr><td>6</td><td colspan="2">平整度(mm)</td><td>20</td><td>30</td><td>3m 直尺:每 200m 测 4 处×10 尺</td></tr>
<tr><td>7</td><td colspan="2">横坡(%)</td><td>±0.3</td><td>±0.5</td><td>水准仪:每 200m 测 4 断面</td></tr>
<tr><td rowspan="2">8</td><td rowspan="2">边坡</td><td>坡度</td><td colspan="2">不陡于设计值</td><td rowspan="2">每 200m 抽查 4 处</td></tr>
<tr><td>平顺度</td><td colspan="2">符合设计要求</td></tr>
</table>

3)土石路基

(1)软质石料填筑的土石路基,应满足土质路基施工质量标准,参见表 1-7-1。

(2)硬质石料填筑的土石路基,应满足石方路基施工质量标准,参见表 1-7-2。

(3)土石路堤成型后的外观质量标准:路堤表面无明显孔洞;大粒径石料不松动,铁锹挖动困难;中硬、硬质石料土石路堤边坡码砌紧贴、密实,无明显孔洞、松动,砌块间承接面向内倾斜,坡面平顺。

4)路肩

(1)路肩必须表面平整密实,不积水。

(2)路肩边缘直顺,曲线圆滑。

(3)路肩施工质量标准见表 1-7-3。

路肩施工质量标准 表 1-7-3

<table>
<tr><th>项次</th><th colspan="2">检查项目</th><th>规定值或允许偏差</th><th>检查方法和频率</th></tr>
<tr><td>1</td><td colspan="2">压实度(%)</td><td>不小于设计值</td><td>每 200m 测 2 处</td></tr>
<tr><td rowspan="2">2</td><td rowspan="2">平整度(mm)</td><td>土路肩</td><td>20</td><td rowspan="2">3m 直尺:每 200m 测 2 处×10 尺</td></tr>
<tr><td>硬路肩</td><td>10</td></tr>
<tr><td>3</td><td colspan="2">横坡(%)</td><td>±1.0</td><td>尺量:每 200m 测 2 处</td></tr>
<tr><td>4</td><td colspan="2">宽度(mm)</td><td>符合设计要求</td><td>水准仪:每 200m 测 2 处</td></tr>
</table>

5)软土地基处治

(1)换填地基的填筑压实要求同土方路基。

(2)砂垫层:砂的规格和质量必须符合设计要求和规范规定;适当洒水,分层压实;砂垫层宽度应宽出路基边脚 0.5~1.0m,两侧端以片石护砌;砂垫层厚度及其上铺设的反滤层应符合设计要求。

(3)反压护道:填筑材料、护道高度、宽度应符合设计要求,压实度不低于 90%。

(4)袋装砂井、塑料排水板:砂的规格、质量、砂袋织物质量和塑料排水板质量必须符合设计要求;砂袋和塑料排水板下沉时不得出现扭结、断裂等现象;井(板)底高程必须符合设计要求,其顶端必须按规范要求伸入砂垫层。

(5)碎石桩:碎石材料应符合规范要求;设置碎石桩时,应严格按试桩结果控制水压、电流和振冲器的留振时间；分批加入碎石，切实注意振密挤实效果，防止发生"断桩"或"颈缩桩"。

(6)砂桩：砂料应符合规定要求；砂的含水率应根据成桩方法合理确定；桩体应确保连续、密实。

(7)粉喷桩：水泥强度等级应符合设计要求；根据成桩试验确定的技术参数进行施工；严格控制喷粉时间、停粉时间和水泥喷入量，不得中断喷粉，确保喷粉桩长度；桩身上部(1/3桩身)范围内必须进行二次搅拌，确保桩身质量；发现喷粉量不足时，应整桩复打；喷粉中断时，复打重叠孔段应大于1m。

(8)软土地基上的路堤，应在施工过程中进行沉降观测和稳定性观测，并根据观测结果对路堤填筑速率和预压期作必要调整。

软土地基处治施工质量标准参见相关规范标准。

6)土工合成材料处治

(1)土工合成材料质量应符合设计要求，外观无破损、无老化、无污染现象。

(2)在平整的下承层上按设计要求铺设、固定，土工合成材料应按设计要求张拉，紧贴下承层，锚固端施工应符合设计要求。

(3)接缝搭接黏结强度符合要求，上、下层土工合成材料搭接缝应交替错开。

土工合成材料施工质量标准参见相关规范标准。

2. 排水工程

1)土质边沟、排水沟、截水沟

(1)纵坡顺直，曲线线形圆滑。

(2)沟壁平整、坚实、稳定，无贴坡。沟底平整，排水通畅，无冲刷和阻水现象。

(3)防渗、加固设施坚实稳固。

(4)土质边沟、排水沟、截水沟施工质量标准见表1-7-4。

土质边沟、排水沟、截水沟施工质量标准 表1-7-4

项次	检 查 项 目	规定值或允许偏差	检查方法和频率
1	沟底纵坡	符合设计要求	水准仪：每200m测8点
2	沟底高程(mm)	±0，-30	水准仪：每200m测8点
3	断面尺寸	不小于设计要求值	尺量：每200m测8点
4	边坡坡度	不陡于设计要求值	每50m测2处
5	边棱顺直度(mm)	50	尺量：20m拉线，每200m测4处

2)浆砌边沟、排水沟、截水沟

(1)砂浆应均匀、饱满、密实，砂浆配合比符合设计要求。

(2)勾缝平顺，缝宽均匀、密实、美观，无脱落现象。

(3)砌体咬扣紧密，断面均匀平整，无凹凸不平现象。

(4)抹面平整、压光、顺直，无裂缝、空鼓。

(5)沟底无积水现象。

(6)浆砌边沟、排水沟、截水沟施工质量标准见表1-7-5。

浆砌边沟、排水沟、截水沟施工质量标准　　表1-7-5

项次	检查项目	规定值或允许偏差	检查方法和频率
1	砂浆强度	符合设计要求	同一配合比，每台班2组
2	轴线偏位(mm)	50	经纬仪：每200m测8处
3	墙面直顺度(mm)或坡度	符合设计要求	20m拉线坡度尺：每200m测4处
4	断面尺寸(mm)	±30	尺量：每200m测4处
5	铺砌厚度	不小于设计值	尺量：每200m测4处
6	基础垫层宽、厚度	不小于设计值	尺量：每200m测4处
7	沟底高程(mm)	±15	水准仪：每200m测8点

3）排水渗沟

(1)排水渗沟的设置及材料质量规格应符合规范要求。

(2)反滤层应采用筛选过的中砂、粗砂、砾石等渗水材料分层填筑。

(3)排水层应采用石质坚硬的较大粒料填筑，以保排水通畅。

(4)排水盲沟施工质量标准见表1-7-6。

排水盲沟施工质量标准　　表1-7-6

项次	检查项目	规定值或允许偏差	检查方法和频率
1	沟底高程(mm)	±15	水准仪：每10～20m测1处
2	断面尺寸	不小于设计值	尺量：每20m测1处

4）排水泵站

(1)基底土壤不允许扰动，并具有足够的承载力。

(2)水泵、管及管件应安装牢固，位置正确。

(3)井壁混凝土应符合设计要求，沉井应竖直下沉。

(4)排水泵站施工质量标准见表1-7-7。

排水泵站施工质量标准　　表1-7-7

项次	检查项目	规定值或允许偏差	检查方法和频率
1	混凝土强度	符合设计要求	同一配比，每工作台班2组
2	轴线平面偏位(mm)	1%井深	经纬仪：纵、横向各3处
3	垂直度(mm)	1%井深	吊垂线：纵、横向各2处
4	底板高程(mm)	±50	水准仪：检查6处

5）倒虹吸涵管

(1)涵管的进出水口所设的竖井，井身应竖直，井底高程应符合设计要求。

(2)涵身应密实不漏水，浆砌结构应抹面，涵管连接处应填塞密实不漏水。

(3)为防止泥沙堵塞虹吸涵管,在进水口竖井与虹吸道之间,应设网状拦泥栅。与倒虹涵、管进出口连接的沟渠,在一定长度内应进行加固。

3. 挡土墙、防护及其他砌筑工程

1)砌石挡土墙

(1)石料和混凝土预制墙的规格和质量应符合有关规范和设计要求的规定。

(2)地基承载力必须满足设计要求。

(3)砂浆所用的水泥、水、砂的质量应符合规范和设计要求,配合比符合试验规定。

(4)砌石分层错缝。浆砌时坐浆挤紧,嵌填饱满密实,不得有空洞;干砌时不得松动、叠砌和浮塞。砌体坚实牢固,勾缝平顺,无脱落现象。

(5)墙背填料符合设计和施工规范要求。

(6)沉降缝、泄水孔、反滤层的设置位置、质量和数量应符合设计要求。

(7)砌石挡土墙允许偏差见表1-7-8、表1-7-9。

浆砌挡土墙施工质量标准 表1-7-8

项次	检查项目		规定值或允许偏差	检查方法和频率
1	砂浆强度		不小于设计强度	每一工作台班2组试件
2	平面位置(mm)		50	经纬仪:每20m检查墙顶外边线5点
3	顶面高程(mm)		±20	水准仪:每20m检查2点
4	竖直度或坡度(%)		0.5	吊垂线:每20m检查4点
5	断面尺寸		不小于设计值	尺量:每20m量4个断面
6	底面高程(mm)		±50	水准仪:每20m检查2点
7	表面平整度(mm)	混凝土块、料石	10	2m直尺:每20m检查5处,每处检查竖直和墙长两个方向
		块石	20	
		片石	30	

干砌片石挡土墙施工质量标准 表1-7-9

项次	检查项目	规定值或允许偏差	检查方法和频率
1	平面位置(mm)	50	经纬仪:每20m检查5点
2	顶面高程(mm)	±30	水准仪:每20m检查5点
3	竖直度或坡度(%)	0.5	吊垂线:每20m检查4点
4	断面尺寸	不小于设计值	尺量:每20m量4个断面
5	底面高程(mm)	±50	水准仪:每20m检查2点
6	表面平整度(mm)	50	2m直尺:每20m检查5处,每处检查竖直和墙长两个方向

2）混凝土挡土墙

（1）混凝土所用的水泥、石、砂、水和外掺剂的规格和质量应符合有关规定，按规定的配合比施工。混凝土施工缝平顺，蜂窝、麻面面积不得超过该面面积的0.5%。

（2）地基必须满足设计要求。

（3）不得有露筋和空洞现象。

（4）沉降缝、泄水孔数量应符合设计要求。

（5）混凝土挡土墙允许偏差见表1-7-10。

混凝土挡土墙施工质量标准 表1-7-10

项次	检查项目	规定值或允许偏差	检查方法和频率
1	混凝土强度	不小于设计强度	每1工作台班2组试件
2	平面位置（mm）	30	经纬仪：每20m检查5点
3	顶面高程（mm）	±20	水准仪：每20m检查2点
4	竖直度或坡度（%）	0.3	吊垂线：每20m检查4点
5	断面尺寸	不小于设计值	尺量：每20m量4个断面
6	底面高程（mm）	±30	水准仪：每20m检查2点
7	表面平整度（mm）	5	2m直尺：每20m检查3处，每处检查竖直和墙长两个方向

3）加筋土挡土墙

（1）地基应符合设计要求，基础应符合有关基础工程的要求。

（2）混凝土所用水泥、石、砂、水和外掺剂的规格和质量应符合有关规定，按规定的配合比施工。预制面板表面平整光洁，线条顺直美观，不得有破损翘曲、掉角、啃边等现象。蜂窝、麻面面积不得超过该面面积的0.5%。

（3）筋带的质量和规格，必须满足设计和有关规范的要求，根数不得少于设计数量。

（4）拉筋的长度、根数不得小于设计要求。拉筋需理顺，放平拉直。拉筋与面板、拉筋与拉筋应牢固连接。

（5）混凝土不得出现露筋和空洞现象。露在面板外的锚头应封闭、牢固、整齐美观。

（6）填料的规格和压实度，必须严格按照规范及设计要求进行。

（7）加筋土挡土墙施工质量标准见表1-7-11～表1-7-13。

筋带施工质量标准 表1-7-11

项次	检 查 项 目	规定值或允许偏差	检查方法和频率
1	筋带长度	不小于设计值	尺量：每20m检查5根（束）
2	筋带与面板连接	符合设计要求	目测：每20m检查5处
3	筋带与筋带连接	符合设计要求	目测：每20m检查5处
4	筋带铺设	符合设计要求	目测：每20m检查5处

面板预制、安装施工质量标准　表 1-7-12

项次	检查项目	规定值或允许偏差	检查方法和频率
1	混凝土强度	不小于设计强度	每台班 2 组试件
2	边长(mm)	±5 或 0.5% 边长	尺量:长宽各量 1 次,每批抽查 20%
3	两对角线差(mm)	10 或 0.7% 最大对角线长	尺量:每批抽查 20%
4	厚度(mm)	+5,-3	尺量:检查 4 处,每批抽查 20%
5	表面平整度(mm)	4 或 0.3% 边长	2m 直尺:长、宽方向各测 1 次,每批抽查 20%
6	预埋件位置(mm)	5	尺量:每批抽查 20%
7	每层面板顶高程(mm)	±10	水准仪:每 20m 抽查 5 组板
8	轴线偏位(mm)	10	挂线、尺量:每 20m 量 5 处
9	面板竖直度或坡度(%)	0,-0.5	吊垂线或坡度板:每 20m 量 5 处
10	相邻面板错台(mm)	5	尺量:每 20m 面板交界处检查 5 处

注:面板安装以同层相邻两板为一组。

加筋土挡土墙总体施工质量标准　表 1-7-13

项次	检查项目		规定值或允许偏差	检查方法和频率
1	墙顶和肋柱平面位置(mm)	路堤式	+50,-100	经纬仪:每 20m 检查 5 处
		路肩式	±50	
2	墙顶和柱顶高程(mm)	路堤式	±50	水准仪:每 20m 测 5 点
		路肩式	±30	
3	肋柱间距(mm)		±15	尺量:每柱间
4	墙面倾斜度(mm)		+0.5%H 且不大于 +50 -1%H 且不小于 -100	吊垂线或坡度板:每 20m 测 4 处
5	面板缝宽(mm)		10	尺量:每 20m 至少检查 5 条
6	墙面平整度(mm)		15	2m 直尺:每 20m 测 5 处,每处检查竖直和墙长两个方向
7	墙背填土:距面板 1m 范围内的压实度(%)		90	每 100m 每压实层测 2 处,并不得少于 2 处

注:平面位置及倾斜度"+"指向外,"-"指向内;H 是指墙高。

4)锥、护坡

(1)石料质量、规格以及砂浆质量、配合比应符合相关规定。

(2)基础埋置深度及地基承载力符合设计要求。

(3)砌体咬扣紧密,嵌缝饱满密实,填土达到密实度要求。

(4)锥、护坡施工质量标准见表 1-7-14。

浆砌锥、护坡施工质量标准　　表 1-7-14

<table>
<tr><th>项次</th><th>检 查 项 目</th><th colspan="2">规定值或允许偏差</th><th>检查方法和频率</th></tr>
<tr><td>1</td><td>砂浆强度</td><td colspan="2">不小于设计强度</td><td>每 1 工作台班 2 组试件</td></tr>
<tr><td rowspan="2">2</td><td rowspan="2">顶面高程(mm)</td><td>料、块石</td><td>±15</td><td rowspan="3">水准仪:每 20m 抽查 5 点</td></tr>
<tr><td>片石</td><td>±20</td></tr>
<tr><td>3</td><td>底面高程(mm)</td><td colspan="2">-20</td></tr>
<tr><td rowspan="2">4</td><td rowspan="2">坡度或垂直度(%)</td><td>料、块石</td><td>0.3</td><td rowspan="2">吊垂线:每 20m 检查 5 点</td></tr>
<tr><td>片石</td><td>0.5</td></tr>
<tr><td rowspan="3">5</td><td rowspan="3">断面尺寸(mm)</td><td>料石、混凝土块</td><td>±20</td><td rowspan="3">尺量:每 20m 检查 5 点</td></tr>
<tr><td>块石</td><td>±30</td></tr>
<tr><td>片石</td><td>±50</td></tr>
<tr><td>6</td><td>墙面距路基中线(mm)</td><td colspan="2">±50</td><td>尺量:每 20m 检查 5 点</td></tr>
<tr><td rowspan="3">7</td><td rowspan="3">表面平整度(mm)</td><td>料石、混凝土块</td><td>10</td><td rowspan="3">2m 直尺:每 20m 检查 5 处</td></tr>
<tr><td>块石</td><td>20</td></tr>
<tr><td>片石</td><td>30</td></tr>
</table>

四、安全施工管理与环境保护

(一)一般规定

工程开工前必须进行现场调查,根据施工地段的地形、地质、水文、气象、环境等,制订相应的安全技术和环境保护措施。施工中应及时掌握气温、雨雪、风暴、汛情等预报,做好防范工作。

路基施工前,应了解施工范围内地下埋设的各种管线、电缆、光缆等情况并与相关部门联系,制订合理的安全保护措施。施工中如发现有危险品及其他可疑物品时,应立即停止施工,报请有关部门处理。

应按照国家有关规定配管消防设施和器材、设置消防安全标志。施工现场应设置醒目的安全、警示标志和安全防护设施。

(二)安全施工

(1)路基施工应制订安全预案、具备安全生产条件,确保施工安全。

(2)施工现场的临时用电,应严格执行现行《施工现场临时用电安全技术规范》(JGJ 46—2005)。夜间施工时,现场应设有保证施工安全要求的照明设施。

(3)施工便道、便桥应设立警示和交通标志,必要时应设专人维护、指挥交通。施工车辆必须遵守道路交通法规。

(4)施工作业人员,必须遵守本工种的各项安全技术操作规程。作业人员,进入现场人员必须按规定佩戴和使用劳动防护用品。人工配合机械进行辅助作业时,作业人员应注意观察,严禁在机械正在作业的范围内进行辅助作业。

(5)多台机械同时作业时,各机械之间应注意保持必要的安全距离,机械在路基边坡、边沟、基坑边缘、不稳定体(地段)上作业时,应采取必要的安全措施。

(6)在靠近结构物处挖土时,必须采取安全防护措施。对于在路基范围内暂时不能迁移的结构物,应留出土台,土台周围应设置警示标志。

(7)采用围堰法施工沿河路基防护基础时,应制订针对出现洪水、渗漏水、流砂、涌砂、围堰变形等情况的安全预案。

(8)砌筑作业时,脚手架下不得有人操作及停留,不得重叠作业。砌筑护坡时,严禁在坡面上行走,不得采用从上向下自由滚落的方式运输材料。

(9)喷浆作业时,应密切注意压力表变化,出现异常时,应停机、断电、停风,并及时排除故障。作业区内严禁在喷浆嘴前方站人。

(10)进行爆破工程设计时,应制定安全技术操作规程,爆破作业应严格执行现行《爆破安全规程》(GB 6722—2003),确保爆破安全。

(三)环境保护

1. 防止水土污染与流失

(1)施工前,应制订相应的预防水土污染和水土流失的措施,考虑土地资源的合理利用,缩短临时占地使用时间。

(2)在崩塌滑坡危险区和泥石流易发区,严禁取土、挖砂、采石。

(3)施工过程中,各种排水沟渠的水流不得直接排放到饮用水源、农田、鱼塘。

(4)不得随意丢弃生产及生活垃圾,垃圾的掩埋或处理,应按当地环保部门的要求进行。不得随意排放含油废水及生活污水。

(5)使用工业废渣填筑路基,当废渣中含有可溶性有害物质,可能造成土质、水污染时,应采取措施,予以处理。

(6)在自然保护区、森林、草原、湿地及风景名胜区进行施工时,应遵守国家环境保护的相关规定。

2. 噪声、空气污染的防治

(1)在居民聚居区或其他噪声敏感建筑物附近施工时,当噪声超过规定值时,应及时采取措施,减少施工活动对沿线居民的干扰。

(2)对施工作业人员,在噪声较大的现场作业时,应采取有效防护措施。

(3)路基施工过程中应采取措施,控制扬尘、废气排放等。

(4)路基施工堆料场、拌和站、材料加工厂等宜设于主要风向的下风处的空旷地区。当无法满足时,应采取必要的环保措施。

(5)粉状材料运输应采取措施防止材料散落。

(6)粉煤灰、石灰等在露天堆存时,应采取防尘、防水措施。

(7)采用粉状材料作为路基填料或对路基填料进行现场改良施工时,应避免在大风天作业,施工人员应佩戴防尘口罩等劳动保护用品,并采取环境保护措施。

复习思考题

1. 施工组织设计的内容有哪些?

2. 为什么要编制施工技术方案?

3. 为什么要重视施工原始记录?

4. 路基施工过程管理的依据是什么?

5. 干砌片石挡土墙的施工质量检查内容有哪些?

6. 浆砌锥、护坡的施工质量检查内容有哪些?

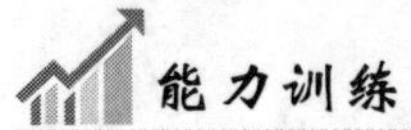

能力训练

1. 根据《公路路基施工技术规范》(JTG F10—2006)和《公路工程质量检验评定标准(第一册 土建工程)》(JTG F80/1—2004),试叙述某二级公路土质路基施工质量标准的主要内容。

2. 叙述浆砌边沟的施工质量标准。

3. 简单描述浆砌式挡土墙的施工质量标准。

项目总结

任务一 一般路基认知

路基是指按照路线位置和一定技术要求修筑的带状构造物,是路面的基础,承受由路面传递下来的行车荷载。路基工程的项目较多,主要有路基土石方工程、排水工程、挡土墙及防护砌筑工程等。

路基横断面的典型形式可归纳为路堤、路堑和填挖结合(又称为半填半挖)等三种类型。

路基几何尺寸表示:路基宽度、路基高度、路基边坡坡度。

路基临界高度是指在不利季节当路基处于某种干湿状态时,路床顶面距地下水位或地表长期积水位的最小高度,可根据土质、气候因素按当地经验确定。

路基地面排水设施分别有边沟、截水沟、排水沟、跌水与急流槽、渡槽与倒虹吸等。常用的有边沟、截水沟和排水沟。常用的路基地下排水设施有暗沟、渗沟和渗井等。

路基防护与加固设施,主要有边坡的坡面防护、沿河路堤河岸的冲刷防护以及湿软地基的加固处治。挡土墙是指承受土体侧压力的墙式构造物。

路基土分为巨粒土、粗粒土、细粒土和特殊土四类。

表征路基土强度的指标主要有路基土的承载能力和抗剪强度指标。

任务二 路基施工特点及施工准备

路基是支撑路面的土工结构物,必须具备具有足够的强度、良好的水温稳定性和整体稳定性等工程质量基本要求。

路基施工准备工作的主要内容包括组织准备、技术准备和物质准备等。

常用施工机械有:推土机、铲运机、平地机、挖掘机、装载机等,应熟悉机械性能及适用性。

路基施工前,将公路中线桩号的位置,路基填挖高度、横断面的各主要点、边坡坡率,路基路面的设计高程、路面各结构层的边桩位置等,根据路基横断面设计图进行实地放样,称为施工放样。

任务三 路堤填筑

对于土方路堤的填筑,性质不同的填料,应水平分层、分段填筑,分层压实。

路基填筑施工的主要工序有料场选择、基底处理、填筑和碾压。

路基压实应考虑含水率对压实的影响、土质对压实效果的影响、压实功能对压实的影响、压实厚度对压实效果的影响。

压实度 K 是令工地实测干重度 γ 与室内标准击实试验得到的 γ_0 值之比值。压实过程中严格控制填土的含水率(最佳含水率 ±2% 以内)。

任务四 路堑开挖

目前,常用的土质路堑开挖方法可分为全断面横挖法、纵挖法及混合开挖法三种。

炸药的威力一般用爆力和猛度来衡量。爆力是指炸药破坏一定量介质的能力;猛度是指炸药爆炸时,将一定量岩石粉碎成细块的能力。石质路堑起爆器材的起爆方法有:导火索起爆、电力起爆、导爆索起爆、塑料导爆管起爆。

任务五 防护与支挡工程施工

防护与加固工程包括路基坡面防护、冲刷防护。其中,路基坡面防护有植物防护、抹面、喷浆及喷射混凝土、单层干砌片石护坡、浆砌片石护坡、浆砌片石护面墙;冲刷防护有抛石防护、干砌片石护坡、浆砌片石护坡、石笼护坡、土工模袋。

在挡土墙施工中,重力式挡土墙应砌体表面平整,砌缝完好、无开裂现象,勾缝平顺、无脱落现象。泄水孔坡度向外,无堵塞现象。沉降缝整齐垂直,上下贯通;混凝土挡土墙应确保混凝土施工缝平顺,蜂窝、麻面面积不得超过该面面积的0.5%,混凝土表面出现无受力裂缝,泄水孔坡度向外并无堵塞现象,沉降缝整齐垂直、上下贯通;加筋土挡土墙应确保预制面板表面平整光洁,线条顺直美观,不得有破损翘曲、掉角啃边等现象,墙面直顺,板缝均匀,伸缩缝贯通垂直。

任务六 路基病害处治

路基在使用过程中常产生各种病害,主要有:路基的沉陷、翻浆,路基边坡的滑坡、坍方及泥石流等。

路基沉陷一般可用换土法、粉喷桩法、灌浆法等进行处治。翻浆可选用:挖换土、掺石灰、换铺粒料、挖渗水坑、提高路基、设置不透水隔离层。滑坡的防治主要有以下措施:排水、减重、支挡措施。崩塌的防治方法有:加固边坡、拦截构造物、支挡构造物。泥石流的防治方法有:水土保持措施、跨越措施。

任务七 路基施工过程质量管理

施工单位应根据客观的施工规律和当时、当地的具体条件,编制可操作性的施工组织计划，用以指导、安排路基工程的施工。

工程质量控制体系一般由工程项目建设部门（业主）、施工部门（承包方）、专业部门（工程监理）和政府部门（工程质量监督）共同组成。

路基土石方工程、排水工程、防护与支挡工程等工程施工过程中，应参照《公路路基施工技术规范》（JTG F10—2006）和《公路工程质量检验评定标准（第一册　土建工程）》（JTG F80/1—2004）的项次和检查项目，达到规定的质量标准要求。

项目二 路面施工

教学目标

1. 能认知路面的结构分层,会设置路面排水设施;
2. 能叙述路面施工准备工作;
3. 能说明垫层施工的工艺流程;
4. 能说明基层施工的工艺流程;
5. 能说明沥青类路面面层面层施工的工艺流程;
6. 能说明水泥混凝土路面面层施工的工艺流程;
7. 会进行路面病害处治。

教学要求

能力目标	知 识 要 点	权重
路面认知	路面的基本要求	C
	路面结构分层及功能	A
	路面结构层类型的选用	B
	路面排水设施的设置	B
路面施工准备	组织准备	C
	技术设备	B
	施工现场设备	B
	物资设备	C
路面垫层施工	垫层材料	C
	垫层施工工艺	A
	垫层施工质量控制指标	B
路面基层(底基层)施工	基层材料	C
	基层施工工艺	A
	基层施工质量控制指标	A

续上表

能力目标	知 识 要 点	权重
沥青类路面面层施工	沥青类路面面层分类与材料要求	B
	沥青类路面施工工艺流程	A
	沥青类路面施工过程的质量控制	A
水泥混凝土路面面层施工	水泥混凝土面层分类与材料要求	B
	接缝施工	A
	水泥混凝土路面施工工艺流程	A
	水泥混凝土路面施工过程的质量控制	A
路面病害处治	沥青类路面常见病害	B
	水泥混凝土路面常见病害	B
	常见病害的处治方法	C

任务一 路 面 认 知

引例

沥青路面结构一般有改进的半刚性基层结构、过渡层结构、倒装式结构、柔性基层4种形式。根据横断面常温与高温车辙试验、路表弯沉试验、层底弯拉试验分析结果，以及通过工程实践应用，柔性基层或刚柔结合基层比半刚性基层的路面性能更优越，路面早期破坏少；半刚性基层和底基层设为一层和二层，厚度分别为18～20cm和34～36cm，施工时要求严格精心控制石灰、粉煤灰、水泥掺量和水泥稳定碎石级配，严格控制基层强度。

某一级公路采用了右图所示的柔性基层路面结构。

细粒式沥青混凝土（AC-13C）
黏层沥青
粗粒式沥青混凝土（AC-25）
沥青下封层
石灰水泥粉煤灰砂砾（5：4：11：80）
石灰粉煤灰砂砾（7：13：80）
石灰粉煤灰砂砾（10：45：45）
$E_0 = 30\text{MPa}$
7.4 0.6 18 15 15 59.6
尺寸单位:cm

一、路面基本要求

（一）强度和刚度

路面结构应具有足够的强度，以抵抗车轮荷载引起的各个部位的各种压力，如压应力、拉应力、剪应力等，保证不发生压碎、拉断、剪切等各种破坏。

路基路面整体结构或各个结构层应具有足够的刚度，避免在车轮荷载下部发生过量的变形，保证不产生车辙、沉陷或波浪等各种病害。

这里的强度，应该包括修建路面的原材料（如砂石、水泥等）及复合材料（如水泥混凝土、沥青混凝土）和路面结构的强度。

(二)稳定性

路面结构是暴露在大自然之中的构造物,它将直接受到高温、低温、水、太阳、空气和风的作用与影响,使其力学性能和技术品质发生变化。这里所说的足够稳定性应包括以下内容与要求:

1. 具有足够的高温稳定性

夏季高温条件下,沥青路面的材料或结构如没有足够的抗高温的能力,则会发生泛油、面层发软,甚至产生车辙、波浪和推挤,结构使用功能将下降;水泥路面则可能拱起、开裂。

2. 具有足够的低温稳定性

冬季低温时,沥青路面的材料或结构如没有足够的抗低温的能力,则会因收缩或变脆而开裂。

3. 具有足够的水稳定性

雨季,由于雨水多,如果路面材料和结构没有足够的抗水能力,则其强度就会下降,甚至出现剥离、松散等破坏,砂石路面将会大量出现坑洞、主骨料外露、松散等破坏;冬春季节,在水温因素的综合作用下,将会出现冻胀翻浆,造成严重后果。

4. 具有足够的大气稳定性(抗老化能力)

太阳的照射,空气中氧气的氧化作用等都会对路面结构和材料产生作用,如果路面材料和结构没有足够的抵抗大气作用的能力,则沥青材料会出现老化而失去其原有的技术品质,导致沥青路面开裂、剥落、甚至大面积松散破坏。

(三)平整度

不平整的路面表面会增大行车阻力,并使车辆产生附加的振动作用和冲击作用,造成行车颠簸,影响行车速度、行车安全和舒适性,会加剧路面和汽车机件的损坏与轮胎磨耗并增大汽油的消耗。因此,要求路面具有与公路等级相应的足够的平整度。

(四)抗滑性能

如果路面没有足够的抗滑性能,将带来一系列的问题,甚至引起翻车和人员伤亡事故。没有足够的抗滑能力,在雨天高速行车,或紧急制动或突然起动,或爬坡、转弯时,车轮容易产生空转或打滑,致使行车速度降低、油耗增多。因此,路面表面应具有足够的抗滑性能,即具有足够的粗糙度。

(五)耐久性

路面承受行车荷载和自然因素的多次重复作用,表面使用性能将逐年下降,强度与刚度将逐年衰变,路面材料的技术性能也会由于老化衰变,从而导致路面结构的损坏。耐久性主要是指路面在设计规定的年限内满足各级公路相应的承载能力、舒适性、安全性的要求。

(六)低扬尘性

汽车在砂石路面上行驶,由于车身后面所产生的真空吸力的作用,将使面层表面或其中的细粒料被吸起而尘土飞扬,导致路面松散、脱落和坑洞等破坏。扬尘还会加速汽车机械的损坏,造成污染,影响行车视距和旅客的舒适度及沿线居民的卫生条件,沿线近处的农作物亦会出现减产。

二、路面结构分层及功能

行车荷载和自然因素对路面的影响，随深度的增加而逐渐减弱。因此，对路面材料的强度、抗变形能力和稳定性的要求，也随深度的增加而逐渐降低。为了适应这一特点，路面结构通常分层铺筑，即按照使用的要求、受力状况、土基支承条件和自然因素影响程度的不同，分成若干层次，见图2-1-1。路面结构模型图中的分层排列顺序是一定的，但按照不同的公路等级及通行交通量，沿线分段典型断面上的路基（含地基）的土质、水温状况等条件，结合考虑对各个层次功能的具体要求及层次间的配合，组合设计成施工中的路面结构。下面分别介绍各结构分层的作用：

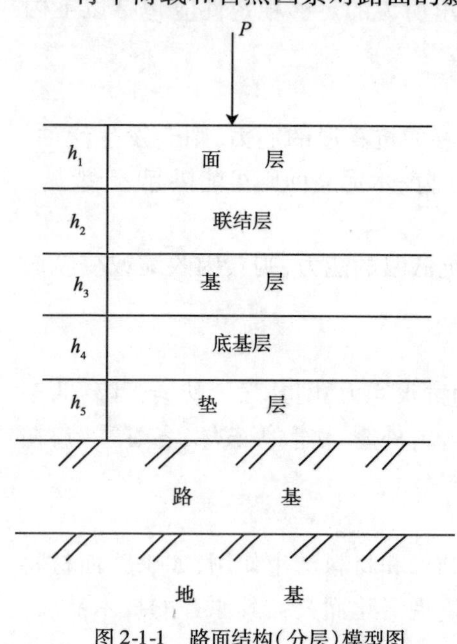

图2-1-1　路面结构（分层）模型图

（一）面层

面层是直接承受车轮荷载反复作用和自然因素影响的结构层。它承受较大的行车荷载的垂直力、水平力和冲击振动力的作用，同时还受到降水的浸蚀、气温变化及风化的影响。因此，面层应具备较高的结构强度和抗变形能力，以及较好的水稳定性和温度稳定性，而且应当耐磨、不透水（目前我国高等级公路所采用的结构特点），其表面还应有良好的抗滑性和平整度。

（二）联结层

当一、二级公路有时从经济角度考虑，在满足力学指标的前提下，设法减薄沥青路面的面层厚度（因为面层的造价相对其他层次比较昂贵），尽管车轮荷载通过面层应力扩散，但传递到下面基层的垂直应力仍然很大，有时往往超过了基层的极限应力。同时由于面层较薄，行车过程中启动制动引起的较大水平力，直接作用在面层上，尽管通过面层扩散传递，但此时对基层仍有影响作用。另外目前常用在沥青混凝土面层下的是无机结合料稳定材料所做的（如水泥稳定粒料等）基层，上下两层层面的接触形式对水平力的传递不是很好。因此，此时可以在面层与基层之间加设一个联结过渡的层次，这就称为联结层。

（三）基层

基层主要承受由面层或联结层传来的车轮荷载的垂直力，并将其扩散到下面的垫层或路基中去。对于沥青类路面结构而言，基层是路面结构中的承重层，它应有足够的强度和刚度，并有良好的扩散应力的能力。基层遭受自然因素的影响虽然比面层小，但仍然有可能经受地下水和通过面层渗入的雨水浸湿，所以基层结构应具有足够的水稳定性。尤其是水泥混凝土面层下的基层，由于水泥混凝土面板板块缝隙中渗入的水，对其下的基层浸湿危害极大，因此，基层的水稳定性尤为重要。基层表面虽不直接与车轮接触，但为了保证面层的平整性和面层铺筑厚度的均匀性，其表面应有较好的平整度。

(四)底基层

高等级公路的基层厚度根据力学计算往往需要设计得比较厚(大于 40cm),而目前使用的碾压机具的压实厚度以不超过 20cm 为宜,所以需要分层;同时从不同层位功能要求的差异,以及技术和经济上的综合考虑,即当基层设计和施工中需要分为两层时,其上层仍称为基层,下层称为底基层。基层与底基层可以采用不同的结构形式,如目前常用的水泥稳定粒料基层和石灰稳定土底基层等;也可以用不同质量的材料填筑,相对而言,底基层材料质量的要求比基层的要求要低。

当基层或底基层较厚,需要分两层施工时,可分别称为上基层、下基层,或上底基层、下底基层。

为了保护路面面层的边缘,铺筑时基层宽度每侧宜比面层宽出 25cm,底基层每侧宜比基层宽出 15cm。

(五)垫层

在特殊需要的路段,设置在基层或底基层与路基之间,起着稳定加强路基、改善基层或底基层工作条件作用的结构层,总称为垫层。所谓特殊需要是指垫层往往是为隔水、排水、隔热、防冻等不同目的而设置的,通常设在路基处于潮湿和过湿以及有冰冻路基翻浆的路段。在地下水位较高地段铺设的能起隔水作用的垫层称为隔离层;在冰冻较深地段铺设的能起防冻作用的垫层称为防冻层等。此外,垫层还能扩散由基层传下来的应力,以减小路基的应力和变形,而且它也能阻止路基土挤入基层中,从而保证了基层的结构稳定性。

应当指出,不是任何路面结构都需要上述的几个层次,应根据具体情况而设定,如地基良好路段的四级公路,可能只有面层和基层所组成的路面结构。而且,层次的划分也不是一成不变的,例如在道路改建中,旧路面的面层则可成为新路面的基层。

三、路面各结构层类型的选用

(一)面层的选用

修筑面层所用的材料主要有:沥青、水泥、碎(砾)石、块石、砂、石屑、矿粉、石灰、黏土及其他粒料等。根据公路的等级和对所用的路面功能要求,经济合理地选择具体的所用材料。修筑的路面面层类型见表 2-1-1。其中砂石路面是以砂、石等为骨料、以土、水、灰为结合料,通过一定的配比铺筑而成的路面通称,包括级配碎(砾)石路面、泥结碎(砾)石路面、水结碎石路面、填隙碎石路面及其他粒料路面。

用沥青混合料做路面的面层有时分两层或三层铺筑,自上而下可分别称为表面层、下面层或表面层、中面层、下面层。如高速公路沥青面层总厚度达 18 ~ 20cm,可分成上、中、下三层铺筑,并根据各分层的要求采用不同的级配组成。水泥混凝土路面有时也可分为上下两层铺筑,分别采用不同等级的水泥等材料。在水泥混凝土路面上加铺 5cm 厚的沥青混凝土这样的复合式面层结构也是常见的。但是,砂石路面面层上所铺的 2 ~ 3cm 厚的磨耗层和 1cm 厚的保护层,以及厚度不超过 1cm 的简易沥青表面处治层,不能作为一个独立的层次,应看作是面层的一部分。

《公路工程技术标准》(JTG B01—2014)要求路面面层类型的选用应符合表 2-1-1 的规定。

路面面层类型及适用范围 表 2-1-1

面 层 类 型	适 用 范 围
沥青混凝土	高速公路、一级公路、二级公路、三级公路、四级公路
水泥混凝土	高速公路、一级公路、二级公路、三级公路、四级公路
沥青贯入、沥青碎石、沥青表面处治	三级公路、四级公路
砂石路面	四级公路

(二)联结层的选用

联结层目前常用的是沥青碎石结构形式。

(三)基层(底基层)的选用

修筑基层(底基层)的材料主要有各种无机结合料(如石灰、水泥等)稳定土(包括细粒土、中和粗粒的碎砾石等)、无机结合料稳定土的各种工业废渣(如煤渣、矿渣、石灰渣及粉煤灰等)、贫水泥混凝土、天然砂砾、各种碎石或砾石等,常用的基层(底基层)结构见表 2-1-2。

各种常用的基层、底基层类型 表 2-1-2

<table>
<tr><td colspan="3">有机结合料稳定类</td><td>包括热拌沥青碎石或乳化沥青碎石混合料、沥青贯入碎石等</td></tr>
<tr><td rowspan="5">无机结合料稳定类,半刚性基层</td><td colspan="2">水泥稳定类</td><td>包括水泥稳定砂粒、碎石、砂砾土、碎石土、未筛碎石、石屑、石渣、高炉矿渣、钢渣等</td></tr>
<tr><td colspan="2">石灰稳定类</td><td>包括石灰稳定细粒土、天然砂砾土、天然碎石土以及用石灰稳定级配砂砾、级配碎石和矿渣等</td></tr>
<tr><td rowspan="3">工业废渣稳定类</td><td>(1)石灰粉煤灰类</td><td>包括石灰粉煤灰(二灰)、石灰粉煤灰土(二灰土)、二灰砂、二灰砂砾、二灰碎石、二灰矿渣等</td></tr>
<tr><td>(2)石灰煤渣类</td><td>包括石灰煤渣、石灰煤渣土、石灰煤渣碎石、石灰煤渣砂砾等</td></tr>
<tr><td>(3)水泥煤渣类</td><td>包括水泥粉煤灰稳定砂砾、碎石及砂等</td></tr>
<tr><td rowspan="2">粒料类,嵌锁型、级配型</td><td colspan="2">嵌挤型</td><td>包括泥结碎石、泥灰结碎石、填隙碎石等</td></tr>
<tr><td colspan="2">级配型</td><td>包括级配碎石、级配砾石、级配砂砾等</td></tr>
</table>

(四)垫层的选用

修筑垫层所用的材料,强度不一定要求很高,但水稳定性和隔热性要好。常用材料有两类:一类是用松散粒料,如砂、砾石等粗粒料组成的透水性垫层;另一类是整体性材料,如石灰和水泥稳定粒料等组成的稳定性垫层。

高等级公路的排水垫层应铺至路基同宽,以利路面结构排水。一般情况下,垫层宽度应比底基层每侧至少宽出 25cm。

四、路面排水设施

(一)路面表面排水

路面表面排水设计应遵循下列原则:

(1)目前国内公路要求降落在路面上的雨水,应通过路面横向坡度向两侧排流,避免行车道的路面范围内出现积水。

(2)在路线纵坡平缓、汇水量不大、路堤较低且边坡坡面不会受到冲刷的情况下,在路堤边坡上用横向漫流的方式排除路面表面水。

(3)在路堤较高、边坡坡面未做防护而易遭受路面表面水流冲刷,或者坡面虽已采取防护措施但仍有可能受到冲刷时,应沿路肩外侧边缘设置拦水带,汇集路面表面水后改为纵向流水,然后通过八字式泄水口(水簸箕)和急流槽横向排离路堤,如图 2-1-2 所示。拦水带的设置高度应满足条件:其过水断面内的水面在高速及一级公路上不得漫过右侧车道外边缘,在二级及以下公路上不得漫过右侧车道中心线。

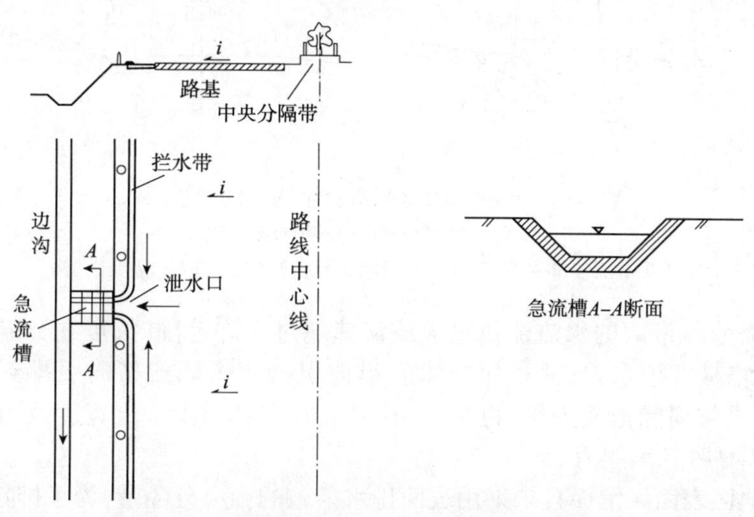

图 2-1-2 路面排水(设置拦水带、泄水口、急流槽)

(4)无中央分隔带的公路,在未设超高路段上,行车道的路面应沿线路中心线向两侧设置倾斜的双向横坡;在设超高路段上,应设置向弯道内侧倾斜的单向横坡。设置中央分隔带的公路,各个行车方向的路面应分别设置单向横坡,但单向车道数超过三个时,也可分别设置双向横坡。

路面和路肩横坡的坡度,应根据路面面层类型,按《公路工程技术标准》(JTG B01—2014)中的规定选用,一般采用 1% ~2% 的单向坡。设拦水带时,右侧硬路肩的横向坡度宜采用 5%。拦水带可由沥青混凝土现场浇筑,或由水泥混凝土预制块铺砌而成。

在道路交叉口、匝道口与桥梁等构造物连接处,超高路段和一般路段的横坡转换处,应设置泄水口以避免路面表面水横向流过行车道或结构物。在纵坡变换的凹形竖曲线底部,泄水口应设在最低点,并在其前后相距 2 ~4m 处各增设一个泄水口。泄水口的设置间距,以 20 ~50m 为宜。

(二)中央分隔带排水

(1)分隔带宽度小于 3m 且表面采用铺面封闭时,在不设超高路段上,分隔带铺面应采用向两侧外倾的横坡,其坡度与路面的横坡度相同;在超高路段上,可在分隔带迎流上侧边缘处设置缘石和泄水口,或者在分隔带内设置缝隙式圆形集水管或蝶形混凝土浅沟和泄水口,以拦截和排泄上侧半幅路面的表面水,如图 2-1-3 所示。

(2)分隔带宽度大于 3m 且未采用铺面封闭时,应在分隔带内设置两侧内倾的横向坡度，使表面水流向分隔带中央低凹处汇集，并设置纵坡排流到泄水口或横穿路线的桥涵水道中去。分隔带的横向坡度不得陡于1∶6；分隔带的纵向排水坡度，在中央分隔带无铺面时不得缓于0.25%，有铺面时不得缓于0.12%。当水流速度超过地面土的最大容许流速时，应在过水断面宽度范围内对地面土进行防止冲刷处理，做成三角形或U形断面的水沟。防冲刷层可采用石灰或水泥混凝土，或采用浆砌片石铺砌，层厚10～15cm。

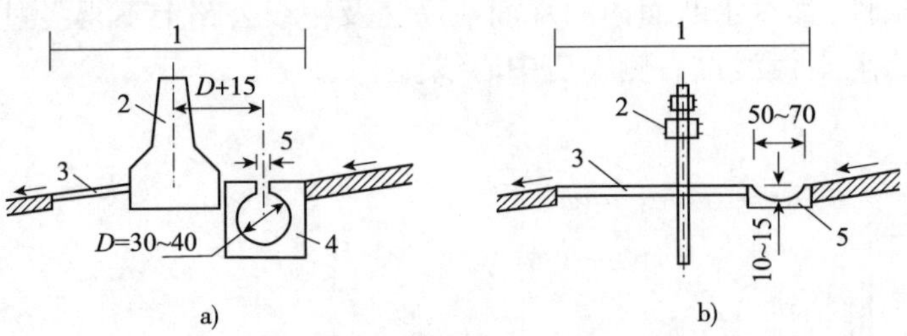

图2-1-3　中央分隔带超高路段时排水（尺寸单位：cm）

a）缝隙式圆形集水管；b）蝶形混凝土浅沟

1-中央分隔带；2-护栏；3-铺面；4-缝隙式圆形集水管；5-碟形混凝土浅沟

（3）当中央分隔带内的水流流量过大或流速超过容许范围时，可在分隔带低凹处的流水汇集点设置格栅式泄水口，并通过排水管纵向引排到桥涵或横向引排到路基之外。格栅顶面可设置成与周围地面齐平，也可适当降低，并在其周围一定宽度范围内做成低凹区（图2-1-4），以增加泄水能力。

（4）多雨地区表面无铺面且未采用表面排水措施的中央分隔带，为了排除渗入分隔带内的水，可设置纵向排水渗沟，并隔一定间距通过横向排水管将渗沟内的水引排出路基之外，如图2-1-5所示。渗沟周围应包裹反滤织物（土工布），以免水渗入时携带的细粒土将渗沟堵塞。渗沟上的回填料周围与路面各结构层的交界面处，可铺设涂双层沥青的土工布隔渗层。排水管可采用直径70～150mm的塑料管。

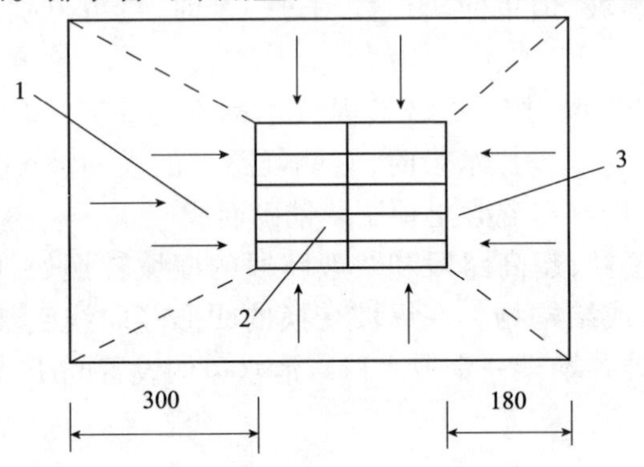

图2-1-4　中央分隔带格栅式泄水口（尺寸单位：cm）

1-上游；2-格栅；3-低凹区

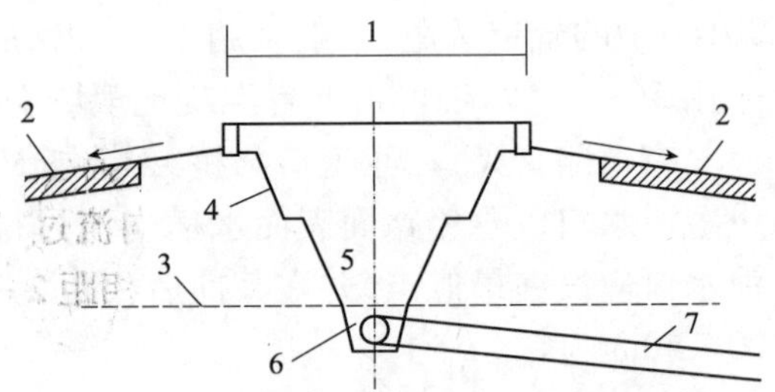

图2-1-5　中央分隔带下设排水渗沟

1-中央分隔带；2-路面；3-路床顶面；4-隔渗层；5-反滤织物；6-纵向渗沟；7-横向排水管

（三）路面内部排水

在多雨或严重冰冻地区，路基由透水性差的细粒土组成，处于潮湿路段的二级及以上公路；路基两侧有滞水，可能渗入路面结构内的公路路段；或现有路面改建工程需要排除积滞在路面结构内的水分等情况下，宜设置路面内部排水系统。

路面内部排水系统有边缘排水系统和排水基层排水系统两种。边缘排水系统常用于旧水泥混凝土路面下基层材料结构透水性较小，需要改善排水状况时；排水基层排水系统常用于新建路面时，其排水效果比边缘排水系统好得多。

1. 边缘排水系统

边缘排水系统是由沿路面边缘设置的透水性填料集水沟、纵向排水管、横向出水管和过滤织物（土工布）所组成，如图2-1-6所示。该系统是将渗入路面结构内的自由水，先沿路面结构层内空隙或某一透水层次横向流入纵向集水沟和排水管，再由横向出水管引排出路基。

集水沟底面的最小宽度，对于新建路面不应小于30cm；对于改建路面应能保证排水管两侧各有至少5cm宽的透水性填料。透水填料底面和外侧围以反滤织物（土工布），以防路面垫层、基层及路肩内的细料侵入而堵塞填料空隙或管孔。反滤织物可选用由聚酯类、丙烯材料制成的无机纺织物。

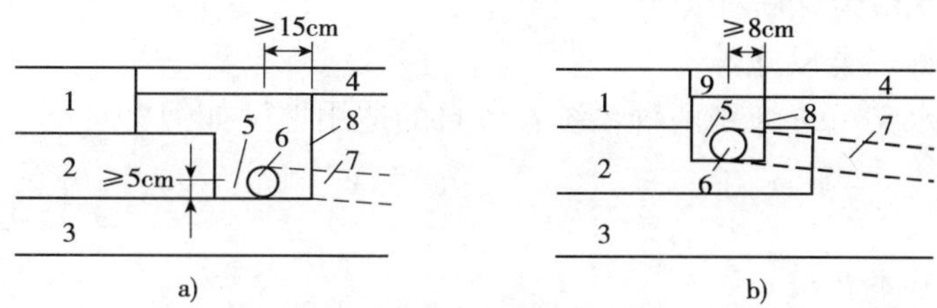

图2-1-6 边缘排水系统

a）新建路面边缘排水系统；b）改建路面边缘排水系统

1-面层；2-基层；3-垫层；4-路肩面层；5-集水沟；6-纵向排水管；7-横向出水管；8-反滤织物；9-回填路肩面层

纵向排水管通常选用聚氯乙烯或聚乙烯塑料管。排水管左右及上部可设槽或孔眼。排水管的埋置深度，应保证不被车辆或施工机械压裂，并应低于当地的冰冻深度。在非冰冻地区，新建路面时，排水管管底通常与基层底面齐平；改建路面时，管中心应低于基层顶面。排水管的纵向坡度尽量与路线纵坡相同，不得小于0.25%。

横向出水管选用不带槽或孔的聚氯乙烯或聚乙烯塑料管。出水管的横向坡度不宜小于5%。出水管的外露端头用镀锌铁丝网或格栅罩住。出水口的下方应铺设水泥混凝土防冲刷垫板，或者对泄水道的坡面进行浆砌片石防护，以防止水流冲刷路基边坡和植物生长。

2. 排水基层排水系统

排水基层排水系统是直接在面层下设置透水性排水基层，在其边缘设置纵向集水沟和排水管，然后由横向出水管将水流排到路基之外，如图2-1-7所示。

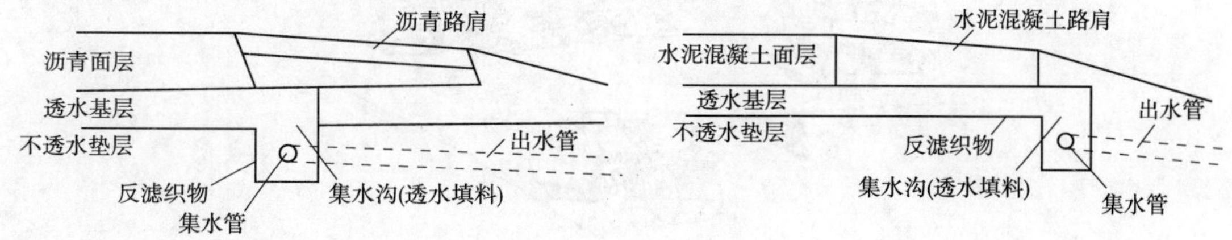

图2-1-7 排水基层排水系统

排水基层是由大于或等于4.75mm细颗粒的开级配碎石集料,经过水泥或沥青处治,或未经处治的开级配集料组成。

排水基层的厚度应按所需排放的水量和基层材料的渗透系数经过水力计算确定,通常在8~15cm范围内选用,但最小厚度不得小于6cm(碎石经沥青处治)或8cm(碎石经水泥处治)。其宽度应视面层施工的需要,可超出面层宽度30~90cm。

纵向集水沟可设在面层边缘外侧、路肩下或路肩边缘外侧(图2-1-6)。集水沟中的填料采用与排水基层相同的透水性材料。集水沟的下部设置带槽或孔眼的纵向排水管,并间隔适当距离设置不带槽或孔眼的横向出水管。

复习思考题

1. 常用的公路路面面层有哪些?它们各自的适用范围如何?
2. 路面结构层中的基层、底基层目前常用的有哪三类?各自包括哪些范围?
3. 路面表面排水应遵循哪些原则?
4. 路面排水有哪三类设施?
5. 路面内部排水又可分为哪两种系统?各自的适用性又如何?

能力训练

1. 简述路面的基本要求。
2. 绘图说明路面结构分层示意图。
3. 简述路面表面排水、中央分隔带排水、路面内部排水的排水目的及区别。

任务二 路面施工准备

引例

施工单位应根据设计要求并结合施工合同段情况,详细制定确保路面质量、预防路面早期破损的路面施工组织设计方案,经监理工程师审核达到合同规定的要求后方可正式开工。

路面施工准备工作的主要内容包括组织准备、技术准备、施工现场准备、物质准备、拌和场设置、路面试验路段铺筑等。

一、组织准备

路面工程开工前的组织准备工作主要内容是建立路面施工组织机构、建立路面施工班组、编制路面施工管理规划、确定路面施工目标等。

(一)建立施工组织机构

施工组织机构是指为完成施工任务,负责现场指挥与管理工作的项目经理部。

施工企业取得施工任务后,首先应组建好工程项目经理部,确定工程项目领导班子与工程项目经理,项目部在项目经理领导下开展工作。为了充分发挥项目经理部在项目管理中的主体作用,必须对项目经理部的机构设置加以特别重视,做到设计好、组建好、运转好,发挥其应有的功能。

结合工程项目的规模、复杂程度和专业特点,根据工程项目管理组织机构设置原则,选用适当的组织机构形式,组建目的明确、精干高效、技术配备精良、设备先进齐全、生产快速高效的施工组织管理机构,建立工程项目分工责任制,完善工程质量分级管理体系,明确各自的责任、权限和义务等。

工程项目经理部一般由生产系统与职能部门组成。生产系统是直接从事生产的组织机构(如施工队、施工班组),要由有实际生产经验及组织管理才能的干部领导(通常由管理生产工作的项目副经理)负责。职能部门是直接保证生产系统完成施工任务所需进行的一系列管理工作的办事机构,它按工程施工计划及项目经理部领导的意图和指示进行工作,必须有明确的责任、权限和分工,同时要有密切的协作。根据工程规模的实际需要,可以设置计划、生产、材料、统计、安全、质检等办事机构,负责办理各项业务的具体工作。

大型项目经理部可以设置职能部、处,中型项目经理部可以设置职能科、室,小型项目经理部只需设置职能人员。在遵守企业规章制度的前提下,根据项目管理的需要,制定施工过程中必要的组织与技术管理规章制度。

(二)建立路面施工班组

施工班组是直接参与施工的基层生产组织,一般不设专职脱产管理人员,而是根据需要由班组人员分工兼任记工、领料、保管、质量检查、安全检查等工作。班组的人数及工作性质,应根据工程需要及管理需要在施工组织设计中进行研究和确定。

施工班组的建立有两种形式,一是按工艺专业化原则建立,如木工班、钢筋班、混凝土班、浇筑班等;另一是按施工专业化原则建立,如路面基层班、路面面层班等。

施工班组的合理组织和劳动力合理安排,是保证施工连续性、紧凑性、协调性和经济性的前提。

(三)编制路面施工管理规划

路面施工管理规划是对项目施工管理的组织、内容、方法、步骤、重点工作进行预测和决策,并具体安排的纲领性文件。

路面施工管理规划的内容主要有:①进行工程项目分解,形成施工对象分解体系,以便确定阶段性控制目标,从局部到整体地进行施工活动和进行施工管理;②建立路面施工管理工作体系,绘制路面施工管理工作体系图和路面施工管理工作信息流程图;③编制施工管理规划,确定管理要点,形成文件,以利于执行。

（四）确定路面施工目标

路面施工目标根据完成程度划分有阶段性目标和最终目标，根据具体项目划分有质量目标、安全目标、工期目标、成本目标等。在劳动组织准备阶段确定路面施工目标，是为了保证工程项目在施工阶段进行全过程的控制。

施工单位应根据路面施工目标，结合路面工程施工进度计划、工期计划安排以及劳动力的调配情况，合理地组织安排施工环节和施工过程，严格劳动纪律，严把工程质量关，实施奖惩制度，最大限度地创造最佳效益。

二、技术准备

路面施工前的技术准备工作包括设计文件熟悉和核对、补充资料调查、实施性施工组织设计和施工预算编制、路面施工测量放样、原材料试验与混合料配合比设计、路面施工技术交底等。对于高速公路和一级公路或采用新技术、新工艺及新材料的其他等级公路的路面施工，除做好上述准备工作外，还应在路面大规模施工前铺筑试验路段，为路面正式施工提供技术指导。

（一）设计文件熟悉和核对

设计文件是工程施工最重要的依据之一，施工前要组织技术人员领会设计文件的意图，熟悉设计文件中的各项技术指标，认真分析技术经济的合理性和施工的可行性。对设计文件中有疑问、错误或设计不妥之处，应及时与建设单位（业主）、设计单位和监理工程师联系，共同进行调查分析，选择合理的解决方案。

对路面工程设计文件和路面设计图纸进行现场核对的主要内容是：

（1）各项路面施工计划的布置和安排是否符合路面施工技术规范的要求；

（2）路面工程设计图纸、技术资料是否齐全，有无错误和相互矛盾之处；

（3）路面工程设计文件所依据的水文、气象、地质、岩土等资料是否准确、可靠、齐全；

（4）掌握整个工程设计内容和技术条件，弄清设计规模、各分项工程的结构特点和形式；

（5）核对路线中线、主要控制点、转角点、水准点、三角点、基线等是否准确无误；

（6）路面施工方法、料场分布、运输工具、道路条件等是否符合工程现场实际情况。

现场核对时，如发现设计有错误或不合理之处，应提出修改意见报上级机关审批，待核准批复后进行现场测量、修改设计、补充图纸等工作。

（二）补充资料调查

进行现场补充资料调查，是为优化和修改设计、编制实施性施工组织计划、因地制宜地布置施工场地等收集资料。

补充资料调查的内容主要有：

（1）工程所在地的地形、地质、水文、气候等自然条件；

（2）路面自采加工材料料场分布情况、储量、供应量与运距等情况；

（3）路面地方性生产材料供应情况；

（4）施工期间可供利用的房屋数量；

（5）当地劳动力资源、工业生产加工能力、运输条件和运输工具，施工场地的水源、水质、电源、通信以及生活物质供应状况，当地民俗风情、生活习惯等。

(三)实施性施工组织设计和施工预算编制

编制路面实施性施工组织设计和施工预算,是路面施工前非常重要的技术准备工作。施工单位应根据设计文件中的施工组织计划和建设单位(业主)在承包合同中的具体要求,结合本工程项目路面的特点、施工具体条件、路面工程量、施工难易程度以及路面施工设备、人员、材料供应情况和路面工期要求,编制具体、可行的实施性组织设计,并报监理工程师和业主批准。

路面实施性施工组织设计的组成内容和编制方法在"项目一　任务七"中已详细介绍。

(四)路面施工测量放样

路面施工测量放样是在路基施工完成后,放出各结构层施工的中线和边线,并把每层施工的松铺挂线(或摊铺机导引绳挂线)高度和压实厚度相应的挂线高程位置放样出来。

在路面施工前,应根据路线导线点或控制点,恢复中线,钉设中心桩和边线桩。一般直线段桩距为20~25m,曲线段为10~15m,并在两侧路肩边缘外0.3~0.5m处设置指示桩。此外,还应测量原有路基顶面的断面高程,在两侧的指示桩上标记路面基层(底基层)的顶面高程位置线。

在路面施工中要充分考虑路面层次的特点,讲究"层层放样、层层抄平",即每施工一层都要进行放线和抄平,从底基层、基层开始,直至面层。

1.中线放样

1)低精度公路中线放样

对于二、三、四级公路,其中线放样可采用传统的方法,使用经纬仪、钢尺(或皮尺)等仪器工具。其施工放样的基本步骤是:

(1)恢复交点和转点。根据原设计资料,对路线各交点和转点逐一查找或恢复。

(2)直线段中桩放样。根据交点、转点用经纬仪、钢尺或皮尺按规定桩距钉设中线桩。

(3)曲线段中桩放样。首先根据设计的曲线要素放样各曲线主点桩,然后按切线支距法、偏角法或弦线支距法等详细放样曲线上各桩。

2)高精度公路中线放样

高速公路和一级公路中线放样应采用自由测站法放线,以恢复主要控制桩。

自由测站法放线的基本思路:原设计单位在路线附近设置了一系列控制点,这些控制点的连线称为"自由导线",并利用全站仪测定其导线边长、角度等,当各项观测误差和闭合差都符合相应的限差规定时进行平差计算,直至求出这些控制点的坐标。中线放样时以"自由导线"为基础,再根据中线点的角度、距离或坐标确定中桩位置。

"自由测站法"中线施工放样示意图如图2-2-1所示。全站仪架在"自由导线"点 C_i 上,棱镜架在相邻的"自由导线"点 C_{i-1} 或 C_{i+1} 上,然后指挥拟定中线桩上的点 M 或 K 的棱镜移动,直至满足桩点定位要求,最后用木桩标点。

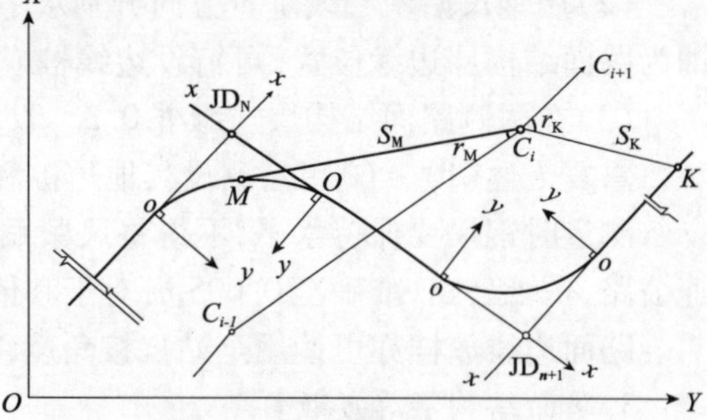

图2-2-1　全站仪或GPS自由测站法施工放样中线

其放线方法有角度距离法放线和坐标法放线两种。

(1)角度距离法放线

角度距离法放线确定图中 M 点时是将全站仪置于 C_i 点,利用计算好的夹角 γ_M 和距离 S_M 确定 M 点位。角度距离法放样的关键是计算 M 点位的夹角 γ_M 和距离 S_M。其放样步骤为:

①将全站仪架设在"自由导线"点上,瞄准后导线或前导线点,然后读数归零。

②按照有关公式计算待放桩点与安置仪器点(连线)和后导线或前导线点与置仪点(连线)之间的夹角 γ,以及待放桩点与置仪点之间的距离 S。

③转动全站仪照准部使水平角的读数等于 γ 并使距离等于 S,指挥持棱镜人员挪动棱镜正好在该点位置即为待放桩点。

(2)坐标法放线

全站仪坐标法进行中线放样测量时,控制导线点和待测点的坐标应已知,且通视条件良好。坐标法放样的步骤如下:

①架设全站仪于"自由导线"点 C_i 上,后视 C_{i+1} 点。

②从路线"导线坐标表"中查取置仪点 C_i 的坐标(X_i,Y_i,Z_i)和后视点 C_{i+1} 的坐标(X_{i+1},Y_{i+1},Z_{i+1}),输入全站仪;并将测站数据(仪器高、后视方位角等)输入。

③从路线"逐桩坐标表"中查取待放桩点 K 的坐标,并输入全站仪。

④松开水平制动,转动照准部使水平角为 $0°00'00''$。

⑤在 C_i 到 K 的方向上置反射棱镜并测距,直到面板显示的距离值为0.000m时为止。

在第③步输入 K 点的坐标后,仪器在计算夹角的同时,也计算出了 C_i 到 K 点的距离 S 并自动存储起来。测距时将量测到的距离 d 自动与 S 进行比较,面板显示其差值 $\Delta S=d-S$,当 $\Delta S>0$ 时,应向 C_i 方向移动反射棱镜 ΔS;当 $\Delta S<0$ 时,应远离 C_i 方向移动反射棱镜 ΔS;当 $\Delta S=0$ 时,即为 K 点的准确位置。

⑥在中桩位置定出后,随即测出该桩的地面或路基顶面高程(Z 坐标)。

重复上述③~⑥步,测设其他中桩位置。

2. 路面边线放样

传统的路面边线放样方法使用经纬仪、钢尺等仪器工具。其施工放样的基本步骤是:

(1)根据道路中心线的放样结果,用经纬仪等找出横断面方向(中心线垂直方向);

(2)用钢尺沿中心线垂直方向分别水平量取半个路面结构层宽度($B/2$,以m为单位),即为路面结构层边缘位置(可钉设边线桩或撤石灰线);

(3)在两侧路面结构层边缘外0.3~0.5m处设置指示桩。

重复上述(1)~(3)步,测设其他边桩和指示桩位置。

测量时钢尺要保持水平,不得将尺紧贴地面量取,也不得使用皮尺。测量的精度:对高速公路、一级公路,准确至0.005m;对于其他等级公路,准确至0.01m。

路面边线放样亦可使用全站仪按角度距离法或坐标法进行。

3. 路面结构层厚度放样

路面结构层铺筑施工时,其厚度控制分为松铺厚度控制和压实厚度(设计厚度)控制两项。对于预先埋设路缘石或安装模板铺筑施工的路段,可在路缘石上或模板上用明显标记标出路面结构层边缘的松铺厚度和设计高度；对于无路缘石的路段，可在两侧指示桩上用明显标记标出路面结构层边缘的松铺厚度（或松铺挂线）和设计高度；对于用摊铺机摊铺的结构层，路面结构层的松铺厚度由摊铺机导引绳挂线标示。

采用培槽法（培路肩）施工时，路面结构层厚度施工放样的基本步骤是：

(1)根据道路设计高程的纵断面位置和设计高程，以及施工结构层设计的宽度、厚度、横坡度，计算各待放样桩号处施工结构层边缘的设计高程；

(2)根据试验确定的结构层松铺系数和设计厚度计算松铺厚度（或松铺层边缘的高程）；

(3)将水准仪（精密水准仪）或全站仪架设在路面平顺处调平，以路线附近的水准点高程作为基准；

(4)以仪器高和结构层边缘的设计高程（或松铺层边缘的高程）反算测定位置的塔尺读数；

(5)将塔尺竖立在路缘石、模板或边缘指示桩的测定位置处，水准仪（精密水准仪）或全站仪前视塔尺，上下移动塔尺，当水准仪的读数与反算的塔尺读数一致时，在塔尺的底面位置画标记线，即为结构层边缘的顶面位置（或松铺层边缘的顶面位置）；

(6)连续测定全部测点，并与水准点闭合。

采用挖槽法（挖路槽）施工时，可在结构层两侧的边缘桩或指示桩处挖一个小坑，在小坑中钉桩，使桩顶高程符合路槽底的边缘高程，以指导路槽的开挖。

(五)原材料试验与混合料配合比设计

对于拟选择的自采加工材料料场、地方性生产材料供应料场和外购材料，按照有关规定选取代表性的试样，进行原材料各项技术性能指标试验，在此基础上进行路面混合料配合比设计试验，确定混合料的施工配合比。

原材料试验和混合料配合比设计结束后，应及时向监理工程师提交报告，经监理工程师审核批准后方可采购和使用。

(六)路面施工技术交底

技术交底即把设计对施工的要求、施工方案及措施转达给基层施工人员，这是落实技术责任制的前提。进行技术交底的目的是保证严格按照路面施工图、实施性施工组织设计、施工操作规程、安全生产规程、工程施工及验收规范和其他技术规范进行施工。

采用新技术、新结构、新材料、新工艺等的路面工程，应先由项目总工程师向施工队技术员交底，施工队向作业班组技术员交底，然后作业班组技术员向具体操作人员进行交底。一般路面工程由施工队的单位工程技术负责人向班组长和工人交底。

路面施工技术交底内容包括：

(1)路面设计图纸交底。主要是设计图纸上必须特别注意的问题，如尺寸、轴线、高程、预留孔和预埋件的位置、规格和数量等。

(2)原材料交底。使用材料的品种、规格、质量、配合比和质量要求。

(3)路面施工工艺交底。采用的施工方法、操作工艺和其他工种的配合等。

(4)路面施工规范、技术标准交底。采用的施工规范、质量评定标准和有关要求。

(5)技术措施交底。保证质量、安全生产、降低成本、文明施工和工程产品保护等技术措施要求。

(6)样板交底。凡采用新技术、新工艺、新材料的工程和技术复杂的工程，应在正式施工前，做出样板或实际样品，经多方核查研究同意后，方可正式施工。

(7)路面设计变更情况交底。

三、施工现场准备

(一)临时设施搭建

在路面工程正式开工前充分建造好相应的临时设施，如工棚、仓库、供水、供电、通信设施等。

1. 加工场地

工地临时加工场地组织是确定建筑面积和结构形式。加工场(站、厂)的建筑面积，通常参照有关资料或根据施工单位的经验确定，也可按有关公式计算。

大型沥青混凝土或水泥混凝土搅拌设备的场地面积，根据设备说明书的要求确定。

上述建筑场地的结构形式应根据当地条件和使用期限而定。使用年限短的采用简易结构，如油毡或草屋面的竹木结构；使用年限较长的则可采用瓦屋面的砖木结构或活动房屋等。

2. 临时仓库

工地临时仓库分为转运仓库、中心仓库和现场仓库等。临时仓库组织是确定材料储备量和仓库面积、选择仓库位置和进行仓库设计等。

建筑材料的储备量既要保证工程连续施工的需要，也要避免材料积压而增大仓库面积。供应不易保证、运输条件差、受季节影响大的材料可增大储存量。常用材料的储备量宜通过运输组织确定。

对于不经常使用和储备期长的材料，可按年度需用量的某一百分比储备。

一般的仓库面积可按有关公式计算，特殊材料如爆炸品、易燃或易腐蚀品的仓库面积，按有关安全要求确定。

仓库除满足总面积要求外，还要正确地确定仓库的平面尺寸，即仓库的长度和宽度。仓库的长度应满足装卸要求，宽度要考虑材料的存放方式、使用方便和仓库的结构形式。

3. 行政、生活用临时房屋

此类临时房屋的建筑面积取决于工地的人数，包括施工人员和家属人数。

在编制施工组织设计时，应尽量利用工地附近的现有建筑物，或提前修建能利用的永久房屋，如道班房、加油站等，不足部分修建临时建筑。

临时建筑应按节约、适用、装拆方便的原则设计，其结构形式按当地气候、材料来源和工期长短确定，通常有帐篷、活动房屋和就地取材的简易工棚等。

4. 临时供水、供电、供热

工地临时供水、供电、供热应解决以下问题：确定用量、选择供应来源、设计管线网络等。如供应来源由工地自行解决，还需要确定相应的设备。

确定用量时，应考虑施工生产、生活和特殊用途(如消防、抗洪)的需用量。选择供应来源时，首先考虑当地已有的水源、电源，若当地没有或供应量不足时，才需自行设计解决。

(二)土基检查

不论是路堤、路堑还是原有路面,铺筑路面结构层之前,必须进行检查验收,其压实度、弯沉值、高程、平整度等技术指标达到规定的要求后,才可进行路面施工。如发现路基土过干、表层松散,则应适当洒水、碾压;如路基土过湿,发生“弹簧”现象,应采取挖开晾晒、换土、掺石灰或水泥等措施进行处理。

(三)施工现场交通管制

为了确保路面施工安全和有序施工,对施工现场范围内的公路两端和必经的交叉路口、部分设施设备等设置施工标志,进行施工现场交通管制,对于附近人群应进行施工安全宣传。

四、物资准备

路面施工要消耗大量的人力、材料和机具,正式开工前应进行所需材料的购买、采集、加工、调运和储备等工作,同时要检修或购置及安装一些路面施工机械、机具,做好施工人员的生活、后勤保障准备工作。材料和施工机械、机具的准备工作是路面施工组织计划的重要组成部分。

(一)施工用水、用电准备

施工用水主要有工程施工生产用水、生活用水与特殊用水。在沿线河流上取水时,要取样化验,检查水质是否符合工程或生活上使用的要求。路线附近可利用的水源要与就近掘井取水作经济比较确定。在有自来水设施的地区施工,饮用水使用自来水,工程及其他用水如无合适天然水源可利用时,也可使用自来水,但要与供水单位订立供水协议。

施工和生活用电最好利用当地电源,要了解供电单位能否满足工地用电的要求,并与供电单位订立供电及安装输电线路和设施的协议。当供电单位经常定期停电、供电量满足不了施工需要或根本就没有可利用的电源时,应自备电源。

(二)材料准备

当地采购或开采加工的材料(如砂、石等),必须对其产地、品质、数量、运输和价格做详细的调查分析。需要临时开采加工的材料,要了解可否发包给当地生产供应部门,并与自行组织生产作经济比较。特别要注意在设计文件提供的材料产地以外,确认可否找到材料品质符合要求、运距更近的产地。

自采材料和外运材料,经检验和选择,按需要的规格和数量运到现场,堆放位置应根据实施性施工组织计划进行合理安排。

路面工程材料运输,可利用当地已有的运输力量,必须了解当地可利用的运输工具的类型、数量、运输能力和运价。如果当地运输力量不能满足要求或经比较不经济时,可自行组织运输。

(三)施工机械、机具准备

应按照施工合同规定,配备足够的施工机械、设备及器具,并保证均处于良好的技术状态及满足施工的需要,并应有相匹配的维修措施。

机械、机具的添置，根据路面实施性施工组织计划，一次或分批配齐足够的施工机械和相关的工具。

有些不常使用的机械设备可以采用租赁方式，施工单位只要向租赁者按合同规定定期交付一定的租赁费便可取得设备的使用权，从而可以减少或根本就不需要购买那些不常使用的设备。在租赁设备调查中，首先要了解出租设备的型号、功能、数量等能否满足施工时的要求，同时还要将租赁与自购作经济比较，以便择优选用。如选择租赁设备，要签订租赁合同。机械设备的放置，应考虑到施工的要求。

（四）安全防护准备

应严格执行《公路工程施工安全技术规程》（JTJ 076—1995）的规定要求，加强安全生产管理，落实安全生产责任，提高作业人员的安全意识，准备好各种安全防护设施和劳动防护用品，正确使用安全防护用品。

安全防护措施应是施工组织设计的重要组成部分，同时这些措施必须有效、落实、可靠。

复习思考题

1. 建立路面施工组织机构与路面施工班组有哪些要求？
2. 路面施工准备工作包括哪些？
3. 路面施工前的技术准备工作包括哪些？

能力训练

1. 简述施工现场准备的主要内容。
2. 简述路面施工技术交底的要点。

任务三 路面垫层施工

引例

某一级公路的垫层采用级配碎石垫层，厚度30cm。该垫层主要是加强土基，改善基层的工作条件。级配碎石的粒径范围为37.5～4.75mm，并符合级配碎石垫层的设计规范要求。垫层施工选用路拌法，并设专人检查是否到达路基表面，拌和过程紧跟压路机排压以防含水率损失。

一、路面垫层的作用和分类

路面垫层介于基层和土基之间，其主要作用是调节和改善土基的水温状况，以保证面层和基层具有必要的强度、稳定性、抗冻胀能力及基层的荷载应力，减小土层所产生的变形。因此，垫层的材料选择、结构形式和施工工艺须满足其排水、隔水、防冻或防污等方面的要求。

(一)结构类型

垫层根据选用的材料不同,分为透水性垫层和稳定性垫层。根据其设置目的和作用不同,又可细分为稳定层、隔离层、防冻层、防污层、整平层和辅助层。

透水性垫层是由松散的颗粒材料如砂、砾石、炉渣、片石、锥形块石及圆石等构成。其对材料的强度要求不高,但水稳性、隔热性和吸水性一定要好。

稳定性垫层是由整体性材料如水泥稳定土、煤渣石灰稳定土等构成。

目前,路面工程中,常用的垫层有石灰土或煤渣石灰土、砂垫层、隔离层(透水性与不透水性)等形式。

(二)使用特点

1. *石灰土或煤渣石灰土*

这类垫层成型后,强度高,板底性强,有良好的水稳性和冻稳性。煤渣石灰土具有较强的保温性能,可以减少翻浆和冻胀的危害。

2. *砂垫层*

这类垫层具有较大的孔隙,能切断毛细水的上升,冻融时又能蓄水、排水,可减少路面的冻胀和沉陷。

3. *隔离层*

一般设置在土基顶面以下 0.5 ~ 0.8m 处,其目的在于隔断水分的毛细水上升,防止水分积聚,以保持土基上层干燥。

透水性隔离层采用碎石、砾石、粗砂等大孔隙的材料做成,能切断毛细水的上升。不透水性隔离层可用喷洒沥青材料的沥青土、铺油毛毡或塑料薄膜等做成,能起到隔断毛细水和横向渗水的作用。

隔离层的构造和设置情况如图 2-3-1 和图 2-3-2 所示。

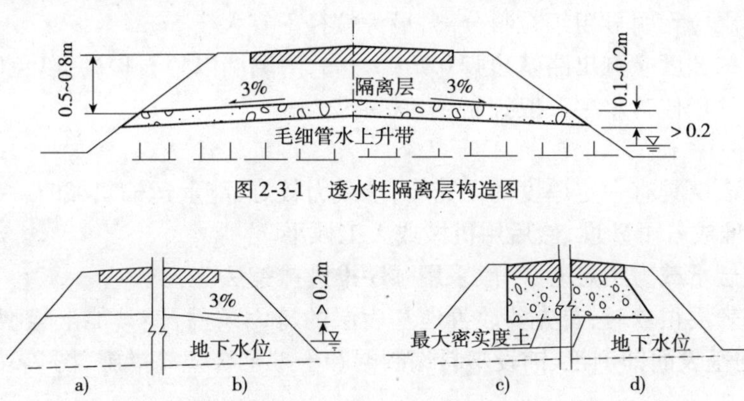

图 2-3-1 透水性隔离层构造图

图 2-3-2 不透水性隔离层构造图

a)非贯通的不封闭式;b)贯通的不封闭式;c)垂直封闭式;d)外斜封闭式

(三)常用材料的要求

1. *砂垫层*

砂垫层的材料宜采用中、粗砂,不得掺有细砂及粉砂,砂的等级与含泥量应满足规范要求。

2.石灰土垫层

石灰土垫层能提高地基的承载力，减少沉降，用在厚度不大于3m的软弱土层上，效果较好。

1）石灰

现场使用的石灰一般为熟石灰，过筛后的粒径不得大于5mm，且不得夹有未熟化的生石灰块，含水率也不宜过大，氧化钙与氧化镁的含量不低于50%。拌制强度较高的石灰土，宜选用Ⅰ或Ⅱ级石灰，石灰的贮存时间不宜超过3个月。

2）土料

作为填料和胶结材料，土料的颗粒不得大于50mm，其中的细颗粒（粒径小于0.005mm）的含量宜多些，一般采用塑性指数大于4的黏性土。

3）石灰剂量

石灰土中的石灰剂量应在合适的范围内，一般情况下，采用2∶8或3∶7。

3.二灰垫层

当采用石灰、粉煤灰作为二灰垫层时，与石灰土相似，但强度较石灰土垫层高。施工最佳含水率为50%左右，石灰与粉煤灰的配合比为20∶80或15∶85。

二、施工程序及控制

1.砂垫层

1）施工要点

（1）施工时应分层铺砂，逐层振密或压实，分层的厚度一般为15～20cm，密实度的控制方法有振动法（包括平振、插振、压实）、水撼法、碾压法等。

（2）砂砾垫层应无明显粗细粒料分离，最大粒径不宜大于5cm。

（3）砂垫层的宽度应宽出路基边脚0.5～1.0m，两侧墙以片石护砌，以免砂料流失。

（4）碾压时的最佳含水率一般控制在8%～12%。

2）施工程序

（1）当地基表层具有一定厚度的硬壳层，承载力较好，能上运输机械时，一般采用机械分堆摊铺法，即先堆成若干砂堆，然后用机械或人工摊平。

（2）当硬壳层承载力不足时，一般采用顺序推进摊铺法。

（3）当地基表层很软时，首先要改善地基表层的持力条件，使其能上轻型运输工具和人员。通常采用地基表面铺荆笆、铺设塑料编制网和土工聚合物等措施（图2-3-3～图2-3-5）。

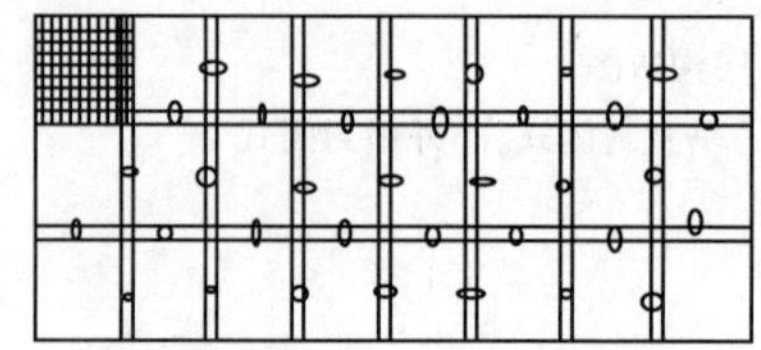

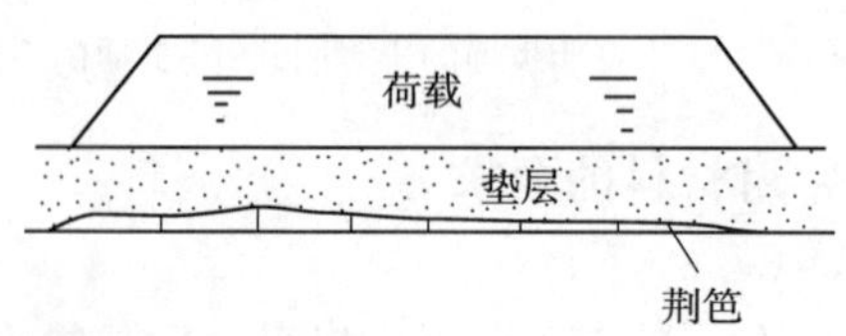

图2-3-3　荆笆铺设示意图

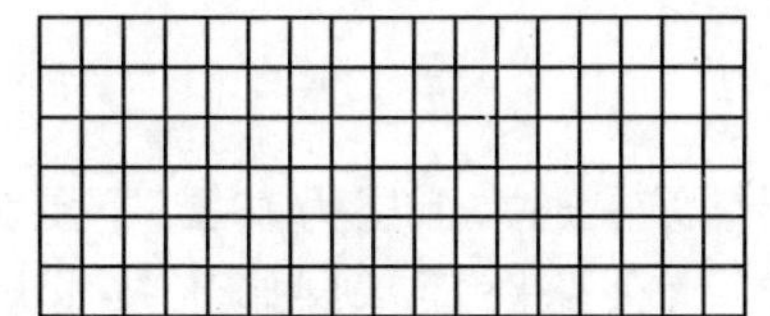
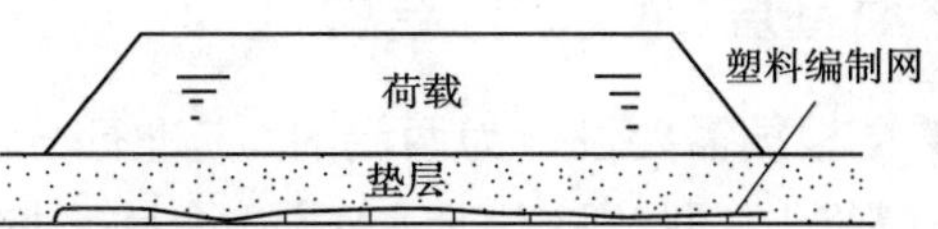

图 2-3-4　塑料编制网铺设示意图

2. 石灰土垫层

石灰土垫层施工要点：

(1)施工前须对下卧地基进行检验，对局部软弱土坑，应挖除，用素土或灰土填平夯实。

(2)施工时应将灰土拌和均匀，控制含水率，如土料水分过多或不足时应晾干或洒水浸润。

(3)控制分层松铺厚度，按采用的压实机具现场试验确定，一般松铺 30cm，分层压实厚度为 20cm。

荷载
垫层
土工聚合物

图 2-3-5　土工聚合物铺设示意图

(4)压实后的灰土应采取排水措施，3 天内不得受水浸泡。

(5)灰土垫层铺筑完毕后，要防止日晒雨淋，及时铺筑上层。

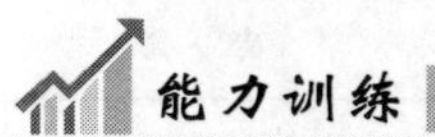

复习思考题

1. 垫层的类型有哪些？
2. 为什么要设置垫层？
3. 垫层对材料有什么要求？

能力训练

1. 简述砂垫层的施工要点。
2. 简述石灰土垫层的施工要点。

任务四　路面基层(底基层)施工

引例

申嘉湖高速公路嘉兴段采用了水泥混凝土碎石基层振动成型技术。振动成型技术就是采用振动方法密实基层材料，通过产生自上而下的振动力来减少矿粒间接触的摩擦力，使基层材料颗粒间更容易形成相对运动，细集料按照一定振动频率填充于粗集料形成的空隙中，同时在振动过程中也会迫使水泥浆产生一定的动能，使之挤入材料颗粒的间隙中，从而达到振动密实效果。

根据施工完成后压实度检测结果显示，现场试验得到的振动法标准密度是击实法的 1.040 ~ 1.045 倍，与室内试验结果基本一致。振动成型技术采用钢轮静压 + 胶轮碾压 + 钢轮振动碾压的程序，胶轮碾压必须在钢轮振动碾压之前，以充分发挥胶轮压路机的揉搓作用。

振动成型技术在 4 天后就可以取出完整芯样，使基层表面较光滑，也可以减轻半刚性基层引发的开裂、反射裂缝等路面早期病害。

一、路面基层(底基层)结构

路面基层根据需要设计为两层时,应进行分层铺筑。通常上层为基层,下层为底基层,两层所用材料的类型、等级、质量都可不同。同时,《公路路面基层施工技术规范》(JTJ 034—2000)及《公路工程质量检验评定标准》(JTG F80/1—2004)根据公路等级将基层和底基层划分为高速公路、一级公路和其他公路两档,并分别规定了相应的技术要求、施工方法和验收评定标准。

路面的基层(底基层)根据使用材料、强度和形成机理的不同一般可分为整体型(无机结合料稳定类)、级配型(级配碎、砾石类)和嵌锁型(碎石类)。整体型基层也称半刚性基层或稳定土基层,是目前高级路面最常用的基层(底基层)。级配型碎、砾石主要用于次高级路面的底基层、其他路面的基层或低级路面的面层。嵌锁型碎石类主要用于中、低级路面的基层或低级路面的面层。

(一)半刚性基层(底基层)

半刚性基层或稳定土基层的含义是指采用一定的技术措施,在土中掺入适量的稳定剂(如石灰、水泥或沥青等),按照一定的技术,经拌和、压实、养护成型的路面基层。

1. 半刚性基层的特点

整体性好、承载力高、刚度大、水稳性好,且较为经济。目前,已广泛地应用于各等级公路的路面基层(底基层)。

2. 稳定材料及方法

采用不同的稳定剂或稳定方法,从而形成不同的稳定土路面,见表2-4-1。

稳定材料及稳定方法 表2-4-1

稳定方法	稳定材料	适宜稳定的土类型	稳定土的主要技术性能
压实		各类土	强度与稳定性略有提高
掺加粒料	对黏性土用砂、砾、碎石、炉渣等;对砂性土用黏性土	高液限黏土、中液限黏土或砂砾	减少扬尘和磨耗
掺盐溶液	氯化钙、氯化镁、氯化钠等盐类	级配改善后的土	较高的强度与稳定性和一定程度的抗冻性,不耐磨,整体性强
掺无机结合料	各类水泥、熟石灰粉与磨细生石灰、硅酸钠(水玻璃)	经级配改善或未改善的高液限黏土类、中液限黏土类、低液限黏土类、粉土类	不透水、一定的强度、水稳性和抗冻性、拌和稍困难些
掺有机结合料	黏稠或液体沥青、煤沥青、乳化沥青、沥青膏浆等	经级配改善或未改善的中液限黏土类、低液限黏土类	
综合法	以石灰、水泥、沥青中的一种为主,掺入其他结合料等	各类土	较高的强度与稳定性
掺工业废料	炉渣、矿渣和粉煤灰等	高液限黏土类、中液限黏土类	较高的强度与稳定性
高分子聚合物及合成树脂		各类土	较高的强度与稳定性

3. 半刚性基层(底基层)路用性能

半刚性基层(底基层)路用性能的比较见表2-4-2。

半刚性基层(底基层)路用性能比较 表2-4-2

类 型	种 类	强度形成	影响强度及稳定性因素
石灰稳定类	石灰土、石灰砂砾土、石灰碎石土	石灰与细粒土的相互作用	土质、石灰的质量与剂量、养生条件与龄期
水泥稳定类	水泥稳定土、水泥稳定砂砾、水泥稳定砂砾土、水泥稳定碎石土	水泥与细粒土的相互作用	土质、水泥性能与剂量、水
综合稳定类	石灰粉煤灰类(二灰、二灰土、二灰砂、二灰砂砾、二灰碎石)、水泥石灰稳定土	石灰、水泥(粉煤灰)与砂、土的相互作用	土质、石灰及水泥的性能与剂量、养生条件

(二)级配型基层(底基层)

用粒径大小不同的粗细碎(砾)石集料和砂(石屑)各占一定比例,并加入一部分塑性指数较高的土所形成的混合料,当其颗粒组成符合密级配要求时,即称为级配型碎(砾)基层或底基层。

级配碎石中的碎石可以由预先筛分成几个大小不同粒级的碎石组配而成,亦可用未筛分的碎石和石屑组配而成。未筛分的碎石指控制最大粒径(仅过一个规定筛孔的筛)后,由碎石机轧制的未经筛分的碎石料。它的理论颗粒组成为0~D(D为最大粒径),并具有较好的级配。未筛分碎石随时可直接用作基层。石屑指碎石场孔径5mm筛下的筛余料,其实际颗粒组成常为0~10mm并具有良好的级配。

级配砾石可直接采用符合级配要求的天然砂砾,级配不符合要求的天然砂砾,需要筛除超尺寸颗粒或需要掺加另一种(或几种)砂砾或砂,经过计算确定各自的用量,使掺配的混合料符合级配要求。

由于级配砾(碎)石是用颗粒大小相间的材料掺配而成,经过压实后,能形成密实的结构,具有一定的水稳性和力学强度。因此级配碎石可用于各级公路的基层和底基层。

级配砾(碎)石基层(底基层),施工时的平整度较易控制,在就地取材的前提下,造价也较低廉。

级配砾(碎)石基层(底基层)的路拱坡度,一般为2.5%~3.5%,最小厚度为6cm,松铺系数为1.3~1.4。当在潮湿路段作为沥青路面的基层时,应掺加一定剂量的石灰,以改变其水稳性。

级配型碎(砾)基层或底基层,其强度和稳定性取决于粒料之间的内摩阻力和黏结力的大小,即很大程度上取决于碎(砾)石的类型、最大粒径、细料的含量及塑性指数以及密实度等。

砂砾基层所用材料为天然砂砾,其并不完全符合级配的要求,但因可以就地取材,且施工简易,造价低廉,一般含土少,水稳性好,故可作为沥青路面的基层和底基层。如天然砂砾符合级配要求,则可成为天然级配料,其使用范围和要求均与级配砾石相同。如不符合级配,可用做底基层,并应按干湿类型适当控制细料含量和塑性指数。

因天然砂砾材料的整体性较差,整体强度不高,故采用一定剂量的无机结合料稳定砂砾,以提高天然砂砾材料的整体强度,改善天然砂砾材料的路用性能,且早期强度较低而后期强度增长较快。

(三)嵌锁型基层(底基层)

嵌锁型基层(底基层),是用加工轧制的碎(砾)石作主骨料,并以石渣和石屑嵌缝,用黏土或石灰土泥浆灌缝,按嵌挤原理压实形成的路面结构层,也称碎(砾)石基层(底基层),按施工方法及所用填充结合料的不同,分泥结碎石、泥灰结碎石、干压碎石和水结碎石,后两种又统称为填隙碎石基层(底基层)。

嵌锁型基层(底基层)的强度主要依靠碎石之间的嵌挤锁结作用以及填充结合料的黏结作用。嵌挤力的大小主要取决于石料的内摩擦角;黏结作用的大小取决于填充结合料本身的内聚力及其与矿料之间的黏附力大小。整体稳定性取决于石料的强度、形状、尺寸、均匀性、表面粗糙度以及施工时的压实程度等。

嵌锁型基层(底基层)的优点是投资不高,盛产石料地区可就地取材,并随交通量的增加进行分期修建和改善,还可在分期修建过程中作为其他路面的基层。缺点是平整度差,易扬尘,在行车和自然因素影响下,易产生磨损、松散、磨耗层脱落露骨等病害,因此维修养护工作量大,而且适应的交通量较小。

嵌锁型基层(底基层)对材料的基本要求是:碎石应具有较高的强度、韧性和抗磨耗能力,以不低于Ⅲ级、带有棱角、近于立方体、表面粗糙的碎石为好。

1. 泥结碎石

泥结碎石是以碎石作骨料,黏土作填充料和结合料,经压实形成的结构层。

泥结碎石基层(底基层)的厚度一般为8~20cm,常用厚度为8~12cm,当厚度超过15cm时,一般应分两层铺筑,上层的厚度为总厚度的0.35~0.4倍,一般采用6~15cm。

泥结碎石基层(底基层),使用于三、四级公路,在地方道路应用较广,它具有施工简便、造价低的优点。

2. 泥灰结碎石

泥灰结碎石是以碎石作骨料,用一定数量的石灰土填充空隙作黏结料形成的结构层。它针对泥结碎石基层(底基层)水稳性不好的缺点,利用填充料中的石灰达到提高路面水稳定性的目的。

3. 填隙碎石

用单一尺寸的粗碎石作骨科,形成嵌挤作用,用石屑填满碎石间的孔隙,增加密实度和稳定性,这种结构称填隙碎石。填隙碎石可用作各等级公路的底基层和二级以下公路的基层,一层铺筑厚度通常为碎石最大粒径的1.5~2倍,即10~12cm,适于盛产石料地区。施工方法分干法和湿法两种。将碎石材料撒铺后直接压实而成的结构层,称为干压碎石;经洒水碾压而成的称为水结碎石。适量洒水,可降低碎石颗粒间的摩擦力,提高压实效果。同时水结碎石在压实过程中会产生一部分磨碎的石粉,它可起黏结作用。

二、常用材料要求

(一)半刚性基层(底基层)

1. 土

(1)要易于粉碎,便于碾压成型。

(2)最大粒径:用作基层时,不超过 40mm(方孔筛,下同);用作底基层时,不超过 50mm,颗粒组成应满足表 2-4-3 的要求。水泥稳定类做底基层时,土的均匀系数应大于 5,实际使用时宜大于 10。

半刚性基层(底基层)土的颗粒组成范围 表 2-4-3

二级及二级以下公路			高速公路及一级公路			
筛孔尺寸(mm)	通过质量百分率(%)		筛孔尺寸(mm)	通过质量百分率(%)		
	底基层	基 层		底基层	基 层	
53	100					
37.5		90~100	37.5	100	100	
26.5		66~100	31.5		90~100	100
19		54~100	26.5			90~100
9.5		39~100	19		67~90	72~89
4.75	50~100	50~100	9.5		45~68	47~67
2.46		20~70	4.75	50~100	29~50	29~49
1.18		14~57	2.46		18~38	17~35
0.6	17~100	8~47	0.6	17~100	8~22	8~22
0.075	0~50	0~30	0.075	0~30	0~7	0~7
0.002	0~30					

注:集料中 0.5mm 以下细粒土有塑性指数时,小于 0.075mm 的颗粒含量不应超过 5%;细粒土无塑性指数时,小于 0.075mm 的颗粒含量不应超过 7%。

(3)液、塑性指数:水泥稳定类时,土的液限不宜超过 40%,塑性指数不宜超过 17;水泥稳定砂时,可在砂中掺入少量塑性指数小于 12 的黏性土(亚黏土),以便于碾压;石灰稳定类时,塑性指数宜为 15~20;综合稳定类时,塑性指数宜为 12~20。

(4)硫酸盐、有机质含量:水泥稳定时,有机质含量不应大于 2%,硫酸盐含量不应大于 0.25%;有机质含量超过 2% 以及塑性指数偏高的土必须先用石灰进行处理,才可用水泥稳定;石灰稳定类的土的有机质含量不应超过 10%,硫酸盐含量不应超过 0.8%。

2. 压碎值

压碎值应符合表 2-4-4 的要求。

所用碎石的集料压碎值 表2-4-4

公路等级		压碎值规定
基层	高速公路和一级公路	不大于30%
	二级和二级以下公路	不大于35%
底基层	高速公路和一级公路	不大于30%
	二级和二级以下公路	不大于40%

3. 水泥

技术指标满足要求的硅酸盐水泥、矿渣水泥或火山灰水泥都可用于稳定土，但应选用初凝时间3h以上和终凝时间较长（宜在6h以上）的水泥。不得使用快凝水泥、早强水泥以及受潮变质水泥。宜采用强度等级32.5的水泥。

4. 石灰

石灰应满足Ⅲ级以上的生石灰或消石灰的技术指标。实际使用时，应尽量缩短石灰的存放时间，如需存放较长时间，应覆盖封存，妥善保管。

使用等外石灰、贝壳石灰、珊瑚石灰等时，应通过试验，若稳定土混合料的强度符合规范的要求，也可使用。

高等级公路的基层（底基层）宜采用磨细生石灰。

5. 粉煤灰

粉煤灰中的SiO_2、Al_2O_3和Fe_2O_3的总含量应大于70%，烧失量不应超过20%，比表面积宜大于2 500cm^2/g，但比表面积越大，对水分敏感性也越大，压实也不容易。因此，作为石灰粉煤灰土混合料时，宜选用粗颗粒的粉煤灰，以求容易碾压稳定；作为水泥外加剂时，宜选用细颗粒的粉煤灰。

干粉煤灰堆放时应加水，以防止飞扬造成污染。湿粉煤灰的含水率不宜超过35%。使用时，应将凝固的粉煤灰打碎或过筛，同时清除有害杂质。

6. 煤渣

煤渣是煤经锅炉燃烧后的残渣，它的主要成分是二氧化硅和三氧化二铝，其松干重度为6.86～10.78kN/m^3，煤渣的最大粒径不应大于30mm，以粗细搭配而略有级配为佳。使用时，大于30mm的颗粒应预先筛除，因为颗粒过大日后易被行车压碎，使基层形成开裂。煤渣的含煤量宜少，最好低于20%，且不宜含杂质。

7. 水

无有害物质的、可供人、畜饮用的水均可使用。

（二）级配型基层（底基层）

1. 施工规定

级配碎（砾）石可用于各级公路基层和底基层。施工时应遵守下列规定：

（1）颗粒组成应是一根顺滑的曲线。

（2）配料组成必须准确。

（3）塑性指数应符合规定要求。

（4）混合料必须拌和均匀，没有颗粒离析现象。

（5）在最佳含水率时进行碾压，直到达到下列按重型击实试验法确定的压实度。

中间层:100%;

基层:98%;

底基层:96%。

2. 石料的强度要求

(1)石料应具有足够的强度,且不低于Ⅳ级。

(2)以压碎值控制,即石料强度不低于表2-4-5的规定为宜。

级配碎石、级配碎砾石和级配砾石所用石料的集料压碎值 表2-4-5

公路等级		压碎值规定
基层	高速公路和一级公路	不大于26%
	二级公路	不大于30%
	二级以下公路	不大于35%
底基层	高速公路和一级公路	不大于30%
	二级公路	不大于35%
	二级以下公路	不大于40%

3. 集料的最大粒径和颗粒形状

1)最大粒径

级配碎石用于高速公路和一级公路的基层、半刚性路面的中间层时,碎石的最大粒径不应超过31.5mm;当用作二级及以下公路基层时,最大粒径应控制在37.5mm以内。

级配砾石用于公路的基层时,碎石的最大粒径不应超过37.5mm;当用作公路底基层时,最大粒径应控制在53mm以内。

2)颗粒形状

级配碎石和级配砾石中细长及扁平颗粒含量不应超过20%,并不含有害杂质。

4. 颗粒级配和塑性指数

当用作基层和底基层时,级配碎石和级配砾石的颗粒组成和塑性指数要满足表2-4-6、表2-4-7中的有关规定,同时,级配曲线宜圆滑居中。在塑性指数偏大的情况下,为保证级配集料基层和底基层的稳定性,要严格控制小于0.5mm以下的细料含量与塑性指数:在年降雨量小于600mm的中干和干旱地区,地下水位对土基没有影响时,两者的积对于干旱区不应大于120;对潮湿多雨地区不应大于100。

级配碎石混合料的颗粒组成和塑性指数 表2-4-6

基层			底基层		
筛孔尺寸(mm)	通过质量百分率(%)		筛孔尺寸(mm)	通过质量百分率(%)	
	二级及二级以下公路	高速公路及一级公路		二级及二级以下公路	高速公路及一级公路
—	—	—	53	100	—
37.5	100	—	37.5	85~100	100
31.5	90~100	100	31.5	69~88	83~100
19	73~88	85~100	19	40~65	54~84
9.5	45~68	52~74	9.5	19~43	29~59

续上表

基层			底基层		
筛孔尺寸(mm)	通过质量百分率(%)		筛孔尺寸(mm)	通过质量百分率(%)	
	二级及二级以下公路	高速公路及一级公路		二级及二级以下公路	高速公路及一级公路
4.75	29~54	29~54	4.75	10~30	17~45
2.46	17~37	17~37	2.46	8~25	11~35
0.6	8~20	8~20	0.6	6~18	6~21
0.075	0~7	0~7	0.075	0~10	0~10
液限(%)	<28	<28	液限(%)	<28	<28
塑性指数	<6(或9)	<6(或9)	塑性指数	<6(或9)	<6(或9)

注:潮湿多雨地区塑性指数不大于6,其他地区塑性指数宜小于9。

级配砾石混合料的颗粒组成和塑性指数　　表2-4-7

基层			底基层	
筛孔尺寸(mm)	通过质量百分率(%)		筛孔尺寸(mm)	通过质量百分率(%)
	二级及二级以下公路	高速公路及一级公路		各级公路
—	—	—	53	100
37.5	100	—	37.5	80~100
31.5	90~100	100	31.5	81~94
19	73~88	85~100	19	—
9.5	49~69	52~74	9.5	40~100
4.75	29~54	29~54	4.75	25~85
2.46	17~37	17~37	2.46	—
0.6	8~20	8~20	0.6	8~45
0.075	0~7	0~7	0.075	0~15
液限(%)	<28	<28	液限(%)	<28
塑性指数	<6(或9)	<6(或9)	塑性指数	<6(或9)

注:潮湿多雨地区塑性指数不大于6,其他地区塑性指数宜小于9。

5. 细料

1)石屑、砂

砂的颗粒尺寸应该合适,必要时应筛除其中的超尺寸颗粒,粗砂应有较好的级配,一般情况下,应尽量选用粗砂或中砂。

2)土

土的塑性指数越高,含量越多,则黏结越牢固,但干燥时容易收缩裂开,潮湿时水稳性差。当用于基层时,含土量和塑性指数可适当降低,黏土中不应含有草根、杂质,腐殖土不得使用。

6. 砂砾

对于天然砂砾的颗粒组成应予适当控制,以便其稳定成型。砾石的最大粒径以不大于6cm为宜,厚度一般采用10~20cm,最小厚度为6cm。其颗粒组成中,大于20mm粗集料要占40%以上,0.5mm以下细料含量应小于15%。

(三)嵌锁型基层(底基层)

嵌锁型基层(底基层)对材料的基本要求是:碎石应具有较高的强度、韧性和抗磨耗能力,以不低于Ⅲ级、带有棱角、近于立方体、表面粗糙的碎石为好。

1. 泥(灰)结碎石基层(底基层)

泥结碎石作为基层(底基层),因含一定数量的黏土,水稳定性较差,不宜作沥青路面基层。如作沥青路面基层时,应控制用于干燥路段,在中湿和潮湿路段填充黏结料黏土中应掺一定剂量的石灰,做成泥灰结碎石,提高其稳定性。

泥(灰)结碎石路面中的黏土质量、规格要求均与泥结碎石基层(底基层)相同,石灰质量不低于Ⅲ级,土和石灰的总含量与石料重量百分比应小于20%,其中石灰剂量占土重的8%~12%。施工程序与质量要求均与泥结碎石基层(底基层)相同。泥灰结碎石多用在潮湿与中湿路段作为沥青路面的基层。

泥(灰)结碎石基层对材料的具体要求有:

(1)采用机轧碎石或天然碎石,应坚硬且尽量接近立方体并具有棱角。

(2)扁平、细长颗粒含量不宜超过20%。

(3)碎石的颗粒组成范围应满足表2-4-8的要求。

(4)黏土的塑性指数一般为18~27,且不得含有腐殖质和其他杂质。

(5)石灰质量不得低于Ⅲ级,土和石灰的总含量不应大于20%(与石料质量比),石灰剂量占土质量的8%~12%。

泥(灰)结碎石的碎石颗粒组成范围 表2-4-8

编号	通过下列筛孔(mm)的质量百分比(%)					
	63	53	37.5	19	9.5	4.75
1	100		0~15	0~5		
2		100		0~5	0~5	
3			100	0~15	0~5	
4				85~100		0~5
5					85~100	0~5

2. 填隙碎石

(1)填隙碎石用作基层时,碎石的最大粒径不应超过53mm(圆孔筛);用作底基层时,最大粒径不应超过63mm。

(2)扁平、长条颗粒总含量应不超过15%。

(3)粗碎石的颗粒组成应满足表2-4-9中的有关规定。

(4)轧制碎石的5mm以下的石屑作为填隙料时,宜满足表2-4-10的要求。

(5)石料的压碎值,用作基层时不大于26%;用作底基层时不大于30%。

填隙碎石粗碎石的颗粒组成范围　　表 2-4-9

编　号	标称尺寸（mm）	通过下列筛孔（mm）的质量百分比（%）							
		63	53	37.5	31.5	26.5	19	16	9.5
1	30～60	100	25～60		0～15		0～5		
2	25～50		100		25～50	0～15		0～5	
3	20～40			100	35～70		0～15		0～5

填隙料的颗粒组成范围　　表 2-4-10

筛孔尺寸（mm）	9.5	4.75	2.46	0.6	0.075	塑性指数
通过百分率（%）	100	85～100	50～70	30～50	0～10	小于6

三、路面基层（底基层）施工工艺

目前，在路面基层（底基层）的施工中，混合料的拌和方式主要有路拌法和厂拌法，其摊铺方式有人工和机械两种。对于高等级公路，一般先通过修筑试验路段，制定标准施工方法后再进行大面积施工。

修筑试验路段的目的：

（1）检验计划投入拌和、运输、摊铺、碾压、养生等过程的使用设备的可靠性；

（2）检验混合料的组成设计是否符合质量要求，以及各道工序的质量控制措施；

（3）确定大面积施工的材料配合比及松铺系数；

（4）确定每一作业段的合适长度和合理厚度；

（5）提出标准施工方法。

（一）石灰稳定土的施工

石灰稳定土一般采用路拌法施工，高等级公路施工中，已较多地采用集中拌和法（厂拌法）。

1. 路拌法施工

路拌法的主要工序如图 2-4-1 所示。

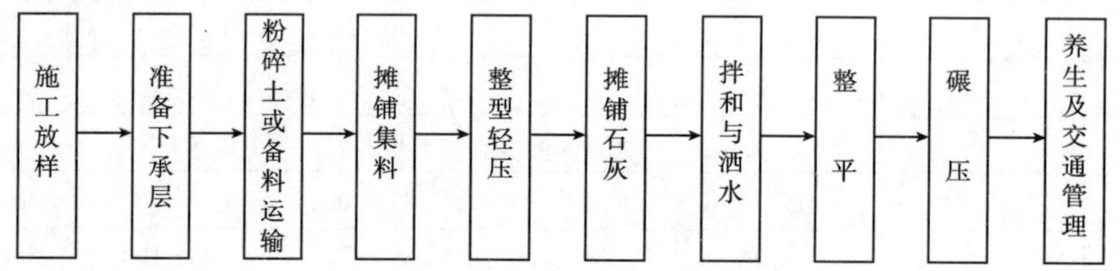

图 2-4-1　石灰稳定土施工流程

1）准备工作

准备工作包括流程图中的前三个工序。

（1）施工前应对下承层（土基或底基层）按质量验收标准进行验收，合格后才能进行中线放样，并在两侧路面边缘外 0.3～0.5m 处设指示桩，在指示桩上标出基层（底基层）边缘设计高程及松铺厚度位置。

（2）根据各路段基层（底基层）的宽度、厚度及预定的干密度，计算各路段需要的干燥集料数量。

(3)根据混合料的配合比、材料的含水率以及运输车辆的吨位,计算各种材料每车料的堆放距离,对于以袋为计量单位的石灰等结合料,应计算出每袋结合料的堆放距离。

(4)根据各集料所占比例及松干密度,计算各集料的松铺厚度,以控制集料的施工配合比。

2)集料摊铺

根据试验或试验路段确定的松铺系数,准备集料用量。摊铺前,如下承层的表面过分干燥,应适当洒水,使表面湿润。集料或土应尽可能摊铺均匀,不应有离析现象。混合料松铺系数的参考值见表2-4-11。

混合料的松铺系数 表2-4-11

混合料名称	松铺系数	备注
石灰土	1.53~1.58	现场人工摊铺土和石灰,用机械拌和,人工整平
	1.65~1.70	路外集中拌和,运到现场人工摊铺
石灰土砂砾	1.52~1.56	路外集中拌和,运到现场人工摊铺

3)集料整平轻压

只有集料或土层的表面平整并具有一定的密实度,人工摊铺时,才能将表面摊铺均匀。因此,集料或土摊铺均匀后,必须进行整平,使表面具有规定的路拱,并用两轮压路机碾压一至两遍,使集料或土的表面平整和较密实。

4)摊铺石灰

根据计算的石灰堆放间距,在现场用石灰做标记,同时划出摊铺石灰的边线。用刮板均匀摊铺,并量测石灰的松铺厚度,根据石灰的含水率和松密度,校核石灰的用量。

5)拌和洒水

(1)使用灰土拌和机或稳定土拌和机进行"干拌"一两遍,使石灰分布到全部土中,不要求完全拌和,而是预防加水过程中石灰成团。然后边洒水边拌和,进行"湿拌"。

(2)使用犁进行拌和时,犁翻的遍数应成双数。第一遍由路中心开犁,将混合料向中间翻,此时应慢速前进,使土层翻透。第二遍应相反,从两边开犁,将混合料向外侧翻。犁翻过程中,应注意犁翻的深度,不得在稳定土和下承层间残留一层"素土",宜将下承层表面1~2cm刮破。

(3)洒水车洒水时,不要中断,不得在正进行的路段上掉头或停留。拌和机械在洒水机后配合进行过程中,应及时检查混合料的含水率,一般宜比最佳含水率略大1%~2%,拌和直至水量足够、混合料颜色及含水率均匀为止。

(4)对于石灰稳定粒料,应先将石灰拌和均匀,然后均匀地摊铺在具有规定路拱、表面平整并有一定密实度的粒料层上,再一起进行拌和。

6)整平

(1)混合料拌和均匀后应立即用平地机进行初平。一般在直线段,由两侧向路中心刮平;在曲线段,由内侧向外侧刮平。然后,用轮胎压路机、轮胎拖拉机或平地机快速碾压一遍。

(2)不平整的地方,用齿耙把表面5cm耙松,必要时,用新拌的混合料找平,再进行碾压。每次整平碾压,均需按要求调整坡度和路拱。

(3)接缝处的整平,应顺适平整,并应包括路肩。

(4)为避免出现薄层贴补,在总厚度满足要求的情况下,摊铺时,宜"宁高勿低",整平时,宜"宁刮勿补"。

7)碾压

(1)整平后当混合料处于最佳含水率不超过1%范围时,进行碾压。如表面水分不足,应适当洒水。

(2)在人工摊铺和整平的情况下,应先用拖拉机、6~8t两轮压路机或轮胎压路机碾压一至两遍,再用重型轮胎压路机、振动压路机或12t以上的三轮压路机进行碾压。

(3)如有"弹簧"、松散、起皮等现象,应及时翻开重新拌和,或用其他方法处理,使其达到质量要求。

(4)碾压结束之前,用平地机终平一次,使高程、路拱和超高符合设计要求,局部低洼之处,不得找补,以免出现薄层贴补现象。

8)养生及交通管理

(1)养生期应采取洒水保湿措施,一般为7d左右。

(2)未采用覆盖措施时,应封闭交通。采用覆盖砂或喷洒沥青膜养生,不能封闭交通时,应限制车速不得超过30km/h。

(3)养生期结束,应立即施工上层,以免产生收缩裂缝,或先铺一封层,开放交通,待基层充分开裂后,再施工上层,以减少反射裂缝。

(4)每层施工厚度一般为15~20cm,当采用振动羊足碾与三轮压路机配合碾压时,厚度可以达25cm。设计厚度过大时,应分层施工,下层应稍厚些,但上层不宜少于10cm,下层碾压后,应立即施工上层,不需专门养生。

2.集中拌和法(厂拌法)

一般利用强制式拌和机或双转轴桨叶式拌和机在中心站集中拌和,也可用路拌机械或人工在场地上进行分批集中拌和。

(1)集中拌和法的生产流程如图2-4-2所示。

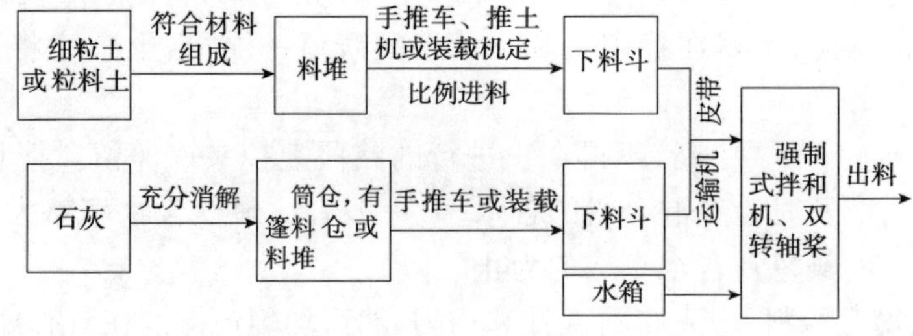

图2-4-2 石灰稳定土生产工艺流程

(2)拌和时,土块要粉碎,且最大尺寸不超过15mm。

(3)配料要准确,含水率要略大于最佳含水率1%~2%。

(4)拌成的混合料运送到现场,用摊铺机、平地机或人工按松铺厚度摊铺均匀,如有离析现象,应用机械或人工补充拌和。

(5)整平、碾压及养生交通管理与路拌法相同。

3.人工沿路拌和

人工路拌法在工程量不大,又没有拌和机械的情况下,可以采用人工沿路拌和。

(1)按事先计算的数量将土料、石灰分堆运到路上,不连续间隔放置。

(2)拌和可采用筛拌法或翻拌法。采用筛拌法时,将细粒土和石灰混合或交替过孔径15~20mm的筛,然后加水拌和至均匀为止。采用翻拌法时,将过筛的土和石灰先干拌1~2遍,再加水拌和至均匀为止。为使水分充分均匀,可当天堆方闷料。

(3)石灰稳定低塑性指数的砂性土和粉性土时,为便于成型,可采用下列方法:

①大量洒水,分两阶段碾压。第一阶段,洒水后用履带拖拉机或轮胎压路机先压2~3遍,初步稳定。第二阶段,待水分接近最佳含水率时。再用12t以上压路机压实。

②当没有履带拖拉机时,洒水后先用轻型压路机碾压两遍,然后覆盖一层素土,再用12t压路机压实,养生后将素土层清除干净。

(二)水泥稳定土的施工

水泥稳定土的施工,按拌和方法有路拌法(就地拌和法),集中拌和法(厂拌法),移动拌和机沿线拌和法。

1.路拌法

路拌法的施工流程如图2-4-3所示。

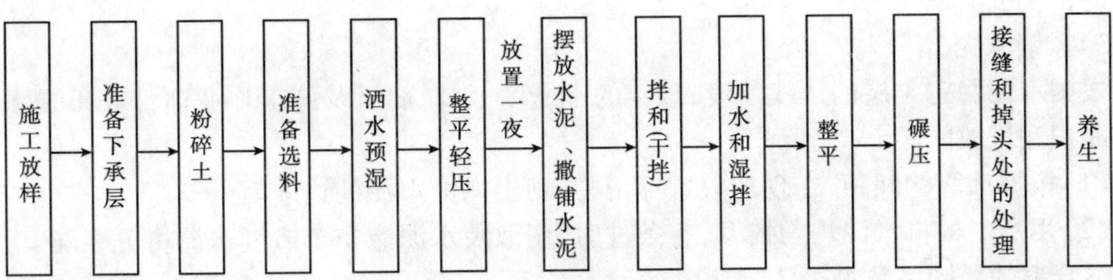

图2-4-3 水泥稳定土施工流程

1)施工准备

(1)在水泥稳定土的下承层(土基或底基层)上恢复中线,测量断面高程,并在两侧路肩边缘外设置指示桩,在桩上标定水泥稳定土的设计高程。

(2)水泥稳定土施工前,应检查下承层是否合格。

对于土基,应用12~15t三轮压路机或等效的碾压机械进行碾压检验,发现土过干,表面松散或土过湿有"弹簧"现象,应采取挖开晾晒、换土、掺生石灰或粒料等措施进行处理。

对于底基层或老路,应进行弯沉测定以及坡度和路拱的检验。强度得不到要求的,须采用增加底基层的密实度,加厚底基层,改善底基层的材料或挖换质量好的材料等措施进行修补;对坑槽、搓板等现象应进行处理,以满足设计要求。

运料前,应用洒水车对底基层均匀洒水,使表面湿润。

(3)粉碎土

当水泥稳定土所用的土为土基上层的一部分时,需翻松一定深度的土层,并粉碎直至适合与水泥拌和。翻松和粉碎的深度与混合料中的水泥剂量、稳定土层厚度有关,根据翻松层的土的干密度与水泥稳定土层的预期干密度相比，可确定合适的深度。

可采用圆盘耙、旋转耕作机、稳定土拌和机或旋转松土机等设备配合平地机或铧犁进行粉碎。为便于粉碎，可在8~24h之前，喷洒水量合适的水预湿土壤。

粉碎结束后，用平地机整平，均匀地摊铺在预定长度和宽度的路段上。

(4)准备选料

主要是选择稳定混合料中的土料。

料场选择：从沿线初步选定的料场，分别选取代表性的土样，做土的性能试验和水泥土混合料的力学试验，以选定料场。

选料采集：将料场表层覆盖土、草皮、植被、树根等杂物用推土机清除干净，按预定深度自上而下采集土料，有明显分层变化时，应及时采集样品作各项试验。

选料的运输与堆放：土料应按计算的数量和间距进行堆放，并做好排水工作。较大的土块应进行粉碎和筛除，然后用平地机整平。

2)洒水预湿与整平轻压

翻松、粉碎和运到现场的选料，均需洒水预湿。一般预湿后土的含水率应为最佳含水率的70%左右。对中粒土、粗粒土预湿后的含水率比最佳含水率低2%~3%为宜；对含砂较多的土，可比最佳含水率大1%~2%。

预湿后，应整形成要求的路拱和坡度，并用两轮压路机碾压1~2遍，使表面平整，具有一定的密实度。

3)摊铺水泥

根据水泥稳定土层的压实厚度、预定的干密度、水泥剂量及施工作业面计算每袋水泥的摊铺面积和堆放间距。

(1)根据计算的间距，在现场放置标记，并划出摊铺水泥的边线。

(2)用刮木板将水泥均匀摊开，有条件时，用散装水泥撒布车撒铺水泥将更准确、均匀。

混合料的松铺系数见表2-14-12。

混合料的松铺系数　　表2-4-12

混合料名称	松铺系数	备　注
水泥稳定砂砾	1.30~1.35	
水泥稳定土	1.53~1.58	现场人工摊铺土和水泥，用机械拌和，人工整平

4)拌和、洒水湿拌

拌和、洒水湿拌的方法和要求与石灰稳定土相同。

5)整平

整平的方法与要求与石灰稳定土相同。

6)碾压

水泥稳定土整平后，应立即用15t三轮压路机、振动压路机或轮胎压路机在路基全宽内进行碾压。

(1)含水率合适时，碾压次数不得少于6遍。碾压时，应由两侧路肩向路中心，由曲线内侧向外侧进行碾压。错轮时，后轮迹的重叠宽度不得少于后轮宽度的1/2。边部及路肩宜多压两三遍。

(2)压路机不得在已完成的或正在碾压的路段上"掉头"或紧急制动,以避免破坏基层表面。

(3)碾压过程中,发生"弹簧"、松散起皮等现象,应及时翻开换料或加水泥重新拌和,碾压至规定的干密度为止。终压前,应用平地机终平一次,局部低洼之处,不得找补,以免出现贴补薄层。

(4)为满足水泥稳定土表面的平整度,对于砂(砾)质土,适宜用轮胎压路机或钢轮压路机压实;对于砂质黏土,适宜用轮胎压路机压实;振动压路机适用性较广,且压实效果良好,现已被广泛用于工程中。

7)接缝和掉头处的处理

两个工作段的衔接处,应搭接拌和。第一段拌和后,留5~8m不进行碾压。第二段施工时,将前段留下的部分,再加部分水泥,重新拌和,并与第二段一起碾压。具体方法如图2-4-4所示。

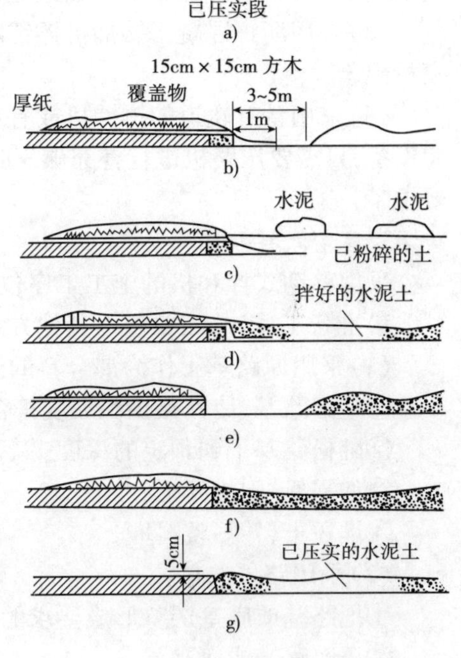

图2-4-4 两个工作段间接缝施工方法

(1)把已压实段的末段切成垂直面,并将下一段已粉碎的土推离接缝。

(2)将一块方木放在已压实段的末端,并用一张厚建筑纸保护,纸上用土覆盖(或铺木板)。

(3)将粉碎的土铺开直到接缝处,在新段上洒水,使其含水率达到要求值,并推铺水泥。

(4)水泥和土完全拌和,需要时可加些水。

(5)将拌好的混合料推离接缝,割断厚纸并将方木移去。

(6)将拌好的混合料铺回到接缝,并用纸将水泥土混合料与覆盖土隔开。

(7)新段压实,仅在接缝处留少量工作,将覆盖土及纸移去,然后将高出部分刮平。

(8)养生。水泥稳定土经拌和、压实后,在规定的7d养生期内,可以用帆布、粗麻袋、稻草、麦秸或农用地膜湿润养生。若用砂养生,砂层需7~10cm厚,铺匀后,洒水保持湿润。

2.集中拌和法

对于高等级公路,尤其是高速公路应采用集中拌和法制备基层和底基层混合料,以保证拌和质量和消除"素土"夹层的危险。

集中拌和法除了中心站的一套固定式拌和机械外,所需要的其他机械与路拌法相同。

1)拌和机

工程中,常采用固定式稳定土拌和机,也可采用强制式的水泥混凝土拌和机或沥青混凝土拌和机来拌和水泥稳定土。

固定式拌和机械目前主要有以下几种:

(1)移动式连续拌和机。适用于沿线料场布置较密的工地,中心站的规模可根据所需的产量而定。

(2)固定式连续拌和机。适用于相对固定的较大型料场，数个大料斗上的皮带输料器，可供存放和输送规定数量的不同尺寸的集料。

(3)间歇式拌和机。与水泥混凝土拌和机配合使用拌和水泥稳定粗料土，适用于修补工作的小工地。目前，主要有普通倾筒式混凝土拌和机、双桨叶拌和机、卧式桨叶拌和机及锅式拌和机。

2)摊铺混合料

(1)为减少混合料中水分的散失，运料时应覆盖，且运输时间一般在30min以内。

(2)宜采用两台摊铺机前后错列摊铺(相距5～10m)，相邻工作道的混合料摊铺间隔时间不能超过25min。摊铺均匀后应立即碾压。

(3)采用沥青混凝土摊铺机摊铺水泥稳定土时，应严格控制好平整度、高程等，避免出现离析现象。

(4)采用备有轨道的摊铺机或有自动找平装置的摊铺机，特别是当摊铺机包含适当的压实设备，只需要压路机进行补充碾压时，摊铺预拌的水泥混合料表面的平整度可以达到规定要求。

3.移动式拌和法

采用移动式拌和机的施工工序包括准备工作及加工处理两部分，具体如下：

1)准备工作(施工放样与其他方法相同)

(1)采用原路基土作为混合料的土料。

①整形路基，使其路拱和坡度符合设计要求。

②翻松路基土到预定的深度。

③如需要，则粉碎土。

④堆积土，并平整料堆。

(2)采用路外选料。

①把路基或底基层整形成要求的路拱和坡度。

②压实路基或底基层。

③选料准备(包括采集、运输和摊铺)。

④堆积选料。

2)加工处理

(1)撒铺水泥：将水泥撒铺在堆料的顶面后，应立即拌和。

(2)拌和、摊铺及碾压：与其他方法相同。

移动式拌和机加工水泥稳定土的工作状况参见图2-4-5。

(三)石灰粉煤灰稳定土的施工

石灰粉煤灰稳定土，可以利用常规的施工设备进行拌和、摊铺和碾压。其施工要点是混合料的组成成分要拌和均匀，摊铺到合适的厚度，压实至规定的密实度。

目前，工程中采用集中拌和法与路拌法。

1.集中拌和法

为保证配料准确，拌和均匀，应尽可能采用中心站集中拌和法。其生产工艺流程如图2-4-6所示。

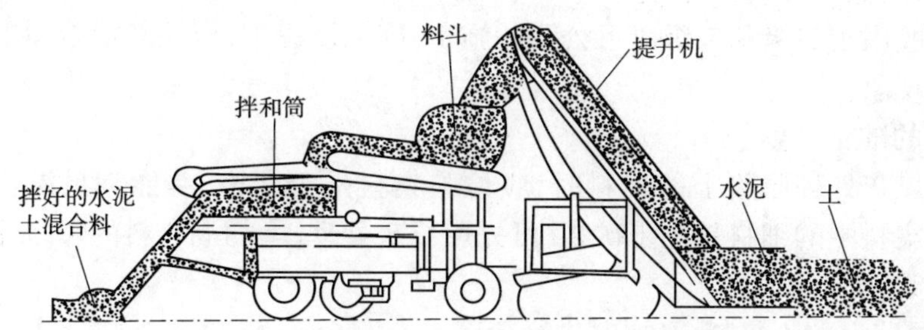

图 2-4-5 移动式拌和机加工水泥稳定土的示意图

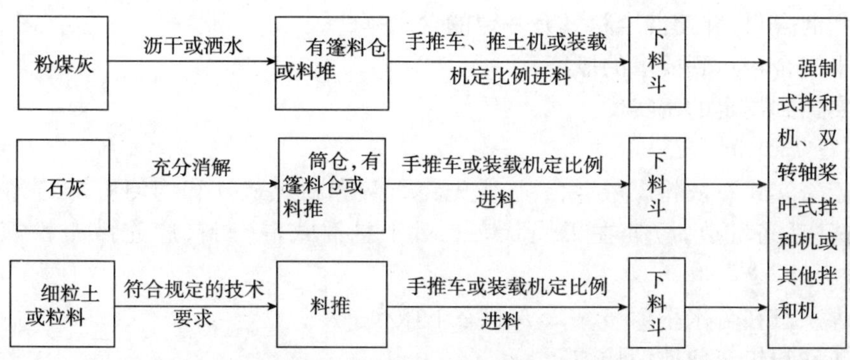

图 2-4-6 石灰粉煤灰稳定土生产工艺流程

1)拌和

可在中心站采用强制式拌和机、双转轴桨叶式拌和机,也可用路拌机械在场地上分批集中拌和。拌和要注意的事项有:

(1)土块、粉煤灰块要粉碎;

(2)配料要准确;

(3)含水率要略大于最佳含水率;

(4)拌和要均匀;

(5)石灰应储藏在筒仓中,粉煤灰可露天覆盖堆放,含水率宜为 15% ~20%。

2)运输

可以用普通的自卸车运料,并适当覆盖,以防水分损失或沿路飞扬。

3)摊铺

混合料运到现场后,应尽可能用机械摊铺,应注意摊铺均匀,保证一定的平整度。

4)压实

可用轮胎压路机、振动压路机等进行压实。轻型压路机初压后,可用重型钢轮压路机进行碾压,并在终压前,用平地机进行整平。

压路机一般压实厚度为 15 ~18cm,重型振动压路机可以达 20 ~25cm。若设计厚度较大,应分层摊铺压实,上下层的施工间隔时间不宜过长,最好在同一天铺筑。下层不应有松散材料,摊铺上层时,下层的表面应保持潮湿。

2. 路拌法

路拌法一般用于二级和二级以下公路的施工，施工过程中，应注意混合料的均匀性和粗细颗粒的离析现象。

1）下承层的准备

用石灰粉煤灰处理原路上的集料时，应检验集料是否合格，并能满足混合料的级配要求。若原路上集料中的细料是黏土矿物，可先用石灰处理，增加混合料的和易性。

施工步骤为：

（1）翻挖原路上的土集料，必要时进行粉碎；

（2）整平按要求的宽度和厚度摊铺的土料层，以便摊铺石灰和粉煤灰；

（3）撒布拌和均匀的石灰和粉煤灰混合料；

（4）拌和混合料，并使混合料具有一定的含水率；

（5）整平混合料达到要求的厚度；

（6）压实达到规定的密实度。

2）撒布石灰和粉煤灰

（1）对于密实式石灰粉煤灰混合料，应先将石灰和粉煤灰拌和均匀后，再撒铺到粒料层上。若需作短时间堆放，应处在干燥状态。对于悬浮式混合料，应先撒布粉煤灰再撒布石灰。

（2）粉煤灰宜在含水率15% ~25%状态下撒布。

（3）石灰和粉煤灰应摊铺均匀。

3）拌和

一般采用转轴式拌和机进行拌和，如宝马拌和机。也可使用平地机进行拌和，但应注意避免出现离析现象。对于没有专用拌和机械的次要公路，可采用四或五铧犁配合旋转耕作机或缺口圆盘耙进行拌和。拌和过程中，拌和层底部不得留有“素土”或“素粒料”夹层。

4）压实

压实与集中拌和法施工相同。

5）养生

养生期一般为7d。若石灰粉煤灰作为底基层，则需养生10 ~14d后，再铺筑上面的结构层。

6）透层或下封层

石灰（水泥）粉煤灰集料基层养生结束后，宜开放交通一段时间，以磨去表面的二灰薄层，露出集料颗粒，清扫表面浮土，然后喷洒透层沥青或做下封层。

做透层时，宜采用浓度较稀的慢裂型沥青乳液。做下封层时应分两次喷洒乳液，第一次喷洒较稀的沥青乳液，为用量1.0kg/m²，待干后再喷洒正常的乳液，用量为1.0 ~1.2kg/m²，然后撒布一层粒径4.75 ~9.5mm的碎石，并用16t轮胎压路机碾压2 ~3遍。

（四）石灰稳定工业废渣的施工

石灰稳定工业废渣基层的施工方法基本上和石灰稳定土基层相同，拌和工序可采用就地拌和与集中拌和的方法。在材料基地集中拌和时，拌好的混合料堆放时间不宜过长，以免混合料的水分有较大量的蒸发，并使石灰碳化而降低混合料的强度。

石灰稳定工业废渣的初期强度较低,并且强度增长受气温影响较大,因此,一般应尽可能避免在冬季施工,并要注意初期养护工作;在干燥而较热的季节,必须洒水养生2~5d。

石灰稳定工业废渣基层施工质量的关键是:混合料必须按比例配合并拌匀;含水率必须掌握恰当,且必须压实到规定的密实度,同时要高度重视初期的养护工作。

(五)级配碎(砾)石的施工

级配碎(砾)石的施工应做到:集料级配要满足要求,配料要准确,细料的塑性指数须符合规定,掌握好松铺厚度,路拱横坡符合规定,拌和均匀,避免粗细颗粒离析。

级配碎(砾)石的施工,一般采用路拌法,为保证质量要求,级配碎石有时采用集中拌和法。

1. 路拌法

路拌法的施工工艺如图2-4-7所示。

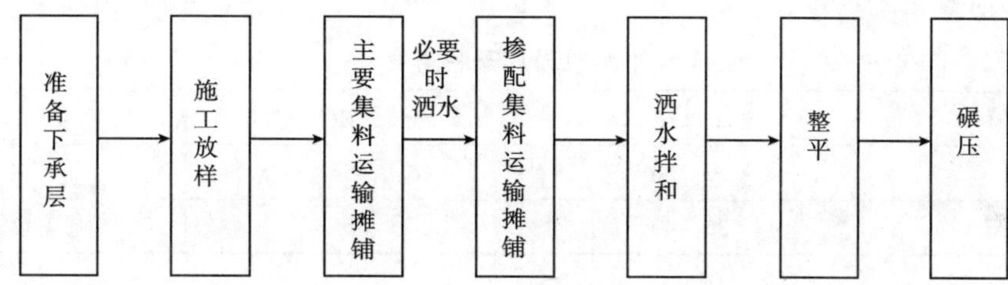

图2-4-7 级配碎(砾)石施工工艺流程

1)准备下承层

(1)土基或垫层等下承层的表面应平整、坚实,具有一定的路拱,没有松散材料和软弱地方。

(2)下承层的平整度和压实度应满足规范要求。

(3)下承层必须用12~15t的三轮或等效的压路机进行碾压(碾压3~4遍)检验,发现过干松散、低坑、搓板、车辙或过湿"弹簧"现象,应采用填补、耙松洒水碾压、挖开晒干、换土、掺石灰或集料等措施进行处理。

(4)对于底基层,压实度检查和弯沉测定的结果不符合要求的,应采用补充碾压、换填好料、挖开晾晒等措施。

(5)检查各断面的高程是否满足要求。

(6)槽式断面路段,两侧路肩每隔5~10m应交错开挖泄水沟。

2)施工放样

恢复中线,并在两侧路肩边缘外0.3~0.5m设指示桩。逐个断面进行高程测量,并在指示桩上标记结构层的设计高度。

3)计算材料用量

根据各路段基层或底基层的宽度、厚度及预定的干密度,计算所需要的各种集料的数量,并推算每车材料的堆放间距。

4)运输和摊铺集料

同一料场的路段,运输集料应由远到近按计算的间距堆放,堆放的时间不宜过长,一般仅提前数天。料堆间每隔一定距离应留缺口,以利排水。

应事先通过试验确定集料的松铺系数，一般人工摊铺时为1.40～1.50，平地机摊铺时，为1.25～1.35。

级配碎石的未筛分碎石摊铺平整后，在其较湿润的情况下，向上运送石屑，用平地机并辅以人工将石屑均匀摊铺在碎石层上，或用石屑撒布机将石屑直接均匀撒布在碎石层上。采用粗细不同的多种集料时，应将粗集料铺在下面，并处于湿润状态，再将细集料铺在上面。

5）拌和及整平

（1）对于级配碎石，应用稳定土拌和机拌和，若没有，也可用平地机或多铧犁与缺口圆盘耙配合拌和。对于级配砾石，可采用平地机拌和。

（2）拌和时，稳定土拌和机应拌2遍以上，且深度应到达级配碎石底层，最后一遍拌和前，可先用多铧犁贴底面翻拌一遍。用平地机时，平地机刀片的安装角度与位置见表2-4-13及图2-4-8。一般需拌5～6遍，结束时，混合料的含水率应均匀，并较最佳含水率大1%左右，且不应出现离析现象。

平地机刀片安装角度 表2-4-13

拌和条件	平面角 α(°)	倾角 β(°)	切角 γ(°)
干拌	30～50	45	3
湿拌	35～40	45	2

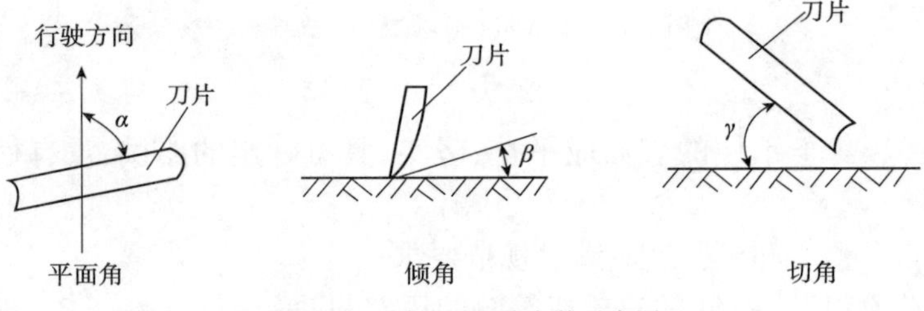

图2-4-8 平地机刀片安装示意图

（3）平地机整平，并具有一定的路拱后，用拖拉机、平地机或轮胎压路机快速初压一遍，再用平地机进行整平和整形。

（4）用拖拉机牵引四或五犁铧进行拌和。第一遍，由路中心开始，将混合料向中间翻，同时应慢速前进。第二遍应相反，从两边开始，将混合料向外翻，一般应拌6遍。

（5）在整平中，应禁止车辆通行。

6）碾压

（1）整平后，应立即用12t以上三轮压路机、振动压路机或轮胎压路机进行碾压。应由两侧路肩向路中心，由曲线内侧向外侧进行碾压，后轮应重叠1/2轮宽，且须超过两段的接缝处。一般需碾压6～8遍，并使表面没有明显轮迹。前两遍的速度宜为1.5～1.7km/h，以后碾压速度为2.0～2.5km/h。

（2）路面两侧区域应多压2～3遍。

（3）严禁在已完成或正在碾压的路段上“掉头”或紧急制动。

（4）含有土的级配碎（砾）石层，应进行滚浆碾压，直到表层没有多余的细土为止，然后将表层薄层土清除干净。

7)接缝处理

作业段的衔接处,应搭接拌和。第一段拌和后,应留 5~8m 不碾压。第二段施工时,将留下的部分一起加水拌和,整平后进行碾压。

施工时,应尽量避免纵向接缝。当分两幅铺筑时,应搭接拌和。前半幅全宽碾压密实,后半幅拌和时,应将前半幅边部 0.3m 左右搭接拌和,整平后一起碾压。另一种方法是在前半幅的边部用高度与结构层的厚度相同的方木或钢模板作支撑,进行碾压。后半幅施工时,再拆除方木或钢模板,进行碾压。

2. 集中拌和法

级配碎石混合料可以在中心站利用强制式拌和机、卧式双转轴桨叶式拌和机、普通混凝土拌和机等进行集中拌和。将混合料运到现场后,用沥青混凝土摊铺机、水泥混凝土摊铺机或稳定土摊铺机等摊铺混合料。

(1)正式拌和前,应先调试所用的设备,使混合料的组成和含水率达到规定要求。

(2)运到现场的混合料,应按计算的间距堆放。

(3)应设专人消除集料的离析现象。

(4)用平地机进行整平与碾压,方法与路拌法相同。

(5)横缝、纵缝的处理与路拌法相同。

3. 天然砂砾基层的施工

天然砂砾基层的施工准备工作和施工程序均与级配砾石相同,其关键在于洒水碾压。天然砂砾摊铺均匀后,宜先用轻型压路机稳压几遍,接着洒水用中型压路机碾压,并边压边洒,反复碾压至稳定成型,直至无明显轮迹时为止。应注意随时洒水以保持砂砾表面湿润,但也不可过多,以防渗入路基。碾压时,还应随时检查高程与平整度,如有不符,应立即找平。

当以水泥为结合料用已稳定的天然砂砾施工时,应要避免由于水泥凝结块而给施工和质量带来不利的影响,所以拌和、摊铺、洒水碾压都应环环相扣,紧密衔接。

(六)填隙碎石的施工

填隙碎石的施工工艺流程如图 2-4-9 所示。

1. 准备下承层和施工放样

准备下承层和施工放样的过程及施工要点与级配碎(砾)石基层路拌法相同。

2. 备料

根据各路段基层或底基层的宽度、厚度及松铺系数(1.20~1.30),计算粗碎石的需要量和每车料的堆放间距,填隙料的用量为粗碎石的 30%~40%。

3. 运输和摊铺粗料石

可用平地机或其他合适的机具将粗料石均匀地摊铺,具体的施工过程与级配碎(砾)石基层路拌法相同。

4. 撒铺填隙料和碾压

1)干法施工

(1)初压

用 8t 两轮压路机碾压 3~4 遍,使粗料石稳定。碾压的顺序与级配碎(砾)石基层路拌法相同。结束时,表面应平整,并具有规定的路拱和纵坡。

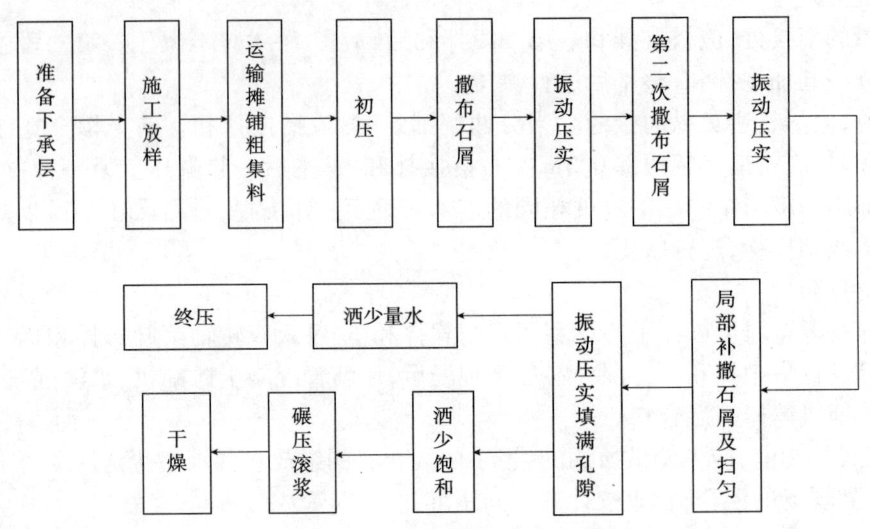

图 2-4-9　填隙碎石的施工工艺流程

(2)撒铺填隙料

用石屑撒布机或类似设备将干填隙料均匀地撒布在已初压的粗料石层上，层厚为2.5~3.0cm，并扫匀。

(3)碾压

用振动压路机慢速碾压，将全部填隙料振入粗料石间的孔隙中，方法与初压相同。

(4)再撒铺填隙料和碾压

用石屑撒布机或类似设备将干填隙料再次均匀地撒布在已初压的粗料石层上，松厚约2.0~2.5cm，并扫匀。振动压路机经补料再次碾压，直至全部孔隙填满，并清扫表面多余的填隙料，须看到粗料石。

(5)孔隙全部填满后，用12~15t三轮压路机再碾压1~2遍。碾压前，宜在表面先洒水约3kg/m^2。

(6)厚度过大时，应分层摊铺和碾压。压实后的下层表面应清扫干净，使粗料石外露5~10mm，再摊铺和碾压上层。

2)湿法施工

(1)初压、撒铺填隙料、碾压、再撒铺填隙料和碾压的过程与干法施工相同。

(2)粗料石表面孔隙全部填满后，应立即洒水，直至饱和，但勿使多余水浸泡下承层。

(3)用12~15t三轮压路机在洒水车后进行碾压。碾压过程中，将湿填隙料扫入孔隙中，直至细集料和水形成粉砂浆为止。粉砂浆的数量，以在压路机轮前能形成微波纹状为宜。

(4)停留一段时间，结构层水分散失变干后，将表面清扫干净。

(5)厚度过大时，应分层摊铺和碾压，方法与干法施工相同。

(七)泥(灰)结碎石的施工

泥(灰)结碎石含有较多的黏土，水稳性较差，只适合用于中、低级公路，不宜作沥青路面的基层，若使用时，应严格控制用土量及塑性指数，且用于干燥路段。在中湿和潮湿路段，应采用泥(灰)结碎石，以提高其水稳性。

泥(灰)结碎石的施工方法主要有灌浆法和拌和法。

1. 灌浆法

目前,常采用灌浆法这种方法。

1)准备工作

准备工作包括放样、布置堆料、整理路槽和拌制泥(灰)浆。泥浆一般按水土体积比0.8:1~1:1拌制。泥灰浆中石灰剂量占土重的8%~12%,土和石灰总含量不应大于石料质量的20%。

2)摊铺石料

将准备好的石料按松铺系数1.2~1.3一次铺足,同一层粒径相差不宜过大。

3)初步碾压

用三轮压路机或振动压路机将碎石颗粒压紧,需留有一定的空隙,以便灌注泥(灰)浆。一般碾压2~4遍至碎石无松动为止。

4)灌浆

在碎石层上,灌注调制好的泥(灰)浆。灌浆要均匀,需灌满碎石间的孔隙直至底部,同时,碎石的棱角应露出泥(灰)浆之上。待孔隙中的空气逸出后,在湿的碎石层表面均匀撒铺嵌缝料(1~1.5m^3/m^2),以填塞表面的空隙。

5)碾压

灌浆后,待碎石层内部处于半湿状态时,用三轮压路机或振动压路机继续碾压,并扫匀嵌缝料,直至无明显轮迹。每碾压1~2遍,即撒铺薄层石屑,再进行碾压,以使缝隙内的泥(灰)浆泛到表面与石屑黏结成整体。

2. 拌和法

拌和法是将土(或土加石灰)直接撒铺在平整的碎石上,用平地机、多铧犁或多齿耙均匀拌和,然后用三轮压路机或振动压路机进行碾压,碾压方法与灌浆法相同。碾压过程中,一般需补水碾压4~6遍,撒铺嵌缝料,再继续碾压,直至无明显轮迹及结合料完全稳定为止。

四、路面基层(底基层)施工质量控制

路面基层(底基层)的施工质量控制主要在于混合料的强度影响因素,除了原材料的性质,施工时间、温度、湿度及工艺外,混合料的配合比设计和施工压实度控制对其强度有较大的影响。

路面基层(底基层)的混合料配合比设计,是保证基层(底基层)的路用性能的前提,是控制基层(底基层)施工质量的重要依据。按照理论配合比的组成设计,制作试件(块),通过试验,检验混合料的技术性能,并结合工程的实际特点,调整和修正理论配合比,提供工地配合比,并确定最大干密度和最佳含水率,以指导施工。因此,在施工过程中,应严格控制混合料的配合比,以保证基层(底基层)的施工质量。

压实度是检查和控制路面基层(底基层)压实效果的重要技术指标,是工程施工质量控制的主要手段,它直接影响到路面基层(底基层)的强度、刚度及平整度,良好的压实度可延长工程的使用寿命。根据结构层的类型、位置及工程的实际特点,压实度的现场检查可采用不同的方法。

(一)配合比设计控制

1. 石灰稳定土基层(底基层)

石灰土混合料的组成设计包括:根据表 2-4-14 的强度标准,通过试验选取最适宜于稳定的土,确定必需的或最佳的石灰剂量和混合料的最佳含水率,在需要改善混合料的物理力学性质时,还应包括确定掺加料的比例。

石灰稳定土的强度标准(MPa,7d)　　表 2-4-14

层位 \ 公路等级	二级及二级以下公路	一级和高速公路
基层	>0.8	—
底基层	0.5~0.7	≥0.8

注:①在低塑性土(塑性指数小于 7)地区,石灰稳定砂砾土和碎石土的 7d 抗压强度应大于 0.5MPa。

②低限用于塑性指数小于 7 的土;高限用于塑性指数大于 7 的土。

石灰剂量应根据路面层位,灰土试件的抗压强度,并考虑气候、水文地质条件等因素,予以确定。考虑到室内试验与现场施工的差异等因素,施工时石灰剂量应比试验时提高 0.5% ~1%。

1)原材料和混合料试验

如前所述,石灰土 = 土(集料,控制质量) + 石灰(控制质量、剂量) + 水(确定水质、最佳用量)后再经拌、摊、碾、养形成。对原材料主要做些质量方面的试验。

(1)土的试验:包括颗粒分析;液限和塑性指数;有机质含量试验;硫酸盐含量试验;碎石或砾石的压碎试验;击实试验。

(2)石灰试验:包括有效钙加氧化镁含量试验;未消化残渣含量试验;含水率试验;细度试验;氧化镁含量试验。

(3)水的试验:在必要时做。

(4)灰土试验:室内做无侧限抗压和击实试验;室外做压实度试验。

2)设计步骤

(1)制备同一种土样、不同石灰剂量的石灰土混合料,一般情况下可按如下石灰剂量配制:

①基层用:

砂砾土和碎石土:3%,4%,5%,6%,7%;

塑性指数小于 12 的黏性土:10%,12%,13%,14%,16%;

塑性指数大于 12 的黏性土:5%,7%,9%,11%,13%。

②底基层用:

塑性指数小于 12 的黏性土:8%,10%,11%,12%,14%;

塑性指数大于 12 的黏性土:5%,7%,8%,9%,11%。

(2)确定混合料的最佳含水率和最大(压实)密度(重型击实试验法),至少应做三个不同石灰剂量混合料的击实试验,即最小剂量、中间剂量与最大剂量,其余两个混合料的最佳含水率和最大干密度用内插法确定。

(3)按工地预定达到的压实度(表 2-4-15),分别计算不同石灰剂量的试件应有的干密度。试件不应按击实试验所得的最大干密度制作,而应该按与规定的现场压实度相应的干密度制作。如石灰土的最大干密度为1.68kg/m^3，现场要求的压实度为96%，则试件的干密度为1.68×0.98=1.65(kg/m^3)。

各级公路各种稳定土基层、底基层(重型标准)的压实度要求(%)　　表2-4-15

公路等级 \ 层位 \ 稳定剂 \ 土组名		稳定粗粒土和中粒土			稳定细粒土		
		石灰稳定	水泥稳定	石灰工业矿渣	石灰稳定	水泥稳定	石灰工业矿渣
高速公路和一级公路	基层	—	98	98	—	98	98
	底基层	96	96	96	95	95	95
二级公路和二级以下公路	基层	97	97	97	93	93	93
	底基层	95	95	95	93	93	93

(4)按最佳含水率和计算求得干密度制备试件。试件干重度应与工地预期达到的相同，且不低于表2-4-14的质量标准要求。进行强度试验时，平行试验的试件数量应符合表2-4-16中的规定。

平行试验的试件数量　　表2-4-16

稳定土类型	不同偏差系数时的试验数量		
	<10%	10%~15%	15%~20%
细粒土	6	9	
中粒土	6	9	13
粗粒土		9	13

(5)试件在规定的温度下保温养生6d，浸水1d后，进行无侧限抗压强度试验，计算试验结果的平均值偏差系数。

(6)根据表2-4-14的强度标准，选定合适的石灰剂量，按这些剂量制作的试件室内试验结果的平均抗压强度R，应符合公式(2-4-1)的要求。

$$R=\frac{R_d}{1-Z_a C_v} \tag{2-4-1}$$

式中：R_d——设计抗压强度(表2-4-14)；

C_v——试验结果的偏差系数(以小数计)；

Z_a——标准正态分布表中随保证率(或置信度)而变的系数，高速和一级公路上应取保证率95%，此时Z_a=1.645；其他各级公路应取保证率90%，即Z_a=1.282。

(7)工地实际采用的石灰剂量应比室内试验确定的剂量多0.5%~1%。

(8)需外掺料时还需确定其配合比。

2.水泥稳定土基层(底基层)

设计内容、步骤与石灰土混合料相似，但各级公路的各种层位的强度标准与石灰土相应的强度标准要求不同。水泥稳定土的强度标准见表2-4-17。

水泥稳定土7d无侧限抗压强度标准(单位:MPa) 表2-4-17

层位 \ 公路等级	高速公路和一级公路	二级及二级以下公路
基层	3~5①	2.5~3②
底基层	1.5~2.5①	1.5~2.0②

注:①设计累积标准轴次小于 12×10^6 的公路可采用低限值;超过 12×10^6 的公路可用中值;主要行驶重载车辆的公路应用高限值。具体公路应采用一个定值。

②二级以下公路可取低限值;行驶重载车辆的公路应用高限值;二级公路可用中值;行驶重载车辆的二级公路应用高限值。具体公路应采用一个定值。

3.石灰稳定工业废渣

设计内容、步骤与石灰土混合料相似,但各级路的各种层位的强度标准与石灰稳定工业废渣相应的强度标准要求不同。水泥稳定土的强度标准见表2-4-18。

石灰稳定工业废渣7d无侧限抗压强度标准(单位:MPa) 表2-4-18

层位 \ 公路等级	高速公路和一级公路	二级及二级以下公路
基层	0.8~1.1①	0.6~0.8
底基层	≥0.6	≥0.5

注:①设计累积标准轴次小于 12×10^6 的高速公路可采用低限值;超过 12×10^6 的高速公路可用中值;主要行驶重载车辆的高速公路应用高限值。具体的高速公路应根据交通状况采用一个定值。

石灰稳定工业废渣组成材料的配合比,可参考表2-4-19。

石灰稳定工业废渣的配合比 表2-4-19

结构类型	石灰炉渣	石灰炉渣碎石	石灰炉渣土	石灰炉渣碎石土
材料名称	石灰渣、炉渣	石灰渣、炉渣、石渣	石灰渣、炉渣、土	石灰渣、炉渣、石渣、土
重量配合比(%)	15:85~30:70	20:40:40~15:30:55	15:50:35~20:60:20	20:30:40:10
压实密度(kg/m^3)	1 400~1 500	1 700~1 900	1 700~1 800	1 700~1 900

选用配合比时,除应考虑混合料的强度外,还应考虑材料的来源、备料、施工等因素,通过必要的试验,以选择技术经济上合理的配合比。

4.级配碎(砾)石

级配碎(砾)石的碎石、砾石及土的塑性指数均应满足相应的技术要求,若材料不能完全满足标准,则应对其不足之处分别采用掺配、筛除或加工破碎等方法,使其达到规定标准。

级配碎(砾)石的设计步骤及方法参考例题分析。

【例题】 某级配砾石基层施工,调查料场有三处:甲场产砾石,乙场产砂,丙场产黏土,经试验,其颗粒组成及塑性指数如表2-4-21所列。如将材料掺配成表2-4-20中的2号级配,且塑性指数为15,则均可使用。试按要求计算三种材料的配合比。

级配砾石基层的颗粒级配范围 表 2-4-20

筛孔（mm）		级配编号和级配组成		
		1	2	3
通过右列筛孔孔径的质量百分率（%）	53	100		
	37.5	90～100	100	100
	31.5		85～90	
	19	65～85	65～90	85～100
	9.5	45～70	50～70	60～80
	4.75	30～55	40～60	45～65
	1.18	20～37	25～40	30～50
	0.6	15～25	20～32	20～32
	0.075	7～12	8～15	8～15
	液限（%）	<43	<43	<28
	塑性指数	12～21	12～18	12～18

甲、乙、丙三个料场材料筛分试验结果 表 2-4-21

通过孔径（mm）	通过百分率（%）			通过孔径（mm）	通过百分率（%）		
	甲料	乙料	丙料		甲料	乙料	丙料
37.5	100	—	—	2	3	70	—
31.5	90	—	—	0.5	0	51	100
19	81	100	—	0.075	0	8	85
9.5	28	88	—	塑性指数	0	1.5	30
4.75	0	13	82				

设计步骤如下：

(1)仅有乙、丙材料有塑性指数，因此应先计算乙、丙材料的配合比，即要使塑性指数达到15，按式(2-4-2)计算：

$$P=\frac{p_1 s_1 x+p_2 s_2 y}{s_1 x+s_2 y} \tag{2-4-2}$$

式中：P——拟定的塑性指数，即15；

p_1、p_2——乙、丙材料的塑性指数；

s_1、s_2——乙、丙材料小于0.6mm颗粒含量的百分率；

x、y——乙、丙材料所占的百分率。

将已知值代入式(2-4-2)，得：

$$15=\frac{(1.5\times 51)x+(30\times 100)y}{51x+100y}$$

即 $688.5x-1500y=0$，同时 $x+y=100$。

解得：$x=69\%$，$y=31\%$。

乙、丙两种材料混合料的计算结果列入表2-4-22中的第6栏。

配合比计算表

表2-4-22

通过粒径(mm)	标准组成	通过百分率(%)				
		甲料	乙料	丙料	乙料69+丙料31	甲料60+乙料28+丙料31
1	2	3	4	5	6	7
37.5	100	100	100	100	100	100
31.5	85~100	90	100	100	100	94
19	70~90	81	100	100	100	88
9.5	50~70	28	88	100	92	53
4.75	40~60	13	82	100	88	43
2.46	25~40	3	70	100	79	33
0.6	20~32	0	51	100	66	26
0.075	8~15	0	8	85	32	12
塑性指数	15	0	1.5	30	15	15
百分率总和	452.5	315			657	449

(2)将乙料和丙料按69%与31%的比例配合。

(3)计算百分率总和。

标准组成的百分率总和：$M_1 = 100 + 92.5 + 80 + 60 + 50 + 32.5 + 26 + 11.5 = 452.5$

甲料的百分率总和：$M_2 = 100 + 90 + 81 + 28 + 13 + 3 = 315$

乙、丙混合料的百分率总和：$M_3 = 100 + 100 + 100 + 92 + 88 + 79 + 66 + 32 = 657$

$M_1 > M_2$，说明甲料通过各筛孔的百分率低于标准组成；$M_3 > M_1$，说明乙、丙混合料通过各筛孔的百分率高于标准组成。

甲料与标准组成的百分率总和差数：$M_1 - M_2 = 452.5 - 315 = 137.5$

乙、丙混合料与标准组成的百分率总和差数：$M_3 - M_1 = 657 - 452.5 = 204.5$

(4)计算甲料与乙、丙混合料的配合比。

因总和的差数是与某种材料在级配混合料中所占的配合比成反比例，即差数越小，表示该种材料与级配混合料的筛分组成情况越接近；反之，就表示二者相距越远。因此，与标准组成的百分率总和差数越小的某种材料，在级配混合料中所占的比例应越高；反之，所占的比例应越低。据此，

甲料的配合比 $= 204.5/(137.5 + 204.5) \approx 60\%$

乙、丙混合料的配合比 $= 137.5/(137.5 + 204.5) \approx 40\%$

所以，乙料的配合比 $= 40\% \times 69\% \approx 28\%$

丙料的配合比 $= 40\% \times 31\% \approx 12\%$

(5)根据甲料60%、乙料28%、丙料12%的配合比计算新的组成，列入表2-4-22的第7栏，经检验，横向各行均符合表2-4-20中的2号级配标准组成的范围。

(二)压实度控制指标

压实可以使路面基层或底基层材料的强度大大增加，同时可以增加其不透水性和强度

的稳定性。路面基层或底基层的压实度是指压实层材料压实后的干密度与该材料的标准最大干密度之比,一般以重型击实标准为准。路面基层或底基层的压实度现场检测方法及适用范围见表2-4-23。

压实度现场检测方法及适用范围　　表2-4-23

方　法	适用范围
灌砂法	适用于现场测定基层或底基层的各种材料压实层的密度和压实度
环刀法	适用于龄期不超过2d的无机结合料稳定细粒土的现场压实度检测
核子法	适用于现场用核子密度仪以散射法或直接透射法测定基层或底基层材料的密度和含水率,并计算施工压实度
钻芯法	适用于龄期较长的无机结合料稳定类基层或底基层的密度检测

(三)强度控制

无机结合料基层和底基层的强度是以规定温度下保湿养生6d、浸水1d后的7d无侧限抗压强度为准,其抗压强度应满足表2-4-24的规定。

无机结合料基层和底基层的抗压强度(单位:MPa)　　表2-4-24

公路等级		高速、一级公路	二级、二级以下
水泥稳定土类	基层	3~5	2.5~3.0
	底基层	≥1.5~2.5	≥1.5~2.0
石灰稳定土类	基层	—	≥0.8
	底基层	≥0.8	>0.5~0.7
二灰稳定土类	基层	≥0.8~1.1	≥0.6~0.8
	底基层	≥0.6	≥0.5

注:低限与高限分别用于塑性指数小于12和大于12的黏性土。

(四)质量检验

1.石灰稳定土的质量检验

石灰稳定类结构层工程完工后,施工单位、工程监理单位和建设单位应按相同的工程项目划分进行工程质量的监控和管理。

按照《公路工程质量检验评定标准》(JTG F80/1—2004)的规定,石灰稳定类结构层工程质量检验评定时的基本要求、质量检验评定标准和外观鉴定等内容分述如下。

1)基本要求

(1)粒料应符合设计和施工规范要求。

(2)土质应符合设计要求,土块应粉碎。

(3)石灰质量应符合设计要求,块状石灰须经充分消解才能使用。

(4)石灰和土的用量应按设计要求控制准确,未消解的生石灰块必须剔除。

(5)路拌法拌和深度应达到层底。

(6)混合料应处于最佳含水率状况下,应先用轻型压路机稳压,后用重型压路机碾压至要求的压实度。摊铺时要注意消除离析现象。

(7)保湿养生,养生期应符合规范要求。

2)质量检验评定标准

石灰稳定类结构层交工验收阶段质量检验评定的实测项目、检查频度、质量要求或允许偏差等见表2-4-25、表2-4-26。

石灰土基层和底基层实测项目与要求 表2-4-25

项次	检查项目		规定值或允许偏差				检查方法和频率
			基层		底基层		
			高速公路一级公路	其他公路	高速公路一级公路	其他公路	
1	压实度(%)	代表值	—	95	95	93	按有关规定方法进行检查,每200m每车道2处
		极值	—	91	91	89	
2	平整度(mm)		—	12	12	15	3m直尺:每200m测2处×10尺
3	纵断高程(mm)		—	+5,-15	+5,-15	+5,-20	水准仪:每200m测4个断面
4	宽度		符合设计要求		符合设计要求		尺量:每200m测4处
5	厚度(mm)	代表值	—	-10	-10	-12	按有关规定进行检查,每200m每车道1点
		合格值	—	-20	-25	-30	
6	横坡(%)		—	±0.5	±0.3	±0.5	水准仪:每200m测4个断面
7	强度		符合设计要求		符合设计要求		按有关规定进行检查

石灰稳定粒料(碎石、砂砾或矿渣等)基层和底基层实测项目 表2-4-26

项次	检查项目		规定值或允许偏差				检查方法和频率
			基层		底基层		
			高速公路一级公路	其他公路	高速公路一级公路	其他公路	
1	压实度(%)	代表值	—	97	96	95	按有关规定方法进行检查,每200m每车道2处
		极值	—	93	92	91	
2	平整度(mm)		—	12	12	15	3m直尺:每200m测2处×10尺
3	纵断高程(mm)		—	+5,-15	+5,-15	+5,-20	水准仪:每200m测4个断面
4	宽度		符合设计要求		符合设计要求		尺量:每200m测4处
5	厚度(mm)	代表值	—	-10	-10	-12	按有关规定进行检查,每200m每车道1点
		合格值	—	-20	-25	-30	
6	横坡(%)		—	±0.5	±0.3	±0.5	水准仪:每200m测4个断面
7	强度		符合设计要求		符合设计要求		按有关规定进行检查

3)外观鉴定

(1)表面平整密实、无坑洼。

(2)施工接茬平整、稳定。

2. 水泥稳定土施工的质量检验

水泥稳定类结构层工程完工后,施工单位、工程监理单位和建设单位应按相同的工程项目划分进行工程质量的监控和管理。

施工单位应将全线以1~3km作为一个评定路段,按规定频度,随机选取测点,对水泥稳定类结构层进行全线自检,并应在规定时间内提交全线检测结果及施工总结报告,申请交工验收。

下面结合《公路工程质量检验评定标准》(JTG F80/1—2004)介绍水泥稳定类结构层工程质量检验评定时的基本要求和检查项目、检查频度、质量要求或允许偏差等内容。

1)基本要求

(1)土质应符合设计要求,土块应粉碎。

(2)粒料应符合设计和施工规范要求,并应根据当地料源选择质坚干净的粒料,矿渣应分解稳定,未分解渣块应予剔除。

(3)矿料级配应按设计控制准确。

(4)水泥用量应按设计要求控制准确。

(5)路拌法拌和深度应达到层底。

(6)摊铺时要注意消除离析现象。

(7)混合料应处于最佳含水率状况下,用重型压路机碾压至要求的压实度。从加水拌和到碾压终了的时间不应超过3~4h,并应短于水泥的终凝时间。

(8)碾压检查合格后应立即覆盖或洒水养生,养生期应符合规范要求。

2)质量检验评定标准

水泥稳定类结构层交工验收阶段质量检验评定的实测项目、检查频度、质量要求或允许偏差等见表2-4-27、表2-4-28。

水泥土基层和底基层实测项目

表2-4-27

项次	检查项目		规定值或允许偏差				检查方法和频率
			基层		底基层		
			高速公路、一级公路	其他公路	高速公路、一级公路	其他公路	
1	压实度(%)	代表值	—	95	95	93	按有关规定方法进行检查,每200m每车道2处
		极值	—	91	91	89	
2	平整度(mm)		—	12	12	15	3m直尺:每200m测2处×10尺
3	纵断高程(mm)		—	+5,-15	+5,-15	+5,-20	水准仪:每200m测4个断面
4	宽度		符合设计要求		符合设计要求		尺量:每200m测4处

续上表

项次	检查项目		规定值或允许偏差				检查方法和频率
			基层		底基层		
			高速公路、一级公路	其他公路	高速公路、一级公路	其他公路	
5	厚度（mm）	代表值	—	-10	-10	-12	按有关规定进行检查，每200m每车道1点
		合格值	—	-20	-25	-30	
6	横坡（%）		—	±0.5	±0.3	±0.5	水准仪：每200m测4个断面
7	强度		符合设计要求		符合设计要求		按有关规定进行检查

水泥稳定粒料基层和底基层实测项目 表2-4-28

项次	检查项目		规定值或允许偏差				检查方法和频率
			基层		底基层		
			高速公路、一级公路	其他公路	高速公路、一级公路	其他公路	
1	压实度（%）	代表值	98	97	96	95	按有关规定方法进行检查，每200m每车道2处
		极值	94	93	92	91	
2	平整度（mm）		8	12	12	15	3m直尺：每200m测2处×10尺
3	纵断高程（mm）		+5，-10	+5，-15	+5，-15	+5，-20	水准仪：每200m测4个断面
4	宽度		符合设计要求		符合设计要求		尺量：每200m测4处
5	厚度（mm）	代表值	-8	-10	-10	-12	按有关规定进行检查，每200m每车道1点
		合格值	-15	-20	-25	-30	
6	横坡（%）		±0.3	±0.5	±0.3	±0.5	水准仪：每200m测4个断面
7	强度		符合设计要求		符合设计要求		按有关规定进行检查

3）外观鉴定

（1）表面平整密实、无坑洼、无明显离析。

（2）施工接茬平整、稳定。

3. 石灰粉煤灰（二灰）稳定土施工质量检验

二灰稳定类结构层工程完工后，施工单位、工程监理单位和建设单位应按相同的工程项目划分进行工程质量的监控和管理。

按照《公路工程质量检验评定标准》（JTG F80/1—2004）的规定，二灰稳定类结构层工程质量检验评定时的基本要求、质量检验评定标准和外观鉴定等内容分述如下。

1）基本要求

（1）粒料应符合设计和施工规范要求，并应根据当地料源选择质坚、干净的粒料。

(2)土质应符合设计要求,土块应粉碎。

(3)石灰和粉煤灰质量应符合设计要求,石灰须经充分消解才能使用。

(4)混合料配合比应准确,不得含有灰团和生石灰块。

(5)路拌法拌和深度应达到层底。

(6)摊铺时要注意消除离析现象。

(7)碾压时应先用轻型压路机稳压,后用重型压路机碾压至要求的压实度。

(8)保湿养生,养生期应符合规范要求。

2)质量检验评定标准

二灰稳定类结构层交工验收阶段质量检验评定的实测项目、检查频度、质量要求或允许偏差等见表2-4-29、表2-4-30。

石灰、粉煤灰土基层和底基层实测项目 表2-4-29

项次	检查项目		规定值或允许偏差				检查方法和频率
			基层		底基层		
			高速公路、一级公路	其他公路	高速公路、一级公路	其他公路	
1	压实度(%)	代表值	—	95	95	93	按有关规定方法进行检查,每200m每车道2处
		极值	—	91	91	89	
2	平整度(mm)		—	12	12	15	3m直尺:每200m测2处×10尺
3	纵断高程(mm)		—	+5,-15	+5,-15	+5,-20	水准仪:每200m测4个断面
4	宽度		符合设计要求		符合设计要求		尺量:每200m测4处
5	厚度(mm)	代表值	—	-10	-10	-12	按有关规定进行检查,每200m每车道1点
		合格值	—	-20	-25	-30	
6	横坡(%)		—	±0.5	±0.3	±0.5	水准仪:每200m测4个断面
7	强度		符合设计要求		符合设计要求		按有关规定进行检查

石灰、粉煤灰稳定粒料基层和底基层实测项目与要求 表2-4-30

项次	检查项目		规定值或允许偏差				检查方法和频率
			基层		底基层		
			高速公路、一级公路	其他公路	高速公路、一级公路	其他公路	
1	压实度(%)	代表值	98	97	96	95	按有关规定方法进行检查,每200m每车道2处
		极值	94	93	92	91	
2	平整度(mm)		8	12	12	15	3m直尺:每200m测2处×10尺

续上表

项次	检查项目		规定值或允许偏差				检查方法和频率
			基层		底基层		
			高速公路、一级公路	其他公路	高速公路、一级公路	其他公路	
3	纵断高程(mm)		+5，-10	+5，-15	+5，-15	+5，-20	水准仪：每200m测4个断面
4	宽度		符合设计要求		符合设计要求		尺量：每200m测4处
5	厚度(mm)	代表值	-8	-10	-10	-12	按有关规定进行检查，每200m每车道1点
		合格值	-15	-20	-25	-30	
6	横坡(%)		±0.3	±0.5	±0.3	±0.5	水准仪：每200m测4个断面
7	强度		符合设计要求		符合设计要求		按有关规定进行检查

3）外观鉴定

（1）表面平整密实、无坑洼。

（2）施工接茬平整、稳定。

4.级配碎（砾）石施工质量检验

级配碎（砾）石结构层工程完工后，施工单位、工程监理单位和建设单位应按相同的工程项目划分进行工程质量的监控和管理。

按照《公路工程质量检验评定标准》（JTG F80/1—2004）的规定，级配碎（砾）石结构层工程质量检验评定时的基本要求、质量检验评定标准和外观鉴定等内容分述如下。

1）基本要求

（1）应选用质地坚韧、无杂质的碎石、砂砾、石屑或砂，级配应符合要求。

（2）配料必须准确，塑性指数必须符合规定。

（3）混合料应拌和均匀，无明显离析现象。

（4）碾压应遵循先轻后重的原则，洒水碾压至要求的压实度。

2）质量检验评定标准

级配碎（砾）石结构层交工验收阶段质量检验评定的实测项目、检查频度、质量要求或允许偏差等见表2-4-31。

级配碎（砾）石基层和底基层实测项目 表2-4-31

项次	检查项目		规定值或允许偏差				检查方法和频率
			基层		底基层		
			高速公路、一级公路	其他公路	高速公路、一级公路	其他公路	
1	压实度(%)	代表值	98	98	96	96	按有关规定方法进行检查，每200m每车道2处
		极值	94	94	92	92	

续上表

项次	检查项目		规定值或允许偏差				检查方法和频率
			基层		底基层		
			高速公路、一级公路	其他公路	高速公路、一级公路	其他公路	
2	弯沉值		符合设计要求		符合设计要求		按有关规定进行检查
3	平整度(mm)		8	12	12	15	3m 直尺:每 200m 测 2 处×10 尺
4	纵断高程(mm)		+5,-10	+5,-15	+5,-15	+5,-20	水准仪:每 200m 测 4 个断面
5	宽度		符合设计要求		符合设计要求		尺量:每 200m 测 4 处
6	厚度(mm)	代表值	-8	-10	-10	-12	按有关规定进行检查,每 200m 每车道 1 点
		合格值	-15	-20	-25	-30	
7	横坡(%)		±0.3	±0.5	±0.3	±0.5	水准仪:每 200m 测 4 个断面

3)外观鉴定

表面平整密实,边线整齐,无松散。

5. 填隙碎石施工质量检验

填隙碎石结构层工程完工后,施工单位、工程监理单位和建设单位应按相同的工程项目划分进行工程质量的监控和管理。

按照《公路工程质量检验评定标准》(JTG F80/1—2004)的规定,填隙碎石结构层工程质量检验评定时的基本要求、质量检验评定标准和外观鉴定等内容分述如下。

1)基本要求

(1)粗粒料应为质地坚韧、无杂质的轧制碎石,填缝料应为为 4.75mm 以下的轧制细料或粗砂。

(2)应用振动压路机碾压,使填缝料填满粗粒料空隙。

2)质量检验评定标准

填隙碎石结构层交工验收阶段质量检验评定的实测项目、检查频度、质量要求或允许偏差等见表 2-4-32。

填隙碎石(矿渣)基层和底基层实测项目 表 2-4-32

项次	检查项目		规定值或允许偏差				检查方法和频率
			基层		底基层		
			高速公路、一级公路	其他公路	高速公路、一级公路	其他公路	
1	固体体积率(%)	代表值	—	85	85	83	按有关规定方法进行检查,每 200m 每车道 2 处
		极值	—	82	82	80	

续上表

<table>
<tr><th rowspan="3">项次</th><th rowspan="3" colspan="2">检查项目</th><th colspan="4">规定值或允许偏差</th><th rowspan="3">检查方法和频率</th></tr>
<tr><th colspan="2">基　层</th><th colspan="2">底 基 层</th></tr>
<tr><th>高速公路、一级公路</th><th>其他公路</th><th>高速公路、一级公路</th><th>其他公路</th></tr>
<tr><td>2</td><td colspan="2">弯沉值</td><td colspan="2">符合设计要求</td><td colspan="2">符合设计要求</td><td>按有关规定进行检查</td></tr>
<tr><td>3</td><td colspan="2">平整度</td><td>—</td><td>12</td><td>12</td><td>15</td><td>3m 直尺：每 200m 测 2 处×10 尺</td></tr>
<tr><td>4</td><td colspan="2">纵断高程（mm）</td><td>—</td><td>+5，-15</td><td>+5，-15</td><td>+5，-20</td><td>水准仪：每 200m 测 4 个断面</td></tr>
<tr><td>5</td><td colspan="2">宽度</td><td colspan="2">符合设计要求</td><td colspan="2">符合设计要求</td><td>尺量：每 200m 测 4 处</td></tr>
<tr><td rowspan="2">6</td><td rowspan="2">厚度（mm）</td><td>代表值</td><td>—</td><td>-10</td><td>-10</td><td>-12</td><td rowspan="2">按有关规定进行检查，每 200m 每车道 1 点</td></tr>
<tr><td>合格值</td><td>—</td><td>-20</td><td>-25</td><td>-30</td></tr>
<tr><td>7</td><td colspan="2">横坡（%）</td><td>—</td><td>±0.5</td><td>±0.3</td><td>±0.5</td><td>水准仪：每 200m 测 4 个断面</td></tr>
</table>

3）外观鉴定

表面平整密实，边线整齐，无松散现象。

复习思考题

1. 路面基层（底基层）的结构类型有哪些？各有何特点？
2. 路面基层（底基层）对主要材料有何要求？
3. 稳定类路面基层（底基层）的施工特点有哪些？

能力训练

1. 简述水泥稳定土的施工要点。
2. 简述石灰粉煤灰稳定土的施工流程。
3. 简述级配碎（砾）石的施工步骤。
4. 简述水泥稳定粒料基层的施工质量检验内容。

任务五　沥青类路面面层施工

引例

杭甬高速公路拓宽路面工程的拌和场地选在地势较高、地基稳定的地方，并根据实际工程量大小确定征用面积，一般至少能满足集料堆放总量的 30%。此外，拌和场纵向每隔 5～10m、横向每隔 15～20m 应设置碎石盲沟，坡度不小于 0.5%，且场地明沟相连通。

沥青混合料拌和时，根据集料含水率的变化适度调整冷喂料量，一般要求集料的含水率不大于标准工况下的含水率(国际标准为5%)，若高于标准则应减少喂料量。另外。应随时观测拌和设备混合料出料状况，如冒烟状态、沥青与矿料裹覆状态(粗集料95%裹覆)等。

下图为沥青面层施工的流程示意图。

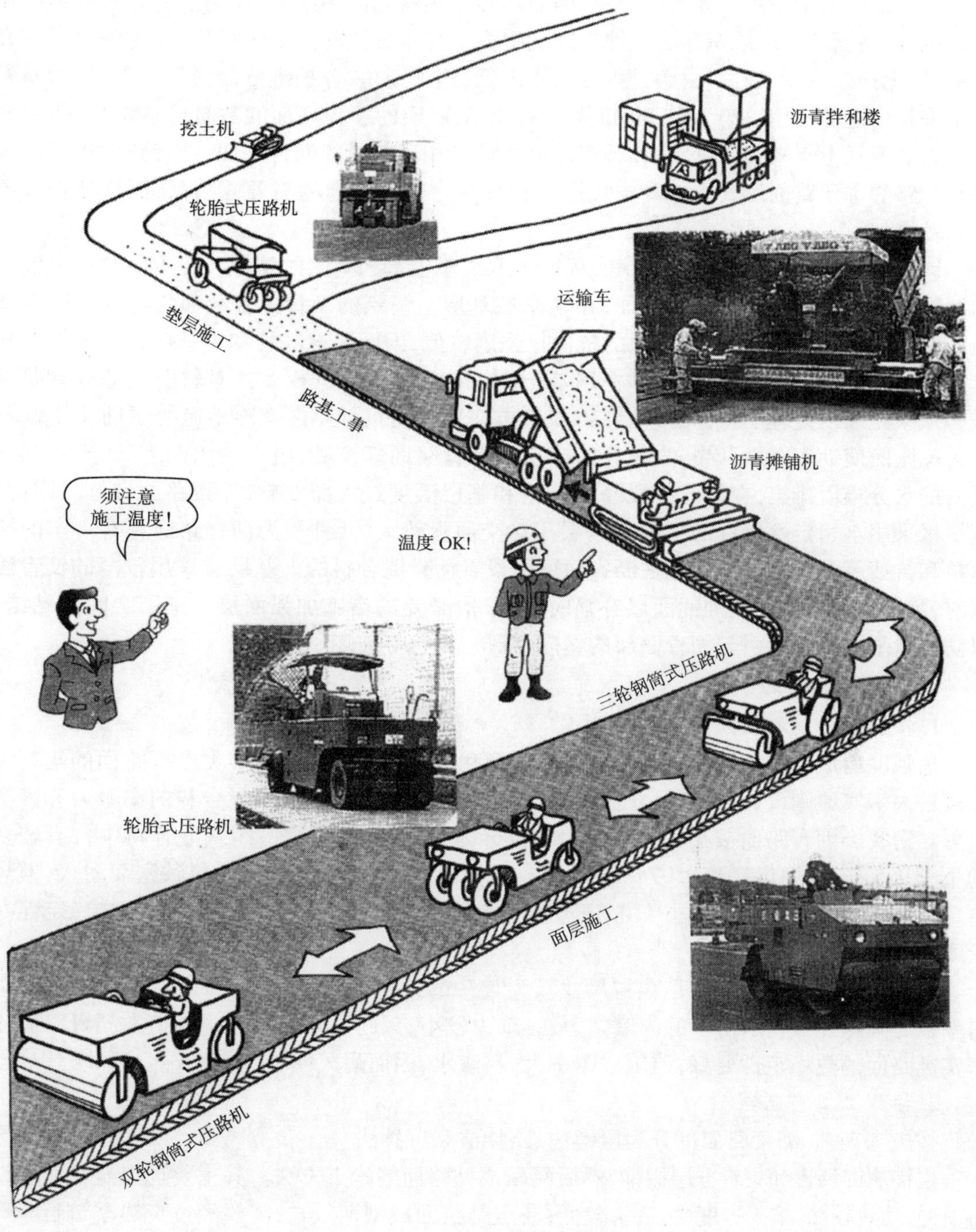

一、沥青类路面面层分类

(一)沥青路面的基本特性

沥青路面是用沥青材料作结合料黏结矿料修筑面层与基层的路面结构。

沥青路面由于使用了沥青结合料,因而增强了集料间的黏结力,提高了混合料的强度和稳定性,使路面的使用质量和耐久性都得到提高。与水泥混凝土路面相比,沥青路面具有表面平整,无接缝,行车舒适,耐磨,振动小,噪声低,施工期短,养护维修简便等优点,因而得到了越来越广泛的应用。20世纪50年代以来,各国修建的沥青路面的数量迅猛增长,所占比重很大。近几十年来,我国公路和城市道路修筑了相当数量的沥青路面,沥青路面也是我国高速公路的主要路面形式。随着国民经济和现代化道路交通的需要,沥青路面预计会有更大的发展。

沥青路面的强度和稳定性在很大程度上取决于土基和基层的特性。在柔性基层上铺筑的沥青面层称为柔性基层沥青路面,在半刚性基层上铺筑的沥青混合料面层称为半刚性基层沥青路面。总的来说,沥青路面的抗弯拉强度较低,因而要求基层和土基应具有足够的强度和稳定性。因此,施工时必须掌握路基土的特性进行充分的压实。对软弱土基或翻浆路段必须预先加以处理。低温时,沥青路面的抗变形能力很低。在寒冷地区为了防止土基不均匀冻胀而使沥青路面开裂,需设置防冻层。沥青路面修筑后,由于透水性小,使土基和基层内的水分难以排出,在潮湿路段易使土基和基层湿度过大而变软,导致路面破坏。因此,宜尽量采用水稳定性较好的半刚性基层。对交通量较大的路段,为沥青路面具有一定的抗弯拉和抗疲劳开裂的能力。宜在沥青面层下设置沥青混合料的上基层。采用较薄的沥青面层时,特别是在旧路面上加铺面层补强时,要采取必要的措施加强面层与基层之间的黏结,以防止水平力作用而引起沥青面层的剥落、推挤、拥包等破坏。

(二)沥青路面的分类

1.按强度构成原理分类

按强度构成原理可将沥青路面分为密实型和嵌挤型两大类。密实类沥青路面的集料级配按最大密实原则设计,颗粒尺寸多样,其强度和稳定性主要取决于混合料的黏聚力和内摩阻力。密实类沥青路面按其空隙率的大小可分为开式和闭式两种:闭式混合料中含有较多的小于0.5mm的细集料和0.074mm的矿料颗粒,空隙率小于6%,混合料致密而耐久,但热稳定性较差。开式混合料中小于0.5mm的矿料颗粒含量较少,空隙率大于6%,热稳定性好于闭式混合料。

嵌挤类沥青路面采用的是颗粒尺寸较为均一的集料,路面的强度和稳定性主要依靠集料颗粒之间相互嵌挤所产生的内摩阻力,黏聚力较小,只起次要的作用。嵌挤类沥青路面比密实类路面的热稳定性要好,但因空隙率大,易渗水,因而耐久性较差。

2.按施工工艺分类

按施工工艺,沥青路面可分为层铺法、路拌法和厂拌法。

层铺法即沥青和集料分层撒铺,然后碾压成型路面的施工方法。其主要优点是工艺和设备简便、功效较高、施工进度快、造价较低;缺点是路面成型期较长,需要经过炎热季节行车碾压之后路面方能成型。用这种方法所修筑的沥青路面有沥青表面处治式和沥青贯入式两种。

路拌法是指在路上用人工或机械将矿料和沥青材料就地拌和摊铺、碾压密实而成的沥青面层。路拌沥青面层,通过就地拌和,沥青材料在矿料中分布比层铺法均匀,可以缩短路面的成型期。但因所用矿料为冷料,需使用黏稠度较低的沥青材料,故混合料的强度较低。

厂拌法是将规定级配的矿料和沥青材料用工厂的专用设备加热拌和,并在一定的时间内运到工地用摊铺机摊铺,然后碾压而成的沥青路面。若混合料是拌和后立即趁热运到路上摊铺,称为热拌热铺;混合料加热拌和后储存一段时间后再在常温下运到路上摊铺压实,则称为热拌冷铺。厂拌法所用集料清洁、级配准确,且为热料拌和,沥青黏稠度高,用量准确,因而混合料质量高,寿命长,但修建费用也较高。若所用矿料为开级配,拌和后混合料的空隙率大于10%,混合料被称为厂拌沥青碎石;若矿料是按最佳密实级配原则配制,空隙率小于10%,则称为沥青混凝土。

3. 按沥青路面的技术特性分类

根据沥青路面的技术特性,沥青面层可分为沥青混凝土、热拌沥青碎石、乳化沥青碎石混合料、沥青贯入式、沥青表面处治五种类型。此外,近年来沥青玛蹄脂碎石也得到广泛应用。

沥青表面处治路面是指用沥青和集料按层铺法或拌和法铺筑而成的厚度不超过3cm的沥青路面。沥青表面处治的厚度一般为1.5~3.0cm。层铺法可分为单层、双层、三层。单层表面处厚度为1.0~1.5cm,双层表面处厚度为1.5~2.5cm,三层表面处厚度为2.5~3.0cm。沥青表面处治适用于三级、四级公路的面层、旧沥青面层上加铺罩面或抗滑层、磨耗层等。

沥青贯入式路面是指用沥青贯入碎(砾)石作面层的路面。沥青贯入式路面的厚度一般为4~8cm。当沥青贯入式的上部加铺拌和的沥青混合料时,也称为上拌下贯式,此时拌和层的厚度宜为3~4cm,其总厚度为7~10cm。沥青贯入式碎石路面用作二级及二级以下公路的沥青面层。

沥青碎石路面是指用沥青碎石作面层的路面,沥青碎石的配合比设计应根据实践经验和马歇尔实验的结果,并通过施工前的试拌和试铺确定。沥青碎石有时也用作联结层。

沥青混凝土路面是指用沥青混凝土作面层的路面,其面层可由单层、双层或三层沥青混合料组成,各层混合料的组成设计应根据其层厚和层位、气温和降雨量等气候条件、交通量和交通组成等因素确定,以满足对沥青面层使用功能的要求。沥青混凝土常用作高等级公路的面层。

乳化沥青碎石混合料适用于作三级、四级公路的沥青面层、二级公路养护罩面以及各级公路的调平层。国外也用作为柔性基层。

沥青玛蹄脂碎石路面是指用沥青玛蹄脂碎石混合料作面层或抗滑层的路面。沥青玛蹄脂碎石混合料(简称SMA)是以间断级配为骨架,用改性沥青、矿粉及木质纤维素组成的沥青玛蹄脂为结合料,经拌和、摊铺、压实而形成的一种构造深度较大的抗滑面层。它具有抗滑耐磨、孔隙率小、抗疲劳、高温抗车辙、低温抗开裂的优点,是一种全面提高密级配沥青混凝土使用质量的新材料,适用于高速公路、一级公路和其他重要公路的表面层。

（三）沥青路面类型的选择

采用不同的施工工艺和材料可以修筑成不同类型的沥青路面。因此，必须根据路面的使用要求和施工的具体条件，按照技术经济原则来综合考虑，选定最适当的路面类型。

选择沥青路面的类型，一方面要根据任务要求（道路的等级、交通量、使用年限、修建费用等）和工程特点（施工季节、施工期限、基层状况等），另一方面还应考虑材料供应情况、施工机具、劳力和施工技术条件等因素，见表2-5-1。

路面类型的选择 表2-5-1

公路等级	面 层 类 型	设计年限（年）	设计年限内累计标准轴次（万次/车道）
高速、一级公路	沥青混凝土、沥青玛蹄脂碎石	15	>400
二级公路	沥青混凝土	12	<200
	热拌沥青碎石混合料、沥青贯入式	10	100～200
三级公路	乳化沥青碎石混合料、沥青表面处治	8	10～100
四级公路	水结碎石、泥结碎石、级配碎（砾）石、半整齐石块路面	5	≤10
	粒料改善土	5	

从施工季节来讲，沥青类路面一般都要求在温暖干燥的气候条件下施工，所用沥青材料在施工时具有较大的流动性，便于路面摊铺和压实。热拌热铺类的沥青碎石或沥青混凝土面层，气候对其影响较小，仅要求在晴朗天气和气温不低于5℃时施工。若施工气温较低，则应选用热拌冷铺法施工较为适宜。

沥青类路面一般不宜铺筑在纵坡大于6%的路段上。纵坡大于3%的路段，考虑抗滑的要求，宜采用粗粒式的沥青碎石或粗粒式的沥青表面处治。

二、沥青路面常用材料要求

（一）沥青材料

沥青路面所用的沥青材料有石油沥青、煤沥青、液体石油沥青和沥青乳液等。各类沥青路面所用沥青材料的等级，应根据路面的类型、施工条件、地区气候条件、施工季节和矿料性质与尺寸等因素而定。煤沥青不宜作沥青面层用，一般仅作为透层沥青使用。选用乳化沥青时，对于酸性石料、潮湿的石料，以及低温季节施工宜选用阳离子乳化沥青，对于碱性石料或与掺入的水泥、石灰、粉煤灰共同使用时，宜选用阴离子乳化沥青。

对热拌热铺沥青路面，由于沥青材料和矿料均须加热拌和，并在热态下铺压，故可采用稠度较高的沥青材料。而热拌冷铺沥青路面，所用沥青材料的稠度可较低。对浇贯类沥青路面，若采用的沥青材料过稠，难以贯入碎石中，过稀又易流入路面底部。因此，这类路面宜采用中等稠度的沥青材料。当地气候寒冷、施工气温较低、矿料粒径偏细时，宜采用稠度较低的沥青材料。但炎热季节施工时，由于沥青材料的温度散失较慢，则可用稠度较高的沥青材料。对于路拌类沥青路面，一般仅采用稠度较低的沥青材料。道路石油沥青应符合表2-5-2规定的技术要求。

道路石油沥青的适用范围 表 2-5-2

沥青等级	适用范围
A 级沥青	各个等级的公路，适用于任何场合和层次
B 级沥青	(1)高速公路、一级公路沥青下面层及以下的层次，二级及以下公路的各个层次；(2)用作改性沥青、乳化沥青、改性乳化沥青、稀释沥青的基层质沥青
C 级沥青	三级及以下公路的各个层次

(二)粗集料

沥青路面所用的粗集料有碎石、破碎砾石、筛选砾石、钢渣、矿渣等。

碎石系由各种坚硬岩石轧制而成。沥青路面所用的碎石应具有足够的强度和耐磨性能，根据路面的类型和使用条件选定石料的等级。

碎石应是均质、洁净、坚硬、无风化的，并应不含过量小于 0.075mm 的颗粒(小于 2%)，吸水率为 2% ~3%。颗粒形状接近立方体并有多棱角，细长或扁平的颗粒(长边与短边或长边与厚度比大于 3)含量应小于 15%，压碎值应在 26% ~30%。

碎石与沥青材料的黏附性大小，对沥青混合料的强度和耐久性有极大影响，应优先选用同沥青材料有良好黏附性的碱性碎石。碎石与沥青材料的黏附性用水煮法测定时，一般公路不小于 3 级，高等级公路应不小于 4 级。

筛选砾石由天然砾石筛选而得。由于天然砾石是各种岩石经自然风化而成不同尺寸的粒料，强度极不均匀，而且多是圆滑形状，因此，筛选砾石仅适用于交通量较小的路面面层下层、基层或联结层的沥青混合料中使用，不宜用于防滑面层。在交通量大的沥青路面面层，若使用砾石拌制沥青混合料，则在砾石中至少应掺有 50%(按重量计算)大于 5mm 的碎石或经轧制的砾石。沥青贯入式路面用砾石时，主层矿料中亦应掺有 30% ~40% 以上的碎石或轧制砾石。

轧制砾石系由天然砾石轧制并经筛选而得，要求大于 5mm 颗粒中 40%(按质量计)以上至少有一个破碎面。用于沥青贯入式面层时，主层矿料中要有 30% ~40%(按质量计)以上颗粒至少有两个破碎面。

路面抗滑表层粗集料应选用坚硬、耐磨、抗冲击性好的碎石，不得使用筛选砾石、矿渣及软质集料。用于高速公路、一级公路沥青路面表面层及各类抗滑表层的粗集料应符合规定的石料磨光值要求。为了保证石料与沥青之间有较好的黏结性能，经检验属于酸性岩石的石料，用于高速公路、一级公路和城市快速路、主干路时，宜使用针入度较小的沥青，必要时可在沥青中掺加抗剥离剂，或用干燥的磨细消石灰或生石灰粉、水泥作为填料的一部分，其用量宜为矿料总量的 1% ~2%。将粗集料用石灰浆处理后使用也可以有效地提高石料与沥青之间的黏结力。

各种沥青路面对石料等级的要求列于表 2-5-3。

沥青面层粗集料质量技术要求　　表 2-5-3

指　标	单　位	高速公路、一级公路		其他等级公路
		表面层	其他层次	
石料压碎值，不大于	%	26	28	30
洛杉矶磨耗损失，不大于	%	28	30	35
表观相对密度，不大于	t/m^3	2.60	2.50	2.55
吸水率，不大于	%	2.0	3.0	3.0
坚固性，不大于	%	12	12	—
针片状颗粒含量（混合料），不大于	%	15	18	20
粒径大于 9.5mm 的颗粒含量，不大于	%	12	15	—
粒径小于 9.5mm 的颗粒含量，不大于	%	18	20	—
水洗法小于 0.075mm 的颗粒含量，不大于	%	1	1	1
软石含量，不大于	%	3	5	5

（三）细集料

粗细集料通常以 2.36mm 作为分界，沥青面层的细集料可采用天然砂、机制砂及石屑。表 2-5-4 是沥青面层用天然砂规格。细集料应洁净、干燥、无风化、无杂质，并有适当的颗粒组成。热拌沥青混合料的细集料宜采用优质的天然砂或机制砂，在缺砂地区也可以用石屑。但由于一般情况下石屑的含泥量高，强度不高，因此用于高速公路、一级公路沥青混凝土面层及抗滑表层的石屑用量不宜超过天然砂及机制砂的用量。细集料应与沥青有良好的黏结能力，与沥青黏结性能很差的天然砂及用花岗岩、石英岩等酸性石料破碎的机制砂或石屑不宜用于高速公路、一级公路沥青面层。必须使用时，应有抗剥落措施。

沥青面层用天然砂规格　　表 2-5-4

筛孔尺寸（mm）	通过各筛孔的质量百分率（%）		
	粗　砂	中　砂	细　砂
9.5	100	100	100
4.75	90～100	90～100	90～100
2.36	65～95	75～90	85～100
1.18	35～65	50～90	75～100
0.6	15～30	30～60	60～84
0.3	5～20	8～30	15～45
0.15	0～10	0～10	0～10
0.075	0～5	0～5	0～5

(四)填料

沥青混合料的填料宜采用石灰岩或岩浆岩中的强基性岩石等憎水性石料经磨细得到的矿粉,原石料中的泥土杂质应除净。矿粉要求干燥、洁净,其质量应符合表2-5-5的技术要求。当采用水泥、石灰、粉煤灰作填料时,其用量不宜超过矿料总量的2%。

沥青面层用矿粉质量技术要求　表2-5-5

指　标	高速公路、一级公路	其他等级公路
视密度,不小于(t/m^3)	2.50	2.55
含水率,不大于(%)	1	1
粒度范围 <0.6mm(%) <0.15mm(%) <0.075mm(%)	100 90~100 75~100	100 90~100 70~100
外观	无团粒结块	
亲水系数	<1	

三、各类沥青路面的施工方法

(一)沥青表面处治

沥青表面处治是用沥青裹覆矿料,铺筑厚度小于3cm的一种薄面路面面层。其主要作用是防水、抗磨耗、防滑和改善碎(砾)石路面的使用品质,改善行车条件。在计算路面厚度时,不作为单独受力结构层。沥青表面处治层在施工完毕后,须经过一段时间的行车碾压,特别是一定高温下的行车碾压,使其矿料取得最稳定的嵌紧位置,并同沥青黏结牢固,这一过程就称为"成型"阶段。因此,沥青表面处治宜选择在干燥和较热的季节施工,并在雨季及日最高温度低于15℃到来以前半个月结束,使表面处治层通过开放交通压实,成型稳定。

沥青表面处治可采用拌和法或层铺法施工,采用层铺法施工时按照洒布沥青及铺撒矿料的层次多少,单层式为洒布一次沥青,铺撒一次矿料,厚度为1.0~1.5cm;双层式为洒布二次沥青,铺撒二次矿料,厚度为2.0~2.5cm;三层式为洒布三次沥青,铺撒三次矿料,厚度为2.5~3.0cm。

沥青表面处治所用的矿料,其最大粒径应与所处治的层次厚度相当。矿料的最大与最小粒径比例应不大于2,介于两个筛孔之间颗粒的含量应为70%~80%或更高。沥青表面处治材料用量要求如表2-5-6所示。

当采用乳化沥青时,应减少乳液流失,可在主层集料中掺加20%以上较小粒径的集料。沥青表面处治施工后,应在路侧另备碎石或石屑、粗砂或小砾石作为初期养护用料,其中碎石的规格为S12(5~10mm),粗砂或小砾石的规格为S14(3~5mm),其用量为(2~3)m^3/1 000m^2。城市道路的初期养护料,在施工时应与最后一遍料一起撒布。

沥青表面处治可采用道路石油沥青、煤沥青或乳化沥青铺筑,沥青用量按表2-5-6选用,沥青等级应按表2-5-2选用。当采用煤沥青时,应将表2-5-6中的沥青用量相应增加15%~20%,沥青规格符合表2-5-2的要求。当采用乳化沥青时,乳液用量根据表2-5-6所列的乳液用量并按其中的沥青含量进行折算。乳化沥青的类型及规格应按表2-5-7选用。

沥青表面处治面层材料规格用量(方孔筛) 表 2-5-6

沥青种类	类型	厚度(cm)	集料(m^3/1 000m^2)						沥青或乳液用量(kg/m^2)			
			第一层		第二层		第三层		第一次	第二次	第三次	合计用量
			粒径规格	用量	粒径规格	用量	粒径规格	用量				
石油沥青	单层	1.0 1.5	S12 S10	7 ~ 9 12 ~ 14					1.4 ~ 1.6			1.4 ~ 1.6
	双层	1.5 2.0 2.0	S10 S9 S8	12 ~ 14 16 ~ 18 18 ~ 20	S12 S12 S12	7 ~ 8 7 ~ 8 7 ~ 8		~	1.4 ~ 1.6 1.6 ~ 1.8 1.8 ~ 2.0	1.0 ~ 1.2 1.0 ~ 1.2 1.0 ~ 1.2		2.5 ~ 2.8 2.6 ~ 3.0 2.8 ~ 3.2
	三层	2.5 3.0	S8 S6	18 ~ 20 20 ~ 22	S10 S10	12 ~ 14 12 ~ 14	S12 S12	7 ~ 8 7 ~ 8	1.6 ~ 1.8 1.8 ~ 2.0	1.2 ~ 1.4 1.2 ~ 1.4	1.0 ~ 1.2 1.0 ~ 1.2	3.8 ~ 4.4 4.0 ~ 4.6
乳化沥青	单层	0.5	S14	7 ~ 9					0.9 ~ 1.0			0.9 ~ 1.0
	双层	1.0	S12	9 ~ 11	S14	4 ~ 6			1.8 ~ 2.0	1.0 ~ 1.2		2.8 ~ 3.2
	三层	3.0	S6	20 ~ 22	S10	9 ~ 11	S12 S14	4 ~ 6 3.5 ~ 4.5	2.0 ~ 2.2	1.8 ~ 2.0	1.0 ~ 1.2	4.8 ~ 5.4

注:①煤沥青表面处治的沥青用量可较石油沥青用量增加 15% ~20%。

②表中乳化沥青的乳液用量适用于乳液中沥青用量约为 60% 的情况。

③在高寒地区及干旱、风沙大的地区,可超出高限 5% ~10%。

道路用乳化石油沥青质量要求 表 2-5-7

项目 \ 种类		PC—1 PA—1	PC—2 PA—2	PC—3 PA—3	BC—1 BA—1	BC—2 BA—2	BC—3 BA—3
筛上剩余量,不大于(%)		0.3					
电荷		阳离子带正电(+)、阴离子带负电(—)					
破乳速度试验		快裂	慢裂	快裂	中或慢裂		慢裂
黏度	沥青标准黏度计 $C_{25,3}$(s)	12 ~ 25	8 ~ 20		12 ~ 100		40 ~ 100
	恩格拉黏度 E_{25}	3 ~ 15	1 ~ 6		3 ~ 40		15 ~ 40
蒸发残留物含量,不小于(%)		60	50		55		60
蒸发残留物性质	针入度(100g,25℃,5s)(0.1mm)	80 ~ 200	80 ~ 300	60 ~ 160	60 ~ 200	60 ~ 300	80 ~ 200
	残留延度比(25℃),不小于(%)	80					
	溶解度(三氯乙烯),不小于(%)	97.5					
储存稳定性	5d,不大于(%)	5					
	1d,不大于(%)	1					
与矿料的黏附性,裹覆面积不小于		2/3					
粗粒式集料拌和试验		—			均匀	—	

续上表

项目 \ 种类	PC—1 PA—1	PC—2 PA—2	PC—3 PA—3	BC—1 BA—1	BC—2 BA—2	BC—3 BA—3
细粒式集料拌和试验	—				均匀	
水泥拌和试验,1.18mm 筛上剩余量,不大于(%)	—				5	
低温储存稳定度(-5℃)	无粗颗粒或结块					
用途	表面处治及贯入式洒布用	透层油用	黏层油用	拌制粗粒式沥青混合料	拌制中粒式及细粒式沥青混合料	拌制砂粒式沥青混合料及稀浆封层

注:①乳液黏度可选沥青标准黏度或恩格拉黏度计测定,$C_{25,3}$表示测试温度25℃、黏度计孔径3mm,E_{25}表示在25℃时测定。

②储存稳定性一般用5d的稳定性计算,如时间紧迫也可用1d的稳定性。

③PC、PA、BC、BA分别表示洒布型阳离子、洒布型阴离子、拌和型阳离子、拌和型阴离子乳化沥青。

④用于稀浆封层的阴离子乳化沥青BA—3型的蒸发残留含量可放宽至55%。

层铺法沥青表面处治施工,一般采用所谓“先油后料”法,即先洒布一层沥青,后铺撒一层矿料。以双层式沥青表面处治为例,其施工程序如下:

(1)备料;

(2)清理基层及放样;

(3)浇洒透层沥青;

(4)洒布第一次沥青;

(5)铺撒第一层矿料;

(6)碾压;

(7)洒布第二次沥青;

(8)铺撒第二层矿料;

(9)碾压;

(10)初期养护。

为使沥青与非沥青材料基层结合良好,在基层上喷洒液体沥青、乳化沥青、煤沥青而形成的透入基层表面一定深度的薄层称为透层。单层式和三层式沥青表面处治的施工程序与双层式相同,仅需相应地减少或增加一次洒布沥青、铺撒矿料和碾压工序。

层铺法施工各工序的要求分述如下:

(1)清理基层。在表面处治施工前,应将路面基层清扫干净,使基层的矿料大部分外露,并保持干燥。对有坑槽、不平整的路段应选修补和整平,若基层整体强度不足,则应先予补强。

(2)洒布沥青。沥青要洒布均匀,不应有空白或积聚现象,以免日后产生松散、拥包和推挤等病害。采用汽车洒布机洒布沥青时,应根据单位面积的沥青用量选定洒布机排挡和油泵机挡。洒布汽车行驶的速度要均匀。若采用手摇洒布机洒布沥青,应根据施工气温和风向调节喷头离地面的高度和移动的速度,以保证沥青洒布均匀,并应按洒布面积来控制单位沥青用量。沥青的浇洒温度应根据施工气温及沥青规格选择,石油沥青的洒布温度宜为130~170℃,煤沥青的洒布温度宜为80~120℃,乳化沥青可在常温下洒布。当气温偏低,破乳及成型过慢时，可将乳液加温后洒布，但乳液温度不得超过60℃。沥青浇洒的长度应与集料撒布机的能力相配合，应避免沥青浇洒后等待较长时间才撒布集料。

(3)铺撒矿料。洒布沥青后应趁热迅速铺撒矿料，按规定用量一次撒足。矿料要铺撒均匀，局部有缺料或过多处，应适当找补或扫除。矿料不应有重叠或漏空现象。当使用乳化沥青时，集料撒布应在乳液破乳之前完成。

(4)碾压。铺撒矿料后随即用60～80kN双轮压路机或轮胎压路机及时碾压。碾压应从一侧路缘压向路中心。碾压时，每次轮迹重叠约30cm，碾压3～4遍。压路机行驶速度开始为2km/h，以后可适当提高。

(5)初期养护。碾压结束后即可开放交通，但应禁止车辆快速行驶（不超过20km/h），要控制车辆行驶的路线，使路面全幅宽度获得均匀碾压，加速处治层反油稳定成型。对局部泛油、松散、麻面等现象，应及时修整处理。

（二）沥青贯入式路面

沥青贯入式路面具有较高的强度和稳定性，其强度的构成，主要依靠矿料的嵌挤作用和沥青材料的黏结力。沥青贯入式路面适用于二级及二级以下的公路、城市道路的次干道及支路。沥青贯入式层也可作为沥青混凝土路面的联结层。由于沥青贯入式路面是一种多孔隙结构，为了防止水的侵入和增强路面的水稳定性，其面层的最上层必须加铺封层。沥青贯入式路面宜在干燥和较热的季节施工，并宜在雨季及日最高温度低于15℃到来以前半个月结束，使贯入式结构层通过开放交通碾压成型。

沥青贯入式路面在初步碾压的矿料层上洒布沥青，再分层铺撒嵌缝料、洒布沥青和碾压，并借行车压实而成的。其厚度一般为4～8cm。乳化沥青贯入式路面的厚度不宜超过5cm。当贯入式层上部加铺拌和的沥青混合料面层时，路面总厚度为7～10cm，其中拌和层的厚度宜为3～4cm。

沥青贯入式路面所用的集料应选择有棱角、嵌挤性好的坚硬石料，其规格和用量要求如表2-5-8所示。

表面加铺拌和层时贯入层部分的材料规格和用量（方孔筛）　　表2-5-8

（用量单位：集料，m^3/1 000m^2；沥青及沥青乳液，kg/m^2）

沥青品种	石油沥青					
贯入层厚度(cm)	4		5		6	
沥青品种	石油沥青		乳化沥青			
厚度(cm)	7		4		5	
规格和用量	规格	用量	规格	用量	规格	用量
封层料	S14	3～5	S14	3～5	S13(S14)	4～6
第三遍沥青		1.0～1.2		1.0～1.2		1.0～1.2
第二遍嵌缝料	S12	6～7	S11(S10)	10～12	S11(S10)	10～12
第二遍沥青		1.6～1.8		1.8～2.0		2.0～2.2
第一遍嵌缝料	S10(S9)	12～14	S8	12～14	S8(S6)	16～18
第一遍沥青		1.8～2.1		1.6～1.8		2.8～3.0
主层石料	S5	45～50	S4	55～60	S5(S4)	66～76
总沥青用量	4.4～5.1		5.2～5.8		5.8～6.4	

续上表

沥青品种	石油沥青					
贯入层厚度(cm)	4		5		6	
沥青品种	石油沥青		乳化沥青			
厚度(cm)	7		4		5	
规格和用量	规格	用量	规格	用量	规格	用量
封层料	S13(S14)	4~6	S13(S14)	4~6	S14	4~6
第五遍沥青						0.8~1.0
第四遍嵌缝料					S14	5~6
第四遍沥青				0.8~1.0		1.2~1.4
第三遍嵌缝料			S14	5~6	S12	7~9
第三遍沥青		1.0~1.2		1.4~1.6		1.5~1.7
第二遍嵌缝料	S10(S11)	11~13	S12	7~8	S10	9~11
第二遍沥青		2.4~2.6		1.6~1.8		1.6~1.8
第一遍嵌缝料	S6(S8)	18~20	S9	12~14	S8	10~12
第一遍沥青		3.3~3.5		2.2~2.4		2.6~2.8
主层石料	S2	80~90	S5	40~45	S4	50~55
总沥青用量	6.7~7.3		6.0~6.8		7.4~8.5	

注:①煤沥青贯入的沥青用量可比石油沥青用量增加15%~20%。

②表中乳化沥青用量是指乳液的用量,并适用于乳液浓度约为60%的情况。

③在高寒地区及干旱风沙大的地区,可超出高限,再增加5%~10%。

沥青贯入式面层的施工程序如下:

(1)整修和清扫基层;

(2)浇洒透层或黏层沥青;

(3)铺撒主层矿料;

(4)第一次碾压;

(5)洒布第一次沥青;

(6)铺撒第一次嵌缝料;

(7)第二次碾压;

(8)洒布第二次沥青;

(9)铺撒第二次嵌缝料;

(10)第三次碾压;

(11)洒布第三次沥青;

(12)铺撒封面矿料;

(13)最后碾压;

(14)初期养护。

为加强路面沥青层与沥青层之间、沥青层与水泥混凝土路面之间的黏结而洒布沥青材料薄层称为黏层。对沥青贯入式路面施工要求与沥青表面处治基本相同,除注意施工各工序紧密衔接不要脱节之外，还应根据碾压机具，洒布沥青设备和数量来安排每一作业段的长度，力求在当天施工的路段当天完成，以免因沥青冷却而不能裹覆矿料和产生尘土污染矿料等不良后果。

适度的碾压在贯入式路面施工中极为重要。碾压不足会影响矿料嵌挤稳定，且易使沥青流失，形成层次上、下部沥青分布不均。但过度的碾压，则矿料易于压碎、破坏嵌挤原则，造成空隙减少，沥青难以下渗，形成泛油。因此，应根据矿料的等级、沥青材料的标号、施工气温等因素来确定各次碾压所使用的压路机重量和碾压遍数。

（三）路拌沥青碎石路面

路拌沥青碎石路面是在路上用机械将热的或冷的沥青材料与冷的矿料拌和，并摊铺、压实而成。

路拌沥青碎石路面的施工程序为：

(1)清扫基层；

(2)铺撒矿料；

(3)洒布沥青材料；

(4)拌和；

(5)整形；

(6)碾压；

(7)封层；

(8)养护。

封层为封闭表面空隙、防止水分侵入而在沥青面层或基层上铺筑的有一定厚度的沥青混合料薄层。铺在沥青面层表面的称为上封层，铺在沥青面层和基层之间的称为下封层。一般，上封层起封闭水分及抵抗车轮磨耗的作用；下封层起到防水、养生、封缝、黏结、应力吸收薄膜夹层等作用。

在清扫干净的基层上铺撒矿料，矿料可在整个路面的宽度范围内均匀铺撒，随后用沥青洒布车按沥青材料的用量标准分数次洒布。每次洒布沥青材料后，随即用齿耙机或圆盘耙把矿料与沥青材料初步拌和，然后改用自动平地机做主要的拌和工作。拌和时，平地机行程的次数视施工气温、路面的层厚、矿料粒径的大小和沥青材料的黏稠度而定，一般需往返行程20~30次方可拌和均匀。沥青与矿料翻拌后随即摊铺成规定的路拱横截面，并用路刮板刮平。由于路拌沥青混合料的塑性较高，故在碾压时，应先用轻型压路机碾压3~4遍后，再用重型压路机碾压3~6遍。路面压实后即可开放交通。通车后的一个月内应控制行车路线和车速，以便路面进一步压实成型。

（四）热拌沥青混合料路面

热拌沥青混合料适用于各种等级道路的沥青面层。高速公路、一级公路和城市快速路、主干路的沥青面层的上面层、中面层及下面层应用沥青混凝土混合料铺筑，沥青碎石混合料仅适用于过渡层及整平层。其他等级道路的沥青面层的上面层宜采用沥青混凝土混合料铺筑。

热拌沥青混合料配合比设计应按规定进行。经配合比设计确定的各类沥青混凝土混合料，应符合表2-5-9所列技术标准。

热拌沥青混合料马歇尔试验技术标准 表2-5-9

试验项目	沥青混合类型	高速公路、一级公路	其他等级公路	行人道路
击实次数(次)	沥青混凝土 沥青碎石、抗滑表层	两面各75 两面各50	两面各50 两面各50	两面各35 两面各35
稳定度① (kN)	Ⅰ型沥青混凝土 Ⅱ型沥青混凝土、抗滑表层	>7.5 >5.0	>5.0 >4.0	>3.0 —
流值 (0.1mm)	Ⅰ型沥青混凝土 Ⅱ型沥青混凝土、抗滑表层	20~40 20~40	20~45 20~45	20~50 —
空隙率② (%)	Ⅰ型沥青混凝土 Ⅱ型沥青混凝土 抗滑表层沥青碎石	3~6 4~10 >10	3~6 4~10 >10	2~5 — —
沥青 饱和度(%)	Ⅰ型沥青混凝土 Ⅱ型沥青混凝土 抗滑表层沥青碎石	70~85 60~75 40~60	70~85 60~75 40~60	75~90 — —
残留 稳定度(%)	Ⅰ型沥青混凝土 Ⅱ型沥青混凝土、抗滑表层	>75 >70	>75 >70	>75 —

注:①粗粒式沥青混凝土稳定度可降低1kN。

②Ⅰ型细料式沥青混凝土的空隙率为2%~6%。

(1)高速、一级公路沥青路面的上、中面层的沥青混凝土混合料在配比设计时,应通过车辙试验机对抗车辙能力进行检验。在温度60℃,轮压0.7MPa条件下进行车辙试验的动稳定度,对高速公路应不小于800次/mm,对一级公路应不小于600次/mm。

(2)沥青碎石混合料的配比设计应根据经验和马歇尔试验的结果,经过试拌试铺论证确定。

(3)高速公路和一级公路的热拌沥青混合比设计应遵照下列步骤进行:

①目标配合比设计阶段。用工程实际使用的材料计算各种材料的用量比例,配合成符合《公路沥青路面施工技术规范》(JTG F40—2004)规定的矿料级配,进行马歇尔试验,确定最佳沥青用量。以此矿料级配及沥青用量作为目标配合比,供拌和机确定各冷料仓的供料比例、进料速度及试拌使用。

②生产配合比阶段。用间歇式拌和机,必须从二次筛分后进入各热料仓的材料取样进行筛分,以确定各热料仓的材料比例,供拌和机控制室使用。同时反复调整冷料仓进料比例以达到供料均衡,并取目标配合比设计的最佳沥青用量、最佳沥青用量±0.3%等三个沥青用量进行马歇尔试验,确定生产配合比的最终沥青用量。

③生产配合比验证阶段。拌和机采用生产配合比进行试拌、铺筑试验段,并用拌和的沥青混合料及路上钻取得芯样进行马歇尔试验检验,由此确定生产用的配合比。标准配合比应作为生产上控制的依据和质量检验的标准。标准配合比的矿料级配至少应包括0.075mm、2.36mm、4.75mm(圆孔筛0.074mm、2.5mm、5mm)三档的筛孔通过率接近要求级配的中值。

(4)经设计确定的标准配合比在施工过程中不得随意变更。生产过程中,如遇进场材料发生变化并经检测沥青混合料的矿料级配、马歇尔技术指标不符合要求时,应及时调整配合比,使沥青混合料质量符合要求并保持相对稳定。必要时重新进行配合比设计。

(5)二级及二级以下其他等级公路热拌沥青混合料的配合比设计可按高等级公路配比设计的步骤进行。当材料与同类道路相同时,可直接引用成功的经验。

热拌沥青混合料材料种类应根据具体条件和技术规范合理选用。应满足耐久性、抗车辙、抗裂、抗水损害能力、抗滑性能等多方面要求,同时还需考虑施工机械、工程造价等实际情况。沥青混凝土混合料面层宜采用双层或三层式结构,其中应有一层及一层以上是Ⅰ型密级配沥青混凝土混合料。当各层均采用开级配沥青混合料时,沥青面层下必须做下封层。

厂拌法沥青路面包括沥青混凝土、沥青碎(砾)石等,施工过程可分为沥青混合料的拌制与运输及现场铺筑两个阶段。

热拌沥青混合料路面的施工程序为:

(1)下承层验收;

(2)测量放样;

(3)封层施工;

(4)配合比设计;

(5)试拌;

(6)试验段施工;

(7)混合料拌和;

(8)混合料运输;

(9)整形碾压;

(10)养护。

(五)SMA沥青路面

沥青玛蹄脂沥青路面(简称SMA沥青路面)是一种全新意义上的沥青混合料路面,这种材料是由沥青、纤维稳定剂、矿粉及少量的细集料组成的沥青玛蹄脂填充间断级配的粗集料骨架间隙而组成的沥青混合料。它具有良好的抗车辙、抗裂、水稳性等优点。

SMA沥青路面适用于采用SMA混合料铺筑沥青混凝土面层;适用于新建、改建的高速公路及大跨径钢桥桥面的铺装层。

1.施工准备

1)技术准备

复核水准点,必须全线联测。施工放样,采用全站仪准确放出中桩位置,并依据中桩确定各结构层边线位置。

熟悉设计文件和相关规范、标准,编制实施性施工组织设计和SMA沥青路面单项施工技术方案,由项目总工程师向班组长进行书面的一级技术交底和安全交底,施工前由班组长向操作工人进行二级技术交底和安全交底。

2)机具准备

拌和设备:间歇式沥青混凝土拌和站、纤维稳定剂投放设备(备选)。

运输设备:大吨位自卸汽车。

摊铺设备:配备自动找平装置的摊铺机。

碾压设备:双钢轮振动压路机。

其他设备:装载机、推土机、水车、加油车切割机等,沥青混合料试验站,全套工程测量仪器及相应的试验检测设备。

3)材料准备

原材料:沥青、粗集料、细集料、矿粉、抗剥落剂、纤维稳定剂等由持证材料员和实验员按规定进行检验,确保质量符合相应标准。

4)配合比设计

配合比设计包括目标配合比设计、生产配合比设计以及生产配合比验证3个阶段。

2. 施工工艺

施工工艺流程如下:

测量放样→沥青混合料拌制→沥青混合料运输→沥青混合料摊铺→沥青混合料碾压→养护→成品检验、验收→开放交通。

(六)橡胶沥青路面

橡胶沥青是沥青、废旧轮胎橡胶粉和某些添加剂组成的混合物,其中胶粉含量不低于15%,且在热沥青中产生胶粉颗粒的膨胀。橡胶沥青由于具很高的黏度,不仅与封层中的集料有很强的黏附力,而且这种封层与下承层也具有很好的黏结性。橡胶沥青路面是利用橡胶沥青作为黏结剂,先在路面或桥面上喷洒橡胶沥青,然后在上面撒布碎石,再经轮胎式压路机碾压成型的路面面层。橡胶沥青路面适用于白改黑路面。

1. 材料技术要求

橡胶沥青所用基质沥青为70号道路石油沥青,橡胶沥青制备所用基质沥青与橡胶沥青粉掺配比例为80:20。在橡胶沥青应力吸收层施工前,对橡胶沥青进行检测,橡胶沥青各项指标均满足技术要求,见表2-5-10。

橡胶沥青和集料的技术指标 表2-5-10

橡胶沥青的试验项目	技术要求	集料的试验项目	技术要求
针入度(25℃,100g,5s)(0.1mm)	40~80	洛杉矶磨耗损失(%)	≤28
		石料压碎值(%)	≤20
软化点 $T_{R\&B}$(℃)	52~74	高温压碎(%)	≤28
旋转黏度(190℃)(Pa·s)	15~40	软石含量(%)	≤3
弹性恢复(%)	≥60	粒径大于9.5mm针片状颗粒含量(%)	≤12
		表观密度(g/cm^3)	≥2.60
		吸水率(%)	≤2.0

2. 工艺实施所需设备

(1)橡胶沥青洒布车是工艺实施的关键设备之一。

(2)碎石撒布车(要保证碎石的单层均匀撒布)。

(3)26t胶轮压路机(不能使用钢轮压路机,以免压碎石屑)。

(4)扫平机(用来微量调节石屑的分布,补充空穴,并清除多余的石屑)。

3. 环境温度条件

(1)路面温度要大于18℃;

(2)空气温度要大于14℃;

(3)施工后的空气温度在夜间不要低于7℃。

4. 施工工艺

1）下承层准备

下承层应经过认真清理，表面洁净、干燥、无浮尘。

2）橡胶沥青加工

橡胶沥青的生产需要专用的设备，设备的核心部件是高速剪切机，能够使橡胶粉与基质沥青充分混合，橡胶粉掺量对橡胶沥青性质影响较大，生产设备需要有高精度的计量装置。为了使橡胶粉与沥青充分反应，生产设备附设反应罐，在高温和搅拌的状态下，橡胶沥青容易离析的问题得到了缓解。

3）橡胶沥青洒布

橡胶沥青采用自动洒布车洒布，沥青洒布温度控制在 190 ~ 200℃，黏度一般控制在 2.5 ~ 3.0Pa · s。橡胶沥青洒布分 3 次进行，洒布宽度可自行调节，洒布量按（2.0 ± 0.1）kg/m^2 进行控制，洒布时纵向位置约重叠 10cm 左右，以防止出现漏洒，同时需对喷洒区附近的结构物加以保护，以免污染。

4）碎石撒布

碎石撒布量根据试铺段确定，撒布量应达到 90% 以上，不得出现漏撒或多撒现象。为了加强橡胶沥青和碎石间的黏结程度，碎石撒布前经拌和楼将其加热至 150 ~ 160℃ 由热料仓筛分后获得所需规格，并采用油石比为 0.2% 的 70 号道路石油沥青进行预裹覆处理。

5）碾压工艺

碎石撒布后，胶轮压路机应立即进行碾压，碾压速度为 2.0 ~ 2.5km/h，碾压 3 ~ 4 遍，碾压过程中压路机不得随意刹车或掉头，碾压必须在 10 ~ 20min 内完成，碾压后橡胶沥青对碎石的裹覆率要达到 50%；碾压完成 2 ~ 3h 后，清扫车清扫并收集浮石，彻底封闭交通直至封层冷却至常温。

（七）阻燃沥青路面

阻燃沥青混凝土，将一种特制的阻燃改性剂直接添加到沥青混合料中，并对其进行阻燃改性，在不影响沥青混合料路用性能的基础上提高沥青混凝土路面的阻燃性能。目前在隧道的沥青路面中得到了广泛的应用。

1. 材料

1）沥青

改性沥青材料的技术要求见表 2-5-11。

改性沥青技术要求 表 2-5-11

试验项目		技术要求
针入度（25℃，5s，100g）（0.1mm）		30 ~ 60
针入度指数 PI		≥0
软化点 $T_{R\&B}$（℃）		≥70
延度（5℃，5cm/min）（cm）		≥20
TFOT（或 RTFOT）后	质量变化（%）	≤ ±1.0
	残留针入度比（25℃）（%）	≥65
	残留延度（5℃）（cm）	≥15

2)阻燃剂

目前用于防止塑料燃烧的主要方法是向其中添加卤系阻燃剂,这类阻燃剂阻燃效果很好,但在阻燃过程中会放出大量含有毒气体的黑烟,而无卤阻燃剂有低烟、无毒的优点,一般无卤阻燃剂可分为无机阻燃剂和有机阻燃剂。无机阻燃剂主要有 $Al(OH)_3$、$Mg(OH)_2$、红磷、可膨胀石墨、聚磷酸铵。有机阻燃剂主要有磷系阻燃剂、氮系阻燃剂。

3)矿料级配

根据《公路沥青路面施工技术规范》(JTG F40—2004)要求,确定目标配合比、生产配合比。

2. 阻燃沥青的构成

沥青路面在发生火灾时达到阻燃、抑烟效果,主要从下述 3 个方面着手解决:

(1)消灭(捕捉)烃类氧化初期产生的活性很强的自由基(HO^-和H^-),抑制连锁反应的发生。

(2)在沥青表面形成被膜,切断热能、可燃气体、氧气(空气)向沥青内的传递。

(3)促进碳化物生成,在燃烧表面形成稳定的碳化层,使燃烧终止,产生自熄现象,达到阻燃、抑烟的目的。

3. 施工工艺

阻燃剂按每盘 3t 的生产能力,每袋应包装 15kg,从外加剂窗口直接投入与矿料搅拌,干拌时间延长 3s,约 8s,改性沥青 + 氢氧化钙粉剂 + 阻燃剂的混合料湿拌时间 38s,拌和温度为 175 ~ 185℃。

阻燃改性沥青混合料施工工艺参照橡胶沥青路面施工方法。

四、沥青路面混合料拌和

1. 沥青混合料的拌制

在工厂拌制混合料所用的固定式拌和设备有间歇式(图 2-5-1)和连续式(图 2-5-2)两种。前者系在每盘拌和时计量混合料各种材料的重量,而后者则在计量各种材料之后连续不断地送进拌和器中拌和。

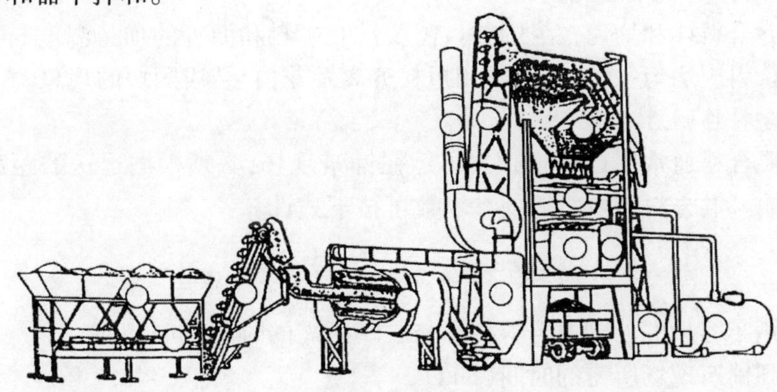

图 2-5-1 间歇式拌和机

为保证沥青混合料的质量更稳定,沥青用量更准确,高速公路和一级公路的沥青混凝土宜采用间歇式拌和机拌和。

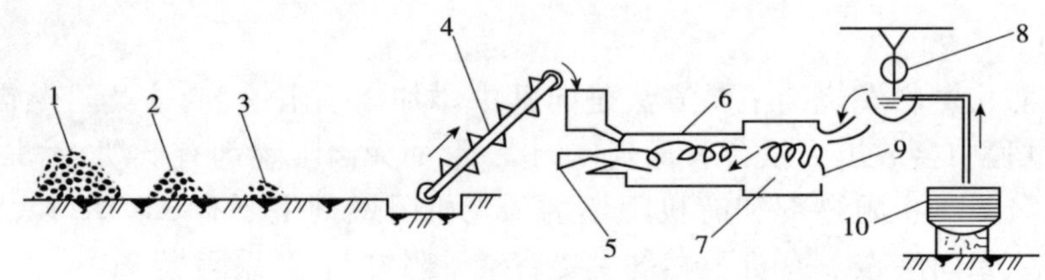

图 2-5-2　连续式拌和机

1-粗粒矿料;2-细粒矿料;3-砂;4-冷拌提升机;5-燃料喷雾器;6-干燥器;7-拌和器;8-沥青秤;9-活门;10-沥青罐

用固定式拌和机拌制沥青混合料的工艺流程如图 2-5-3 所示。

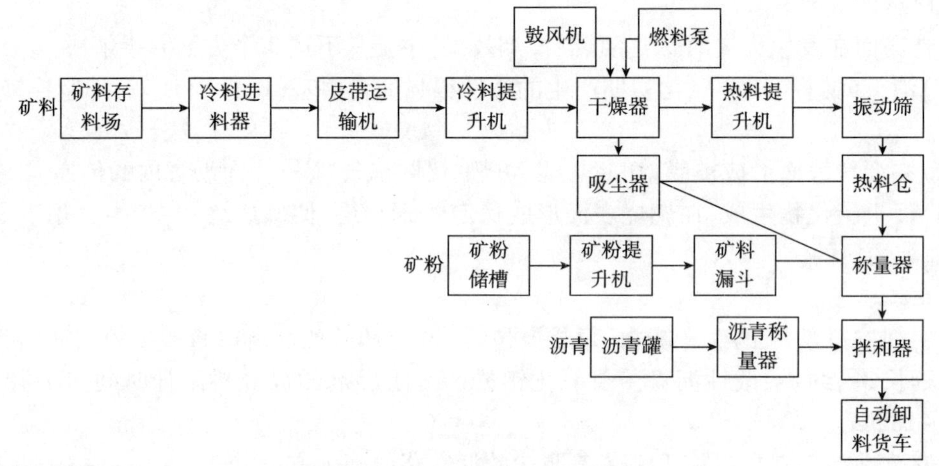

图 2-5-3　拌制沥青混合料的工艺流程

在拌制沥青混合料之前,应根据确定的配合比进行试拌。试拌时对所用的各种矿料及沥青应严格计量。通过试拌和抽样检验确定每盘热拌的配合比及其总重量(对间歇式拌和机)、各种矿料进料口开启的大小及沥青和矿料进料的速度(对连续式拌和机)、适宜的沥青用量、拌和时间、矿料和沥青加热温度以及沥青混合料出厂的温度。对试拌的沥青混合料进行试验之后,即可选定施工的配合比。

为使沥青混合料拌和均匀,在拌制时,需要控制矿料和沥青的加热温度与拌和温度。经过拌和后的混合料应均匀一致,无细料和粗料分离及花白、结成团块的现象。

2. 沥青混合料拌制后运输

厂拌沥青混合料通常用自动倾卸汽车运往铺筑现场,必须根据运送的距离和道路交通状况来组织运输。混合料运输所需的车辆数可按下式计算:

$$\text{需要车辆数} = 1 + \frac{t_1 + t_2 + t_3}{T} + \alpha$$

式中:T——一辆车容量的沥青混合料拌和与装车所需的时间(min);

t_1——运到铺筑现场所需的时间(min);

t_2——由铺筑现场返回拌和厂所需的时间(min);

t_3——在现场卸料和其他等待时间(min);

α——备用的车辆数(运输车辆发生故障及其他用途时使用)。

五、沥青路面的摊铺与碾压

热拌法沥青路面的铺筑工序如下：

1. 基层准备和放样

面层铺筑前，应对基层或旧路面的厚度、密实度、平整度、路拱等进行检查。基层或旧路面若有坎坷不平、松散、坑槽等，必须在面层铺筑之前整修完毕，并应清扫干净。为使面层与基层黏结好，在面层铺筑前 4 ~ 8h，在粒料类的基层洒布透层沥青。透层沥青用油 AL(M) - 1、2 或油 AL(S) - 1、2 标号的液体石油沥青，或用 T - 1 标号的煤沥青。透层沥青的洒布量：液体石油沥青为 0.8 ~ 1.0kg/m²；煤沥青为 1.0 ~ 1.2kg/m²。若基层为旧沥青路面或水泥混凝土路面，则在面层铺筑之前，在旧路面上洒布一层黏层沥青。黏层沥青用油 AL(M) - 3、4、5 标号的液体石油沥青，或用 T - 4、5 标号的软煤沥青。黏层沥青的洒布量：液体石油沥青为 0.4 ~ 0.6kg/m²；煤沥青为 0.5 ~ 0.8kg/m²。即在灰土基层上洒布 0.7 ~ 0.9kg/m² 的液体石油沥青或 0.8 ~ 1.0kg/m² 的煤沥青后，随即撒铺 3 ~ 8mm 颗粒的石屑，用量为 5m³/1 000m²，并用轻型压路机压实。

2. 摊铺

沥青混合料可用人工或机械摊铺，高等级公路沥青路面应采用机械摊铺。

1) 人工摊铺

将汽车运来的沥青混合料先卸在铁板上，随即用人工铲运，以扣铲方式均匀摊铺在路上。摊铺时不得扬铲远甩，以免造成粗细粒料分离，一边摊铺一边用刮板刮平。刮平时做到轻重一致，往返刮 2 ~ 3 次达到平整即可，防止反复多刮使粗粒料刮出表面。摊铺过程中要随时检查摊铺厚度、平整度和路拱，如发现有不妥之处应及时修整。

沥青混合料摊铺厚度为沥青路面设计厚度乘以压实系数。压实系数随混合料的种类和施工方法而异，用工人摊铺时，沥青混凝土混合料为 1.25 ~ 1.50，沥青碎石为 1.20 ~ 1.45。

沥青混合料的摊铺顺序，应从进料方向由远而近逐步后退进行。应尽可能在全幅路面上摊铺，以避免产生纵向接缝。如路面较宽不能全幅摊铺，可按车道宽度分成两幅或数幅分别摊铺，但接缝必须平行路中心线，纵缝搭接要密切，以免产生凹槽。操作过程应满足施工规范的要求。

沥青混合料的摊铺温度应符合表 2-5-12 的规定。

热拌沥青混合料的施工温度(℃) 表 2-5-12

沥青种类		石油沥青			
沥青标号		50 号	70 号	90 号	110 号
沥青加热温度		160 ~ 170	155 ~ 165	150 ~ 160	145 ~ 155
矿料加热温度	间隙式拌和机	集料加热温度比沥青温度高 10 ~ 30			
	连续式拌和机	矿料加热温度比沥青温度高 5 ~ 10			
沥青混合料出料温度		160 ~ 170	155 ~ 165	150 ~ 160	135 ~ 155
混合料储料仓贮存温度		储料过程中温度降低不超过 10			
混合料废弃温度，高于		200	195	190	185

续上表

沥青种类		石油沥青			
运输到现场温度，不低于		150	145	140	135
摊铺温度，不低于	正常施工	140	135	130	125
	低温施工	160	150	140	135
碾压温度，不低于	正常施工	135	130	125	120
	低温施工	150	145	135	130
碾压终了温度，不低于	钢轮压路机	80	70	65	60
	轮胎压路机	85	80	75	70
	振动压路机	75	70	60	55
开放交通温度，不高于		50	50	50	45

注：①施工温度与沥青品种及标号有关，较稠沥青的施工温度宜靠近高限，较稀沥青的施工温度可靠近低限。

②本表不适用于改性沥青混合料施工。

③对高速公路、一级公路和城市快速路、主干路，沥青混合料出厂温度超过正常温度高限30℃时，混合料应予废弃。

2）机械摊铺

沥青混合料摊铺机有履带式和轮胎式两种。二者的构造和技术性能大致相同。沥青摊铺机的主要组成部分为料斗、链式传送器、螺旋摊铺器、振捣板、摊平板、行驶部分和发动机等（图2-5-4）。

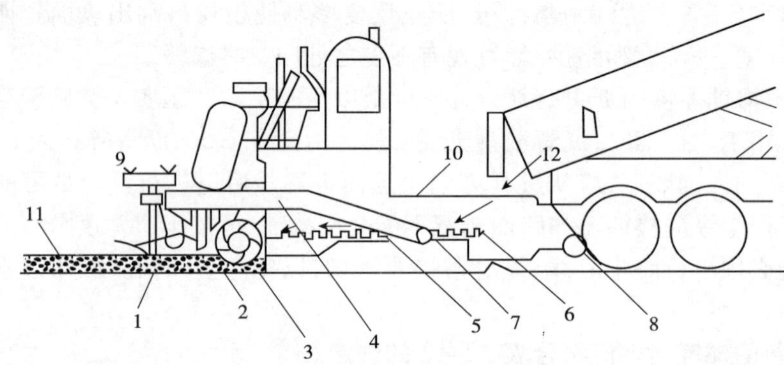

图2-5-4　沥青混合料摊铺机

1-摊平机；2-振捣板；3-螺旋摊铺器；4-水平臂；5-链式传送器；6-履带；7-枢轴；8-顶推辊；9-厚度控制器；10-料斗；11-摊铺面；12-自卸汽车

沥青混合料摊铺机摊铺的过程中，自动倾卸汽车将沥青混合料卸到摊铺机料斗后，经链式传送器将混合料往后传到螺旋摊铺器，随着摊铺机向前行驶，螺旋摊铺器即在摊铺带宽度上均匀地摊铺混合料，随后由振捣板捣实，并由摊平板整平。摊铺机的摊铺工艺过程如图2-5-5所示。

3）碾压

沥青混合料摊铺平整之后，应趁热及时进行碾压。碾压的温度应符合表2-5-12的规定。压实后的沥青混合料应符合压实度及平整度的要求，沥青混合料的分层压实厚度不得大于10cm。

沥青混合料碾压过程分为初压、复压和终压三个阶段。初压用60～80kN双轮压路机以1.5～2.0km/h的速度先碾压两遍，使混合料得以初步稳定。随即用100～120kN轮胎式压路机或三轮压路机复压4～6遍。碾压速度：三轮压路机为3km/h；轮胎式压路机为5km/h。复压阶段碾压至稳定无显著轮迹为止。复压是碾压过程最重要的阶段，混合料能否达到规定的密实度，关键全在于这阶段的碾压。终压是在复压之后用60～80kN双轮压路机以3km/h的碾压速度碾压2～4遍，以消除碾压过程中产生的轮迹，并确保路面表面的平整。

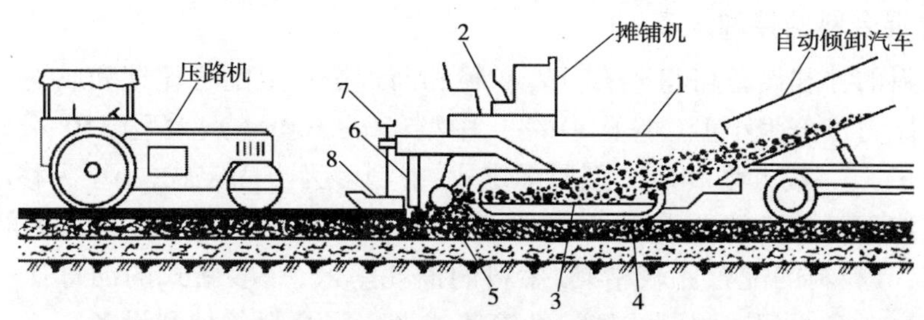

图2-5-5 沥青混合料摊铺机操作示意图

1-料斗；2-驾驶台；3-送料器；4-履带；5-螺旋摊铺器；6-振捣器；7-厚度调节螺杆；8-摊平板

碾压时压路机开行的方向应平行于路中心线，并由一侧路边缘压向路中。用三轮钢筒式压路机碾压时，每次应重叠后轮宽的1/2；双轮压路机则每次重叠30cm；轮胎式压路机亦应重叠碾压。由于轮胎式压路机能调整轮胎的内压，可以得到所需的接触地面压力，使集料相互嵌挤咬合，易于获得均一密实度，而且密实度可以提高2%～3%。所以轮胎式压路机最适宜用于复压阶段的碾压。

热拌沥青混合料的压实机械应符合下列规定：

(1)双轮钢筒式压路机为60～80kN；

(2)轮胎压路机为120～200t或200～250kN；

(3)三轮钢筒式压路机为80～120kN或120～150kN。

4)接缝施工

沥青路面的各种施工缝(包括纵缝、横缝、新旧路面的接缝等)处，往往由于压实不足，容易产生台阶、裂缝、松散等病害，影响路面的平整度和耐久性，施工时必须十分注意。

(1)纵缝施工。对当日先后修筑的两个车道，摊铺宽度应与已铺车道重叠3～5cm，所摊铺的混合料应高出相邻已压实的路面，以便压实到相同的厚度。对不在同一天铺筑的相邻车道，或与旧沥青路面连接的纵缝，在摊铺新料之前，应对原路面边缘加以修理，要求边缘凿齐，塌落松动部分应刨除，露出坚硬的边缘。缝边应保持垂直，并需在涂刷一薄层黏层沥青之后方可摊铺新料。

纵缝应在摊铺之后立即碾压，压路机应大部分在已铺好的路面上，仅有10～15cm的宽度压在新铺的车道上，然后逐渐移动跨过纵缝。

(2)横缝施工。横缝应与路中线垂直。接缝时先沿已刨齐的缝边用热沥青混合料覆盖，以便预热，覆盖厚度约15cm，待接缝处沥青混合料变软之后，将所覆盖的混合料清除，换用新的热混合料摊铺，随即用热夯沿接缝边缘夯捣，并将接缝的热料铲平，然后趁热用压路机沿接缝边缘碾压密实。

双层式沥青路面上下层的接缝应相互错开20~30cm，做成台阶式衔接。

六、常用机械设备及适用性

目前用于公路沥青路面施工的机械主要包括拌和、摊铺和碾压等机械。掌握常用施工机械的使用性能，对于正确地选择施工机械，科学地进行机械化施工组织与管理，保证工程质量，加快工程进度，具有十分重要的意义。

（一）沥青混合料的拌和设备

沥青混合料的拌和设备可将碎石、砂、矿粉和沥青按一定配合比拌和成均匀的混合料。

根据生产能力可分为小型（小于50t/h）、中型（50~100t/h）、大型（150~350t/h）和超大型（大于400t/h）。一般大型和超大型属固定式，中型多为半固定式，小型为移动式。

根据工艺流程可分为间歇强制式、连续滚筒式和综合作业式。综合式为间隙式和连续式的综合应用，其粒料的配合比较精确，燃料的消耗率低，一般新式的沥青拌和机都采用这种方式。下面主要介绍间歇强制式和连续滚筒式沥青混合料的拌和设备。

1.间歇强制式拌和设备

拌和机的工艺流程如下：

（1）石粉（填充料）→储存输送→计量→搅拌→成品料储存。

（2）碎石、砂（集料）→配料→冷料输送→烘干加热→热料提升→筛分储存→计量→搅拌→成品料储存。

（3）沥青（结合料）→熔化脱水→加热保温→计量→搅拌→成品料储存。

间歇强制式拌和设备的总体结构如图2-5-6所示。

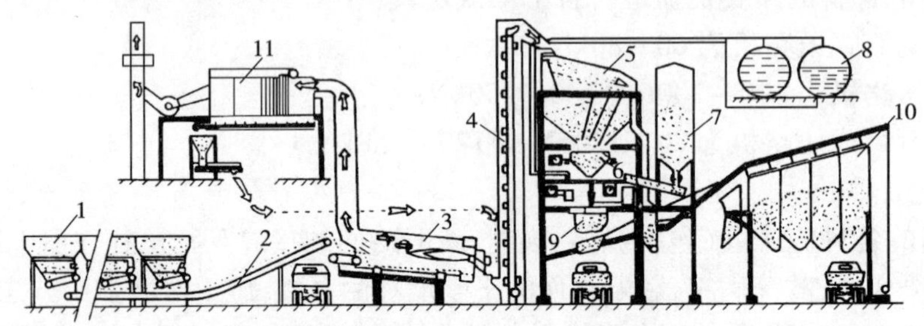

图2-5-6　间歇强制式沥青混合料拌和设备的总体结构

1-冷集料储存及配料装置；2-冷集料带式输送机；3-冷集料烘干、加热筒；4-热集料提升机；5-热集料筛分及储存装置；6-热集料计量装置；7-石粉供给及计量装置；8-沥青供给系统；9-搅拌器；10-成品料储存仓；11-除尘装置

2.连续滚筒式拌和设备

这种拌和机的工艺流程如下：

（1）石粉（填充量）→储存输送→计量→加热搅拌→成品料提升→成品料储存。

（2）碎石、砂（集料）→配料→冷料输送→计量→加热搅拌→成品料提升→成品料储存。

（3）沥青（结合料）→熔化脱水→计量→加热搅拌→成品料提升→成品料储存。

连续滚筒式拌和设备的总体结构如图2-5-7所示。

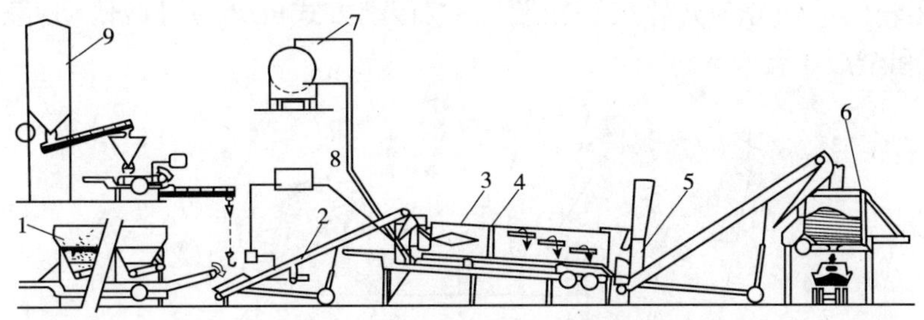

图2-5-7 连续滚筒式沥青混合料拌和设备的总体结构

1-冷集料储存及配料装置;2-冷集料带式输送机;3-干燥滚筒;4-料帘;5-除尘装置;6-混合料成品仓;7-沥青供给系统;8-自动控制中心;9-矿粉供给系统

(二)摊铺机械设备

沥青混合料摊铺机是摊铺沥青混合料路面的专用机械,它是将已搅拌好的沥青混合料按一定的技术要求摊铺在已整平好的路基或底基层上,并进行初步的捣实和整平。

1.种类

沥青混合料摊铺机按其行走方式可分为轮胎式摊铺机和履带式摊铺机。

按摊铺的宽度可分为小型(3.6m左右)、中型(4~6m)、大型(6~10m)和超大型(10~12m)。按行走的动力传递方式,可分为机械传动和液压传动两种。

2.组成结构

一般沥青混合料摊铺机主要由发动机、传动系统、料斗、刮板、输送器、螺旋布料器、熨平装置以及自动找平机构等组成。轮胎式沥青混合料摊铺机如图2-5-8所示,履带式沥青混合料摊铺机如图2-5-9所示。

作为摊铺机发动机动力的高速柴油机的技术参数应稳定,散热性好,与传动系统的功率匹配应最佳。

沥青混合料摊铺机的传动系统主要包括行走传动和供料传动两大部分。行走系统的传动路线是发动机→离合器→主变速箱→链传动→高低速变速箱→差速器→半轴→链传动后轮。液压传动系统一般均由发动机驱动液压油泵,然后压力油再输送到液压马达和压力油缸等液压元件,再通过操纵系统完成摊铺机的各项作业。

国产沥青混合料摊铺机的主要技术性能如表2-5-13所示。

(三)压实机械设备

1.路面压实机械的分类

路面压实机械按压实工作机构的作用原理,可分为静力式压路机和振动式压路机。

按压路机行驶方式可分为自行式和拖式。按压路机滚轮的外部结构可分为光轮式和轮胎式。压路机的类型及使用技术性能参见表2-5-14、表2-5-15。

2.静力式压路机

静力式压路机是滚轮沿铺层往返滚动运行,通过滚轮的静压力作用使铺层得到密实的压实机械。

静力式压路机按机械工作质量和形式可分为两轮式和三轮式；按行驶方式分为自行式和拖式；按滚压轮的结构分为光轮式和轮胎式；按传动方式可分为机械传动、液力机械传动、液压机械传动和全液压传动。

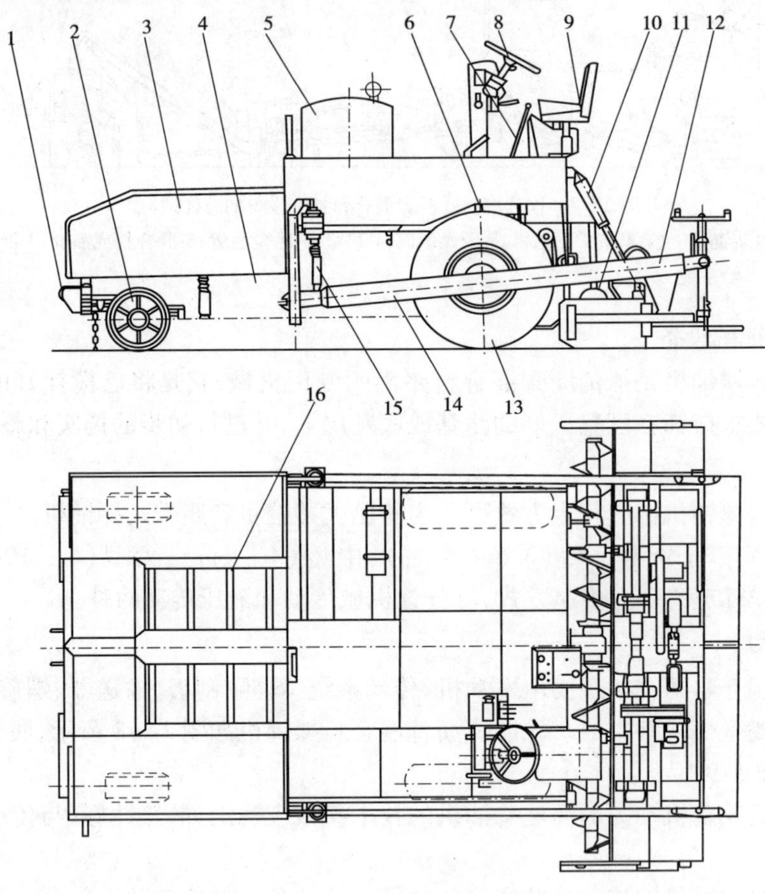

图 2-5-8　轮胎式沥青混合料摊铺机

1-推滚；2-前轮；3-前料斗；4-机架；5-内燃机；6-传动系；7-操纵机构；8-转向机构；9-驾驶员座椅；10-液压操纵油缸；11-螺旋输送器；12-振捣熨平装置；13-后轮；14-侧臂；15-自动找平装置；16-刮板输送器

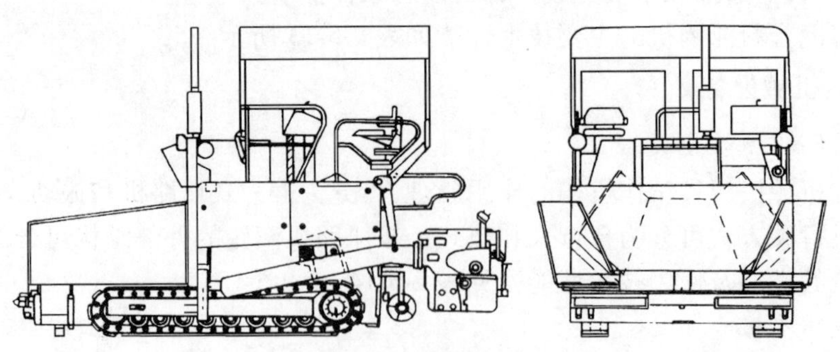

图 2-5-9　履带式沥青混合料摊铺机

表 2-5-13

国产沥青混合料摊铺机的主要技术性能

型号	摊铺宽度 (m)	摊铺厚度 (kW)	发动机功率 (kW)	作业速度 (m/min)	行驶速度 (km/h)	行走方式	料斗容量 (m^3)	熨平板形式	总质量 (t)	外形尺寸(m) 长×宽×高	制造厂
LLT45	2.8~4.5	10~120	35.3	3.5~7.5	18	轮胎式	6		9.8	2.4×3×1.58	郴州筑路机械厂
LTU4	2.7~3.6	10~90	17.7	3~6	1.1	履带式	2.3		4	4.95×2.91×3.056	西安筑路机械厂
LTY4500	1.5~4.5	最大 120	44	0~10.4	0~16.5	轮胎式		液压伸缩	8.1	5.3×2.834×2.49	西安筑路机械厂
LT4	2.0~3.5	10~100	28	2.8~5.8	16	轮胎式	2.5	液压伸缩	6.5	5.3×2.834×2.49	安徽省公路机械厂
LT6CA	2.8~4.5	10~120	35	2.82~5.84	16.7	轮胎式	3	机械加长	10.15		西安筑路机械厂
LT6CB	2.8~4.5	10~120	35	2.82~5.84	16.7	轮胎式	3	液压伸缩	11.15		西安筑路机械厂
LT5	2.8~15	10~150	49	2.5~9.4	14	轮胎式		液压伸缩	12.3		西安筑路机械厂
LTY8	2~7.25	10~270	82	0~28	0~18	轮胎式	5.7	液压伸缩	15.56		西安筑路机械厂
GLTY7500	2.5~7.5	10~300	82	1~19.6	0~3.6	履带式	5.7	高密实度	20		西安机械厂
LT~100	2.75~4.5	10~120	35.3	2.82~5.84	16.7	轮胎式	3		10.5		四平联合收割机总厂
2LTLZ4.5	2.5~4.5	10~250	46	2.84~20.74	2.15~15.19	轮胎厂			9.98		镇江华通筑路机械总厂
LTLA500	2.5~4.5	10~250	46	1.5~6.3	2.1~12.3	履带式			11.2		镇江华通筑路机械总厂
LTU125	3~12.5	最大 300	157	0~18		履带式					徐州工程机械厂
LTU90	3~8.5	最大 300	121	0~18		履带式					徐州工程机械厂
LTU80	3~8	最大 300	94	0~18		履带式					徐州工程机械厂
LTU60	2.5~6	最大 300	86	0~18		履带式					徐州工程机械厂
LTL45	2.8~4.5	最大 150	35	3.2~6.7		轮胎式					徐州工程机械厂
LT3550	2.15~3.55	10~120	22				2		6.3		滕州交通工程机械厂
LT4550	2.5~4.55	10~120	35				3		9.5		滕州交通工程机械厂
TITAN411	最大 12	最大 300	124	0~54		履带式	7	高密实度	23	5.997×2.5×3.7	陕西建设机械厂
TITAN355	最大 8	最大 300	79	0.9~20			6				陕西建设机械厂
LTY7.5	3~7.5	10~300	92	0~20							石油地勘局物探车辆厂

压路机的类型　　表2-5-14

种类	形式	特性	代号	代号含义	主参数	
					名称	单位
光轮压路机Y(压)	拖式		Y	拖式压路机(简称平碾)	加载后质量	t
	两轮自行式	Y(液)	2Y 2YY	两轮压路机(简称压路机) 液压(转向)压路机(简称压路机)	结构质量加载后质量 结构质量加载后质量	t
	三轮自行式	Y(液)	3Y 3YY	三轮压路机(简称压路机) 三轮液压(转向)压路机(简称压路机)	结构质量加载后质量 结构质量加载后质量	t
轮胎自行式YL	拖式自行式	T(拖)	YLT YL	拖式轮胎压路机(简称轮胎碾) 自行式轮胎压路机(简称轮胎碾)	加载总质量 加载总质量	t
压轮振动压路机Y、Z(压、振)	拖式自行式	T(拖) B(摆) J(铰)	YZT YZ YZB YZJ	拖式振动压路机(简称振动碾) 自行式振动压路机 摆振压路机 铰接式振动压路机 手扶式振动压路机	结构质量 结构质量 结构质量 结构质量 结构质量	t

压路机的使用技术性能　　表2-5-15

压路机类型		应用技术性能		
		最佳压实厚度(cm)	碾压次数	适用范围
自行式光轮压路机	5t	10～15	12～16	各类土及路面
	10t	15～25	8～10	各类土及路面
	12t	20～30	6～8	各类土及路面
拖式光轮压路机	5t	10～15	8～10	各类土
拖式轮胎压路机	10t	10～15	8～10	各类土
	25t	25～45	6～8	各类土
	50t	40～70	5～7	各类土
振动压路机	0.75t	50	2	非黏性土
	6.5t	120～150	2	非黏性土

静力式压路机的结构组成有:动力装置、传动装置、制动系统、机身、滚轮、转向系统、电气系统等。其动力装置多为柴油机,电起动,并具有机油散热器和水冷却系统。

静力式压路机部分产品参见表2-5-16。

静力式压路机部分产品 表 2-5-16

型号	发动机			最小工作质量(t)	最大工作质量(t)	前后轮静线压力(N/cm)	压实宽度(mm)	最小回转半径(mm)	行驶能力(km/h)	爬驶速度(km/h)	外形尺寸 长×宽×高(mm)	制造厂
	型号	功率(kW)	转速(r/min)									
2Y8/10	2135	29.5	1500	8	10	330/490	1 250	6 000	1.8/3.6/7.2	14.3	4 608×1 540×2 515	洛阳建筑机械厂
3Y10/12A	2135K-1	29.5	1500	10	12	320/740	2 100	6 300	1.6/3.2/5.4	14.3	4 290×2 155×2 155	洛阳建筑机械厂
3Y12/15A	4135C-1	58	1500	12	15	390/940	2 130	6 350	2.2/4.4/7.5	14.3	4 460×2215×2 115	洛阳建筑机械厂
2Y8/10	2135	29.5	1500	8	10	330/490	1 250	6 000	1.8/3.6/7.2	14.3	4 608×1 540×2 515	徐州工程机械厂
2Y12	4135C-1	58	1500	12	15	460/900	2 130	6 500	2/4/8/15	20	4 738×2 130×2 750	徐州工程机械厂
3Y18/21	4135AK-2	73.5	1500	18	21	542/1170	2 320	6 500	2.3/4.4/7.9	20	5 156×2 320×2 760	徐州工程机械厂
2Y6/8	495Ay	36.76	2000	6	8	216/323	1 450	5 900	2/417	20	4 305×1 762×2 250	上海工程机械厂
2Y8/10	495Ay	36.76	2000	8	10	274/372	1 450	5 900	2/4/7	20	4 305×1 762×2 250	上海工程机械厂
3Y10/12	4135K-2c	58	1500	10	12	320/800	2 100	5 900	1.7/3/6.8	20	4 655×2 125×2 650	上海工程机械厂
3Y12/15	4135K-2c	58	1500	12	15	360/1000	2 125	5 900	2/4/8.7	20	4 735×2 125×2 650	上海工程机械厂
2Y3/4	295L	17.6	2000	3	4	172/240	1 010	4 000	2.2/5.6	14.3	2 750×1 308×2 300	安徽公路机械厂
3Y12/15	4135K-2	58.8	1500	12	15	422×951	2 130	5 900	1.9/3.2/7.5	20	4 635×2 135×2 650	安徽公路机械厂
3Y15/18	4135AK-2	73.5	1500	15	18	565/1058	2 130	5 900	1.9/3.2/7.5	20	4 655×2 135×2 650	安徽公路机械厂
3Y18/21	4135AK-2	73.5	1500	18	21	577/1080	2 370	6 500	2/3.4/8	20	5 120×2 376×2 960	安徽公路机械厂

3. 轮胎压路机

轮胎压路机是通过特制的充气轮胎对铺层材料以静力压实的压实机械。

轮胎压路机按行驶方式可分为自行式和拖式，按轮胎悬架方式可分为刚性悬架式和独立悬架式。

轮胎压路机的结构主要有前、后轮及其悬架装置，集中充气系统，洒水装置，转向系统和机架等。

目前，自行式轮胎压路机和拖式轮胎压路机的技术性能参见表 2-5-17、表 2-5-18。

自行式轮胎压路机的技术性能 表 2-5-17

型号	发动机		最大工作质量(t)	轴距(mm)	前后轮重叠量(mm)	压实宽度(mm)	最小离地间隙(mm)	最小转弯半径(mm)	轮胎布置	接地压力(kPa)	爬坡能力(%)	制造厂
	型号	功率(kW)										
YL16	4135/k-2	59	16	3 800	>450	2 250	≥260	≤8 000	前4后5	156~340	20	徐州工程机械厂
YL20	4135/k-2	59	20	4 200	>750	2 290	≥270	≤9 000	前5后4	300~400	20	徐州工程机械厂

拖式轮胎压路机的技术性能 表 2-5-18

序号	土壤类别	黏粒含量(%)	轮胎压路机工作质量(t)	轮胎内压力(MPa)	铺土厚度(cm)	滚压遍数(遍)	压实平均干密度(g/cm^3)
1	粉质黏土	28~42	23	0.7	20	14	1.61
2	重粉质壤土	20	11	0.6	20	6~9	1.74
3	重粉质壤土	23~25	30	0.8~0.85	35~40	8~12	1.66~1.88
4	风化砂		8	0.21	50	8~12	1.77~1.82
5	重粉质壤土	23	20	0.55~0.60	30	6	1.70
6	砂砾料		15	0.20~0.30	50~70	6	1.72~2.07

4. 振动压路机

振动压路机是通过压路机滚轮高频振动对铺层作快速反复的冲击和滚轮的静压力的综合作用，使铺层得到密实的压实机械。

振动压路机按机器工作质量可分为轻型、中型、重型和超重型；按行驶方式可分为自行式、拖式和手扶式；按传动系统的传动方式可分为机械传动、液力机械传动、液压机械传动和全液压传动；按振动轮外部结构可分为光轮式和轮胎式。

振动压路机一般由发动机、传动系统、制动系统、转向系统、机架、工作行走装置等组成。

目前，工程中常用的自行式振动压路机和拖式振动压路机的技术性能参见表 2-5-19、表 2-5-20。

自行式振动压路机的技术性能 表 2-5-19

<table>
<tr><td colspan="2" rowspan="2">名 称</td><td colspan="20">基本参数及尺寸</td></tr>
<tr><td colspan="8">轻 型</td><td colspan="4">中 型</td><td colspan="4">重 型</td><td colspan="4">超 重 型</td></tr>
<tr><td colspan="2">工作质量(t)</td><td>1</td><td>1.5</td><td>2</td><td>2.5</td><td>3</td><td>3.5</td><td>4</td><td>4.5</td><td>5</td><td>6</td><td>7</td><td>8</td><td>10</td><td>11</td><td>12</td><td>14</td><td>16</td><td>18</td><td>20</td><td>22</td></tr>
<tr><td rowspan="2">振动</td><td>轮直径(mm)</td><td colspan="8">400 ~ 1 000</td><td colspan="8">800 ~ 1 650</td><td colspan="4">≥1 500</td></tr>
<tr><td>宽度(mm)</td><td colspan="8">500 ~ 1 300</td><td colspan="8">1 100 ~ 2 150</td><td colspan="4">≥2 100</td></tr>
<tr><td rowspan="3">振动参数</td><td>数振动频率(Hz)</td><td colspan="8">33 ~ 60</td><td colspan="8">25 ~ 60</td><td colspan="4">20 ~ 40</td></tr>
<tr><td>激振力(kN)</td><td colspan="8">14 ~ 55</td><td colspan="8">35 ~ 250</td><td colspan="4">≥150</td></tr>
<tr><td>理论振幅(mm)</td><td colspan="8">0.3 ~ 1.5</td><td colspan="8">0.3 ~ 0.7</td><td colspan="4">1.0 ~ 4.0</td></tr>
<tr><td colspan="2">轴距(mm)</td><td colspan="8">1 000 ~ 2 500</td><td colspan="8">1 100 ~ 3 500</td><td colspan="4">≥2 800</td></tr>
<tr><td colspan="2">爬坡能力</td><td colspan="20">≥20%</td></tr>
<tr><td colspan="2">最小离地间隙(mm)</td><td colspan="8">≥160</td><td colspan="8">≥250</td><td colspan="4">≥355</td></tr>
<tr><td colspan="2">最高行驶速度(km/h)</td><td colspan="8">≤15</td><td colspan="8">≤25</td><td colspan="4">≤15</td></tr>
</table>

拖式振动压路机的技术性能 表 2-5-20

<table>
<tr><td colspan="2" rowspan="2">项 目</td><td colspan="13">型 式</td></tr>
<tr><td colspan="3">轻 型</td><td colspan="3">中 型</td><td colspan="3">重 型</td><td colspan="4">超 重 型</td></tr>
<tr><td colspan="2">工作质量(t)</td><td>2</td><td>3</td><td>4</td><td>5</td><td>6</td><td>8</td><td>10</td><td>12</td><td>14</td><td>16</td><td>18</td><td>22</td><td>25</td></tr>
<tr><td rowspan="2">振动轮</td><td>直径(mm)</td><td colspan="3">700 ~ 1 300</td><td colspan="3">1 300 ~ 1 600</td><td colspan="7">1 600 ~ 2 100</td></tr>
<tr><td>宽度(mm)</td><td colspan="3">1 300 ~ 1 700</td><td colspan="3">1 700 ~ 2 000</td><td colspan="7">2 000 ~ 2 300</td></tr>
<tr><td rowspan="3">振动参数</td><td>振动频率(Hz)</td><td colspan="13">20 ~ 50</td></tr>
<tr><td>激振力(kN)</td><td colspan="13">0.8 ~ 3.5</td></tr>
<tr><td>名义频率(Hz)</td><td colspan="13">60 ~ 1 000</td></tr>
<tr><td colspan="2">工作速度(km/h)</td><td colspan="13">2 ~ 5</td></tr>
</table>

七、沥青类路面面层施工过程质量控制

沥青路面的施工质量必须达到设计和规范的要求。施工过程中应进行全面质量管理，建立健全行之有效的质量保证体系。实行严格的目标管理、工序管理及岗位质量责任制度，对各施工阶段的工程质量进行检查、控制、评定，从制度上确保沥青路面的施工质量。沥青路面施工质量控制的内容包括各类材料的质量检验、铺筑试验路、施工过程的质量控制及工序间的检查验收。

（一）沥青表面处治路面施工质量控制与检验

1. 质量控制

沥青表面处治路面施工过程中质量检查的内容、频度、允许偏差应符合表2-5-21的规定。

沥青表面处治施工过程中工程质量的控制标准　　表2-5-21

项目	检查频度及 单点检验评价方法	质量要求或允许偏差	试验方法或试验规程
外观	随时	集料嵌挤密实，沥青洒布均匀，无花白料，接头无油包	目测
集料及沥青用量	每日1次逐日评定	±10%	每日施工长度的实际用量与计划用量比较，T 0982
沥青洒布温度	每车1次评定	符合规范规定	温度计测量
厚度 （路中及路侧各1点）	不少于每2 000m^2一点，逐点评定	−5mm	T 0912
平整度（最大间隙）	随时，以连续10尺的平均值评定	10mm	T 0931
宽度	检测每个断面，逐个评定	±30mm	T 0911
横坡度	检测每个断面，逐个评定	±0.5%	T 0911

2. 质量检验

1）基本要求

（1）在新建或旧路的表层进行表面处治时，应将表面的泥砂及一切杂物清除干净，底层必须坚实、稳定、平整，保持干燥后才可施工。

（2）沥青材料的各项指标和石料的质量、规格、用量应符合设计要求和施工规范的规定。

（3）沥青浇洒应均匀，无露白，不得污染其他构筑物。

（4）嵌缝料必须趁热撒铺，扫布均匀，不得有重叠现象，压实平整。

2）质量标准

沥青表面处治路面交工验收阶段的检查项目、检查频度、质量要求或允许偏差等见表2-5-22。

3）外观鉴定

（1）表面平整密实，不应有松散、油包、油丁、波浪、泛油、封面料明显散失等现象，有上述缺陷的面积之和不超过受检面积的0.2%。

(2)无明显碾压轮迹。

(3)面层与路缘石及其他构筑物应密贴接顺,不得有积水现象。

沥青表面处治面层实测项目 表2-5-22

项次	检查项目		规定值或允许偏差	检查方法和频率	权值
1	平整度	σ(mm) IRI(m/km)	4.5 7.5	平整度仪:全线每车道连续按每100m计算IRI或σ	2
		最大间隙h(mm)	10	3m直尺:每200m测2处×10尺	
2	弯沉值		符合设计要求	按评定标准规定方法检查	2
3	厚度(mm)	代表值	-5	按评定标准规定方法检查,每200m每车道1处	3
		合格值	-10		
4	沥青用量(kg/m^2)		±0.5%	每工作日每层洒布查一次	2
5	中线平面偏位(mm)		30	经纬仪:每200m测4点	1
6	纵断高程(mm)		±20	水准仪:每200m测4个断面	1
7	宽度(mm)	有侧石	±30	尺量:每200m测4处	2
		无侧石	不小于设计值		
8	横坡(%)		±0.5	水准仪:每200m测4个断面	1

(二)沥青贯入式路面施工质量控制与检验

1. 质量控制

沥青贯入式路面施工过程中质量检查的内容、频度、允许偏差应符合表2-5-23的规定。

沥青贯入式路面施工过程中工程质量的控制标准 表2-5-23

项目	检查频度及单点检验评价方法	质量要求或允许偏差	试验方法或试验规程
外观	随时	集料嵌挤密实,沥青洒布均匀,无花白料,接头无油包	目测
集料及沥青用量	每日1次总量评定	±10%	每日施工长度的实际用量与计划用量比较,T 0982
沥青洒布温度	每车1次逐点评定	符合施工技术规范规定	温度计测量
厚度	每2 000m^{2}一点逐点评定	-5mm或设计厚度的-8%	T 0912
平整度(最大间隙)	随时,以连续10尺的平均值评定	8mm	T 0931
宽度	检测每个断面	±30mm	T 0911
横坡度	检测每个断面	±0.5%	T 0911

2. 质量检验

1)基本要求

(1)沥青材料的各项指标应符合设计要求和施工规范。

(2)各种材料的规格和用量应符合设计要求和施工规范,上拌沥青混凝土混合料每日应做抽提试验和马歇尔稳定度试验。

(3)碎石层必须平整坚实,嵌挤稳定,沥青贯入应深透,浇洒应均匀,不得污染其他构筑物。

(4)嵌缝料必须趁热撒铺,扫料均匀,不应有重叠现象。

(5)上层采用拌和料时,混合料应均匀一致,无花白和粗细分离现象,摊铺平整,接茬平顺,及时碾压密实。

(6)沥青贯入式面层施工前,应先做好路面结构层与路肩的排水。

2)质量检验评定标准

沥青贯入式路面交工验收阶段的检查项目、检查频度、质量要求或允许偏差等见表2-5-24。

沥青贯入式面层(或上拌下贯式面层)实测项目 表2-5-24

项次	检查项目		规定值或允许偏差	检查方法和频率
1	平整度	σ(mm) IRI(m/km)	3.5 5.8	平整度仪: 全线每车道连续按每100m计算IRI或σ
		最大间隙h(mm)	8	3m直尺:每200m测2处×10尺
2	弯沉值		符合设计要求	按有关规定方法检查
3	厚度(mm)①	代表值	−8%H或−5mm	按有关规定方法检查,每200m每车道1处
		合格值	−15%H或−10mm	
4	沥青用量(kg/m^2)②		±0.5%	每工作日每层洒布查一次
5	中线平面偏位(mm)		30	经纬仪:每200m测4点
6	纵断高程(mm)		±20	水准仪:每200m测4个断面
7	宽度(mm)	有侧石	±30	尺量:每200m测4处
		无侧石	不小于设计值	
8	横坡(%)		±0.5	水准仪:每200m测4个断面

注:①当设计厚度大于或等于60mm时,按厚度百分率控制;当设计厚度小于60mm时,按厚度不足的毫米处控制。

②沥青用量按《公路路基路面现场测试规程》(JTG E60—2008)中T 0892的方法,每工作日每层洒布沥青检查一次,并计算同一路段的单位面积的总沥青用量。

3)外观鉴定

(1)表面应平整密实,不应有松散、裂缝、油包、油丁、波浪、泛油等现象,有上述缺陷的面积之和不超过受检面积的0.2%。

(2)表面无明显碾压轮迹。

(3)面层与路缘石及其他构筑物应密贴接顺,无积水现象。

(三)热拌沥青混合料路面施工质量控制与检验

1.质量控制

热拌沥青混合料路面在铺筑过程中必须随时对铺筑质量进行检查、评定,质量检查的内容、频度、允许偏差应符合表2-5-25的规定。

热拌沥青混合料路面施工过程中工程质量的控制标准 表 2-5-25

项目		检查频度及单点检验评价方法	质量要求或允许偏差		试验方法或试验规程
			高速、一级公路	其他等级公路	
外观		随时	表面平整密实，不得有明显轮迹、裂缝、推挤、油丁、油包等缺陷，且无明显离析		目测
接缝		随时	紧密平整、顺直、无跳车		目测
		逐条缝检测评定	3mm	5mm	T 0931
施工温度	摊铺温度	逐车检测评定	符合规范规定		T 0981
	碾压温度	随时	符合规范规定		插入式温度计实测
厚度[①]	每一层次	随时，厚度 50mm 以下 厚度 50mm 以上	设计值的 5% 设计值的 8%	设计值的 8% 设计值的 10%	施工时插入法量测松铺厚度及压实厚度
	每一层次	1 个台班区段的平均值 厚度 50mm 以下 厚度 50mm 以上	-3mm -5mm	—	总量检验法
	总厚度	每 2 000m^{2}一点单点评定	设计值的 -5%	设计值的 -8%	T 0912
	上面层	每 2 000m^{2}一点单点评定	设计值的 -10%	设计值的 -10%	
压实度[②]		每 2 000m^2 检查 1 组，逐个试件评定并计算平均值	实验室标准密度的 97%（98%） 最大理论密度的 93%（94%） 试验段密度的 99%（99%）		T 0924、T 0922 及《公路沥青路面施工技术规范》（JTG F40—2004）附录 E
平整度[④]（最大间隙）	上面层	随时，接缝处单杆评定	3mm	5mm	T 0931
	中下面层	随时，接缝处单杆评定	5mm	7mm	T 0931
平整度（标准差）	上面层	连续测定	1.2mm	2.5mm	T 0932
	中面层	连续测定	1.5mm	2.8mm	
	下面层	连续测定	1.8mm	3.0mm	
	基层	连续测定	2.5mm	3.5mm	
宽度	有侧石	检测每个断面	±20mm	±20mm	T 0911
	无侧石	检测每个断面	不小于设计宽度	不小于设计宽度	
纵断面高程		检测每个断面	±10mm	±15mm	T 0911
横坡度		检测每个断面	±0.3%	±0.5%	T 0911
沥青面层层面上的渗水系数[③]，不大于		每 1km 不少于 5 点，每点 3 处取平均值	300mL/min（普通密级配沥青混合料） 200mL/min（SMA 混合料）		T 0971

注：①表中厚度检测频度指高速公路和一级公路的钻坑频度，其他等级公路可酌情减少状况，且通常采用压实度钻孔试件测定。上面层的允许误差不适用于磨耗层。

②括号中的数值是对 SMA 路面的要求，对马歇尔成型试件采用 50 次或者 35 次击实的混合料，压实度应适当提高要求。

③渗水系数适用于公称最大粒径等于或小于 19mm 的沥青混合料，应在铺筑成型后未遭行车污染的情况下测定，且仅适用于要求泌水的密级配沥青混合料、SMA 混合料，不适用于 OGFC 混合料，表中渗水系数以平均值评定，计算的合格率不得小于 90%。

④3m 直尺主要用于接缝检测，对正常生产路段，采用连续式平整度仪测定。

1）施工厚度的控制

沥青面层的厚度是沥青路面结构强度的基本保证，因此，沥青面层施工厚度的检测显得尤为重要。施工过程中厚度的检测应按以下方法进行，检测结果应相互校核，当差值较大时通常以总量检验为准。

（1）利用摊铺过程在线控制，即不断地用插尺或其他工具插入摊铺层测量松铺厚度。

（2）利用拌和厂沥青混合料总生产量与实际铺筑的面积计算平均厚度进行总量检验。

（3）当具有地质雷达等无破损检验设备时，可利用其连续检测路面厚度，但其测试精度需经标定认可。

（4）待路面完全冷却后，在钻孔检测压实度的同时测量沥青层的厚度。

2）压实度的控制

沥青面层的压实度是指规定方法采取的混合料试件毛体积密度与标准密度百分比。沥青混合料面层的压实度应采取重点对碾压工艺进行过程控制，适度钻孔抽检压实度的方法。

（1）碾压工艺的控制包括压路机的配置（台数、吨位及机型）、排列碾压方式、压路机与摊铺机的距离、碾压温度、碾压速度、压路机洒水（雾化）情况、碾压段长度、调头方式等。

（2）碾压过程中宜采用核子密度仪等无破损检测设备进行压实密度过程控制，测点随机选择，一组不少于13点，取平均值，与标定值或试验路段测定值比较评定。测定温度应与试验路段测定时一致，检测精度通过试验路段与钻孔试件标定。

（3）在路面完全冷却后，随机选点钻孔取样，如一次钻孔同时有多层沥青层时需用切割机切割，待试件充分干燥后（在第二天之后），分别测定密度。钻孔后应及时将孔中灰浆淘净，吸净余水，待干燥后以相同的沥青混合料分层填充夯实。为减少钻孔数量，有关施工、监理、监督各方宜合作进行钻孔检测，以避免重复钻孔。

（4）测试压实度的一组数据最少为3个钻孔试件，当一组检测的合格率小于60%，或平均值 $\bar{x}_3$ 小于要求的压实度时，可增加一倍检测点数。如6个测点的合格率小于60%，或平均值 $\bar{x}_6$ 仍然达不到压实度要求时，允许再增加一倍检测点数，要求其合格率大于60%，且 $\bar{X}_{12}$ 达到规定的压实度要求（注意记录所有数据不得遗弃）。如仍然不能满足要求，应核查标准密度的准确性，以确定是否需要返工以及返工的范围。

当所有钻孔试件检测的压实度持续稳定并符合要求时，钻孔频度可减少至每公里不少于一个孔。施工过程中钻孔的试件宜编号贴上标签予以保存，以备工程交工验收时使用。

3）渗水情况检测

大气降水（雨、雪）通过路面孔隙或裂缝渗入沥青路面结构中，会导致基层软化、沥青面层开裂、松散等病害。在多雨地区，应特别重视路面结构层的水稳定性和面层的透水性问题。路面渗水系数是指在规定的条件下，单位时间内渗入路面结构中水的体积，用 C_W 表示，单位为mL/min。

压实成型的沥青路面应按随机选点检测渗水情况，渗水系数的平均值宜符合表2-5-25的要求。如需要测定构造深度时，宜在测定渗水的同时在附近选点测定，记录实测结果。

4）平整度控制

沥青面层的平整度关系到沥青路面的使用性能，施工过程中必须随时用3m直尺对接缝及与构造物的连接处进行平整度的检测，正常路段的平整度采用连续式平整度仪或颠簸累积仪测定。

5）外观检查

施工过程中应随时对沥青路面进行外观评定，尤其特别注意防止粗细集料的离析和沥青混合料温度不均匀，造成路面局部渗水严重或压实不足，酿成隐患。外观检查的主要项目包括色泽、油膜厚度、表面空隙等。

6）施工动态质量管理

高速公路和一级公路沥青路面的施工，应利用计算机实行动态质量管理，计算平均值、极差、标准差及变异系数以及各项指标的合格率。施工的关键工序或重要部位宜拍摄照片或进行录像，作为实态记录及保存资料的一部分。

2. 质量检验

沥青混合料路面工程完工后，施工单位、工程监理单位和建设单位应按相同的工程项目划分进行工程质量的监控和管理。

施工单位应将全线以1～3km作为一个评定路段，每一侧车行道按规定频度随机选取测点；对沥青面层进行全线自检，将单个测定值与规定的质量要求或允许偏差进行比较，计算合格率；然后计算一个评定路段的平均值、极差、标准差及变异系数。施工单位应在规定时间内提交全线检测结果及施工总结报告，申请交工验收。

下面结合《公路沥青路面施工技术规范》（JTG F40—2004）与《公路工程质量检验评定标准》（JTG F80/1—2004）介绍热拌沥青混合料路面交工验收阶段的基本要求和检查项目、检查频度、质量要求或允许偏差等内容。

1）基本要求

（1）沥青混合料的矿料质量及矿料级配应符合设计要求和施工规范的规定。

（2）严格控制各种矿料和沥青用量，严格控制各种材料和沥青混合料的加热温度，沥青材料及混合料的各项指标应符合设计和施工规范要求。沥青混合料的生产，每日应做抽提试验、马歇尔稳定度试验。矿料级配、沥青含量、马歇尔稳定度等结果的合格率应不小于90%。

（3）拌和后的沥青混合料应均匀一致，无花白，无粗细料分离和结团成块现象。

（4）基层必须碾压密实，表面干燥、清洁、无浮土，其平整度和路拱度应符合要求。

（5）摊铺时应严格控制摊铺厚度和平整度，避免离析，注意控制摊铺和碾压温度，碾压至要求的密实度。

2）质量检验评定标准

热拌沥青混合料路面交工验收阶段的检查项目、检查频度、质量要求或允许偏差等见表2-5-26。

3）外观鉴定

（1）表面应平整密实，不应有泛油、松散、裂缝和明显离析等现象。对于高速公路和一级公路，有上述缺陷的面积（凡属单条的裂缝，则按其实际长度乘以0.2m宽度折算成面积）之和不得超过受检面积的0.03%，其他公路不得超过0.05%。半刚性基层的反射裂缝可不计作施工缺陷，但应及时进行灌缝处理。

(2)搭接处应紧密、平顺，熨缝不应枯焦。

(3)面层与路缘石及其他构筑物应密贴接顺，不得有积水或漏水现象。

沥青混凝土面层和沥青碎石面层实测项目 表2-5-26

<table>
<tr><th rowspan="2">项　次</th><th rowspan="2" colspan="2">检 查 项 目</th><th colspan="2">规定值或允许偏差</th><th rowspan="2">检查方法和频率</th></tr>
<tr><th>高速公路、一级公路</th><th>其他公路</th></tr>
<tr><td>1</td><td colspan="2">压实度(%)</td><td colspan="2">实验室标准密度的96%(98%)
最大理论密度的92%(94%)
试验段密度的98%(99%)</td><td>按有关规定方法检查，每200m测1处</td></tr>
<tr><td rowspan="3">2</td><td rowspan="3">平整度</td><td>σ(mm)</td><td>1.2</td><td>2.5</td><td rowspan="2">平整度仪：全线每车道连续按每100m计算IRI或σ</td></tr>
<tr><td>IRI(m/km)</td><td>2.0</td><td>4.2</td></tr>
<tr><td>最大间隙h(mm)</td><td>—</td><td>5</td><td>3m直尺：每200m测2处×10尺</td></tr>
<tr><td>3</td><td colspan="2">弯沉值(0.01mm)</td><td colspan="2">符合设计要求</td><td>按评定标准规定方法检查</td></tr>
<tr><td>4</td><td colspan="2">渗水系数</td><td>SMA路面200mL/min；
其他沥青混凝土
路面300mL/min</td><td>—</td><td>渗水试验仪：每200m测1处</td></tr>
<tr><td rowspan="2">5</td><td rowspan="2">抗滑</td><td>摩擦系数</td><td rowspan="2">符合设计要求</td><td rowspan="2">—</td><td>摆式仪：每200m测1处；摩擦系数测定车：全线连续</td></tr>
<tr><td>构造深度</td><td>铺砂法：每200m测1处</td></tr>
<tr><td rowspan="2">6</td><td rowspan="2">厚度(mm)</td><td>代表值</td><td>总厚度：
设计值的-8%
上面层：
设计值的-10%</td><td>-8%H</td><td rowspan="2">按评定标准规定方法检查，双车道每200m每车道1处</td></tr>
<tr><td>合格值</td><td>总厚度：
设计值的-10%
上面层：
设计值的-20%</td><td>-15%H</td></tr>
<tr><td>7</td><td colspan="2">中线平面偏位(mm)</td><td>20</td><td>30</td><td>经纬仪：每200m测4点</td></tr>
<tr><td>8</td><td colspan="2">纵断高程(mm)</td><td>±10</td><td>±15</td><td>水准仪：每200m测4断面</td></tr>
<tr><td rowspan="2">9</td><td rowspan="2">宽度(mm)</td><td>有侧石</td><td>±20</td><td>±30</td><td rowspan="2">尺量：每200m测4断面</td></tr>
<tr><td>无侧石</td><td colspan="2">不小于设计值</td></tr>
<tr><td>10</td><td colspan="2">横坡(%)</td><td>±0.3</td><td>±0.5</td><td>水准仪：每200m测4处</td></tr>
</table>

注：①表内压实度可选用其中的1个或2个标准，选用两个标准时，以合格率低的作为评定结果。括号内是指SMA路面，其他为普通沥青混凝土路面。

②表列厚度仅规定负允许偏差。其他公路的厚度代表值和合格值允许偏差按总厚度计，当总厚度小于或等于60mm时，允许偏差分别为-5mm和-10mm；总厚度大于60mm时，允许偏差分别为-8%和-15%的总厚度。H为总厚度(mm)。

复习思考题

1. 沥青路面材料有哪些？
2. 沥青路面对所用材料有哪些要求？
3. 沥青路面按施工工艺分为哪三种方法？
4. 沥青路面按技术特性如何划分？
5. 沥青贯入式路面能否做高速公路、一级公路的面层？为什么？
6. 热拌法沥青路面的现场摊铺有哪些工序？
7. 目前沥青路面施工的常用机械有哪三类？

能力训练

1. 简述沥青类路面施工质量控制内容。
2. 简述热拌沥青混合料路面施工过程中工程质量控制标准的主要内容。
3. 简述沥青表面处治的主要步骤。
4. 简述层铺法施工工序。
5. 简述沥青路面的碾压施工的注意要点。

任务六 水泥混凝土路面面层施工

引例

水泥混凝土路面有一定间隔的接缝，为了确保混凝土板之间能有效地传递荷载，防止形成错台，在板厚中央处必须设置传力杆。当混凝土板连续浇筑时，可采用钢筋支架法安设传力杆。即在嵌缝板上预留圆孔，以便传力杆穿过，嵌缝板上面设木制或铁制压缝板条，按传力杆位置和间距，在接缝模板下部做成倒U形槽，使传力杆由此通过，传力杆的两端固定在支架上，支架脚插入基层内。

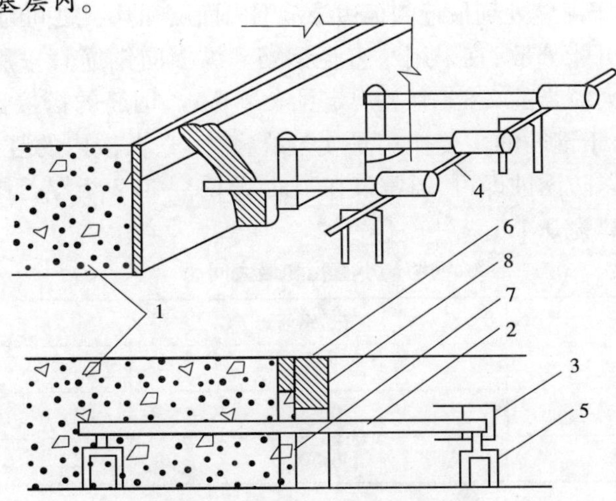

接缝处传力杆的设置（钢筋支架法）

1-先端混凝土；2-传力杆；3-金属套管；4-钢筋；5-支架；6-压缩板条；7-嵌缝板；8-胀缝模板

一、水泥混凝土路面面层分类

水泥混凝土路面通常是指水泥与水拌和而成的水泥浆作为结合料,以碎(砾)石、砂为集料,再添加适当的外加剂,有时掺加掺和料拌制成的混凝土铺筑面层路面。它包括普通混凝土路面、钢筋混凝土路面、连续配筋混凝土路面、组合式(双层式)混凝土路面、钢纤维混凝土路面、水泥混凝土预制块铺砌路面、碾压混凝土路面。目前采用最广泛的是就地浇筑的普通混凝土路面,简称混凝土路面,也称为刚性路面。

(一)普通混凝土路面

普通混凝土路面是指除接缝区和局部范围(边缘和角隅)外,面层内均不配置钢筋的混凝土路面。与沥青路面类型路面相比,普通混凝土路面具有强度高、稳定性好、耐久性好、有利于夜间行车等优点,但也存在大量的接缝施工、开放交通较迟、修复困难等缺点。

混凝土面层由一定厚度的混凝土板所组成,它具有热胀冷缩的性质,因此需要设置横向接缝(横向缩缝、胀缝、施工缝)和纵向接缝。横向接缝是垂直于行车方向的接缝,间距一般为4~6m(即板长)。纵向接缝是指平行于混凝土路面行车方向的接缝,间距为3.0~4.5m。

水泥混凝土的弹性模量为$(25\sim40)\times10^3$MPa。它属于脆性材料,抗弯拉强度比抗压强度低得多。为使水泥混凝土路面能够经受车轮荷载的多次重复作用、抵抗温度翘曲应力,并对地基变形有较强的适应能力,混凝土面板必须具有足够的抗弯拉强度和厚度。

(二)钢筋混凝土路面

当混凝土板的平面尺寸较大,或者预计路基或基层有可能产生不均匀沉降;或者板下埋设有地下设施等情况时,宜采用钢筋混凝土路面。

钢筋混凝土路面是指板内配置有纵横向钢筋(或钢丝)网的混凝土路面。设置钢筋网的主要目的,是控制裂缝缝隙的张开量,把开裂的板拉在一起,使板依靠断裂面上的集料嵌锁作用而保证结构强度,并非增加板的抗弯强度。因而,钢筋混凝土面层所需的厚度与素(无筋)混凝土面层厚度相同。配筋按混凝土收缩时将板块拉在一起所需的拉力确定。最大的拉应力出现在板中央开裂时,它等于由该处到最近的板边缘范围内面层和基层之间的摩阻力。

为使板内应力尽可能分散,宜采用小直径钢筋。纵横向钢筋宜采用相同直径。网筋的最小间距应为集料最大粒径的2倍,有关规定见表2-6-1。钢筋的搭接长度,根据经验,宜为直径的24倍以上。由于钢筋的主要作用是使裂缝密闭,它在板内的竖向位置并不太重要,只要有足够的保护层以防锈蚀即可,通常设在顶面下1/3~1/2板厚范围内。外侧钢筋中心到接缝或自由边的距离为0.1m。

钢筋最小直径和最大间距 表2-6-1

钢筋类型	普通钢筋	螺纹钢筋
最小直径(mm)	7	10
纵向最大间距(m)	0.15	0.35
横向最大间距(m)	0.30	0.75

钢筋混凝土板的缩缝间距(即板长)一般为13~22m,最大不宜超过30m。缩缝内必须设置传力杆。其他接缝构造与素混凝土路面相同。

（三）连续配筋混凝土路面

连续配筋混凝土路面的特点是一般不设横缝（施工缝和特定情况下必设的胀缝除外）且配筋量很大的混凝土面层。这种面层会在温度和湿度变化引起的内应力作用下产生许多横向裂缝，裂缝的间距为1.0～3.0m，缝隙的平均宽度为0.2～0.5mm。但是，由于配置了许多纵向连续钢筋，这些横向裂缝不至于张开而使杂物侵入或使混凝土剥落，因而不会影响行车。

确定纵向钢筋用量的控制因素是裂缝缝隙的宽度。缝隙过宽易使杂物和水侵入。配筋量多，可使缝隙宽度和间距减小。由于缝隙间距同缝隙宽度直接关联，钢筋用量可按规定的裂缝间距来确定。虽然有好几种理论公式可用以计算钢筋用量，但通常都是根据经验确定，一般认为保持裂缝完整无损所需配筋量为混凝土板断面积的0.6%～0.8%。在美国一般气候区最小钢筋用量取0.6%，在寒冷地区取0.7%。钢筋间距最小0.1m，最大0.23m。钢筋直径应按规定选用。钢筋的埋置深度，在顶面下1/3～1/2板厚范围内。搭接长度至少为0.5m或钢筋直径的30倍，所有搭接均需错开。

横向钢筋的用量很小，其配筋率为纵向钢筋的1/10～1/5，主要目的是保持纵向钢筋的间距，纵横向钢筋均需采用螺纹钢筋，以保证混凝土和钢筋之间具有足够的握裹力。

连续配筋混凝土板内的钢筋并非按承受荷载应力进行设计的，因此，它的厚度仍可采用无筋混凝土路面板的计算方法确定。由于不考虑温度应力的组合，可适当降低厚度，例如，按无筋混凝土面板计算厚度的85%～90%取用。

连续配筋混凝土面层在浇筑中断时需设置施工缝。施工缝采取平缝形式，并用长度为1m的拉杆增强。拉杆的直径与间距同纵向钢筋，以使施工缝两侧的混凝土板块加固成连续的整体。

由于连续配筋的混凝土路面没有接缝（施工缝除外），所以，在长板的端部、桥头连接处，或者与其他路面纵向接头处都要设置胀缝，以便为混凝土的膨胀留有余地。

（四）组合式（双层式）混凝土路面

新建道路的混凝土面板一般按单层式建造，只有当缺乏品质良好的材料时，才考虑采用双层式混凝土路面板，即利用当地品质较差的材料修筑板的下层，而用品质较好的材料铺筑板的上层，以降低造价。在改建旧混凝土路面时，有时在其上加铺一层新混凝土面层，这样也形成双层式混凝土路面结构。根据双层混凝土路面上下层板之间结合程度的不同，有结合式、分离式和部分结合式三种形式。

1. 结合式

上下层混凝土板牢固结合成为一个整体，新建路面时，上下层混凝土连续施工，即可做成结合式。改建路面时，将下层板表面凿毛、洗净晾干，并喷刷高强度等级水泥浆（水灰比0.4～0.5）或环氧树脂等黏结剂，随即浇筑新混凝土面层。对于这种结合形式，下层板的裂缝和接缝将会反射到上层板内，因此要求上下层板的接缝必须对齐，并采用同样的接缝形式和缝隙宽度，这种结合形式适用于下层板完整无裂缝或虽有一些裂缝但不再发展的情况。支立模板时，可采用混凝土块顶撑或利用旧路面板的接缝钻孔插入钢钎固定的方法。

2. 分离式

上下层混凝土板之间铺以厚1～2cm以上的沥青砂或双层油毡作为隔离材料，以达到分离的目的。这种分离措施，可防止下层板的裂缝和接缝反射到上层板内，因此分离式双层混凝土路面板不要求上下层板的接缝对齐。当下层板严重破碎时，也可采用这种形式。新铺混凝土面层的厚度不宜小于12cm。施工立模时可采用穿孔插钎固定模板，也可采用预制混凝土块顶撑模板的方法固定模板。

3. 部分结合式

改建路面时，先对原有混凝土板表面进行清理后再浇筑上层板。由于上下层板之间存在部分结合，下层板上的裂缝与接缝通常仍会反射到上层板内，所以上下层板的接缝位置应相同，但其形式和宽度不要求完全相同。旧面层的结构损坏不太严重并已经修复时，可采用这种结合形式。

（五）钢纤维混凝土路面

钢纤维混凝土路面是在混凝土中掺入一些低碳钢、不锈钢或玻璃钢的纤维，使其成为一种均匀而多向配筋的混凝土。试验表明，钢纤维与混凝土的握裹力高达4MPa。施工时一般在混凝土中掺入1.5% ~2.0%（体积比）的钢纤维，过多混凝土和易性则不好。钢纤维长度宜为25 ~60mm，直径为0.25 ~1.25mm，过长则与混凝土拌和易成团，过短则混凝土强度增高不多，长度与直径的最佳比值为50 ~70。

钢纤维混凝土路面的抗疲劳强度、抗冲击能力和防止裂缝的能力比普通混凝土路面要好得多。同时钢纤维混凝土路面厚度可以减薄30% ~50%，而缩缝间距可以增至15 ~30m，胀缝和纵缝可以不设。

作为一种新型的路面材料，钢纤维混凝土路面具有广泛的发展前途，它具有薄板、少缝、使用寿命长、养护费用少等特点，特别是作为旧混凝土路面的罩面尤为适宜。

（六）水泥混凝土预制块铺砌路面

块料由高强的水泥混凝土材料预制而成。抗压强度约为60MPa，水泥含量350 ~380kg/m^3，水灰比0.35，最大集料尺寸为8 ~16mm，块料承受磨耗的面积一般小于0.03m^2，厚度至少为6cm，形状有矩形、嵌锁形（不规则形状）两类。这种路面结构由面层、砂整平层和基层组成，基层类型同普通混凝土路面。

混凝土预制块铺砌的路面具有结构简单，价格低廉，能承受较大的单位压力，出现较大变形也不会破坏块料，便于修复等优点，因此，比较广泛地用于铺筑人行道、停车场、堆场（特别是集装箱码头堆场）、街区道路、次要道路、一般公路的路面等。

（七）碾压混凝土路面

碾压混凝土是一种含水率低，通过振动碾压施工工艺达到高密度、高强度的水泥混凝土。碾压混凝土路面与普通水泥混凝土路面相比能节省大量的水泥，且施工速度快，养生时间短，强度高，具有很好的社会经济效益。

根据我国碾压混凝土路面的施工水平，全厚式碾压混凝土路面的平整度难以达到规定的要求。国外也没有直接用作车辆高速行驶的路面面层。因此，碾压混凝土路面一般适用于二级及其以下等级的公路。

碾压混凝土的集料最大粒径以20mm为宜。当碾压混凝土分两层摊铺时，其下层集料最大粒径可采用40mm。

二、水泥混凝土路面常用材料要求

水泥混凝土的基本组成材料有水泥、水、粗集料、细集料、外加剂和矿物掺和料六种。水泥混凝土质量的好坏,除了配合比和搅拌质量外,与原材料的质量和技术指标有很大关系,因此施工前和施工中,严格科学地选择或生产高质量的原材料,是铺筑优质水泥混凝土路面的前提。

(一)水泥

水泥是混凝土的胶结材料,混凝土所用水泥的好坏直接影响混凝土路面抗折强度、疲劳强度,体积稳定性和耐久性等关键物理力学性质。并非任何水泥都可用于铺筑水泥混凝土路面,选用水泥时,要根据不同的路面等级和交通量要求,选择不同的水泥。一般情况下,特重和重交通路面应选择抗折强度高、收缩小、耐磨性强、抗冻性好的旋窑道路硅酸盐水泥,也可采用旋窑硅酸盐水泥或普通硅酸盐水泥;中、轻交通路面可采用矿渣硅酸盐水泥;此外,从低温施工的蓄热和早强出发,低温天气施工或有快通要求的路段可采用 R 型水泥。一般情况下,为防止温度裂缝,应选用普通水泥。各级交通路面在选用水泥时,无论强度等级多少,均应以其实测抗折强度为标准来选择和使用,水泥实测抗折强度越高,对保障混凝土路面抗折强度越有利,具体选用时,水泥的抗压强度和抗折强度不得低于表 2-6-2 规定。

各交通等级路面水泥各龄期的抗折强度、抗压强度　　表 2-6-2

交通等级	特重交通		重交通		中、轻交通	
龄期(d)	3	28	3	28	3	28
抗压强度(MPa),≥	25.5	57.5	22.0	52.6	16.0	42.6
抗折强度(MPa),≥	4.5	7.5	4.0	7.0	3.5	6.5

水泥的矿物组成主要有硅酸三钙、硅酸二钙、铝酸三钙和铁铝酸钙以及其他成分,不同的水泥所含这些化学成分的含量各不相同,并且其物理性能也不同,在选择水泥时,还应根据公路等级的不同,选择化学成分含量、物理性能不同的水泥,在道路中若选择不当,将会造成严重后果。如承受动载结构的水泥与静载结构水泥相比,其高耐疲劳极限对水泥中游离氧化钙含量要求很严格。例如在某路加铺水泥混凝土改建工程中,使用游离氧化钙含量高达 9.7% 的强度等级为 32.5 的普通硅酸盐矿渣水泥,使游离氧化钙含量高出规范 9 倍多,结果仅通车半年,就全线崩溃。因此在选择水泥时,必须符合表 2-6-3 要求。

各交通等级路面用水泥的化学成分和物理指标　　表 2-6-3

水泥性能	特重、重交通路面	中、轻交通路面
铝酸三钙	不宜大于 7.0%	不宜大于 9.0%
铁铝酸四钙	不宜小于 15.0%	不宜小于 12%
游离氧化钙	不得大于 1.0%	不得大于 1.5%
氧化镁	不得大于 5.0%	不得大于 6.0%
三氧化硫	不得大于 3.5%	不得大于 4.0%
碱含量	$Na_2O + 0.658K_2O \leq 0.6\%$	怀疑有碱活性集料时,小于或等于 0.6%;无碱活性集料时,小于或等于 1.0%

续上表

水泥性能	特重、重交通路面	中、轻交通路面
混合材种类	不得掺窑灰、煤矸石、火山灰和黏土，有抗冻要求时，不得掺石灰、石粉	不得掺窑灰、煤矸石、火山灰和黏土，有抗冻要求时，不得掺石灰、石粉
出磨时安定性	雷氏夹或蒸煮法必须合格	蒸煮法检验必须合格
标准稠度需水量	不宜大于28%	不宜大于30%
烧失量	不得大于3.0%	不得大于5.0%
比表面积	宜在300～450m^2/kg	宜在300～450m^2/kg
细度(80μm)	筛余量不得大于10%	筛余量不得大于10%
初凝时间	不早于1.5h	不早于1.5h
终凝时间	不迟于10h	不迟于10h
28d干缩率	不得大于0.09%	不得大于0.1%
耐磨性	不得大于3.6kg/m^2	不得大于3.6kg/m^2

注：28d干缩率和耐磨性试验方法采用《道路硅酸盐水泥》(GB 13693—2005)标准。

在选择水泥时，除满足上述要求外，还应通过配合比试验，根据其弯拉强度耐久性和工作性，选择适宜的水泥品种和强度等级，并且水泥，一旦选定，不得随意更改，不同品种、牌号、生产厂家、强度等级的水泥，严禁混装和掺和。

采用机械化施工时，应优先选用散装水泥，散装水泥供应不上时，可选用吨包袋装和大袋水泥，工程规模小时，采用小型机具施工，可用袋装水泥。为降低水化反应速度防止温差开裂，散装水泥的夏季出厂温度：南方不宜高于65℃，北方不宜高于55℃。拌和时水泥温度；南方不高于60℃，北方不高于50℃。同时为保证水泥尽快达到抗冻临界强度及便于抗滑构造制作及养生等工序的进行，水泥的温度不宜低于10℃。

（二）粉煤灰和其他掺和料

水泥混凝土中使用的掺和料主要有粉煤灰、硅灰和磨细矿渣。

1.粉煤灰

粉煤灰是煤粉燃烧后收集到的灰粒，其主要成分是活性氧化硅和氧化铝。研究表明：粉煤灰掺入混凝土后，不仅可节约水泥，而且能与水泥长短互补，充当混凝土的减水剂、释水济、增塑剂等一系列复合功能，具有明显的技术经济效益。

公路混凝土工程中，根据不同使用条件，可掺用氧化钙含量小于8%，游离氧化钙小于或等于1%，以氧化钙和氧化铅为主要成分的低钙粉煤灰或与其他掺和料和外加剂复合成的复合粉煤灰矿粉，不能使用高钙粉煤灰。

配制混凝土时，粉煤灰分为三级，具体见表2-6-4。混凝土路面掺用粉煤灰应选用电收尘Ⅰ、Ⅱ级干排或磨细低钙粉煤灰，不得使用Ⅲ级粉煤灰。贫混凝土基层，碾压混凝土基层或复合式路面下面层掺用粉煤灰必须采用Ⅲ级或Ⅲ级以上粉煤灰。粉煤灰宜采用散装灰，进货时应有等级检验报告，使用时应确切了解所用水泥中已经加入的掺和料种类和数量。

2.硅灰

硅灰是从冶炼金属硅或硅铁合金的烟道中收集到的极细高水硬活性硅质灰粉，其细度比水泥高1～2个数量级，密度很小，单位质量体积很大。

粉煤灰分级和质量指标 表 2-6-4

粉煤灰等级	细度①(45μm 气流筛,筛余量)(%)	烧失量(%)	需水量(%)	含水率(%)	Cl^-(%)	Cl^-(%)	混合砂浆活性指数②	
							7d	28d
Ⅰ	≤12	≤5	≤95	≤1.0	<0.02	≤3	≥75	≥85(75)
Ⅱ	≤20	≤8	≤105	≤1.0	<0.02	≤3	≥70	≥80(62)
Ⅲ	≤45	≤15	≤115	≤1.5	—	≤3	—	—

注:①45μm 气流筛的筛余量换算成 80μm 水泥筛的筛余量时换算系数为 2.4。

②混合砂浆的活性指数为掺粉煤灰的砂浆与水泥砂浆的抗压强度比的百分数,适用于所配制混凝土强度等级大于或等于 C40 的混凝土,混凝土等级小于 C40 时,混合砂浆的活性指数应满足 28d 括号内的数值。

硅灰在公路路面使用时,主要用于高强与超高强混凝土。使用时,由于需水量很高,必须与高效减少剂或超塑化剂共同掺用,在一般施工条件下要求缓凝,使用高效缓凝剂。

3. 矿渣

矿渣是从冶铁高炉排出,给高温水淬处理后的炉渣,经与水泥相同工序磨细后得到的超细矿渣,由于本身具有自硬化能力,水化反应速度快,因此,一般用于制高强混凝土。

硅灰和矿渣在使用前应经过试配检验,确保路面和桥面混凝土弯拉强度、工作性、抗磨性、抗冻性等技术指标合格。

(三)粗集料

粗集料是混凝土中大于 5mm 的碎石、砾石和碎砾石。

1. 级配

为保证混凝土高强度和密度,节约水泥,要求集料组成的矿物质有良好的级配,级配分为连续级配和间断级配。连续级配的优点是配制的混凝土较密实,具有良好工作性,不易离析,间断级配的优点是同强度混凝土水泥用量小,但易产生离析,需强力振捣。

混凝土的粗集料不得使用不分级配的流料,应按最大粒径分级进行掺配。其级配范围见表 2-6-5。碎石最大粒径不应大于 31.5mm,砾石不大于 19mm,碎砾石不大于 26.5mm,小于 75μm 的矿粉含量不大于 1%。

粗集料级配范围 表 2-6-5

类型	级配 \ 粒径	方筛孔尺寸(mm)							
		2.36	4.75	9.50	16.0	19.0	26.5	31.5	37.5
		累计筛余(以质量计)(%)							
合成级配	4.75~16	95~100	85~100	40~60	0~10				
	4.75~19	95~100	85~95	60~75	30~45	0~5	0		
	4.75~26.5	95~100	90~100	70~90	50~70	25~40	0~5	0	
	4.75~31.5	95~100	90~100	75~90	60~75	40~60	20~35	0~5	0
粒级	4.75~9.5	95~100	80~100	0~15	0				
	9.5~16		95~100	80~100	0~15	0			
	9.5~19		95~100	85~100	40~60	0~15	0		
	16~26.5			95~100	55~70	25~40	0~10	0	
	16~31.5			95~100	85~100	55~70	25~40	0~10	0

2. 粗集料技术要求

用作混凝土的粗集料要有足够的坚固性，以抵抗冻融和风化作用，使用前可通过在硫酸钠溶液中浸湿和烘干5次循环后检测其质量损失量，小于规定值方可使用。

混凝土应选用表面粗糙、多棱角、粒状接近正方体、针片状颗粒含量较少的粗集料，否则将显著降低水泥混凝土抗折强度，同时影响其和易性。

为保证混凝土的强度及耐久性，要严格限制粗集料的含泥量、泥块含量及有害杂质含量。此外还应注意"碱集料反应"，防止在集料表面形成碱硅酸凝胶体，因其吸水膨胀，易造成混凝土结构破坏。

粗集料按技术指标分为Ⅰ、Ⅱ、Ⅲ级，具体分级见表2-6-6。二级以上公路及有抗（盐）冻要求的其他公路混凝土路面粗集料应不低于Ⅱ级，无抗（盐）冻要求的其他公路混凝土路面，碾压混凝土及贫混凝土基层可用Ⅲ级粗集料，有抗冻（盐）要求时，吸水率Ⅰ级不应大于1%，Ⅱ级不大于2.0%。对于要求抗压的混凝土结构，Ⅰ级一般用于强度大于C60的混凝土；Ⅱ级用于介于C30与C60及有抗冻、抗渗或其他要求的混凝土，Ⅲ级用小于C30的混凝土。

碎石、碎卵石和卵石技术指标 表2-6-6

项　目	技　术　要　求		
	Ⅰ	Ⅱ	Ⅲ
碎石压碎指标（%）	<10	<15	<20①
卵石压碎指标（%）	<12	<14	<16
坚固性（按质量损失计，%）	<5	<8	<12
针片状颗粒含量（按质量计，%）	<5	<15	<20②
含泥量（按质量计，%）	<0.5	<1.0	<1.5
泥块含量（按质量计，%）	<0	<0.2	<0.5
有机物含量（比色法）	合格	合格	合格
硫化物及硫酸盐（按 SO_3 质量计，%）	<0.5	<1.0	<1.0
岩石抗压强度（MPa）	火成岩不应小于100；变质岩不应小于80；水成岩不应小于60		
表观密度（kg/m^3）	>2 500		
松散堆积密度（kg/m^3）	>1 350		
空隙率（%）	<47		
碱集料反应	经碱集料反应试验后，试件无裂缝、酥裂、胶体外溢等现象，在规定试验龄期的膨胀率应小于0.10%		

注：①Ⅲ级碎石的压碎指标，用做路面时，应小于20%；用做下面层或基层时，可小于25%。

②Ⅲ级粗集料的针片状颗粒含量，用做路面时，应小于20%；用做下面层或基层时，可小于25%。

（四）细集料

混凝土的细集料是指粒径小于5mm的天然砂、机制砂或混合砂。

1. 级配

优质的混凝土用砂要具有高的密度和小的比面积,从而使混凝土既有较好的和易性及硬化后有一定的强度和耐久性,又达到节约水泥的目的。

砂的级配,应与粗集料级配的组成的矿质混合料一齐考虑,砂按细度模数分为 1 区粗砂(3.1 ~ 3.7)、2 区中砂(2.3 ~ 3.0)和 3 区细砂(1.6 ~ 2.2)。为提高路表面的抗滑、抗磨性能,路用混凝土一般应选用中砂,也可使用细度模数在 2.0 ~ 3.5 之间的砂。施工中,混凝土同一配合比用砂的细度模数变化范围不应超过 0.3,否则应调整配合比中的砂率。

2. 技术要求

为防止杂质阻碍水泥水化以及杂质和水泥发生不良化学反应,细集料应选择质地坚硬、耐久、洁净的砂,细集料中有害杂质含量应有一定限制,具体见表 2-6-7。

细集料技术指标 表 2-6-7

项目	技术要求		
	Ⅰ	Ⅱ	Ⅲ
机制砂单粒级最大压碎指标(%)	<20	<25	<30
氯化物(氯离子质量计,%)	<0.01	<0.02	<0.06
坚固性(以质量损失计,%)	<6	<8	<10
云母(以质量计,%)	<1.0	<2.0	<2.0
天然砂、机制砂含泥量(以质量计,%)	<1.0	<2.0	<3.0
天然砂、机制砂含泥块量(以质量计,%)	0	<1.0	<2.0
机制砂 MB 值<1.4 或合格石粉含量(以质量计,%)	<3.0	<5.0	<7.0
机制砂 MB 值≥1.4 或不合格石粉含量(以质量计,%)	<1.0	<3.0	<5.0
有机物含量(比色法)	合格	合格	合格
硫化物及硫酸盐(按 SO_3 质量计,%)	<0.5	<0.5	<0.5
轻物质(以质量计,%)	<1.0	<1.0	<1.0
机制砂母岩抗压强度(MPa)	火成岩不应小于100;变质岩不应小于80;水成岩不应小于60		
表观密度(kg/m^3)	>2 500		
松散堆积密度(kg/m^3)	>1 350		
空隙率(%)	<47		
碱集料反应	经碱集料反应试验后,由砂配制的试件无裂缝、酥裂、胶体外溢,在规定试验龄期的膨胀率小于 0.10%		

细集料按其技术指标分为三级,二级以上公路及有抗冻(盐)要求的三、四级路面应使用不低于Ⅱ级的砂,无抗(盐)冻要求的三、四级公路路面及贫混凝土基层可用Ⅲ级砂。

使用机制砂时,为提高抗滑性能,保证运营安全,应检验砂浆磨光值,其值应大于 35。机制砂不应采用抗磨性较差的泥岩、页岩、板岩等水成岩类生产,在用机制砂配制混凝土时,应同时掺入引气高效减水剂。

一般情况，路用混凝土不宜选用海砂，若必须选用时，淡化海砂带入每立方米混凝土中含盐量不大于0.1kg/m^3，淡化海砂中甲壳类动物残留物不大于1.0%，钢筋混凝土和钢纤维混凝土严禁使用海砂。

（五）水

饮用水可直接使用，对水质有疑问时，检验其硫酸盐含量（SO_4^{2-} 含量小于0.002 7mg/mm^3，含盐量小于或等于0.005mg/mm^3），pH 值（大于或等于4）及是否含油污、泥和其他有害杂质，检验合格后方可使用。

（六）外加剂

混凝土外加剂是在拌和混凝土时掺入，用以改善混凝土性质的物质。在混凝土路面修筑中，常用外加剂主要有：减水剂或塑化剂，缓凝剂、速凝剂和早强剂，引气剂三种。减水剂主要是在混凝土坍落度不变时，能减少拌和用水；缓凝剂、速凝剂是在不影响混凝土的物理力学性质条件下，调节混凝土凝结时间的外加剂。引气剂是改善混凝土和易性，减少泌水和离析，提高混凝土抗冻、抗渗和抗蚀等性能的外加剂。

在路面和桥面混凝土选用减水剂时，应选择减水率大、坍落度损失小，可调控凝结时间的复合型减水剂。高温施工时，应选用引气缓凝减水剂，低温施工时使用引气早强减水剂。

引气剂应选用表面张力降低值大，水泥稀浆中起泡容易、多而细密、泡沫稳定时间长，不溶残渣少的产品，在有抗冻（盐）要求的地方，必须使用引气剂。

无论使用何种外加剂，首先必须检验其与水泥的适应性，使用与水泥相适应的外加剂品种，各种外加剂的产品质量应符合《公路水泥混凝土路面施工技术细则》（JTG/T F30—2014）有关规定。

使用外加剂时，应注意掺入外加剂会改变混凝土制备工艺，使用时要特别小心。

（七）接缝材料

接缝材料按使用性能分胀缝接缝板和接缝填缝料两类。接缝板要求能适应混凝土面板的膨胀与收缩，且施工时不变形、耐久性良好。填缝料要求与混凝土面板缝壁黏结力强，且材料的回弹性好、能适应混凝土面板的膨胀与收缩、不溶于水、不渗水、高温时不溢出、低温时不脆裂和耐久性好。

胀缝接缝板应选用能适应混凝土板膨胀收缩、施工时不变形、复原率高和耐久性好的材料。高速公路和一级公路宜选用泡沫橡胶板、沥青纤维板；其他等级公路也可选用木材类或纤维类板。

接缝填料应选用与混凝土接缝槽壁黏结力强、回弹性好、适应混凝土板收缩、不溶于水、不渗水、高温时不流淌、低温时不脆裂、耐老化的材料。常用的填缝材料有聚氨酯焦油类、氯丁橡胶类、乳化沥青类、聚氯乙烯胶泥、沥青橡胶类、沥青玛蹄脂及橡胶嵌缝条。

三、水泥混凝土路面接缝施工

混凝土面层由一定厚度的混凝土板所组成，它具有热胀冷缩的性质。由于一年四季气温的变化，混凝土板会产生不同程度的膨胀和收缩，从而引起混凝土板的轴向变形。而在一昼夜中,白天气温升高,混凝土板顶面温度较底面温度高,这种温度坡差会使板的中部隆起的趋势。夜间气温降低,板顶面温度较底面温度低,会使板的周边和角隅有翘起的趋势,发生翘曲变形。如图 2-6-1a)所示,这些变形会受到板与基础之间的摩阻力和黏结力以及板的自重车轮荷载等的约束,致使板内产生过大的应力,造成板的断裂[图 2-6-1b)]或拱胀等破坏。

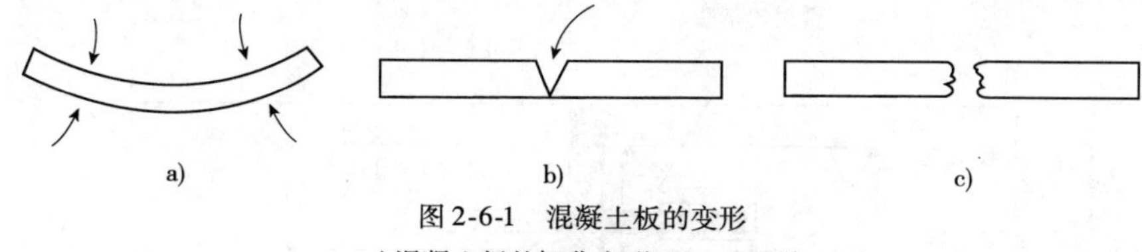

图 2-6-1 混凝土板的变形

a)混凝土板的翘曲变形;b)、c)开裂

从图 2-6-1 可见,由于翘曲而引起的裂缝,在裂缝发生后混凝土板被分割的两块板体尚不致完全分离,倘若板体温度均匀下降引起收缩,则使两块板体被拉开[图 2-6-1c)],从而失去荷载传递作用。

为避免这些缺陷,混凝土路面不得不在纵横两个方向设置许多接缝,把整个路面分割成许多板块,如图 2-6-2 所示。

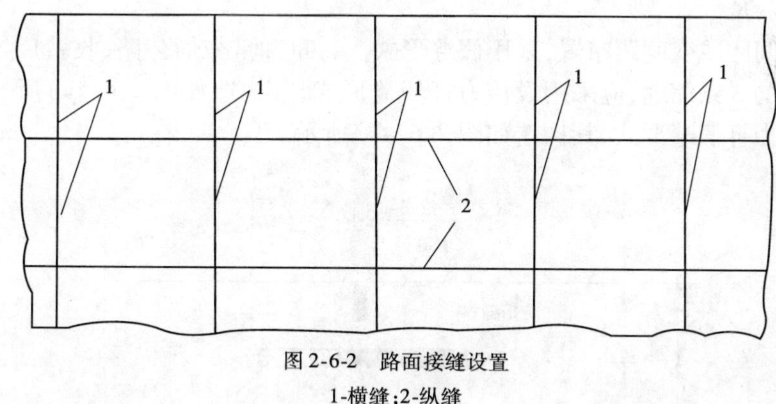

图 2-6-2 路面接缝设置

1-横缝;2-纵缝

在任何形式的接缝处板体都不可能是连续的,其传递荷载的能力总不如非接缝处,而且任何形式的接缝都不免要漏水,因此,对各种形式的接缝,都必须为其提供相应的传荷与防水的设施。

水泥混凝土面层的接缝可分为横向接缝和纵向接缝。

(一)横缝的构造与布置

横向接缝是垂直于行车方向的接缝,共有三种:缩缝、胀缝和施工缝。缩缝保证板因温度和湿度的降低而收缩时沿该薄弱断面缩裂,从而避免产生不规则的裂缝。胀缝保证板在温度升高时能部分伸张,从而避免产生路面板在热天的拱胀和折断破坏,同时胀缝也能起到缩缝的作用。每日施工结束或因临时原因中断施工时,必须设置横向施工缝,其位置应尽可能选在缩缝或胀缝处。

1. 胀缝的构造

在邻近桥梁或其他固定构造物或与其他道路相交处应设置横向胀缝。设置胀缝的条数,视膨胀量大小而定。低温浇筑混凝土面层或选用膨胀性高的集料时,宜根据实际情况确定是否设置胀缝。胀缝宽 20mm，缝内设置填缝板和可滑动的传力杆。胀缝的构造如图 2-6-3 所示。

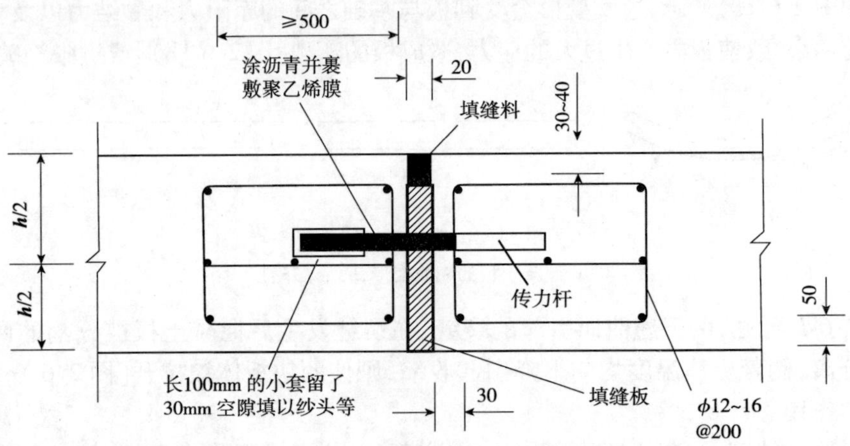

图 2-6-3　横向胀缝构造（尺寸单位：mm）

2. 缩缝的构造

横缝可等间距或变间距布置，采用假缝形式。特重和重交通公路、收费广场以及邻近胀缝或自由端部的 3 条缩缝，应采用设传力杆假缝形式，其构造如图 2-6-4a）所示。其他情况可采用不设传力杆假缝形式，其构造如图 2-6-4b）所示。

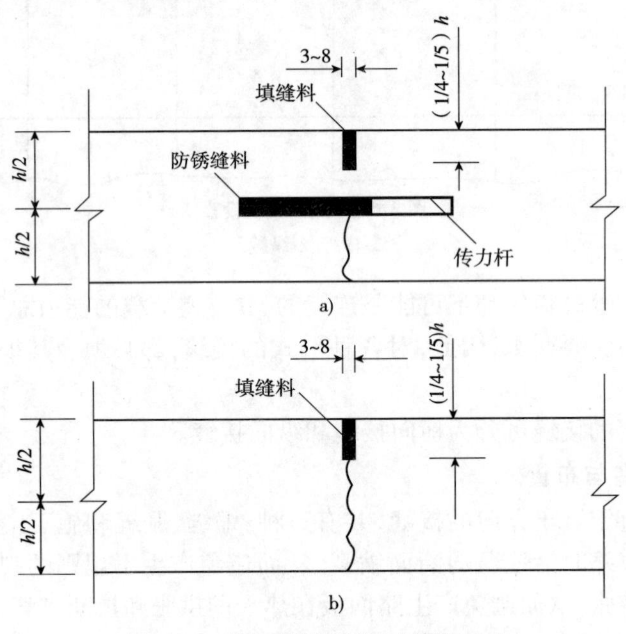

图 2-6-4　横向缩缝构造（尺寸单位：mm）
a）设传力杆假缝型；b）不设传力杆假缝型

横向缩缝顶部应锯切槽口，深度为面层厚度的 1/5 ~ 1/4，宽度为 3 ~ 8mm，槽内填塞填缝料。高速公路的横向缩缝槽口宜增设深 20mm、宽 6 ~ 10mm 的浅槽口。其构造如图 2-6-5 所示。

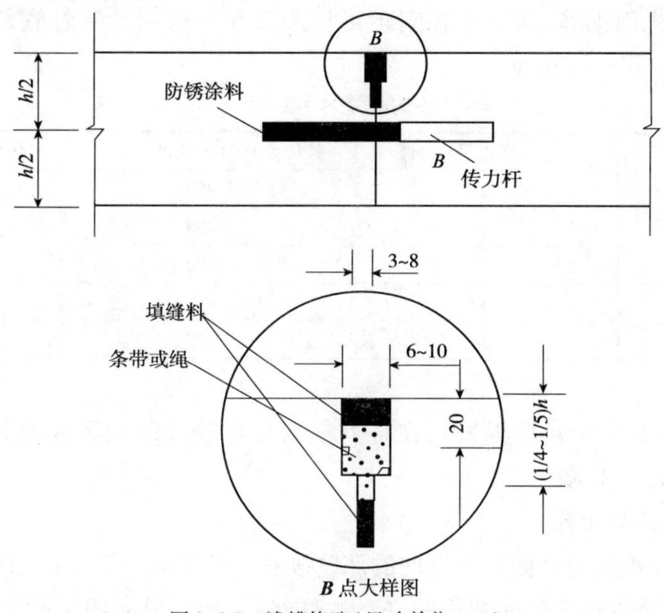

图 2-6-5 浅槽构造(尺寸单位:mm)

3. 施工缝的构造

每日施工结束或因临时原因中断施工时,必须设置横向施工缝,其位置应尽可能选在缩缝或胀缝处。设在缩缝处的施工缝,应采用加传力杆的平缝形式,其构造如图 2-6-6a)所示;设在胀缝处的施工缝,其构造与胀缝相同。遇有困难需设在缩缝之间时,施工缝采用设拉杆的企口缝形式,其构造如图 2-6-6b)所示。

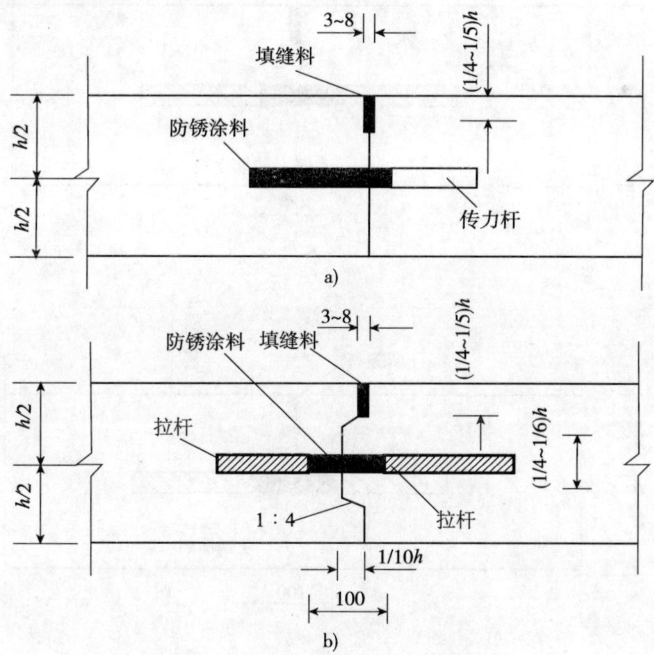

图 2-6-6 横向施工缝构造(尺寸单位:mm)

a)设传力杆平缝型;b)设拉杆企口缝型

传力杆应采用光面钢筋,其尺寸和间距可按表 2-6-8 选用。最外侧传力杆距纵向接缝或自由边的距离为 150 ~250mm。

传力杆尺寸和间距　　表 2-6-8

面层厚度(mm)	传力杆直径(mm)	传力杆最小长度(mm)	传力杆最大间距(mm)
200	28	400	300
240	30	400	300
260	32	450	300
280	35	450	300
300	38	500	300

4. 横缝的布置

横缝间距一般为 4 ~6m(即板长),在昼夜气温变化较大的地区或地基水文情况不良路段,应取低限值,反之取高限。

(二)纵缝的构造与布置

纵缝是指平行于混凝土路面行车方向的那些接缝。纵缝的布设应视路面宽度和施工铺筑宽度而定:一次铺筑宽度小于路面宽度时,应设纵向施工缝。纵向施工缝采用平缝形式,上部应锯切槽口,深度为 30 ~40mm,宽度为 3 ~8mm,槽内灌塞填缝料。构造如图 2-6-7a)所示。

一次铺筑宽度大于 4. 5m 时,应设置纵向缩缝。纵向缩缝采用假缝形式,锯切的槽口深度应大于施工缝的槽口深度。采用粒料基层时,槽口深度应为板厚的 1/3;采用半刚性基层时,槽口深度应为板厚的 2/5。构造如图 2-6-7b 所示。

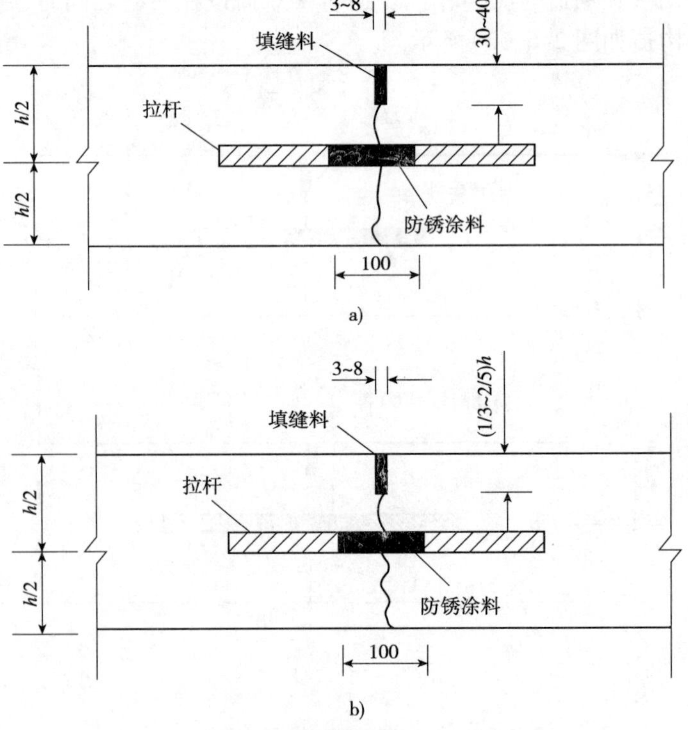

图 2-6-7　纵缝构造(尺寸单位:mm)

a)纵向施工缝;b)纵向缩缝

纵缝应与路线中线平行。在路面等宽的路段内或路面变宽路段的等宽部分，纵缝的间距和形式应保持一致。路面变宽段的加宽部分与等宽部分之间，以纵向施工缝隔开。加宽板在变宽段起终点处的宽度不应小于1m。

拉杆应采用螺纹钢筋，设在板厚中央，并应对拉杆中部100mm范围内进行防锈处理。拉杆的直径、长度和间距可参照表2-6-9选用。施工布设时，拉杆间距应按横向接缝的实际位置予以调整，最外侧的拉杆距横向接缝的距离不得小于100mm。其尺寸和间距可按表2-6-9选用。

拉杆直径、长度和间距 表2-6-9

面层厚度(mm)	到自由边或未设拉杆纵缝的距离(mm)					
	3.00	3.50	3.75	4.50	6.00	7.50
200～250	14×700×900	14×700×800	14×700×700	14×700×600	14×700×500	14×700×400
260～300	16×800×900	16×800×800	16×800×700	16×800×600	16×800×500	16×800×400

注：拉杆直径、长度和间距的数字为直径×长度×间距。

纵缝间距一般按路面宽度在3.0～4.5m范围内确定，这对行车和施工都较方便。当双车道路面按全幅宽度施工时，纵缝可做成假缝形式。

（三）纵横缝的相互布置

纵缝与横缝一般做成垂直正交，使混凝土板具有90°的角隅。纵缝两旁的横缝一般成一条直线。实践证明，如横缝在纵缝两旁错开，将导致板产生从横缝延伸出来的裂缝。

两条道路正交时，各条道路的直道部分均保持本身纵缝的连贯，而相交路段内各条道路的横缝位置应按相对道路的纵缝间距作相应变动，保证两条道路的纵横缝垂直相交，互不错位。两条道路斜交时，主要道路的直道部分保持纵缝的连贯，而相交路段内的横缝位置应按次要道路的纵缝间距作相应变动，保证与次要道路的纵缝相连接。相交道路弯道加宽部分的接缝布置，应不出现或少出现错缝和锐角板。

在次要道路弯道加宽段起终点断面处的横向接缝，应采用胀缝形式。膨胀量大时，应在直线段连续布置2～3条胀缝。

当采用板中计算厚度的等厚板时，或混凝土板纵、横向自由边缘下的基础有可能产生较大的塑性变形时，应在其自由边缘和角隅处设置下述两种补强钢筋。

（1）边缘钢筋，混凝土面层自由边缘下基础薄弱或接缝为未设传力杆的平缝时，可在面层边缘的下部配置钢筋。通常选用2根直径为12～16mm的螺纹钢筋，置于面层底面之上1/4厚度处并不小于50mm，间距为100mm，钢筋两端向上弯起，如图2-6-8所示。纵向边缘钢筋一般只做在一块板内，不得穿过缩缝，以免妨碍板的翘曲；但有时亦可将其穿过缩缝，但不得穿过胀缝。为加强锚固能力，钢筋两端应向上弯起。在横胀缝两侧板边缘以及混凝土路面的起终端处，为加强板的横向边缘，亦可设置横向边缘钢筋。

（2）角隅钢筋，承受特重交通的胀缝、施工缝和自由边的面层角隅，宜配置角隅钢筋。通常选用2根直径为12～16mm的螺纹钢筋，置于面层上部，距顶面不小于50mm，距边缘为100mm，如图2-6-9所示。角隅钢筋应设在板的上部，距板顶面不小于5cm，距胀缝和板边缘各为10cm。在交叉口处，对无法避免形成的锐角，宜设置双层钢筋网补强，以避免板角断裂。钢筋布置在板的上下部，距板顶(底)5～7cm为宜。

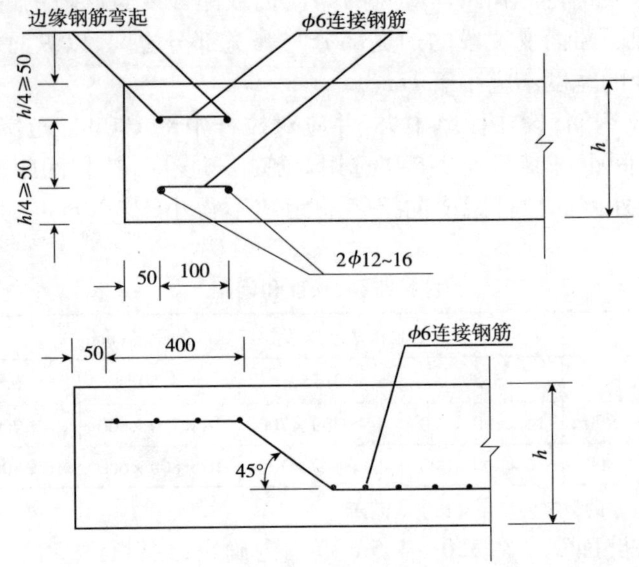

图 2-6-8　边缘钢筋布置(尺寸单位:mm)

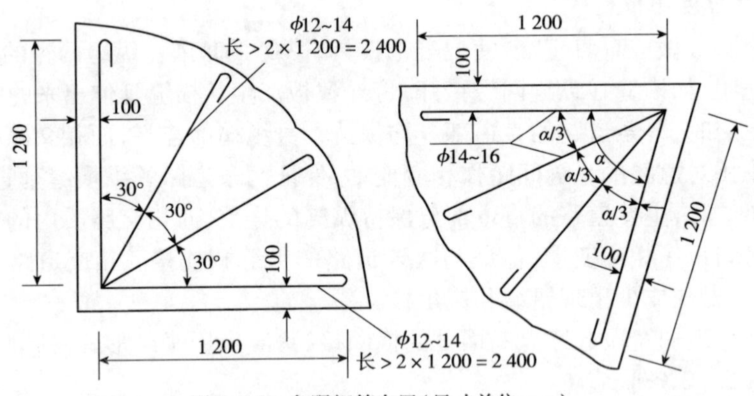

图 2-6-9　角隅钢筋布置(尺寸单位:mm)

(四)接缝施工

1. 纵缝施工

设置纵缝可采用以下三种方式:

(1)在模板上设孔、立模后在浇筑混凝土之前将拉杆穿入孔内;

(2)拉杆弯或直角形,立模后用铁丝将其一半绑在模板上,另一半浇在混凝土内,拆模后将外露在已浇筑混凝土侧面上的拉杆弯直;

(3)采用带螺丝的拉杆,一半拉杆用支架固定在基层上,拆模后另一半带螺丝接头的拉杆同埋在已浇筑混凝土内的半根拉杆相接。

2. 横缝施工

(1)横向缩缝可采用两种方式设置:

①切缝。即在混凝土结硬后,要在尽量短的时间内用金刚石或碳化硅锯片切缝。适宜的切缝时间是施工温度与施工后时间的乘积为(200 ~ 300)℃ · h。施工技术人员应根据经验

并进行试切试验后决定。表2-6-10可供参考。

经验切缝时间 表2-6-10

昼夜平均温度(℃)	常规施工方法(h)	真空脱水作业(h)
5	45~50	40~45
10	30~45	25~30
15	22~26	18~32

②压缝。即为防止早期裂缝,可每隔3~4条切缝做一条压缝。采用振动刀在新鲜混凝土的预定位置上压缝并至规定深度。提出压缝刀,再用原浆修平缝槽并放入嵌条,再修平缝槽,待混凝土初凝前泌水后,取出嵌条,用抹缝瓦刀抹平缝槽。

(2)横向胀缝:横向胀缝应与路中心线垂直,缝壁必须垂直,缝隙宽度必须一致,缝中不得连浆。缝隙下部设置胀缝板,上部灌胀缝填缝料。传力杆应固定牢靠,准确定向。

胀缝可在一天浇筑混凝土终了时,其传力杆长度一半穿过端部挡板,固定于外侧定位模板中。浇筑前应检查传力杆位置,浇筑时应先摊铺下层混凝土,用插入式振捣器振实,并校正传力杆位置,再浇上层混凝土。浇筑邻板时,应拆除顶头木模,并设置下部胀缝板、木制嵌条和传力杆套管。

一天施工过程中则可将传力杆长度的一半穿过胀缝板和端头板,并应用钢筋支架固定就位:先检查传力杆位置,再在胀缝两侧摊铺混凝土板面,振捣密实后,抽出端头板。空隙部分用混凝土填补,并用插入式振捣器振实。

施工缝宜设于胀缝处,多车道施工缝应避免设在同一横断面上。若施工缝设于缩缝处,则板中应增设传力杆,传力杆必须与缝壁垂直,其一半锚固于混凝土中,另一半应先涂沥青,并做套管,使可滑动。

四、水泥混凝土路面与其他构造物相接的处理

混凝土路面与固定构造物相衔接的胀缝无法设置传力杆时,可在毗邻构造物的板端部内配置双层钢筋网,或在长度约为6~10倍板厚的范围内逐渐将板厚增加20%。

混凝土路面同桥梁相接处,宜设置钢筋混凝土搭板。搭板一端放在桥台上,并加设防滑锚固钢筋和在搭板上预留灌浆孔。如为斜交桥梁,尚应设置钢筋混凝土渐变板。渐变板的块数,当桥梁斜角大于70°时设一块;70°~45°时设两块;小于45°至少设三块,如图2-6-10所示。渐变板的短边最小为5m,长边最大为10m。搭板和渐变板的配筋量需经计算确定,角隅部分另加钢筋网补强。

混凝土路面同沥青路面相接处,由于沥青面层难以抵御混凝土面层的膨胀推力,易于出现沥青面层的推移拥起,而形成接头处的不平整,引起跳车。

混凝土路面与沥青路面相接时,其间应设置至少3m长的过渡段。过渡段的路面采用两种路面呈阶梯状叠合布置,其下面铺设的变厚混凝土过渡板的厚度不得小于200mm,如图2-6-11所示。过渡板与混凝土面层相接处的接缝内设置直径25mm、长700mm、间距400mm的拉杆。混凝土面层毗邻该接缝的1~2条横向接缝应设置胀缝。

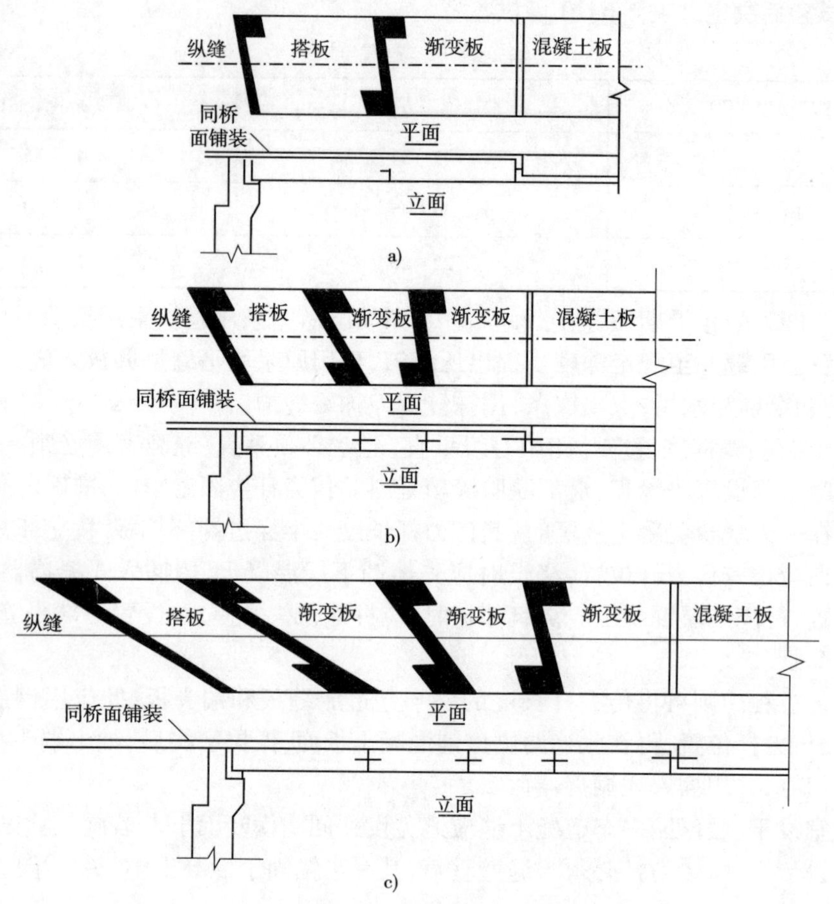

图 2-6-10　混凝土路面与斜交桥梁相接时的构造示意

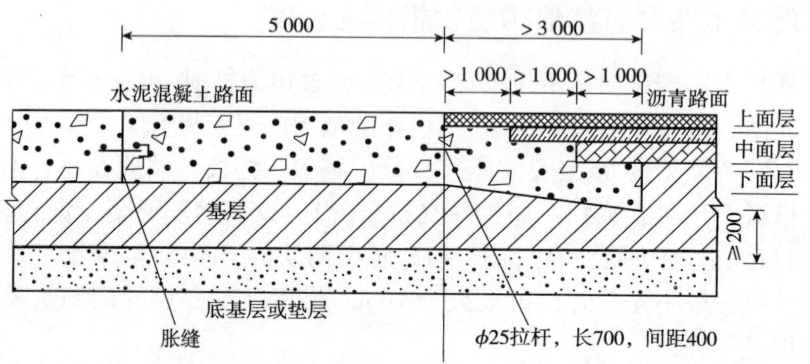

图 2-6-11　混凝土路面与沥青路面相接段的构造布置(尺寸单位:mm)

五、水泥混凝土路面的施工方法

施工技术直接影响水泥混凝土路面质量,而其关键是路面混凝土摊铺的机械和技术,路面机械化施工,不仅可提高施工速度和施工质量,而且还可降低工程造价。目前,常见的大型摊铺设备有滑模摊铺机和轨道摊铺机,由于我国各地经济发展水平各不相同,大型摊铺设备前期投资较大，这里主要介绍小型机具、三辊轴、轨道摊铺、碾压混凝土施工技术四种施工方法。

无论采用何种施工方式，施工前都要做好准备工作，这是保证施工顺利进行和施工质量的前提，主要有以下几个方面。

(1)编制好施工组织设计，建立健全全面质量管理体系。

(2)现场清理和水电供应、施工道路、拌和站建设、办公生活用房等辅助设施建设。

(3)原材料的准备和性能检验以及混凝土配合比检验调整。

(4)对基层的平整度、压实度、高程、横坡等指标进行检查和处理修整，并洒水湿润。

(5)严格按照要求安装模板。

(一)小型机具施工

由于我国经济水平限制和施工需要，虽然小型机具施工速度慢，人为影响质量较大，但目前仍然得到广泛应用，尤其在二级以下公路建设中，仍占很大比例。

水泥混凝土小型机具施工主要有以下工序：测量放样—安装模板—架设传力杆和拉杆—拌和物搅拌和运输—摊铺成型—表面修整—抗滑构造制作—接缝施工—养生。小型机具施工主要机械设备有：配备自动质量计量设备的间歇式搅拌的强制式搅拌机，一般选用双卧轴式；插入式振捣棒、平板振动器和振动梁等振捣工具；提浆滚杆、叶片式或圆盘式抹面机、3m 刮尺和抹刀等整平抹面工具；拉毛机、工作桥、硬刻槽机等抗滑构造设备；运输车辆。小型机具选型和配套时应根据工程规模、质量要求和工期等要求进行合理配置。

小型机具铺筑水泥混凝土路面，在摊铺前一定做好检查准备工作，施工现场应有专人指挥卸料，拌和物应分布成均匀的小堆，以方便摊铺，若拌和物有离析，应用铁锹翻拌均匀，严禁加水，用铁锹送料，应反扣，严禁抛掷和耧耙，面板厚度在 22cm 以下，可一次摊铺，若超过 22cm，应分层摊铺。人工摊铺拌和物的坍落度应控制在 5 ~ 20mm 之间，拌和物松铺系数应通过现场试验确定，一般控制在 1.10 ~ 1.25，料偏干取较高值，反之取较小值。

拌和物摊铺均匀后，应采用插入式振捣棒、平板振动器和振动梁配合进行振捣成型。这是保证混凝土路面质量的关键。在每个车道上，每 2m 应配备两根振捣棒。振捣时，先用振捣棒按梅花桩位置交错振捣，每次振捣不应少于 30s，以拌和物不再冒气泡和泛出水泥浆并停止下沉为止，振动棒移动间距应不大于 50cm，离板边缘应不大于 20cm，并避免和模板、钢筋、传力杆、拉杆碰撞，在边角位置应特别注意，仔细加以振捣。

插入振捣棒振捣后，用振动板全面振实，每车道配 1 块振动板，纵横交错振捣两遍，振动板移位时，应重叠 10 ~ 20cm，在每一位置振动时间应以振动板底部和边缘泛浆厚度在 (3 ± 1) mm 为宜，时间不少于 15s，注意不能过振。

然后，用振动梁进一步振实整平提浆，振动梁应垂直路面中线沿纵向拖行，往返 2 ~ 3 遍，使表面泛浆均匀平整，振动梁应具有足够的刚度和质量，底部应焊接或安装深度 4mm 左右的粗集料压实齿，每个车道上应配备一根具有两个振动器的振动梁。

在振捣过程中，应随时进行人工找平，找平中所用拌和物应用同一批次的拌和物，严禁使用砂浆，还应随时检查模板、拉杆、传力杆、钢筋网位置，出现问题及时调整。

采用两次摊铺时，两层摊铺间隔时间应尽量短，上层振捣必须在下层初凝前完成。

振实作业完成后，可通过滚杆、抹面机或大木抹进行整平，整平时先用滚杆提浆整平，每车道配备一根滚杆，整平时第一遍应短距离缓慢一进一退拖滚式推滚，以后要长距离匀速拖滚两遍，并将水泥砂浆始终保持在滚杆前方。

拖滚后，用3m刮尺纵横各一遍整平饰面或采用抹面机往返2~3遍压浆并整平抹面。使用抹面机时，每车道应配备至少一台。

抹面机完成作业后，应进行清边整缝，清除粘浆，修补缺边、掉角，清除抹面留下的痕迹，并用3m刮尺，纵横各一遍精平饰面，精平饰面后，平整度要达到规定要求。

（二）三辊轴机组摊铺技术

三辊轴机组是介于小型机具施工和摊铺机施工之间的一种中型施工设备，比摊铺机成本低，适应性强，操作简单方便，能达到较高的平整度，自20世纪90年代以来，在我国得到广泛应用。

三辊轴机组施工工艺流程以及机械布置顺序为：测量放样—安装模板—拌和物拌和与运输—布料机具布料—排式振捣机振捣—拉杆安装机安装拉杆—人工找补—三辊轴整平→（真空脱水）—精平饰面—抗滑构造制作—接缝施工—养生—（硬刻槽）—填缝。

三辊轴机组施工的摊铺能力不是很强，因此要特别注意布料的均匀性、准确控制布料高度，要有专人指挥车辆均匀卸料，布料可用人工也可用装载机或挖掘机布料，人工布料时，应使用排式振捣机前方的螺旋布料器辅助控制松铺厚度，在坍落度为10~40mm的拌和物松铺系数应取1.12~1.25，坍落度大时取低值、小时取高值，超高路段和有横坡路段，摊铺应考虑横坡影响，松铺系数横坡高侧取高值，低侧取低值。

当混凝土摊铺长度超过10m时，应立即进行振捣密实。振捣时，每次移动距离不宜超过振捣棒有效半径的1.5倍，且不得大于50cm，振捣时间一般为15~30s，以拌和物中粗集料停止下沉、表面不再冒泡并泛出水泥浆为准，注意不能过振，振捣中排式振捣机应均匀缓慢不间断前进。

面板振实后，应立即安装拉杆，单车道施工时，应在侧模预留孔中按设计要求在板厚度中间插入钢筋拉杆，双车道摊铺施工时，除在侧模插入拉杆外，还要使用拉杆插入机在中间纵缝部位按设计要求插入钢筋拉杆，插入拉杆后立即振捣拌和物，以使拌和物充分包裹拉杆。

混凝土拌和物振捣后，工作性损失较快，若布料长度较短就开始振动，三辊轴整平机不能立刻跟上施工，两道工序间隔时间较长，会使拌和物工作性损失较高，造成以后施工较困难，因此应在布料达一个作业单位长度时才开始振实，并紧跟三辊轴整平机进行整平，两道工序间隔时间不宜大于10min。

三辊轴整平机作业长度一般在20~30m之间，在一个作业长度内，三辊轴机应采用前进振动，后退静滚的方式作业，其作业遍数一般为2~3遍，不得超过3遍，振动时，调整好振动轴的高度，与模板顶面留2mm间隙，振动轴只能打击削平拌和物表面。由于三辊轴机自重较大，施工中要随时注意观察模板情况，出现问题立即纠正。

振动滚压完成后，将振动辊轴抬离模板，用整平轴前后静滚整平，静滚遍数要足够多，一般为4~8遍，直到平整度符合要求且表面砂浆厚度和水灰比均匀为止。最终表面砂浆厚度应控制在(4±1)mm。三辊轴整平机前方表面过厚、过稀的砂浆必须刮除丢弃，以改善表面的抗滑性及耐磨性。

三辊轴整平机作业期间，恰好处于混凝土向上泌水过程中，表面砂浆水灰比及流动性增大，容易影响路面质量，为增强表面耐磨性，改善平整度，也可采用两台三辊轴整平机联合作业，中间增加真空脱水作业。

三辊轴整平机基本整平路面后，应立即采用3～5m刮尺进行饰面，刮尺应纵向摆放，横向推拉，速度要均匀，每次推拉要一次完成，不停顿，并调整好刮刀与路面的接触角度。

待表面泌水蒸发消失后，再使用刮板或抹刀进行1～2遍收浆饰面抹光，经过抹光处理后，再进行抗滑构造施工，可明显提高表面耐磨性，收浆饰面应在泌水蒸发消失、混凝土表面还能够压实但不留下明显浆印时进行。饰面的最迟时间不得迟于表2-6-11规定的拌和物铺筑完毕允许的最长时间。

混凝土拌和物出料到运输、铺筑完毕允许最长时间　　表2-6-11

施工气温*(℃)	到运输完毕允许最长时间(h)		到铺筑完毕允许最长时间(h)	
	滑模、轨道	三轴、小机具	滑模、轨道	三轴、小机具
5～9	2.0	1.5	2.6	2.0
10～19	1.5	1.0	2.0	1.5
20～29	1.0	0.75	1.5	1.25
30～35	0.75	0.5	1.25	1.0

注：*指施工时间的日间平均气温，使用缓凝剂延长凝结时间后，本表数值可增加0.25～0.5h。

(三)轨道摊铺机技术

轨道式施工是指在基层上铺设两条轨道板，作为路面侧向支撑和路型定位模板，顶部作为路面表面基准，施工机械行驶在轨道上进行布料、振动密实、成型、修整和拉毛、养生的混凝土路面施工法。

轨道摊铺施工的工艺流程为：混凝土搅拌—人工支模板—架设拉杆—布料—振捣—表面修整—接缝施工—抗滑构造制作—养护—锯缝填缝—路面性能检测—竣工验收—开放交通等。

轨道摊铺机施工是在使用轨道和模板合一的专用机模上行进摊铺，其模板要求较高，一般其单根长度3m，底面宽度为高度的80%，轨道顶面应高于模板2～4cm，轨道中心至模板内侧边缘距离一般为12.6cm。

轨道用螺栓和垫层固定在模板支座上，模板用钢钎固定在基层上，安装后应对照摊铺厚度进行调整检测，并在模板内涂刷脱模剂和隔离剂，接头应粘胶带或塑料薄膜密封。

轨道准备的数量应根据施工进度和施工气温并满足拆模周期需要而定，一般不少于3～5天需要量。

平缝要设置拉杆时，应根据设计要求，预先在轨模上制作拉杆孔，以便施工时插入，也可和传力杆一样，采用门形式固定在基层上。

轨道摊铺机是通过卸料机将混凝土倾卸在基层上或料箱内，然后按摊铺厚度均匀分布在模板内，其布料方式有螺旋布料器布料、刮板布料和料箱布料，布料松铺系数应根据拌和物实测坍落度在1.15～1.30之间控制，具体见表2-6-12。

松铺系数 K 与坍落度 S_L 的关系 表 2-6-12

坍落度（mm）	5	10	20	30	40	50	60
松铺系数	1.30	1.25	1.22	1.19	1.17	1.15	1.12

使用螺旋布料器和刮板布料时，卸在铺筑宽度中间的拌和物不得过高过大，也不得缺料，螺旋布料器前拌和物应保持在面板以上 10cm 左右。

箱式布料一般应用在摊铺钢筋混凝土路面和有裸露粗集料抗滑表层路面，其装料时应关闭料斗出料口，运到布料位置时，轻轻打开出料口，待拌和物堆成"堤状"，再左右移动料斗布料。

轨道施工振捣一般采用振捣棒组和振动板或振动梁振捣修整，振捣棒组振捣方式有斜插连续拖行和间歇式垂直插入两种。当面板厚度超过 150mm，坍落度小于 30mm 时，必须采用插入振捣；连续拖行振捣时，其作业速度应控制在 0.5～1.0m/min 之间，间歇式振捣时，其移动距离一般不大于 50cm。振捣棒组振捣后，应及时采用振动板或振动梁对混凝土表面进行振捣整平，使用振动梁时，其频率应控制在 50～100Hz，偏心轴转速调至 2 500～3 000r/min，一般情况下，经振捣棒组振实的混凝土，应使用振动板提浆，并密实饰面，其提浆厚度控制在（4±1）mm。

振捣后应及时整平和精光，可采用抹平板和往复式滚筒，使用往复式滚筒整平时，其前面混凝土堆积物应涌向横坡高的一侧，保证路面横坡高的一端有足够料，在整平过程中要及时清理路面边缘余料，以保证整平精度和机械顺利作业。

整平后要及时精平饰面，其施工要求同三辊轴施工方式。

路面摊铺后，拆卸轨模应根据不同气温条件且混凝土抗压强度达到 8.0MPa 以上方可进行，缺乏强度实测数据时，边侧模板允许最早拆模时间应符合《公路水泥混凝土路面施工技术细则》（JTG/T F30—2014）的规定，拆除的模板应及时清理。

（四）碾压混凝土路面施工

碾压混凝土施工技术是利用沥青混凝土摊铺机铺筑碾压混凝的施工方法，一般施工流程为：碾压混凝土拌和—运输—卸入沥青摊铺机—沥青摊铺机摊铺—打入拉杆—钢轮压路机初压—振动压路机复压—轮胎压路机终压—抗滑构造处理—养生—灌切缝—灌缝。配置的主要机械设备有沥青摊铺机、钢轮压路机、振动压路机、轮胎压路机和其他一些辅助设备。

基准线是碾压混凝土施工的生命线，在施工前要完成基准线的设置，单根基准线一般不超过 450m，基准线设置宽度除应保证摊铺外，还应满足两侧 650～1 000mm 横向支距的要求，基准线桩在直线段一般间距为 10m，曲线段要加密设置，但间距不能小于 2.6m。固定线桩时，应保证夹线臂到基层距离为 450～750mm，设置好后应以不小于 1 000N 的拉力对基准线进行张拉。

碾压混凝土摊铺前应先洒水湿润基层，摊铺速度要均匀、连续，不要随意变换速度或停顿，速度可按下式计算确定，一般控制在 0.6～1.0m/min 范围内。

$$V=\frac{MK}{60bh}$$

式中：V——摊铺机速度(m/min)；

M——搅拌机产量(m^3/h)；

b——摊铺宽度(m)；

h——摊铺厚度(m)；

K——效率系数，一般为0.85~0.95，使用一台搅拌机时选低值，多台时选高值。

碾压混凝土路面摊铺时的松铺系数应根据混凝土配合比、施工机械由试铺决定。摊铺布料时应使螺旋布料器转速和摊铺速度相适应，防止两边缘料不足。在摊铺到弯道时，应及时调整左右两侧分料器的转速，防止两侧供料不均衡。在摊铺中，应同时设置拉杆，设置拉杆通过设醒目的定位标记保证拉杆准确打入。

摊铺完成后，应立即对混凝土表面进行检查，修补缺陷，局部缺料应及时补上，粗集料集中部位采用湿筛砂浆进行弥补。

当摊铺长度超过30m即可进行碾压，一般碾压作业段长度在30~40m。碾压按初压、复压、终压三个阶段进行。碾压时，在直线段应按从外侧向路中心碾压，在平曲线有超高路段由低侧向高侧、由内向外碾压。

初压一般要用钢轮压路机或振动压路机静压，相邻碾压带应重叠1/3~1/2碾压宽度。在复压过程中应禁止振动压路机中途急停、急拐、紧急起步和快速倒车，要缓慢柔顺。复压要使混凝土达到规定压实度为止，一般为2~6遍。

终压采用轮胎压路机静压，终压遍数应以弥合表面微裂纹和消除轮迹为标准，初压、复压、终压作业要紧密相连，环环相扣，一气呵成，中间不停顿，相互间也不得干扰。

碾压混凝土横向施工缝和其他方法相比较为特殊，呈"台阶状"。目的是便于插入传力杆和接头处碾压密实，其制作方式是：在施工终点处设纵向斜坡，碾压结束后将不合格部位切除，第二天摊铺开始时，后退15~20cm，切割施工缝，深度为8~10cm，并将切缝外混凝土刨除形成台阶，然后涂刷水泥浆，继续连接摊铺新路面，硬化后切施工缝。

六、水泥混凝土路面面层施工质量控制

水泥混凝土路面施工，应根据质量管理要求，建立健全有效的质量保证体系，实行严格的质量、投资、工期控制、工序管理和岗位责任制度，对各施工阶段进行全面控制检查，以确保施工质量。

(一)质量控制

施工质量的控制、管理与检查应贯穿整个施工过程，应对每个施工环节严格把关，对出现的问题，立即进行纠正直至停工整顿。

施工全过程的质量动态检测、控制和管理内容应包括施工准备、铺筑试验路段和施工过程中的各项技术指标的检验，以及出现施工技术问题的报告、论证和解决等。

施工单位应随时对施工质量进行自检。自检项目和频率：原材料的自检项目和频率见表2-6-13；拌和物的自检项目和频率见表2-6-14；混凝土路面铺筑过程中的自检项目和频率按表2-6-15的规定进行，铺筑质量要求见表2-6-16。当施工、监理、监督人员发现异常情况，应加大检测频率，找出原因，及时处理。

混凝土原材料的检测项目和频率 表2-6-13

材料	检查项目	检查频度		试验规程或试验方法
		高速、一级公路	其他公路	
水泥	抗折强度、抗压强度、安定性	机铺1 500t一批	机铺1 500t、小型机具500t一批	JTG E30—2005 GB/T 176—2008 GB/T 12959—2008
	凝结时间、标准稠度需水量、细度	机铺2 000t一批	机铺3 000t、小型机具500t一批	
	f-CaO、MgO、SO_3含量,铝酸三钙、铁铝酸四钙,干缩率、耐磨性、碱度,混合材料种类及数量	每标段不少于3次,进场前必测	每标段不少于3次,进场前必测	
	温度、水化热	冬、夏季施工随时检测	冬、夏季施工随时检测	
粉煤灰	活性指数、细度、烧失量	机铺1 500t一批	机铺1 500t,小型机具500t一批	GB/T 1596—2005
	需水量比、SO_3含量	每标段不少于3次,进场前必测	每标段不少于3次,进场前必测	
粗集料	针片状、超径颗粒含量,级配,表观密度,堆积密度,空隙率	机铺2 500m^3一批	机铺5 000m^3,小型机具1 500m^3一批	JTG E42—2005
	含泥量、泥块含量	机铺1 000m^3一批	机铺2 000m^3,小型机具1 000m^3一批	
	坚固性、岩石抗压强度、压碎指标	每种粗集料每标段不少于2次	每种粗集料每标段不少于2次	
	碱集料反应	怀疑有碱活性集料进场前测	怀疑有碱活性集料进场前测	
	含水率	降雨或湿度变化随时测	降雨或湿度变化随时测	
砂	细度模数,表观密度,堆积密度,空隙率,级配	机铺2 000m^3一批	机铺4 000m^3,小型机具1 500m^3一批	JTG E42—2005
	含泥量、泥块、石粉含量	机铺1 000m^3一批	机铺2 000m^3,小型机具500m^3一批	
	坚固性	每种砂每标段不少于3次	每种砂每标段不少于3次	
	云母含量轻物质与有机物含量	目测有云母或杂质时测	目测有云母或杂质时测	
	含盐量(硫酸盐、氯盐)	必要时测,淡化海砂每标段3次	必要时测,淡化海砂每标段2次	
	含水率	降雨或湿度变化随时测	降雨或湿度变化随时测	

续上表

材料	检查项目	检查频度		试验规程或试验方法
		高速、一级公路	其他公路	
外加剂	减水剂减水率，液体外加剂含固量和相对密度，粉状外加剂的不溶物含量	机铺5t一批	机铺5t，小型机具3t一批	GB/T 8077—2012
	引气剂引气量、气泡细密程度和稳定性	机铺2t一批	机铺3t，小型机具1t一批	
养生剂	有效保水率、抗压强度比、耐磨性、耐热性、膜水溶性	开工前或有变化时，每标段3次	开工前或有变化时，每标段3次	JC 901—2002
	含固量、成膜时间	试验路段测，施工每5t测1次	试验路段测，施工每5t测1次	
水	pH值、含盐量、硫酸根及杂质含量	开工前和水源有变化时	开工前和水源有变化时	GB/T 6920—1986 GB/T 11899—1989

注：①开工前，所有原材料项目均应检验；当原材料规格、品种、生产厂、来源变化时，必检；

②机铺是指滑模、轨道、三辊轴机组和碾压混凝土摊铺，数量不足一批时，按一批检验。

混凝土拌和物的质量检验项目和频率 表2-6-14

检查项目	检查频度	
	高速公路、一级公路	其他公路
水灰比及稳定性	每5 000m^3抽检1次，有变化随时测	每5 000m^3抽检1次，有变化随时测
坍落度及其均匀性	每工班测3次，有变化随时测	每工班测3次，有变化随时测
坍落度损失率	开工、气温较高和有变化随时测	开工、气温较高和有变化随时测
振动黏度系数	试拌、原材料和配合比有变化时测	试拌、原材料和配合比有变化时测
钢纤维体积率	每工班测2次，有变化随时测	每工班测1次，有变化随时测
含气量	每工班测2次，有抗冻要求不少于3次	每工班测1次，有抗冻要求不少于3次
泌水率	局部大面积出现泌水现象时必测	局部大面积出现泌水现象时必测
视密度	每工班测2次	每工班测1次
碾压混凝土压实度	每工班测2～3次	每工班测2次
透水(贫)混凝土孔隙率	每200延米测一次，密实(贫)混凝土测视密度、压实度	每200延米测一次，密实(贫)混凝土测视密度、压实度
温度、凝结时间	冬、夏季施工，气温最高、最低时，每工班至少测1～2次	冬、夏季施工，气温最高、最低时，每工班至少测1次
水化发热量	面层或贫混凝土基层出现裂缝时必测	面层或贫混凝土基层出现裂缝时必测
离析	随时观察，出现离析应采取适当均化措施	随时观察
C_V值及稳定性	每工班测3次，有变化随时测	每工班测2次，有变化随时测
松铺系数	试铺时多次测定，确定后施工时每工班2次	试铺时多次测定，确定后施工时每工班1次

混凝土路面的检验项目、方法和频率　　表 2-6-15

项次	检查项目	检验方法和频率	
		高速公路、一级公路	其他公路
1	弯拉强度	每班留 2～4 组试件，日进度小于 500m 取 2 组；大于或等于 500m 取 3 组；大于或等于 1 000m 取 4 组，测 f_{cs}、f_{min}、C_V	每班留 1～3 组试件，日进度小于 500m 取 1 组；大于或等于 500m 取 2 组；大于或等于 1 000m 取 3 组，测 f_{cs}、f_{min}、C_V
	钻芯劈裂强度	每车道每 3km 钻取 1 个芯样，硬路肩为 1 个车道，测 f_{cs}、f_{min}、C_V，板厚 h	每车道每 3km 钻取 1 个芯样，硬路肩为 1 个车道，测 f_{cs}、f_{min}、C_V，板厚 h
2	板厚度	路面摊铺宽度内每 100m 左右各 2 处，连接摊铺每 100m 单边 1 处，参考芯样	路面摊铺宽度内每 100m 左右各 1 处，连接摊铺每 100m 单边 1 处，参考芯样
3	3m 直尺平整度	每半幅车道 100m 2 处 10 尺	每半幅车道 100m 2 处 10 尺
	动态平整度	所有车道连续检测	所有车道连续检测
4	抗滑构造深度	铺砂法：每幅 200m 2 处	铺砂法：每幅 200m 1 处
5	相邻板高差	尺测：每 200m 纵横缝 2 条，每条 3 处	尺测：每 200m 纵横缝 2 条，每条 2 处
6	连接摊铺纵缝高差	尺测：每 200m 纵向工作缝，每条 3 处，每处间隔 2m 3 尺，共 9 尺	尺测：每 200m 纵向工作缝，每条 2 处，每处间隔 2m 3 尺，共 6 尺
7	接缝顺直度	20m 拉线测：每 200m 6 条	20m 拉线测：每 200m 4 条
8	中线平面偏位	经纬仪：每 200m 6 点	经纬仪：每 200m 4 点
9	路面宽度	尺测：每 200m 6 处	尺测：每 200m 4 处
10	纵断高程	水准仪：每 200m 6 点	水准仪：每 200m 4 点
11	横坡度	水准仪：每 200m 6 个断面	水准仪：每 200m 4 个断面
12	断板率	断板面板块占总块数比例	断板面板块占总块数比例
13	脱皮、裂纹、露石、缺边、掉角	量实际面积，并计算与总面积比	量实际面积，并计算与总面积比
14	路缘石、约束基石的顺直度和高度	20m 拉线测：每 200m 4 处	20m 拉线测：每 200m 2 处
15	填缝料、接缝砂的灌缝饱满度	尺测：每 200m 接缝测 6 处	尺测：每 200m 接缝测 4 处
16	切缝深度	尺测：每 200m 6 处	尺测：每 200m 4 处
17	胀缝表面缺陷	每条观察填缝及啃边断角	每条观察填缝及啃边断角
18	胀缝板连浆	每条胀缝板安装时测量	每条胀缝板安装时测量
	胀缝板倾斜	尺测：每块胀缝板每条 2 处	尺测：每块胀缝板每条 2 处
	胀缝板弯曲和位移	尺测：每块胀缝板每条 3 处	尺测：每块胀缝板每条 3 处
19	传力杆偏斜	钢筋保护层仪：每车道 4 根	钢筋保护层仪：每车道 3 根

注：路面钻芯劈裂强度应换算为实际面板弯拉强度进行质量评定。

各级公路混凝土路面铺筑质量要求 表 2-6-16

项次	检查项目		允许值	
			高速公路、一级公路	其他公路
1	弯拉强度[①](MPa)		100%符合施工规范的规定或质量检评标准	
2	板厚度(mm)		代表值≥-5,极值≥-10,C_V值符合设计规定	
3	平整度	σ(mm)	≤1.2	≤2.0
		IRI(m/km)	≤2.0	≤3.2
		3m 直尺最大间隙 Δh(mm)	≤3(合格率≥90%)	≤5(合格率≥90%)
4	抗滑构造深度(mm)	一般路段	0.70~1.10	0.50~1.00
		特殊路段[②]	0.80~1.20	0.60~1.10
5	相邻板高差(mm)		≤2	≤3
6	连接摊铺纵缝高差(mm)		平均值≤3;极值≤5	平均值≤5;极值≤7
7	接缝顺直度(mm)		≤10	
8	中线平面偏位(mm)		≤20	
9	路面宽度(mm)		±20	
10	纵断高程(mm)		±10	±15
11	横坡度(%)		±0.15	±0.25
12	断板率(%)		≤0.2	≤4
13	脱皮、裂纹、露石、缺边、掉角(%)		≤0.2	≤3
14	路缘石、约束基石的顺直度和高度(mm)		≤20	≤20
15	填缝料、接缝砂的灌缝饱满度(mm)		≤2	≤3
16	切缝深度(mm)		≥50	≥50
17	胀缝表面缺陷		不应有	不宜有
18	胀缝板连浆(mm)		≤20	≤20
	胀缝板倾斜(mm)		≤20	≤25
	胀缝板弯曲和位移(mm)		≤10	≤15
19	传力杆偏斜(mm)		≤10	≤13

注:①路面钻芯劈裂强度应换算为实际面板弯拉强度进行质量评定;

②特殊路段指高速公路、一级公路的立交、平交、变速车道等处以及其他公路的急弯、陡坡、交叉口或集镇附近。

(二)质量检验

施工单位的质检结果应按规定以 1km 为单位进行整理。混凝土路面完工后,施工单位应提交全线检测结果、施工总结报告及全部原始记录等齐全资料,以《公路工程质量检验评定标准》(JTG F80/1—2004)为依据,申请交工验收。

1. 基本要求

(1)基层质量必须符合规定要求,并应进行弯沉测定,验算的基层整体模量应满足设计要求。

(2)水泥强度、物理性能和化学成分应符合国家标准及有关规范的规定。

(3)粗细集料、水、外掺剂及接缝填缝料应符合设计和施工规范要求。

(4)施工配合比应根据现场测定水泥的实际强度进行计算,并经试验,选择采用最佳配合比。

(5)接缝的位置、规格、尺寸及传力杆、拉力杆的设置应符合设计要求。

(6)路面拉毛或机具压槽等抗滑措施,其构造深度应符合施工规范要求。

(7)面层与其他构造物相接应平顺,检查井井盖顶面高程应高于周边路面1~3mm。雨水口高程按设计比路面低5~8mm,路面边缘无积水现象。

(8)混凝土路面铺筑后按施工规范要求养生。

2. 实测项目

水泥混凝土面层交工验收阶段的检查项目、检查频度、质量要求或允许偏差等见表2-6-17。

水泥混凝土面层实测项目 表2-6-17

<table>
<tr><th rowspan="2">项次</th><th rowspan="2" colspan="2">检查项目</th><th colspan="2">规定值或允许偏差</th><th rowspan="2">检查方法和频率</th><th rowspan="2">权值</th></tr>
<tr><th>高速公路
一级公路</th><th>其他公路</th></tr>
<tr><td>1</td><td colspan="2">弯拉强度(MPa)</td><td colspan="2">在合格标准之内</td><td>按质量检评标准检查</td><td>3</td></tr>
<tr><td rowspan="2">2</td><td rowspan="2">板厚度
(mm)</td><td>代表值</td><td colspan="2">-5</td><td rowspan="2">按质量检评标准检查,每200m每车道2处</td><td rowspan="2">3</td></tr>
<tr><td>合格值</td><td colspan="2">-10</td></tr>
<tr><td rowspan="3">3</td><td rowspan="3">平整度</td><td>σ(mm)</td><td>1.2</td><td>2.0</td><td rowspan="2">平整度仪:全线每车道连续检测,每100m计算σ、IRI</td><td rowspan="3">2</td></tr>
<tr><td>IRI
(m/km)</td><td>2.0</td><td>3.2</td></tr>
<tr><td>最大间隙h
(mm)</td><td>—</td><td>5</td><td>3m直尺:半幅车道板带每200m测2处×10尺</td></tr>
<tr><td>4</td><td colspan="2">抗滑构造深度(mm)</td><td>一般路段不小于0.7且不大于1.1;特殊路段不小于0.8且不大于1.2</td><td>一般路段不小于0.5且不大于1.0;特殊路段不小于0.6且不大于1.1</td><td>铺砂法:每200m测1处</td><td>2</td></tr>
<tr><td>5</td><td colspan="2">相邻板高差(mm)</td><td>2</td><td>3</td><td>抽量:每条胀缝2点;每200m抽纵、横缝各2条,每条2点</td><td>2</td></tr>
</table>

续上表

项次	检查项目	规定值或允许偏差		检查方法和频率	权值
		高速公路 一级公路	其他公路		
6	纵、横缝顺直度(mm)	10		纵缝20m拉线,每200m 4处;横缝沿板宽拉线,每200m 4条	1
7	中线平面偏位(mm)	20		经纬仪:每200m测4点	1
8	路面宽度(mm)	±20		抽量:每200m测4处	1
9	纵断高程(mm)	±10	±15	水准仪:每200m测4断面	1
10	横坡(%)	±0.15	±0.25	水准仪:每200m测4断面	1

注:表中σ为平整度仪测定的标准差;IRI为国际平整度指数;h为3m直尺与面层的最大间隙。

3. 外观鉴定

(1)混凝土板的断裂块数,高速公路和一级公路不得超过评定路段混凝土板总块数的0.2%,其他公路不得超过0.4%。不符合要求时每超过0.1%减2分。对于断裂板应采取适当措施予以处理。

(2)混凝土板表面的脱皮、印痕、裂纹和缺边掉角等病害现象,对于高速公路和一级公路,有上述缺陷的面积不得超过受检面积的0.2%,其他公路不得超过0.3%。不符合要求时每超过0.1%减2分。对于连续配筋的混凝土路面和钢筋混凝土路面,因干缩、温缩产生的裂缝,可不减分。

(3)路面侧石直顺、曲线圆滑,越位20mm以上者,每处减1~2分。

(4)接缝填筑饱满密实,不污染路面。不符合要求时,累计长度每100m减2分。

(5)胀缝有明显缺陷时,每条减1~2分。

复习思考题

1. 水泥混凝土路面材料有哪些?
2. 水泥混凝土路面对所用材料有哪些要求?
3. 减水剂的作用是什么?
4. 传力杆和拉杆分别设置在哪种接缝上?
5. 接缝处理的注意点有哪些?

能力训练

1. 简述水泥混凝土路面常用施工方法及施工程序。
2. 简述水泥混凝土路面施工质量控制的主要内容。
3. 施工现场学习水泥混凝土路面小型机具施工的工序。
4. 施工现场学习水泥混凝土路面三辊轴摊铺技术(或轨道摊铺技术)施工工序。
5. 施工现场学习搅拌楼生产水泥混凝土的工作流程。

任务七 路面病害处治

引例

汽车在路面上行驶,除了克服各种阻力外,还会通过车轮把垂直力和水平力传给路面,在水平力中又分为纵向和横向两种。另外,路面还会受到车辆的振动力和冲击力作用,在车身后面还会产生真空吸力作用。在上述各种外力的综合作用下,路面结构内会产生大小不同的压应力、拉应力和剪应力。如果这些应力超过了路面结构整体或某一组成部分的强度,路面就会出现裂缝和断裂现象。

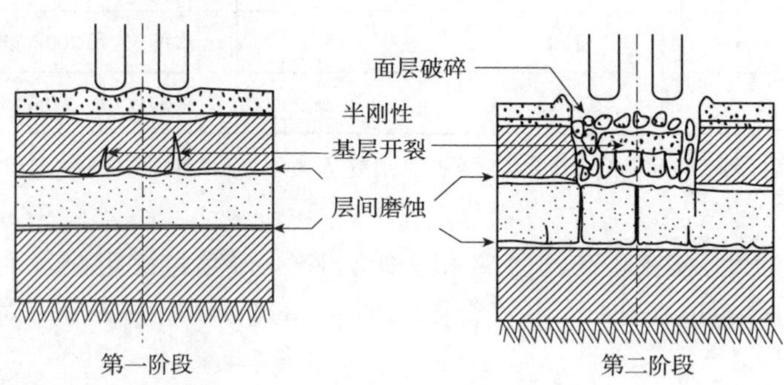

一、沥青类路面常见病害

(一)裂缝

裂缝(图 2-7-1)是沥青路面最常见的破损类型之一。裂缝常见的表状主要有:发裂、线状裂缝、纵向裂缝、横向裂缝、反射裂缝和龟裂六种类型。产生裂缝的主要原因有:

图 2-7-1 路面裂缝

(1)施工基层碾压不实或新旧接缝处理不当而形成裂缝。

(2)面层以下含水率逐年积聚,在不利季节引起路面强度降低而产生裂缝。

(3)混合料质量差,碾压温度又不当,引起的碾压裂缝。

(4)混合料摊铺时间过长,由于基层温度、湿度的变化,结构发生胀缩而产生裂缝。

(5)结合料老化,面层性能退化,路面整体强度不足。

(二)松散、麻面、坑槽

松散、麻面、坑槽的表状为:表层矿料松动、出现麻坑,表层局部不平凹陷。产生松散、麻面、坑槽的主要原因有:

(1)嵌缝料粒径不当,用料不合比例,或初期养护嵌缝料未回归而散失。

(2)低温季节施工,工序未衔接,油与料结合不良,矿料飞散,轻则出现麻面,重则出现坑槽。

(3)表面用油量偏少,结合料加温过度,失去黏结力而松散,形成麻面、坑槽。

(4)雨季施工,矿料潮湿或用酸性矿料未作处治而散失成麻面、坑槽。

(5)由于基层压实不够,强度不均,基层不平,面层渗水,局部先破损而形成坑槽。

(三)啃边

啃边是指路面边缘的破裂破坏。产生啃边的主要原因有:

(1)由于交通量增大,路面宽度不足,或因不设路牙(缘石)而未作边部加固,边部因行车超压而引起啃边。

(2)路面与路肩衔接不顺,路肩横坡过大,或因路肩坑槽积水而导致啃边。

(3)路面平面交叉道口处,未设必要的平台,边缘易被压坏。

(四)沉陷

沉陷有均匀沉陷、不均匀沉陷和局部沉陷三种类型。产生沉陷的主要原因有:

(1)基层局部强度不足或水稳性不良引起沉陷。

(2)超载重的大型车通过。

(3)面层混合料料质差。

(4)土基压实度不够或路基有隐患未处理好。

(五)泛油、油包、拥包

泛油是指高温时沥青渗出面层的现象。油包是指路面面层零散分布疙瘩状突起物的现象。拥包(图2-7-2)是指面层出现的堆挤、滑动成隆起形变的现象。造成泛油、油包和拥包的主要原因有:

(1)单位面积用油量过大或矿料不足,或因低温施工,加大用油量而造成泛油。

(2)用油量偏高,黏滞度低,或路拱偏大,气温高,面层受行车拥挤成包。

(3)初期养护处治泛油时,用料过细而形成油包,或者形成拥包。

(4)由于材料质量差,油石比不当,面层高温时发软,碾成拥包。

(5)基层局部含水率大,面层与基层黏结不良,高温时堆挤成拥包。

图2-7-2 路面拥包

(六)搓板、波浪

搓板是指路面表层呈现洗衣搓板状的破损现象。波浪是指面层纵向产生波浪状的破损现象。产生搓板和波浪的主要原因有:

(1)面层铺设于原有波浪或搓板的路面上而产生反射变形。

(2)路基和基层未曾全面压实或压实度不够,通过行车水平力作用而变形,造成波浪。

(3)施工时基层浮土清除不净或石灰土养生期不足即铺路面面层而形成搓板。

(4)沥青洒布不均形成油垄,沥青多的地方矿料厚,沥青少的地方矿料薄,经行车撞击而形成搓板或波浪。

(5)交叉口、停车站、陡坡路段因行车水平力较大、振动而形成搓板或波浪。

(七)脱皮

脱皮是指路面表层成块剥落的破损现象。产生脱皮的主要原因有：

(1)面层与基层之间有黏结不良的地方。

(2)上拌、下贯两层之间或罩面与原路面之间结合不好而成层松脱。

(3)面层矿料质量差、含土、潮湿，或施工过碾，而成层脱皮。

八、弹簧翻浆

弹簧翻浆的表状为路面呈现弹簧状或冒水翻浆。产生弹簧翻浆的主要原因有：

(1)基层结构不密实，水稳性不良，含水率增大，聚水冻融而翻浆。

(2)基层强度不够，灰土拌和不均，碾压不实，含水率大，低温施工，灰土未及成形而冻融翻浆。

(3)在中湿或潮湿地带，地下水未处理好，边沟又积水滞流，或在山丘有地下潜流等而造成弹簧翻浆。

二、水泥混凝土路面常见病害

(一)裂缝

裂缝(图2-7-3)包括纵向裂缝、横向裂缝、斜向裂缝和交叉裂缝。纵向、横向、斜向裂缝是指通底的裂缝，将板块分割为两块或三块，初期可能未贯通板面，但终将发展为贯通板面；交叉裂缝是裂缝相互交叉，将板分割为三块以上(又称为破碎板)。产生裂缝的主要原因有：

(1)重复荷载应力、翘曲应力及收缩应力等综合作用。

(2)水的浸入及过大的竖向位移的重复作用，使基层受到侵蚀产生脱空。

(3)土基和基层强度不够。

(4)接缝拉开后，丧失传荷能力，在板的周边产生过大的荷载应力。

(5)水泥质量差、不稳定；粗细集料质量差。

(6)施工操作不当，养生不好。

(二)板角断裂

板角断裂(图2-7-4)是一条垂直通底且与板角两边接缝相交的裂缝，从板角到裂缝两端点间的距离分别等于或小于端点所在板长的一半。其损坏通常是由于板角处受连续荷载作用、基础支撑强度不足和翘曲应力等因素综合作用造成。

图2-7-3　水泥混凝土路面裂缝

图2-7-4　水泥混凝土路面板角断裂

(三)接缝材料破损

水泥混凝土路面的接缝材料分为纵缝和横缝接缝料。横缝又分为胀缝和缩缝(假缝)两种,胀缝在使用中随气温而变化,气温上升时填缝料会被挤出;当气温下降时,填缝料不能恢复,使缝中形成空隙,泥、砂、石屑等杂物侵入,成为再次胀伸时的障碍,且雨雪水亦能沿此空隙渗入,损坏基层和垫层,造成路面板接缝处的变形和破坏。缩缝的变化较小,但经过若干次收缩,能把假缝折断成真缝。填缝料自身老化形成的破损类似于胀缝。施工养护不规范,切缝、清缝不及时或没有达到规定的深度,也是造成接缝破损的原因。

(四)边角剥落

水泥混凝土路面的边、角剥落指接缝两侧各60cm宽度内或板角15cm范围内的碎裂。产生原因有:

(1)接缝落入坚硬的杂物,板在膨胀时产生了超应力,边缘被硬物挤碎。

(2)重交通荷载的重复作用。

(3)传力杆设计或施工不当。

(4)接缝处混凝土强度低。

(五)错台

错台是指接缝处相邻面板产生垂直高差。产生错台的主要原因是:

(1)路面板在车辆轴载的作用下,造成接缝处板块不均匀下沉。

(2)在温度和湿度的梯度作用下,板在接缝处产生翘曲。

(3)横缝处未设传力杆。

(4)施工操作不当。

(六)唧泥

唧泥是指车辆通过时基层细料和水一起从板接缝处挤出,逐渐使基础失去支撑能力,在荷载的重复作用下,最终将产生板断裂的现象。其产生原因主要是填缝料损坏、雨水下渗、路面排水不良。

(七)拱起

拱起是指横缝两侧的板体发生明显抬高的现象。其产生的主要原因是缝被硬物阻塞,或胀缝设置不当,使板受热时不能自由伸缩。

(八)表面裂纹与层状剥落

表面裂纹是指浅而细或发丝状的网状裂纹,仅产生在路面表层,在车辆荷载作用下它会发展为深度6~12mm的表层层状剥落。其产生的主要原因是水灰比过大、过度抹面、养护不及时、用盐化冰雪、冻融循环和集料质量低劣、水泥中的碱(氧化钠及氧化钾)与集料中的某些特定矿物质发生碱硅反应等。

(九)坑洞

路面板表面呈现孔洞状的破坏现象,直径一般为2.5~10cm,深度为1~5cm。其产生原因是:

(1)施工质量差或混凝土材料中夹带朽木、纸张和泥等杂物。

(2)某些车辆的金属硬轮或掉落硬物的撞击。

(十)修补破损

修补破损是指路面板修补后的再次损坏。产生原因主要是:

(1)原有病害没有根治。

(2)修补质量差。

(3)交通荷载过大。

三、常见病害的处理方法

路面常见病害的处理,应针对各种破损产生的原因、路面结构类型、龄期、修理季节的气候等实际情况,采取行之有效的修理方法。

(一)沥青类路面常见病害的处理

1.路面裂缝的修理方法

(1)由于路面基层温缩、干缩引起的纵、横向裂缝,缝宽在6mm以内的,宜将缝隙刷扫干净,并用压缩空气吹去尘土后,采用热沥青和乳化沥青灌缝撒料法封堵;缝宽在6mm以上的,应剔除缝内杂物和松动的缝隙边缘,或沿裂缝开槽后用压缩空气吹净,采用砂粒式或细粒式热拌沥青混合料填充、捣实,并用烙铁封口,随即撒砂、扫匀;也可以采用乳化沥青混合料填封。

(2)对轻微的裂缝,在高温季节可采用喷洒沥青撒料压入法修理,或进行小面积封层,在低温、潮湿季节宜采用阳离子乳化沥青封层或采用相应级配的乳化沥青稀浆封层。

(3)因土基、路面基层的病害或强度不足引起的破损,首先应处理土基或基层,然后再修复路面。

(4)因路面沥青性能不好或路龄较长,产生较大面积的裂缝,但强度尚好时,通过技术经济比较,可选用下列修理方法:

①乳化沥青稀浆封层。

②加铺沥青混合料上封层,或先铺设土工布,再在其上加铺沥青混合料上封层。

③橡胶沥青薄层罩面。

2.路面麻面、松散的修理方法

(1)因低温施工而造成沥青面层麻面或松散的,可收集好松散料,待气温上升(10℃以上),清扫干净,重做喷油封层。喷布沥青0.8~1.0kg/m^2后,撒3~5mm(或6~8mm)厚的石屑或粗砂(5~8m^3/1 000m^2),并用轻型压路机压实;如在低温潮湿季节,可用乳化沥青碎石混合料修理;小面积麻面可采用乳化沥青封层修理。

(2)由于油温过高,黏结料老化而造成松散者,应挖除重铺。

(3)由于基层或土基松软变形而引起的松散,应先处理基层或土基的病害,再重做路面。

(4)如因采用酸性石料与沥青黏附性差而造成松散,则应在沥青中掺加抗剥离剂、增黏剂或用干燥的生石灰、消石灰粉、水泥作为填料的一部分,也可用石灰浆处理粗集料等抗剥离措施,改善沥青与矿料的黏附力从而提高沥青混合料的水稳性。

3.路面油包的修理方法

(1)在气温较高时(或用加热器烘烤发软后),将油包铲除,然后找补平整,再用烙铁烙平。

(2)属于油钉或撒漏形成的油包,在气温高时铲去即可。

4.路面拥包的修理方法

(1)属于基层原因引起的较严重的拥包,用挖补方法先处理基层,然后再重做面层。

(2)由于面层原因引起的较严重的拥包,应在气温较高时(或用加热器烘烤发软后)铲除,然后找补平顺,用烙铁烙平;面层较厚、拥包范围较大、气温较低时,可采用路面铣刨机铣平。

(3)已趋稳定的轻微拥包,可在高温时直接铲平。

5.路面泛油的修理方法

(1)对于泛油路段,应先取样作抽提试验,求算出油石比,然后确定不同的处治措施。

(2)含油量高的严重泛油路段,一般在高温季节撒料强压处理,先撒一层 S10 (10~15mm)或更粗一些的碎石,用重型压路机强行压入,达到基本稳定后,再分次撒 S12(5~12mm)的碎石,引导行车碾压成形。

(3)泛油较重路段,根据情况可先撒 S12(5~12mm)的碎石,待稳定后,再撒 S14(3~5mm)的石屑或粗砂,引导行车碾压成形。

(4)轻度泛油,可撒 S14(3~5mm)的石屑或粗砂,通过行车碾压至不粘轮为度。

(5)撒料必须先撒粗料后撒细料,撒布要均匀、无堆积、无空白,均匀压入。

(6)在行车碾压过程中,要及时扫回飞散的集料,待泛油稳定后将多余的集料清扫回收。

6.路面坑槽的修理方法

路面的基层完好,仅面层有坑槽时,应按下列方法修理:

测定破坏部分的范围和深度,按"圆洞方补"原则,划出大致与路中心线平行或垂直的挖槽修补轮廓线(正方形或长方形)。若采用沥青混合料预制块修补,应划出尺寸等于预制块整倍数的轮廓线。

7.脱皮、啃边的修理方法

沥青面层局部被车轮粘起,成片层脱落的现象称为脱皮。路面边缘被行车碾压,形成边缘松散、破碎、折裂,造成路面边缘参差不齐的现象,称为啃边。

产生脱皮的原因可能是石料含土、面层和底层局部黏结不好;也可能是底层尘土过多,清底不净,形成隔层,表面薄层通车后被车轮粘走。处理方法是:先将脱皮处清理干净,再用和面层相同的混合料修补,碾压密实,然后放车通行。

产生啃边的原因是路肩压实不足、积水,造成路面边缘处基层湿软,强度下降,以致路面边缘处被行车碾压破坏。有时,基层宽度不够,路肩与路面衔接不好而被行车破坏。处理时,应采用针对性的措施:若基层宽度不足,应加宽基层(每边不小于25cm),或增设路缘石。若是路肩强度不够,应采用矿料加固路肩,并注意保持路肩与路面的衔接处平顺和排水畅通。

8.搓板的修理方法

沥青路面在各种因素的综合作用下,形成有规则的横向波浪,称为搓板。

形成搓板的主要原因可能是矿料偏细偏多,混合料级配不好,沥青稠度偏低,用油量过多而形成抗剪强度低、塑性大的软油层，在连续行车作用下，连续推移形成搓板。

处理方法，一般情况下采用挖铺法。有时也可在波谷分层撒适当粒径的矿料和沥青材料，并分层捣实找平。

（二）水泥混凝土路面常见病害的处理

（1）当路面板块被几条裂缝分割成三块以上的破碎板，且有沉降影响行车安全时，必须将整块板凿除，治理好基层后重新浇筑混凝土板。

（2）当路面板发生脱空断裂、断角等损坏，影响行车安全时，应凿除损坏部分，处理好基层后，用同种或异种（沥青混凝土、水泥混凝土预制块、石块等）材料进行修补。

（3）水泥混凝土面板和基层之间，由于出现空隙、空洞而导致路面沉陷的，可分别采用下列方法：

①顶升灌料法

先测量下沉板的高程，然后在混凝土板上钻成透孔，用以安设起重设备和灌注填料（石灰砂浆、低强度等级水泥砂浆或干砂等）。

②灌注沥青法

先用凿岩机在路面板上凿孔，孔的大小与灌注喷嘴的大小一致。凿孔完后，将混凝土碎屑掏出，用空气压力机将小钢管插入孔中，排除碎屑，使混凝土面板和基层间形成畅通的空间，并保持干燥。然后，用沥青撒布机将加热熔化的沥青（210℃以上）压入孔内，压满半分钟后，拔出喷嘴，用木楔堵塞。等到沥青温度下降后，拔出木楔，填进水泥砂浆或沥青砂浆，即可开放交通。

③水泥灌浆法

按上述方法钻孔，并清理干净，用压力灌浆机或压浆泵将水泥浆灌入孔中。应先从沉陷量大的地方开始，逐步由大到小，由近到远，直至路面板达到预定的高度。灌浆完后，用木楔堵孔，养生3d后开放交通。

（4）错台。根据不同位置和错台的程度，可采用：

①机械磨平法，适用于轻微错台。

②沥青砂或密级配沥青混凝土罩面法，适用于接缝部分或裂缝部分、水泥混凝土路面和沥青路面之间、水泥混凝土路面和路肩之间的错台。

③板底砂浆抬高法，适用于基础过软引起的错台。

（5）拱起。板端拱起但路面板完好时，先用切割机具将拱起两端的各2～3条横缝切宽、切深。然后切开拱起端，将板块恢复原位。最后，按前述方法封填接缝。

（6）对于出现的局部性龟裂、剥落、磨光等破损时，可将路面板表面凿除破损到一定深度，而后在上面做薄层表面处治。

（7）对抗滑能力差的路段，宜用机械（金刚石锯切机、旋转铣刀盘锯机）刻痕或罩面。

复习思考题

1. 沥青路面的病害种类有哪些？

2. 水泥混凝土路面的病害有哪些？

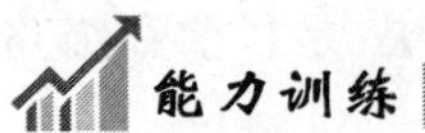

1. 现场学习沥青混凝土路面的修补技术施工的工艺流程和质量控制要点。

2. 简述沥青混凝土路面裂缝、松散和拥包的病害处治要点。

3. 简述水泥混凝土路面裂缝、错台和唧泥的病害处治要点。

4. 以一段使用多年的沥青混凝土路面为实践对象,现场进行检测,对各种病害调查、分类统计分析,并提出修复和改进意见。

5. 以一段使用多年的水泥混凝土路面为实践对象,现场进行交通量调查,对路面进行检测,对各种病害调查、分类统计分析,并提出修复和改进意见。

任务一 路面认知

路面结构应具有足够的强度,也应满足高温、低温、水、大气等方面的稳定性要求,还必须具有良好的平整度、抗滑性能、耐久性以及尽可能低的扬尘性。考虑各个层次功能,路面结构由面层、联结层、基层、底基层、垫层等组成。

路面排水设施主要有路面表面排水、中央分隔带排水、路面内部排水。

任务二 路面施工准备

路面施工准备工作的主要内容包括组织准备、技术准备、施工现场准备、物质准备、拌和场设置、路面试验路段铺筑等。

路面施工前的技术准备工作包括设计文件熟悉和核对、补充资料调查、实施性施工组织设计和施工预算编制、路面施工测量放样、原材料试验与混合料配合比设计、路面施工技术交底等。

施工现场准备主要有:临时设施、土基检查、施工现场交通管制。

任务三 路面垫层施工

垫层分为透水性垫层和稳定性垫层。透水性垫层是由松散的颗粒材料如砂、砾石、炉渣、片石、锥形块石及圆石等构成。稳定性垫层是由整体性材料如水泥稳定土、煤渣石灰稳定土等构成。

砂垫层的材料宜采用中、粗砂,不得掺有细砂及粉砂。石灰土垫层能提高地基的承载力,减少沉降,用在厚度不大于3m的软弱土层上,效果较好。砂垫层和石灰土垫层均应按一定的施工程序进行施工。

任务四 路面基层(底基层)施工

路面基层根据需要为两层时,通常上层为基层,下层为底基层。路面的基层(底基层)根据使用材料和强度形成机理的不同一般可分为整体型(无机结合料稳定类)、级配型(级配碎、砾石类）和嵌锁型（碎石类）。整体型基层也称半刚性基层或稳定土基层，是目前高级路面最常用的基层（底基层）。

半刚性基层或稳定土基层的含义是指采用一定的技术措施，在土中掺入适量的稳定剂（如石灰、水泥或沥青等），按照一定的技术，经拌和、压实、养护成型的路面基层。

在路面的基层（底基层）的施工中，混合料的拌和方式主要有路拌法和厂拌法，其摊铺方式有人工和机械两种。

石灰稳定土、水泥稳定土、石灰粉煤灰稳定土、石灰稳定工业废渣、级配碎（砾）石、填隙碎石、泥（灰）结碎石均须按一定的施工流程进行施工。

路面基层（底基层）的施工质量控制主要在于混合料的强度影响因素，除了原材料的性质，施工时间、温度、湿度及工艺外，混合料的配合比设计和施工压实度控制对其强度有较大的影响。

压实度是检查和控制路面基层（底基层）压实效果的重要技术指标，是工程施工质量控制的主要手段，它直接影响到路面基层（底基层）的强度、刚度及平整度。

按照《公路工程质量检验评定标准》（JTG F80/1—2004）的规定，石灰稳定土、水泥稳定土、石灰粉煤灰稳定土、石灰稳定工业废渣、级配碎（砾）石、填隙碎石、泥（灰）结碎石均应满足相应的工程质量检验评定的基本要求、质量检验评定标准和外观鉴定要求。

任务五　沥青类路面面层施工

根据沥青路面的技术特性，沥青面层可分为沥青混凝土、热拌沥青碎石、乳化沥青碎石混合料、沥青贯入式、沥青表面处治五种类型。

层铺法沥青表面处治施工，一般用所谓的"先油后料"法，即先洒布一层沥青，后铺撒一层矿料。沥青贯入式路面是在初步碾压的矿料层上洒布沥青，再分层铺撒嵌缝料、洒布沥青和碾压，并借行车压实而成。路拌沥青碎石路面是在路上用机械将热的或冷的沥青材料与冷的矿料拌和，并摊铺、压实而成。热拌沥青混合料路面多采用厂拌法，施工过程可分为沥青混合料的拌制与运输及现场铺筑两个阶段。沥青玛蹄脂沥青路面（简称SMA沥青路面）是一种全新意义上的沥青混合料路面，它是由沥青、纤维稳定剂、矿粉及少量的细集料组成的沥青玛蹄脂填充间断级配的粗集料骨架间隙而组成的沥青混合料。橡胶沥青路面是利用橡胶沥青作为黏结剂，先在路面或桥面上喷洒橡胶沥青，然后在上面撒布碎石，再经轮胎式压路机碾压成型的路面面层。阻燃沥青混凝土，将一种特制的阻燃改性剂直接添加到沥青混合料中，并对其进行阻燃改性，在不影响沥青混合料路用性能的基础上提高沥青混凝土路面的阻燃性能。

在工厂拌制混合料所用的固定式拌和设备有间歇式和连续式两种。沥青混合料可用人工或机械摊铺，高等级公路沥青路面应采用机械摊铺。沥青混合料碾压过程分为初压、复压和终压三个阶段。碾压时压路机开行的方向应平行于路中心线，并由一侧路边缘压向路中。

沥青路面的各种施工缝（包括纵缝、横缝、新旧路面的接缝等）处，往往由于压实不足，容易产生台阶、裂缝、松散等病害，影响路面的平整度和耐久性，施工时必须十分注意。

沥青路面施工的机械主要包括拌和、摊铺和碾压等机械。

沥青路面施工过程中，应参照《公路沥青路面施工技术规范(JTG F40—2004)》和《公路工程质量检验评定标准(第一册土建工程)》(JTG F80/1—2004)的项次和检查项目，以达到规定的质量标准要求。

任务六 水泥混凝土路面面层施工

水泥混凝土路面主要有普通混凝土路面、钢筋混凝土路面、连续配筋混凝土路面、组合式(双层式)混凝土路面、钢纤维混凝土路面、水泥混凝土预制块铺砌路面、碾压混凝土路面。水泥混凝土的基本组成材料有水泥、水、粗集料、细集料、外加剂和矿物掺和料六种。接缝材料按使用性能分胀缝接缝板和接缝填缝料两类。

水泥混凝土面层的接缝可分为：横向接缝和纵向接缝。横向接缝是垂直于行车方向的接缝，共有三种：缩缝、胀缝和施工缝。纵向接缝有两种：施工缝、缩缝。

小型机具施工主要机械设备有：间歇式搅拌的强制式搅拌机；插入式振捣棒、平板振动器和振动梁等振捣工具；提浆滚杆、叶片式或圆盘式抹面机、3m 刮尺和抹刀等整平抹面工具；拉毛机、工作桥、硬刻槽机等抗滑构造设备；运输车辆。

三辊轴机组是介于小型机具施工和摊铺机施工之间的一种中型施工设备。

轨道摊铺机施工是在使用轨道和模板合一的专用机模上行进摊铺，施工机械行驶在轨道上进行布料，振动密实、成型、修整和拉毛、养生的混凝土路面施工法。

碾压混凝土施工技术是利用沥青混凝土摊铺机铺筑碾压混凝的施工方法。配置的主要机械设备有沥青摊铺机、钢轮压路机、振动压路机、轮胎压路机和其他一些辅设备。

水泥混凝土路面施工过程中，应参照《公路水泥混凝土路面施工技术细则》(JTG/T F30—2014)、《公路工程质量检验评定标准(第一册 土建工程)》(JTG F80/1—2004)和相关规范的项次和检查项目，达到规定的质量标准要求。

任务七 路面病害处治

沥青类路面常见病害有：裂缝、松散、麻面、坑槽、啃边、沉陷、泛油、油包、拥包、搓板、波浪、脱皮、弹簧翻浆。

水泥混凝土路面常见病害有：裂缝、板角断裂、接缝材料破损、边角剥落、错台、唧泥、拱起、表面裂纹与层状剥落、坑洞。

参考文献

[1] 邓学钧. 路基路面工程[M]. 北京:人民交通出版社,2001.

[2] 金仲秋. 公路工程[M].2版. 北京:人民交通出版社,2010.

[3] 何兆益,杨锡武. 路基路面工程[M]. 重庆:重庆大学出版社,2001.

[4] 方守恩. 高速公路[M]. 北京:人民交通出版社,2002.

[5] 费建国,张兰芳,王建军. 公路工程机械化施工[M]. 北京:人民交通出版社,2001.

[6] 宣国良,李晋三. 道路施工技术[M]. 北京:人民交通出版社,2001.

[7] 郝培文. 沥青路面施工与维修技术[M]. 北京:人民交通出版社,2001.

[8] 沙庆林. 高速公路沥青路面早期破坏现象及预防[M]. 北京:人民交通出版社,2001.

[9] 沙庆林. 高等级公路半刚性基层沥青路面[M]. 北京:人民交通出版社,1998.

[10] 徐培华,陈忠达. 路基路面试验检测技术[M]. 北京:人民交通出版社,2000.

[11] 方福生. 路面工程[M]. 北京:人民交通出版社,2001.

[12] 黄晓明,朱湘. 公路土工合成材料应用原理[M]. 北京:人民交通出版社,2001.

[13] 张玉芬. 道路交通环境工程[M]. 北京:人民交通出版社,2001.

[14] 张起森. 公路施工组织设计[M]. 北京:人民交通出版社,1999.

[15] 卞钧霈. 高等级公路沥青路面设计、施工与养护技术[M]. 北京:人民交通出版社,2012.

[16] 李宇峙. 工程质量监理[M]. 北京:人民交通出版社,2001.

[17] 彭以舟. 道桥工程概论[M]. 北京:高等教育出版社,2009.

[18] 中华人民共和国行业标准. JTG B01—2014　公路工程技术标准[S]. 北京:人民交通出版社,2014.

[19] 中华人民共和国行业标准. JTG D30—2015　公路路基设计规范[S]. 北京:人民交通出版社,2015.

[20] 中华人民共和国行业标准. JTG D50—2006　公路沥青路面设计规范[S]. 北京:人民交通出版社,2006.

[21] 中华人民共和国行业标准. JTG D40—2011　公路水泥混凝土路面设计规范[S]. 北京:人民交通出版社,2011.

[22] 中华人民共和国行业标准. JTG F10—2006　公路路基施工技术规范[S]. 北京:人民交通出版社,2006.

[23] 中华人民共和国行业标准. JTG F40—2004　公路沥青路面施工技术规范[S]. 北京:人民交通出版社,2004.

[24] 中华人民共和国行业标准. JTG/T F30—2014　公路水泥混凝土路面施工技术细则[S]. 北京:人民交通出版社,2014.

[25] 中华人民共和国行业标准. JTJ 076—95　公路工程施工安全技术规程[S]. 北京:人民

交通出版社,1995.
[26] 中华人民共和国行业标准 . JTG F80/1—2004　公路工程质量检验评定标准[S]. 北京:人民交通出版社,2004.
[27] 中华人民共和国行业标准 . JTG G10—2006　公路工程施工监理规范[S]. 北京:人民交通出版社,2006.